本书由湖南省自然资源科技计划项目资助出版（项目编号：2020-08）

乡村产业发展及建设规划研究与应用

龙岳林 著

湖南科学技术出版社

前 言

中国实施乡村振兴战略，提出了产业兴旺、生态宜居、治理有效、乡风文明和生活富裕的总体目标与要求；同时也提出了要实现五大振兴，即产业振兴、生态振兴、组织振兴、文化振兴和人才振兴，其中产业振兴是推进实现乡村振兴的前提和基础。《乡村产业发展及建设规划研究与应用》一书按照城乡统筹一二三产业融合发展的总体思路和乡村规划多规合一的编制要求，强调区域乡村建设以服务当地产业发展需要为目的，以促进区域乡村产业发展为核心，坚持创新、协调、绿色、开放、共享五大发展理念，践行习近平总书记提出的“绿水青山就是金山银山”的重要发展理论，始终坚持农业生产基础地位不动摇，尤其是针对中国未来社会发展的两大刚需，明确提出了中国乡村运用办学思维发展三产服务业的建设规划构想，在区域乡村产业发展总体规划方法上构建了中国乡村绿色产业综合体基本结构与功能模型，该模型对引导从事乡村规划工作者具有重要的参考与应用价值，书中详细介绍了区域乡村绿色产业综合体的三大主要功能区块保护利用与建设发展规划构想，即强调充分发挥自然山水环境的生态服务功能、农田耕地的农业生产功能和村落环境的居住生活功能。本书以乡村产业发展问题为导向分别开展了专题研究，按照国家国土空间规划划定的三条红线要求，特别强调保护乡村自然山水环境资源的重要意义，特别提出中国乡村调整农业生产结构新的思路与方法，即按特色商品型和多样自给型两种类型的农业生产模式优化农业生产结构，对应营造乡村生产性大地景观和观赏性花园景观，并且针对青少年开展自然与农耕文化教育和老年人开展旅居康养的迫切需要发展三产服务业，在产业环境建设上阐述了结合多样自给型农业营造生态宜居乡村从点上突破的理论与方法，为中国实行大地园林化和开展美丽乡村建设开创了一条新的途径。针对目前乡村大量民居建筑资源出现闲置的现状，并依据国家对乡村建设用地使用的相关政策要求，提出选择适宜村落改造成为组合大院落的建设构想，创造性地提出村中建城的新型城镇化建设与发展新模式，即乡村山水田园微城市模式，依据主要经营的产业又将其分为教育之城、康养之城、物流之城与加工之城等类型，此外还详细介绍了乡村建筑资源产业化利用的途径与方法。本书是作者对乡村产业发展及建设规划的研究总结，书中的内容很多是作者提出的乡村规划设计与建设构想，也是作者对中国未来美好乡村的憧憬，企盼有识之士通过实践去检验和完善，不足与错误之处，敬请读者不吝指正。

龙岳林

2021 年 10 月 26 日

目 录

上篇 乡村产业发展及建设规划理论

下篇　乡村产业发展及建设规划实践

上篇

乡村产业发展及建设规划理论

中国区域乡村产业发展及建设规划构想

摘要：产业兴旺是实现乡村振兴总体目标的核心和重点，也是推进乡村振兴工作的难点。区域乡村产业发展项目的确定不仅与社会经济发展水平、自然与人文资源条件、地理区位优势和地域文化特色等因素关系密切，还与未来社会发展的刚需密切相关，本文以此为依据，首先将区域乡村分为特色资源型（包括特色自然资源与人文资源）、城郊型、平原型、丘陵型和高山型等五种类型，然后以发展社会经济为目的，分别针对不同类型的区域乡村提出了产业发展及建设规划构想，按照城乡统筹一二三产业融合发展的思路，面向中国未来社会发展的刚需，提出以单个区域乡村为产业单元，充分利用当地具有的资源与区位优势，在发展特色农业的基础上选择拓展其他新型产业，如农产品贮藏加工与现代物流业、自然与农耕文化教育产业和乡村休闲旅游（含田园旅居康养）产业等，并且明确提出了乡村产业开发突出重点进行建设的项目内容，就是要围绕发展新型产业所急需的主要设施进行建设，并且还特别强调了建设的目的就是为了打造区域乡村特色产业体系。

关键词：中国乡村，产业发展，建设，规划构想

中国正在全面推进乡村振兴，各级政府积极响应党的号召狠抓乡村振兴工作，都在积极探索区域乡村振兴的路径与模式。回顾 2005 年以来，国家先后开展的社会主义新农村、美丽乡村和乡村振兴等各项建设工作，无不对改变乡村的落后面貌发挥了重要作用，尤其是经济较发达地区的乡村现在几乎都变成美丽乡村了，乡村面貌发生了翻天覆地的变化，乡村的道路交通、村容村貌、环境卫生、农田水利、网络通信和民居建筑等基础设施条件都得到了大的改变，真是焕然一新，然而广大乡村现在都普遍存在的一个困惑就是尚未找到能够可持续发展的区域乡村产业，以致绝大部分村民仍然主要靠外出打工获得家庭收入。在乡村建设过程中虽然大家都知道农业是乡村发展的基础产业，发展农业也是乡村存在的社会价值，但是大家也都清楚单纯靠经营传统农业是支撑不了区域乡村社会经济的，并且在经营农业利润空间极其有限的情况下，

不可能有大量社会资金投资农业，因此拓展与新增区域乡村新型产业门类就成了广大乡村都在思考的一个首要发展问题，如农产品贮藏加工、自然教育、农耕文化教育、休闲旅游与康养服务业等，这些正是推进实现乡村振兴的新型产业，这些年全国各地乡村一直都在实践探索之中。中国各地乡村的社会经济水平、自然与人文资源状况、地域文化特色和地理区位条件等方面都存在较大的差异，虽然不同类型的区域在乡村产业发展及建设规划方案及其发展模式上可以借鉴，但不可能完全照搬照抄，每一个区域乡村都必须明确自己的特点和相对优势，因地制宜制定出切实可行的产业发展及建设规划。基于此，本文依据中国区域乡村产业发展的主要影响因素，探讨不同类型的区域乡村产业发展及建设规划构想，旨在为促进区域乡村产业经济发展提供重要参考。

1 中国区域乡村类型及新型产业开发途径分析

中国乡村地域辽阔，地貌类型丰富多样，地理位置跨越多个气候带，社会经济发展水平不尽相同，自然与人文资源条件存在较大的差异，决定区域乡村产业发展的因素各不相同，本文主要依据地理区位特征与资源优势进行综合分类，将区域乡村分为五种类型，即特色资源型、城郊型、平原型、丘陵型和高山型。

1.1 特色资源型

该类区域乡村具有明显的自然与人文资源优势，且特色明显，具有产业开发的潜力，特色自然资源如独特的气候、森林、滩地、海洋、湖泊、河流、草原、石林、温泉、峡谷、溶洞、瀑布、溪流等天然奇观，都是大自然赐予人类有开发价值的特色资源，有的甚至是世界上独一无二的，产业开发只需建设配套的基础设施就可形成具特别吸引力的自然风景区，项目开发成本相对较低，如果再加上某个季节气候上的明显优势，开发旅游服务业就是非常明智的选择。中华民族在不断发展的历史长河中，留下了许许多多的名胜古迹，很多已被国家列为文物保护单位，先民们为我们积累了丰富多彩的物质与精神文明，所形成的特别人文资源非常值得我们崇拜与敬仰，极具产业开发潜力，尤其对经济社会发展具有特别影响的人文资源，可以形成特定的文化氛围，如伟人故里、名胜古迹、重大历史事件纪念地等人文景观都可以成为区域乡村产业开发的对象，特色人文资源一个重要特征就是具有不可复制性，具有特别的开发利用价值，对于重视传统优良文化传承的中华民族永远是文化教育的重要基地，其配套服务业对于支撑区域乡村经济发展将发挥重要作用。具有特色自然与人文资源的区域乡村都可以利用其资源优势转化为经济优势，最重要的是如何利用其资源优势打造独特的旅游产业环境与文化氛围，让游客享受自然美景并得到特别的文化熏陶。

1.2 城郊型

近四十年来，中国各地的城市都得到了快速发展，随着城市的不断扩大郊区则不断外移，在城市发展边界确定之后，环绕城市周边的乡村就成了城郊型乡村，过去城市郊区的主导产业一直是农业，主要是种植时令蔬菜，农民多为菜农，靠种植和销售蔬菜获得一定的收入，尤其是在交通运输不够发达的过去更是如此。这类乡村紧邻城市的地理区位优势明显，产业发展上除了已具有的自然与人文资源优势可以利用以外，还具有发展三产服务业的特别优势，如市民双休日就近到城郊乡村开展休闲活动已成为城市发展的一大需求，近年来城郊发展休闲服务业已被证实为朝阳产业。此外，随着城市化水平的不断提高，基础教育发展的一个明显趋势就是不断向城市集中。近年来兴起的就近到城郊开展研学旅行体验式教学活动越来越多，得到了社会的广泛关注和重视，正在逐步形成与基础教育相配套的服务业，给城郊乡村新型产业开发带来了新的活力，为了更好地培养青少年相关政府部门也制订了相关政策，已发文要求城市中小学生每学期必须保障有 4 天以上的时间走出校门开展素质教育，对于城郊乡村大力发展自然与农耕文化教育服务业来说是获得了机遇。今天从这一产业发展的现状来看还远远满足不了城市素质教育的需求，教学项目还有待丰富，教学内容还有待提高，基地的数量与规模还有巨大的发展空间，尤其是按办学思维发展乡村自然与农耕文化教育服务业，对乡村自然与农耕学堂教学环境建设提出了更高的要求，毋庸置疑，乡村自然与农耕文化教育服务业的未来发展前景将更加广阔。

1.3 平原型

中国有东北平原、华北平原、长江中下游平原、关中平原等四个大平原，还有很多盆地型小平原，海拔高度在 50 m 以下，平原的基本特征是土地平坦和肥沃深厚，自古以来一直都是国家主要的商品粮生产基地，平原区域乡村发展农业具有实行机械化大生产的显著优势，人均耕地面积也较山区与丘陵区多 2～3 倍，农业也一直是该区域乡村的主导产业，市场竞争优势明显。全面实现农业现代化是未来农业发展的方向，对于确保国家主粮安全具有重要的意义，国家在战略层面上也会为确保平原区域乡村发展粮食生产采取措施，在政策和经济上给予大力支持。粮食品种改良和选择以及提升耕作技术是永恒的主题，其主要产业发展的根本出路在于机械化，亟待研发和推广的是可持续发展的生态农业模式和彻底消除对化肥、农药和除草剂的依赖。因此，平原区域乡村经营的主导产业永远是农业，但是也不是不能拓展二三产业，如农产品的精深加工和乡村休闲与康养服务业。尤其是在南方的平原区域，水资源极其丰富，滨水区域是宜居之地，更加适宜创造优美的人居环境，完全可以利用发展乡村休闲与康养服务业。再就是离开平原区域的乡村游子也有乡愁和思念家乡的情结，也有告老还乡的愿望，这也为发展平原区域乡村的三产服务业提供了顾客保障。除此之外，平原区域乡村也有紧邻平原区域城市的，同样有发展三产服务业的迫切需求，因此，平原区域乡村发展主导产业也不是永远不变的，可以依据其区位优势和市场需求变化进行调整，只是相对其他区域乡村产业较为单一，完全可以因地制宜适度发展二三产业，如开发粮食的真空包装与贮藏加工、中小学生的自然与农耕文化教育、休闲康养服务业等。

1.4 丘陵型

中国丘陵型乡村是较广泛的一类乡村，海拔高度为 50～500 m 之间，其村庄的形态基本相似，村民人均耕地十分有限，一般不足 1 亩（1 亩=667 m^2，下同），多数为 0.6～0.8 亩，农田多为具有一定高差的梯田，大多呈分散分布状态，大面积集中连片的较少，推进现代农业不宜实行大型机械化操作是明显的生产缺陷。民居多呈单家独户分散分布的状态，也有少数集中分布形成村落的，过去村民建房为追求交通运输方便多临公路而建，很多村庄民居多沿道路两旁呈直线分布，以此种方式集中分布而形成传统商业小镇的不少，随着城市化水平的不断提高以及信息化社会的迅速到来，在常住村民大大减少的状况下，乡村受现代物流与商业模式的影响，传统小镇集市性的商业功能退化明显，出现衰落成了普遍的现象。丘陵型乡村地形地貌丰富多样，村庄之间不仅是自然气候上的差异，而且风俗习惯与地域文化上的差异也十分明显，这正是中华民族文化多样性形成的地域原因。丘陵区的区域乡村具有特别的自然与地域文化资源优势的按特色资源型乡村发展产业，也可利用其地理区位优势发展三产服务业。对于资源与区位优势不显著的乡村，相对城市来说仅仅是空气新鲜的优势，农业生产条件也非常一般，这类区域乡村的产业发展及建设规划是一道难题。农业生产上尽可能找到最适合于当地发展的商品性农业生产项目，包括种植业和养殖业。具有市场竞争力和市场需求是项目选择必须考虑的两个重要因素，在未确定之前还是以生产粮食为佳，至少市场需求量大，也是国家政策支持的生产项目，且容易转化为其他产品，也不需要担心出现产品浪费的问题。丘陵型乡村的农民在城市化过程中走出去务工且成为市民的有很多，他们不可能都回到原籍的乡村，但是随着老龄化社会的到来，因家乡情结而返乡养老的村民也会有相当的数量。此外，人的生活需求也是追求丰富多彩的，求新求异求奇求乐是永恒的，未来候鸟式旅居生活方式会有较大的市场需求。但是从现有的乡村民居条件来看，是不适合对外开展接待服务的，因此，选择环境条件相对优越的宜居点，能否创造独具特色的生活环境决定其三产服务业发展的生命力，故重点对民居建筑及其周边环境进行改造建设是非常必要的，以此满足返乡养老原住民和部分市民享受美好田园生活的需求，达到以点带村促进丘陵型乡村三产服务业发展的目的。

1.5 高山型

中国高山型乡村是较少的一种类型，区域海拔高度在 500 m 以上，实际上相对高差超过 500 m 的区域乡村极少，该类乡村一般多属偏远山区，山高坡陡田少，一般农业生产条件较差，传统产业多以林业为主，多数是社会经济发展较落后的区域，过去多为国家需要扶贫的对象，或者不得不进行生态移民的贫困乡村。该类乡村发展农业的扶贫措施主要是从特种水果、蔬菜、茶叶和中药材等项目中选择，使之形成具有山区地域优势商品农业项目，如反季节的萝卜、高山云雾茶、特色水果猕猴桃与特种中药材等生产，一般发展思路是不求规模，但求特色，现在全国各地已有不少成功的案例。此外，高山夏秋季冷凉气候是高山最突出的地域优势，尤其是在世界气候整体变暖和很多城市夏秋热环境效应越来越显著的情况下，城市居民对宜居生活环境的需求将越来越大，高山避暑必将成为市民享受美好生活的选择，这一点已得到了证明。现在从高山旅居产业发展状况来看还有巨大的发展空间，也可以说是刚刚起步，高山旅居产业定将成为未来中国社会投资建设的热点。

2　中国区域乡村新型产业发展及市场潜力分析

区域乡村发展新型产业也是有前提条件的，市场需求起决定性作用，只有满足社会刚需发展的产业才有可能得到可持续发展。中国是一个农业大国，民以食为天，自古以来中国乡村一直就是以农业为主导产业，社会对食物的需求就是刚需，虽然经营农业的效益较低，但是农业作为刚需产业必须坚持发展下去，任何时候都是不可停止的，政府也会制订相关优惠政策保障农业的可持续发展。随着中国社会经济不断发展和人口的不断增长以及城市化水平的不断提高，同时也伴随着城市生态环境问题越来越突出，中国社会随之产生了新的刚需，如乡村田园康养、自然与农耕文化教育和现代物流等产业都已上升为刚需，针对这些刚需乡村必须发展相应的产业，即乡村田园康养、自然与农耕文化教育、农产品贮藏加工和现代物流等产业。

2.1 乡村田园康养

乡村田园康养产业是人们对美好生活的追求所形成的新型产业，过去虽然一直有一定的需求但不是刚需，也就不可能形成大的产业，如今中国社会经济发展到了较高的水平，有经济能力享受美好生活的国民大大增加了，尤其是在很多城市生态环境问题较突出且尚未得到解决的情况下，乡村必将成为人们享受美好生活的好去处，这一点在近年来兴起的候鸟式乡村旅居康养产业得到了证明。中国乡村田园康养产业究竟有多大的发展潜力和产值规模？现在也很难作出一个准确的回答。据报道，2021 年中国全民大健康产业产值超过了 8 万亿元，乡村田园康养产业属全民大健康产业的主要组成部分，也可以说是一种广义的旅游业，乡村休闲和田园旅居康养仅是改变了过去旅游的方式，按年人均 3000 元的消费额度，产值也在 4 万亿元以上，发展潜力巨大。中国未来全民大健康产业的发展趋势肯定是从城市向乡村转移，过去认为城市比乡村生活好，主要是城乡之间经济上的差别决定的，再就是城市的配套基础生活设施明显优于乡村，然而中国社会发展到今天，城乡之间的这些差别缩小了，人们追求美好生活时对生活环境的需求已经上升到了第一位，新鲜空气作为健康生活的必需品是很难在城市中靠花钱就能够买到的，这样乡村就成了人们未来享受美好生活的必然选择，尤其是新冠疫情在人类尚未完全控制且不得不进行常态化防控的情况下，旅游产业本土化已经变成了现实，这也正是游客从外出旅游安全角度上考虑的结果。近地静态休闲旅居正是乡村田园康养的基本生活方式，现在远地动态旅游大大减少了，对于消费者来说也是最经济的健康生活选择，这给全国各地的区域乡村发展田园康养产业带来了难得的机遇。

2.2 自然与农耕文化教育

中国是一个拥有14亿多人口的农业大国，五千多年的发展历史，创造了辉煌灿烂的农耕文明，中华民族受天人合一的哲学思想影响根深蒂固，一直奉行与自然和谐共存的理念，坚持农业为本，极其重视农业的发展，这正是中华民族得以屹立于世界民族之林且不断发展壮大的根本所在。中国在近四十年来，改革开放后的快速发展带动整个社会经济水平的不断提高，中国已跃居世界第二大经济体的位置，中国现代化大都市与发达国家相比几乎没有差距了，甚至有的还超越。但是中国的乡村却普遍出现相对衰落的现象，国家也看到了这一点，从2005年开始在全国范围内先后发动了社会主义新农村建设、美丽乡村建设和乡村振兴行动，并分别提出了总体建设目标和要求。在快速城市化过程中基础教育大量向城市集中的情况下，国家为了培养合格的事业接班人，极其重视城市中小学生的素质教育，教育部发文要求城市中小学生每学期必须走出校门开展4天以上的素质教育，全国各地积极响应落实，从这几年中小学生研学旅行活动的广泛开展得以证明，其中自然与农耕文化教育就是重要的教学项目与内容，学生接受该方面的素质教育对于培养高素质人才意义重大，整个社会都认识到了这一点。中国乡村开发自然与农耕文化教育产业很多地方还刚刚起步，需要建设的项目及内容还很多，且存在鲜明的地域特点，全国各地都有发展该产业的潜力与空间，据初步估计全国产业规模年产值可以达到2万亿元以上，对于人口大省来说都可以发展成为超过千亿元的支柱产业，具有极其广阔的发展前景。

2.3 农产品贮藏加工与现代物流

现在中国城市化水平平均超过了60%，高的省份超过了70%，未来几年还将进一步提高。城市化水平提高的一个必然结果就是农产品的商品率会随之提高，乡村生产的农产品绝大部分将成为商品销往各地的城市，随之也产生了农产品贮藏加工与发达的现代物流行业，中国乡村发展农业就必须具备现代工业与商业思维，农业生产主要目的不是自给自足了，必须考虑市场的需求和本地农产品的市场竞争力，全国各地的区域乡村都必须考虑选择具有地域特色的商品农业生产项目，同时配套建设农产品贮藏加工与现代物流有机融合的新型产业体系，即必须对接加入整个社会的物联网体系，这一体系建设是每一个区域乡村都不可忽视的，当然该体系也包括农产品以外的商品在各区域乡村进行销售。中国乡村农产品贮藏加工与现代物流产业市场规模依据城市居民消费农产品的总价值来估算，都在10万亿元以上，并且随着城市化水平的进一步提高还将不断增长。

3 中国不同类型区域乡村产业发展及建设主要项目内容

中国不同类型的区域乡村虽然在产业发展上各不相同，但是在建设内容上还是有很多相似之处，本文探讨的是区域乡村产业发展所建设的项目内容，并非一般基础设施建设，根据乡村未来新型产业发展的需要，必须从以下几个方面进行建设，即优化调整农业生产结构、美化村落邻近环境、新建或改造产业用建筑。

3.1 优化调整农业生产结构

中国乡村农业永远是基础产业，民以食为天，农业是本，也是乡村社会价值的重要体现，任何一个区域乡村都必须坚持发展农业，并且还必须依据市场的需求发展具有特别竞争力的特色商品型农业。过去中国乡村发展农业主要考虑的是自给自足，商品率很低，现在时代不同了，中国城市化已达到了较高的水平，并且未来还将进一步提高，农产品的商品率随之提高，调整与优化农业生产结构势在必行。区域乡村在农业产业发展上首先必须找到适宜于当地的农业生产项目，包括种植业和养殖业项目，从生态农业发展的模式来看选择种养结合的生产项目效果更佳，依据选定的生产项目需要开展相应的生产设施改造建设就是农业产业发展需要建设的项目内容。如高标准农田改造和水肥一体化系统的建设。

3.2 美化村落邻近环境

过去国家针对乡村建设在不同阶段提出村容整洁、美丽乡村和生态宜居的要求，目的是从整体上提升乡村居住环境，通过这些年的建设，成效显著，彻底改变了过去很多乡村环境脏乱差的状况，为乡村居民过上美好生活打下了坚实的基础。本文提出的美化村落邻近环境是特别具有针对性的，是一种产业投资建设行为，被选定的村落为新型产业发展所用的主要建筑用地，是重点建设提升该村落邻近的环境，面积不宜过大，几十亩为宜，最大也不宜超过 100 亩，当然如果该区域与商品化的特色农业生产环境相结合则另当别论，建设区域范围则可以扩大至几百亩。美化该区域范围宜采用自然山水式园林的建设模式，突出选用多样化的农作物作美化材料，结合多样自给型农业生产，将现有田园打造成具有地域特色的农作物花园，让来乡村享受田园生活的游客真正感受到乡村生活的美好。该类花园建设对于乡村发展的田园康养产业和自然与农耕文化教育产业都是必须建设的项目内容。

3.3 新建或改造产业用建筑

本文提出的中国区域乡村类型有五大类，新型产业类型有四大类，不同类型的区域乡村在选定所发展的新型产业后，一项重要的建设工作就是建造适宜于发展产业用的建筑，现在中国乡村建筑主要是单家独户分散分布的民居，集中分布的村落较少，无论乡村发展哪一种新型产业，现在的乡村民居都是不适宜的，就是原来的村集体建筑和闲置的校舍也是不适宜的，都必须依据新型产业发展的具体功能要求进行改造建设，在改造建设过程中必须始终坚持经济实用的原则，不求华丽，但求好用和具有地域特色。

4　结语

中国正在全面推进乡村振兴工作，全国各地都正在积极探索乡村振兴的模式与路径，始终明确产业振兴是乡村振兴的重中之重，本文提出的中国未来区域乡村发展的四大类新型产业即：乡村休闲旅游、自然与农耕文化教育、农产品贮藏加工和现代物流，这些产业都是建立在以农业为本的基础之上的，也就是说，任何区域乡村都不可能离开农业来发展新型产业。中国区域乡村都必须选定适宜于本地发展的新型产业兴建产业体系，严格按照乡村新型产业发展的基本功能要求进行建设，并力求创造地域特色，都必须始终明确产业开发是一种投资商业行为，行业竞争是永远存在的，有特色才有生命力，具有特色是新型产业可持续发展的保障。

乡村新型产业项目开发步骤与方法探析

摘要：中国区域乡村新型产业项目开发完全属于一种投资建设行为，建成后的经济效益的高低是衡量产业项目开发成功与否的一项重要标准。本文作者依据现在乡村正在实施的多个产业开发项目的发展状况和近几年从事乡村产业发展及建设规划工作的实践感悟，提出了区域乡村新型产业项目开发的步骤与方法：一是项目策划，就是依据区域乡村明显的资源与区位优势确定好拟开发的新型产业项目，并形成初步行动方案；二是宣传发动，充分调动本地村民参与的积极性，让广大村民认可拟开发的新型产业项目，目的是广泛吸纳村民入股参与，或对外宣传进行招商引资；三是编制规划，即是在项目策划的基础上进一步厘清项目开发的发展与建设思路，制定切实可行的具体工程建设与运营管理的行动方案，并做好项目的可行性分析，尽可能做到能让开发项目完全按编制的规划实施；四是项目运营，实际上从项目策划开始项目开发就进入到了运营状态，运营应该是包括项目开发的全过程，并不仅仅是指从项目建成后开始对外营业的后续过程。项目开发组建运营团队至关重要，务必建立一个完整的产业体系，包括硬件和软件体系，硬件体系是指支撑产业项目开发的所有物化设施；软件体系是指包括人在内所有智能化经营管理体系，包括项目开发的机制、体制、模式与系列管理制度。项目开发在人才使用上特别强调三个团队的建设及作用的发挥，三个团队即规划设计与工程建设、生产技术和经营管理团队，各个团队成员都要求是专业技术人才，拥有人才是项目开发取得成功的根本保障。

关键词：乡村，产业开发，步骤与方法

2019年1月，国家五部委联合发布的《关于统筹推进村庄规划工作的意见》中明确提出了村庄不规划不投入和不规划不建设的要求，于是各级政府积极组织编制村庄规划，规划编制机构也先后研究制订出了一系列关于编制村庄规划的相关技术标准与规范，同时也提出了村庄规划多规合一的建议，但是要真正做到多规合一绝非一件容

易的事情，因为村庄规划所涉及的面很广，问题也很多，很难做到通过制订一个规划就能够解决村庄发展的所有问题，况且现在由地方政府依靠现有规划机构在短期内完成编制的村庄规划也是不可能面面俱到的，多为村庄布局和主要基础设施建设总体规划，很难指导乡村新型产业的开发，但是对于乡村水、电、路、通信、网络等基础设施建设，在国家立项完全由财政投入资金的情况下按现有规划实施也是可行的，对于推进美丽乡村建设和乡村整体面貌的改善也发挥了极其重要的作用，同时也为区域乡村开发新型产业打下了坚实的物质基础。中国社会经济发展到今天，在乡村基础设施都得到了明显改善之后，国家正在全面推进乡村振兴工作，规划先行，规划引领，广大区域乡村最需要的规划就是新型产业发展及建设规划，该项规划对于投资者来说完全是一种项目投资开发行为，只要是项目符合国家相关产业政策，地方政府肯定是支持的，但是乡村新型产业项目开发所涉及的面太广太大，不可能是所有开发项目都能够得到政府大量的资金支持，完全要靠市场运作。因此，区域乡村新型产业发展及建设规划的可行性更加重要，项目建成后的经济效益的高低是衡量项目开发成功与否的重要检验标准。近年来大量的乡村产业项目开发实践证明，缺乏一个切实可行的产业发展与建设规划的项目，经营失败的较多，由此可见，编制好规划是新型产业项目开发极其重要的一步，在某种程度上起决定性的作用。本文依据中国乡村休闲旅游、自然与农耕文化教育、农产品贮藏加工和现代物流等新型刚需产业发展普遍存在的问题，探讨乡村新型产业项目开发的步骤与方法，旨在推进中国广大乡村新型产业项目开发走上正确的发展轨道。

1　项目策划

任何项目开发的第一步都是策划，俗话说谋事在先、成事在后，区域乡村新型产业项目开发也是如此。乡村新型产业项目策划，首先是要有一个发起人或组织能召集在某个产业开发方面有一定影响力的人进行谋划，形成一个开发项目最初的策划方案。一个好的策划方案，不仅要求具有前瞻性，而且还要求切实可行。作为乡村新型产业开发项目的策划方案，找准社会发展刚需则是项目开发的前提条件，没有稳定的社会发展刚需就没有可持续发展的产业，目前对应刚需适于广大乡村选择开发的新型产业项目主要有乡村休闲旅游（含田园旅居康养）、自然与农耕文化教育、农产品贮藏加工和现代物流等，这些都是中国社会发展稳定的刚需。对于一个具体区域乡村来说，必须依据本地具有的特色资源与区位条件优势选定好拟开发的新型产业项目，最好是由发起人邀请本地有意愿参与本项目开发的主要投资者共同谋划做好项目策划，形成一个较理想的项目开发总体行动方案。主要包括项目背景、基础条件、目标定位（功能定位、市场定位和形象定位）、建设项目、资金筹措、投资估算、效益预测、保障措施、风险评估和可行性分析等。

2　宣传发动

运用上述策划成果做好宣传发动工作，这也是推进项目开发顺利进行的一项重要工作，宣传发动的目的就是要充分调动更多人参与本项目开发的积极性，尤其是要让当地广大村民充分了解并认可拟开发的新型产业项目。在宣传过程中，放手发动群众，广泛听取参与者的意见，突出项目开发的村民主体地位，坚持共享发展理念，实现共谋共投共建共营共享，建议采用公司化运营的股份制经营模式，大量吸纳村民入股参与，组建股份制公司，同时在项目建设资金不足的情况下，也可以对外宣传，进行招商引资，以便更好地为乡村新型产业项目开发创造经济条件。开展宣传发动工作的同时，另一个重要任务就是要着手组建项目规划编制工作小组，明确项目规划编制负责人和主要参与规划编制人员，特别是要有本地村民代表参与，按照项目策划要求开展规划编制工作，并依据项目规划编制内容进行详细分工，使参与规划编制人员都明确自己的工作职责。

3　规划编制

编制该项目的发展及建设规划，首先是要开展项目的前期调查，包括实地走访和市场调研，依据调研结果做好项目开发的优势、劣势、机遇与挑战分析，在调研过程中不仅要深入了解对项目开发有特别重要利用价值的自然与人文资源条件，而且还要了解对项目开发存在的各种不利因素，让所形成的项目开发建设行动方案达到趋利避害的目的；然后是选择开发区域和确定建设项目，即依据拟开发产业项目的功能要求确定需要投资建设的项目内容，选定区域乡村最适宜作为核心园区建设的地点，并绘制好区域乡村产业项目开发的核心园区建设规划图，包括主要功能分区与布局总平面图、节点设计意向图和建成后的效果图等，依据规划图明确项目开发的建设项目内容；再就是依据项目开发建设项目内容制订实施计划，即规划实施的建设行动方案，包括项目资金使用计划、项目分期建设进度安排和建设管理等方案；规划编制的最后一项任务就是做好项目可行性分析和制订保障措施，其中项目建成后的经济效益预测是极其重要的，项目开发能否取得良好的经济效益是检验成功与否的重要标准，规划编制完成后尽可能做到让开发项目严格按照编制的规划实施，让所有的投资参与者从规划中都能够看到成功的希望。

4　项目运营

实际上，项目运营应该是包括项目开发的全过程，从项目策划开始就进入到了项目开发运营状态，并不是仅指从项目建成后开始对外营业的后续经营过程。因此，项目开发一开始就务必考虑建立一个完整的产业体系，包括硬件和软件体系，硬件是指支撑产业项目开发的所有物化设施，包括产业项目开发将要使用的各种设施与场地；

软件是指包括人在内所有智能化的运营管理与技术体系，物是外在条件，人是内在因素，条件具备后，人起决定作用，乡村新型产业项目开发在人才使用上特别强调三个团队的建设，即规划设计与工程建设团队、生产技术团队和经营管理团队的建设。规划设计与工程建设团队主要是从社会上引进，选择有能力适于承担本开发项目规划设计与施工任务的技术团队，首先是完成规划设计任务，然后是完成建设工程施工任务；生产技术团队的工作需要长期承担项目开发的生产技术管理，该团队需要长期固定，最好是公司职员，完全由公司专门培养组建。区域乡村新型产业项目开发，农业是基础，生产技术中永远离不开农业生产技术，必须引进相关的农业生产技术人才，除此之外，还要依据新型产业项目开发的其他技术需要引进和培养相关技术人才，项目开发启用的所有技术人才都务必通过专门的职业技术培训后方能持证上岗；同时，还要引进专门从事经营管理的专业技术人才，成立项目开发的经营管理团队，全面负责项目运营的日常管理各项工作，该团队人才主要从社会上引进有一定从业经验的管理人才，实行总经理管理下的部门经理负责制。项目开发组建的三个技术团队既有明确分工，又能互相协作，形成项目开发强有力的专业技术与经营管理人才体系。项目开发过程中在人才体系建设上将依据业务拓展的需要不断引进和培养所需的专业技术人才，始终坚持专业人做专业事，让专业人才在产业项目开发的各个环节中发挥重要作用。

5 结语

中国要全面实现乡村振兴，产业振兴是根本，农业作为乡村的基础产业，在发展空间极其有限的情况下，区域乡村以农业为基础拓展新型产业项目是推进乡村产业振兴的一项重要行动。全国各地乡村都可以面对社会发展刚需选择适于自己区域乡村发展的新型产业，坚持共享发展理念，以村民为主体共同打造新型产业平台，采用股份制的经营模式，组建新型产业项目开发股份制公司，实现风险共担和利益共享。新型产业项目开发共同出谋划策，坚持规划先行和规划引领，切合实际把握社会发展刚需，选准开发项目，科学合理地做好区域乡村新型产业发展及建设规划，力争使产业开发可以达到按规划所制订的行动方案预期的程度，有序推进区域乡村新型产业开发的各项工作正常开展，通过新型产业项目开发将中国每一个区域乡村都建设成为有新型产业支撑的美好乡村。

引导区域乡村新型产业发展的几点建议

摘要：中国实施乡村振兴战略，实现产业振兴是乡村振兴的难点和重点，各级政府都极其重视区域乡村新型产业开发，不仅是调整与优化现有的农业生产结构，改造传统的农业，使之转变为具市场竞争力的特色农业，而且还根据市场需求创新发展新型产业，如乡村旅游、自然与农耕文化教育、农产品贮藏加工和现代物流等四大新型产业。为了引导新型产业走上可持续发展的轨道，本文针对目前广大乡村发展新型产业的现状及普遍存在的突出问题，在进行广泛的调研之后，提出以下三点建议，一是选准产业项目，即根据区域乡村明显的资源与区位优势选择适于本地开发的新型产业项目；二是拓展发展思维，即改变传统小而全的小农思维，改变三产服务业一般的旅游发展思维，将系统思维、办学思维、工业思维和商业思维运用到乡村新型产业项目开发与建设上来；三是创新经营模式，即项目开发充分调动本地村民入股参与的积极性，突出以村民为主体，坚持共享发展理念，完全采用股份制公司经营模式，打破当今乡村仍然在实施的以家庭为单位的联产承包责任制体制，共同打造风险共担和利益共享的新型产业平台。

关键词：乡村产业，发展思维，经营模式

中国社会已经从农业时代转变为工业化与信息化并存的新时代，短短 40 年中国完成了西方经济发达国家近 200 年走过的发展历程，中国城市得到了快速发展。相对于城市来说，广大农村发展却出现了相对滞后和衰落的现象，2005 年，党中央、国务院发出了开展社会主义新农村建设的伟大号召，各级政府积极响应，同时还开展了美丽乡村建设，广大农村面貌焕然一新。为了进一步促进乡村发展，中共中央、国务院于 2017 年 10 月提出了实施乡村振兴战略，明确了乡村振兴的总体目标和要求，即产业兴旺、生态宜居、治理有效、乡风文明和生活富裕。为了大力推进乡村振兴工作，近几年各级政府都在积极探索乡村振兴的模式与途径，尤其是极其重视推进乡村新型产业发展，于 2021 年 1 月专门成立了国家乡村振兴局，地方政府也相继成立了专门的乡村

振兴机构，全国上下呈现出一派齐抓共管的新局面。乡村振兴在城市化水平继续提高的大背景下，怎样才能有效推进乡村产业振兴，城市化给乡村新型产业发展带来了哪些机遇与挑战，这些正是本文要探讨的重要问题，针对目前乡村新型产业发展现状及普遍存在的突出问题，从项目选择、经营模式和发展思维等几个方面探讨乡村新型产业发展的理论与方法，旨在引导乡村新型产业开发走上可持续发展的正确轨道。

1 乡村新型产业发展现状及问题分析

中国是一个农业大国，民以食为天，乡村的主导产业和基础产业一直都是农业，包括林业在内的广义农业，农业虽然是乡村的基础产业，但是所有区域乡村都要靠传统农业来支撑当地的社会经济是不可能的，因此广大农村要发展区域经济就必须开发新型产业，这一点已达成广泛共识。实际上中国广大农村一直都在进行着农业生产结构和农村产业结构调整，近年来广大乡村依据市场需求广泛发展了乡村旅游、自然与农耕文化教育、农产品贮藏加工和现代物流等新型产业。此外，乡村新型产业还包括经改造优化后的特色农业，这也是中国现代农业发展的一个方向，从现在发展的状况来看尚存在以下几个方面的突出问题，具体分述如下：

1.1 产业项目选择

农、林、牧、渔、副业一直是中国乡村的几大产业，副业泛指区域乡村经营主导产业以外的辅助产业，统称为副业，如传统手工业和除当地主导产业以外的其他小型的种养殖业等。随着城市化水平的不断提高和应对市场需求变化，中国乡村产业结构除主粮一直保持稳定外，其他产业项目一直处于动态调整与变化之中，过去广泛分布于区域乡村且缺乏优势的产业在市场竞争中相继被淘汰，国家为了保障乡村特色农业发展也制订了一系列的激励政策，在极其重视主粮生产的前提下，大力支持特色农产品商品化生产基地建设，积极倡导农村一二三产业融合发展，全国各地都在积极探寻区域乡村新型产业发展项目，不断调整农业生产结构和农村产业结构，竞相拓展新型产业，如各种特色农产品生产、乡村旅游、青少年自然与农耕文化教育、农产品贮藏加工和现代物流业等，这些新型产业开发项目在很大程度上都是在城市化达到较高水平后催生的新型产业，具有旺盛的生命力，适应广大乡村选择发展。目前从广义的农业生产结构调整来看，正在朝着区域特色农业方向发展，这已是广泛形成的行业共识，对于区域乡村农业生产结构调整总的发展方向是正确的，但是对于一个具体区域乡村在开发新型农业生产项目的选择方面还存在明显的问题，盲目跟风现象严重，全国各地同质化的农业生产开发项目到处可见，区域乡村在改造优化农业生产结构上长期受自给自足的小农思想影响，商品生产意识未能跟上时代发展的要求，尚未按城市化发展水平规划发展本地特色农业，更没有依据本地资源与区位优势开发具区域特色的商品化农业生产项目，跟风现象依然盛行，盲目模仿、滥竽充数的不少，这是区域乡村特色农产品品牌难以形成和保持的一个重要原因。全国各地现在特色农业的发展状况是大部分区域乡村仍处于探索之中，很多区域乡村甚至尚未找到具地域特色的农业生产项目，毫无地域特色的也跟风而上，规模把握完全失控，导致季节性农产品过剩的现象极其严重。

乡村旅游产业包括农业休闲、田园观光、旅居康养、民宿、农事体验和农家乐等，存在的主要问题是发展规模上做过头了，如有的区域乡村家家都办农家乐，不仅仅是设施环境跟不上，而且服务水平良莠不齐，全国各地乡村旅游项目可谓是遍地开花，风靡一时，不少乡村很快就进入门庭冷落的状态。再就是乡村发展旅游业多数是运用纯粹的一般旅游发展思维进行开发建设的，普遍存在对市场估计不足的问题，再加上很多项目缺乏地域特色，难以满足游客的高标准要求，特色文化氛围不浓，因而经营困难就成了必然的结果。

近年来，乡村发展的自然与农耕文化教育产业方兴未艾，仍然存在受一般旅游发展思维的影响，尚存在有针对性且具特色的教学项目和内容不明确等问题，特别是教育的主题不明确，有的甚至把教学基地建成为游乐园，完全缺乏教学内容，再加上专职教师缺乏，以致教育环境与设施建设未能达到中小学生综合素质培养提高的基本要求，该行业刚刚起步，尚有巨大的发展潜力与空间。

特色农产品贮藏加工和现代物流业是乡村开发的两大新型产业，是每一个区域乡村都不可或缺的一项新型产业，全国各地乡村正在蓬勃发展，实际上两大新型产业项目完全可以合二为一，实行融合发展，很多区域乡村也正在按融合发展的方式进行运营，但是在商业和工业发展思维的应用上尚存在普遍不足，大多尚未建立较完整的工业化和商业化的产业体系，在运用现代智能化技术方面也尚处在初级阶段。

总而言之，目前区域乡村新型产业发展就是要突破各自为政的经营状态，全国各地乡村至今还有很大一部分土地尚未实行流转，给乡村新型产业项目发展无疑会带来一定的困难，解决现有体制束缚的问题还需要一个过程，更需要改变村民长期受小农经济思想影响而落后的思想观念，打破各自为政的状态还需要做大量的宣传发动工作，尽快引导村民适应现代新型产业发展的要求是当务之急。

1.2 发展思维运用

乡村发展新型产业类型是基本确定的，区域乡村选择好适宜发展的新型产业项目后，就需要厘清发展与建设思路，因地制宜制订出切实可行的行动方案，首先就必须选择运用一种正确的发展思维，思维指导行动，行动决定结果，也可以说思维最终影响结果。如过去乡村发展三产服务业，想到的就是旅游，思维上固化，于是乡村都按旅游思维发展旅游产业，很多的乡村旅游项目都是按一般的旅游发展思维进行建设的，考虑的就是为了满足游客到此一游的要求；打造景点与景区，主要是满足游客来游一游、看一看、玩一玩、乐一乐、购一购和吃一吃的一般要求而开发建设的，很少考虑其他功能的拓展，如素质教育和旅居康养功能等，以致近年新建的很多乡村旅游目的地，不仅形式上雷同，而且内容上也没有什么区别，更谈不上具地域文化特色，如格桑花（波斯菊、金光菊、百日菊等混合草花）、鼠尾草、马鞭草等花海到处可见，当初游客图个新颖，来赏花的人不少，实质上到处都有了之后就没有当年的吸引力了，结果是游客越来越少，经营效益一年不如一年，如今不少乡村旅游项目落到惨淡经营的结局，业界只好得出乡村旅游资源过剩的结论，其实细想起来是真的过剩了吗？只是雷同的旅游资源过剩了，真正需要的特色旅游资源尚还缺乏，乡村旅游环境与设施建设必须在一般的旅游发展思维上进行拓展，新时代的旅游需求变得多样化了，发展思维必须顺应时代的要求跟着改变，如拓展办学思维和康养思维等。

目前区域乡村发展特色农业、农产品贮藏加工和现代物流等新型产业，发展思维的运用同样存在问题，国家倡导城乡统筹一二三产业融合发展是极其正确的，对应的发展思维应该包括系统思维、特色思维、工业思维与商业思维等，然而有很多的区域乡村发展新型产业并没有很好地运用上述思维，产业体系不完整导致顾此失彼的项目很多，产前、产中和产后各个环节没有能很好地衔接，各个环节出现脱节的现象较普遍，新型产业开发没有打造好一个完整的产业化体系，经营上难以进入到一个可持续发展的理想状态也就成了必然。

1.3 经营模式创建

中国已经进入到了工业化和信息化并存的新时代，对于社会经济发展也可以说是进入到了共享经济时代，原来农业时代的小农经济生产与经营模式已经越来越不适应现代经济社会发展的要求。然而，现在中国乡村依然实行的是以家庭为单位的联产承包责任制，该体制已经明显不适应乡村现代农业和其他新型产业的发展，国家虽然早就制订了农村土地实行三权分制的引导政策，也鼓励和支持乡村土地流转，但是到目前为止还有很大一部分土地尚未进行流转，仍处于家庭小而全、分而散的经营状态，就是已经流转了土地并采用以本地村民为主体组建股份制公司经营的还很少，大多是某一独立法人的企业或个人在集中经营，真正经营得特别好的企业不多，做出品牌特色的更少，规模上摊大和项目上求全的不少，有的业主甚至偏离了乡村新型产业发展的方向，做起了乡村房地产开发，根本就不是在开发乡村需要发展的新型产业，甚至很多是在做投机生意，更是问题多多。因此，日前乡村产业发展普遍存在的突出问题就是尚未创建可复制可推广的产业经营模式，一个紧迫的任务就是要彻底打破分而散小而全的小农经济模式，以区域乡村为单元，规模大小以邻近城市市场需求为依据，始终坚持以区域特色农业生产为基础，充分利用本地资源与区位优势选定重点发展的新型产业项目，力求创造地域文化特色，践行社会主义核心价值观，采用以本地村民为主体的股份制公司经营模式，最终达到共同致富的目的。

2 引导乡村新型产业发展的几点建议

中国乡村在城市化水平继续提高的大背景下，要实现乡村产业振兴就必须大力发展新型产业，广大区域乡村怎样面对城市化给乡村产业经济发展带来的机遇与挑战发展新型产业，本文提出如下三点建议：

2.1 选准产业项目

要适应新时代经济社会发展的要求，每一个区域乡村都必须创新发展新型产业，包括改造优化传统农业所形成的地域特色农业，只有创新发展才是硬道理，否则，区域乡村逐步走向衰落就是一个必然的结果。因此，对于任何一个区域乡村，第一步都是要选准新型产业开发项目，衡量新型产业发展成功的唯一标准就是正常运营后的直接经济效益，乡村产业项目开发完全属于一种投资商业行为，盈利是项目开发业主追求的主要目标。区域乡村新型产业开发项目很显然有几大类型，广大乡村现有的产业项目主要就是农业生产项目，不管是由谁来经营，未来农业生产主要属商品性农业生产性质，大部分农产品最终销往城市。区域乡村对现有农业生产结构调整与优化的目标就是要依据本地的农业生产资源与地理区位优势选择最适宜于本地的生产项目，就是要求完全能够形成具地域特色且有市场竞争力的特色农业项目，农业生产突出以此为主业，然后就是在此基础上依据产品的特性发展贮藏加工与现代物流产业，这也是每一个区域乡村必须考虑开发的新型产业，规模主要依据当地的农业生产规模确定，实质上农产品贮藏加工与现代物流产业共同构成区域乡村现代农业经营体系，包括产供销各个环节的开发建设。此外，区域乡村还可充分利用其他资源与地理区位优势选择发展乡村旅游和自然与农耕文化教育等新型三产服务业，但必须分别考虑邻近城市的市场需求和自身的优势是否明显，没有优势的就不要考虑上述三产服务业的开发。

2.2 拓展发展思维

一个区域乡村新型产业开发项目确定之后拓展发展思维是极其重要的，直接关系到新型产业体系的建立与运营。乡村开发新型产业首先需要明确的就是任何新型产业发展都必须运用系统发展思维建立完整的产业体系，中国乡村进入新时代后农产品的商品率随着城市化水平的提高而大大提高了，自给自足的农业不再是主角了，生产必须考虑销售。再就是现在销售农产品必须运用现代商业发展思维，采用现代的销售方式。农产品贮藏加工主要是保障和调节市场供需，再也不是就地消费为主了，市场销售始终都会存在季节性集中生产与均衡需求的矛盾，为了均衡供应就需要贮藏保鲜，甚至进行精深加工，外销农产品作为商品包装就是必需的了，在加工与销售过程中拓展运用工业和商业发展思维就显得更加重要。

区域乡村发展旅游和自然与农耕文化教育等新型产业时必须拓展办学发展思维，目的是提高教育意识，强化学习功能，产业基地环境与设施建设最好是按学堂要求进行。乡村旅游的一种新的方式就是田园旅居康养，游客主要是健康老人，常言道活到老学到老，在乡村建立田园养生学堂，组织他们参与具有养生教育学习内容的活动，如赏花、品茶、垂钓、采果、摘菜、唱歌、习舞、书法、绘画等活动，让他们在参与学习活动中享受田园美好生活。

2.3 创新经营模式

区域乡村新型产业项目开发完全属于一种投资商业行为，全国各地乡村都可以选择做同类型的乡村开发项目，都必须参与市场竞争，谁能在竞争中获胜，就看谁能够率先创造和保住地域特色品牌，尤其是农产品的特色品牌创造一般具有明显的区域性，单家独户的小规模生产是很难创特色品牌的。新型产业开发选择采用股份制经营模式明显优越性有四点：一是组织大家共同创业，符合社会主义核心价值观，能够让村民走上共同富裕的道路；二是便于在短期内筹集较充足的项目开发资金，使项目开发在资金投入上有保障；三是共同打造区域乡村新型产业发展平台，更有利于打破当今乡村以家庭为单位的联产承包责任制的体制，因此减少或消除不利于乡村产业规模化发展的影响因素；四是有利于激活如今大量闲置的乡村民居资源，用于新型产业开发，从而调动村民入股参与的积极性，让村民能够得到一份资产性收入。

3　中国乡村新型产业发展的前景展望

中国乡村随着新时代的到来必须与时俱进，创新发展乡村新型产业，既是时代要求，更是乡村推进产业振兴的必然行动，首先是现有农业生产的创新发展所确立的地域特色农业方向，不仅能够把握整个国家农业生产结构调整布局的总体方向，而且还非常有利于创建每一个区域乡村的特色农产品品牌，更是有利于区域乡村形成稳定的农业生产结构，进而形成包括农产品贮藏加工和现代物流相融合的全产业链完整的产业体系，从而让区域乡村改造优化后的新型农业产业进入到一种较理想的可持续发展状态。再就是中国广大区域乡村为满足城市需求而发展的乡村旅游和自然与农耕文化教育等两大新型产业，都属于社会发展的刚需项目，只要是区域乡村依据本地的资源与区位优势选准了开发项目，在拓展发展思维后其发展前景也是极其广阔的，具有巨大的发展潜力，依据城市中小学生的规模数量和国家对中小学生每学期必须走出校门开展 4 天以上素质教育的严格要求估算，全国自然与农耕文化教育产业的年产值至少有 2 万亿元规模；区域乡村依据老龄化社会的到来倡导发展大健康产业的需求，大力发展以乡村田园旅居康养为主要方式的乡村旅游服务业，年产值规模可达 8 万亿元以上，从经济总量上完全可以形成广大区域乡村的主导产业，同样具有极其广阔的发展前景。

4　结语

乡村产业振兴是推进实现乡村振兴总体目标的重点和难点，全国各地都在积极探索发展乡村新型产业的途径与方法，选准确定好区域乡村新型产业是开发的第一步，面对社会发展刚需选准产业发展项目，拓展运用系统、办学、工业和商业等发展思维，制订好新型产业发展及建设规划，按照打造完整产业体系的建设与发展思路，坚持共享发展理念，充分调动广大村民入股参与的积极性，突出以村民为主体，采用股份制经营模式，组织引导广大村民走上共同致富的道路，以此开辟中国乡村新型产业发展新局面。

引导风景园林行业发展走出困境的几点思考

摘要：中国风景园林行业是随着快速城市化而发展壮大起来的一个行业，这些年来为城市建设作出了巨大贡献，得到了社会广泛关注和高度赞赏。然而，随着城市建设速度的变缓和绿地建设工程量的减少，近几年来，风景园林行业发展出现了持续低迷的局面，且存在与风景园林专业各层次学生仍在扩招的突出矛盾，本文从分析问题入手，针对风景园林行业有可能出现整体陷入困境的结果，站在行业系统整体发展的角度，明确提出了几条解决问题的对策和措施：一是拓展乡村建设新天地，引导从业人员分流，现在国家要求开展美丽乡村建设与村庄规划正是风景园林学科研究的重要课题，乡村需要风景园林行业去建设；二是树立绿地经营意识，延伸拓展行业功能，针对目前存在的突出问题，优化行业系统结构，积极引导风景园林行业增强以绿地经营为核心的整体把控意识；三是强化规划把控意识，引领行业集成创新，主动组织吸纳相关学科人才，共同谋划，合作开展各种类型的城乡绿色综合体规划设计与工程建设创新研究；四是应对行业转型发展需要，培养开拓创新人才，不仅培养战术上的应用技术人才，而且还重视培养战略上能把握的经营型领军人才，目的是尽快让风景园林行业走出困境并走上可持续发展的道路。

关键词：风景园林，行业，发展对策

中国风景园林行业是随着近四十年快速城市化而不断发展壮大起来的一个行业，现在已经形成了一个非常庞大的行业系统，为中国的城市绿地系统建设作出了巨大的贡献，得到了社会的广泛关注和高度认可。与此同时，与风景园林行业直接相关的风景园林学科也得到了政府的重视，于 2011 年升格为一级学科；风景园林与园林专业全国多所学校先后开办，办学层次从中职、高职、本科和研究生各层次都有，并且是一个相当热门的专业，毕业生绝大部分都在本行业工作，但是最近几年，随着城市建设速度变缓和城市绿地建设工程量的减少，风景园林行业整体上出现了持续低迷的困境局面，行业系统内的很多企业因业务量不足而纷纷裁员，出现了难以维持的状况，对

整个行业的健康发展造成了非常不利的影响，致使不少行业企业对未来发展失去了信心，尤其是绿化苗木生产企业产品积压严重，出现了严重的销售问题，业主忧心忡忡，经济上难以维持，下岗的从业人员再就业也存在较大的困难，处于对行业的观望状态。然而，开办了风景园林或园林专业的学校却在继续扩大招生，给未来风景园林行业带来了更大的冲击，怎么办？本文从风景园林行业整体行业系统存在的突出问题分析入手，从多学科交叉融合集成创新发展的思路出发，寻找行业可拓展的发展空间领域和功能延伸方向，从整体行业系统结构优化上进行思考，并从战术与战略型人才培养上提出风景园林专业教学改革的方向，旨在为推进风景园林行业走出困境并走上可持续发展的道路提供重要参考。

1 风景园林行业发展概况及陷入困境原因分析

中国风景园林行业一直是与建筑业、林业和园艺等有紧密联系的一种行业，主要是依附于城市建筑业而发展，直到 2011 年风景园林学科才从建筑学和林学两个一级学科中分离出来升格为一级学科，学科研究才开始完善并建立以规划设计为核心的研究体系。在 20 世纪 80 年代以前，国内仅几所大学开办有风景园林与园林专科或本科专业，办学规模极小，社会市场对人才需求不大，相应的行业规模也很小，并且也很少有专门的行业企业和科研院所，专业人才主要用于当时的城市绿地系统建设与维护管理，且风景名胜区开发也很薄弱，整个行业被限制在一块狭小的城市绿地建设与管理范围内运行。80 年代后，全国各大学先后开办了风景园林与园林专业，随着中国城市建设加快和城市化水平的不断提高，风景园林专业开办的学校一直在不断增多，办学规模也随之增大，办学层次也随之齐全，中职、高职、本科和研究生几个层次都有，风景园林学科与专业发展十分迅速，学生招生规模上在 90 年代后就大大超过了很多相关的学科与专业，风景园林专业得到了社会广泛关注与高度认可，对应的风景园林行业因此而成为一个相当热门的行业。如今，中国绝大部分城市快速发展的时期已经过去，尤其是大中城市，作为城市建设的一部分新建城市绿地的速度将大大减缓，再加上房地产业的相对饱和与政策上的严格控制，风景园林行业必然受到明显影响，这一点已经从近几年风景园林行业持续走向低迷的事实得以证明，也可以说是城市建设速度放缓和绿地工程量减少的一个必然的结果。一方面风景园林与园林专业各个层次都仍在扩招，社会对行业前景仍然充满希望，学校培养的专业人才数量还在逐年增加；另一方面城市绿地建设工程规模却在逐渐缩小，毫无疑义两者之间的矛盾将会越来越突出，风景园林行业必将会产生专业人才供大于求的局面，若不设法扭转这一局面，风景园林行业将会全面陷入困境。

2 引导风景园林行业走出困境的策略和措施

风景园林行业经过多年的发展已经形成了一个庞大的行业系统，也可以说是一个产业系统，系统结构主要由相关的学科专业、科研院所、规划设计机构、工程公司、园林建材制造、花卉苗木生产、园林维护和行政管理部门等相关功能单位组成，各单位在行业系统中发挥各自的功能和作用，它们之间存在着相互依存协同发展的关系。风景园林行业的整体直接经济效益主要取决于城市绿地景观建设工程规模的大小，同时也决定整个行业从业人员和各单位专业技术人员需求的数量，因此，充足的城市绿地景观建设工程量是保障风景园林行业正常运行的前提条件，同时保障各组成单位之间的协同发展。近年来，风景园林行业发展主要依附于城市绿地建设，并一直处于城市建设的从属地位，随着城市发展速度放缓与建设规模的缩小，风景园林行业系统必将全面走入困境，作者认为不是专业技术的战术上出了问题，而是系统运行的战略上一直存在大问题，风景园林行业要走出困境继续发展壮大，建议在战略上采取如下对策和措施：

2.1 拓展乡村建设新天地，引导从业人员分流

风景园林行业主战场一直是放在城市，主要是依附于建筑行业承担绿地景观建设。然而，任何城市发展都是有边界和规模限定的，首先受到影响的肯定是建筑业，风景园林行业更是逃脱不了走向低迷的困境。国家正在实施乡村振兴战略，大力推进美丽乡村建设，国家五部委联合发文《关于统筹推进村庄规划的指导意见》中明确规定村庄不规划不投入和不规划不建设的要求，据统计全国大约有 70 万个村庄需要规划，并且积极倡导走一二三产业融合发展的道路，规划先行，规划引领，对于擅长景观规划设计与营造的风景园林行业来说是一个千载难逢的好机遇，乡村结合美丽田园与村庄绿色宜居环境建设的工程量也是相当可观的，风景园林学科团队完全可以率先开展美丽乡村规划与设计研究，在稳住城市绿地建设老阵地的前提下，充分发挥行业优势，有计划有步骤地拓展乡村建设新天地。

2.2 树立绿地经营意识，延伸拓展行业功能

风景园林行业过去主要承担城市绿地系统建设任务，工程竣工后移交业主，行业直接经济效益也就实现了，除还需要行业从业人员进行维护管理外，建成绿地的存在几乎与行业关系不大，可容纳的行业人员就业的岗位也十分有限，不足以支撑园林行业的发展。实际上建成的绿地也是一种重要的资源，尚有很多可开发的功能，如疗养、教育、体育、娱乐、文化、商业等功能都可融入绿地环境，但是风景园林行业与业主在绿地规划设计时并没有加以考虑，很多城市公园绿地完全可以由风景园林行业负责组织相应行业人员协同进行开发，按照城市绿色综合体的建设思路进行规划与设计，并且由风景园林行业负责经营，彻底改变过去仅仅负责绿地建设的做法，强化树立绿地经营意识，城市绿地可以建设多功能绿色综合体。其实乡村田园综合体和山地森林康养综合体同样可以参与经营，正在投资开发的乡村产业建设项目迫切希望大专院校和科研院所的团队作为技术支撑，甚至合作共建。因此，建议风景园林行业采用以企业或个人直接投资或技术入股的方式投身到各种城乡绿色综合体建设中去，不仅是规划设计者和建设者，还是合作经营的业主，能够更好地发挥主人翁作用，长期建立行业与绿地开发建设项目之间的永久联系，拓展行业经营绿地的功能，尽快助推行业走出困境。

2.3 强化规划把控意识，引领行业集成创新

城乡绿色综合体建设是未来不同行业融合发展的一种新模式，也是多学科交叉融合发展共同研究的新课题，规划先行引领发展早已形成共识，绿地景观规划是风景园林学科的核心竞争力。本学科应吸纳其他相关学科开展城乡绿色综合体规划与设计研究，集成创新，共谋绿色产业发展大业，多学科融合规划，与设计团队依地域、按类型、分功能制定各种类型绿色综合体的建设规划方案，由风景园林学科专业技术人员整体把控和主导城乡绿色综合体建设，如城市绿色综合体、森林康养综合体、乡村田园综合体等不同类型的绿色产业综合体建设。风景园林学科一定要在行业处于困境的时期展现出信心，采用集成创新的方法做好城乡各种绿色产业综合体规划，强化行业规划把控意识，引领行业主导城乡绿色产业综合体建设，开辟一个又一个行业创新发展的新高地。

2.4 应对行业转型发展需要，培养开拓创新人才

风景园林专业人才培养计划并不是一成不变的，无论是中职、高职，还是本科与研究生都必须依据行业发展需要及时调整教学计划，与时俱进，按发展中的行业对专业人才的需求培养应用型人才，运用风景园林学科最新研究成果及时更新教学内容。现在风景园林行业正处于困境时期，举步艰难，百废待兴，尤其是发展观念急需更新，风景园林行业不是困在各类绿地景观营造技术上，而是困在整体把握行业发展的战略上。行业发展到今天可以说，在传统绿地景观规划设计与营造工程技术上已经有了足够的积累，能够满足现在从业人员学习与应用的要求，但是面对未来行业转型发展的迫切需要，还有大量的行业问题需要解决，急需培养具战略思维的开拓创新人才。

3 风景园林行业发展前景展望

中国风景园林学科是一个既年轻又古老的学科，虽说风景园林一级学科独立发展的时间还不长，但中国自然山水式古典园林却在世界上独树一帜，已具有上千年的历史。造园艺术是中华民族传统文化的精华，然而，在科学研究的深度与广度上相比于建筑学、林学、农学、生态学、园艺学、环境工程等相关老牌一级学科来说却明显滞后，有很多研究领域甚至还是刚刚起步，具有极其广阔的发展空间。

风景园林学科是一个极其综合的学科，既是科学，又是艺术，还是工程技术，实质上属于人居环境学科的一部分，其研究重点与核心技术虽然是绿地景观建设工程的规划与设计，要完成好一个项目的规划与设计方案必须运用多学科的知识和技术，因此，集成创新是风景园林学科快速发展的最佳方法，这一点与现在高校积极倡导的多学科交叉融合发展的方向高度一致，大学改革极其重视多学科交叉融合发展，可以说中国风景园林学科迎来了快速发展的春天。

风景园林行业通过把控城乡绿色产业综合体的规划与设计，树立并实践经营意识，主动吸纳更多的学科与行业对接到风景园林行业系统中来，取长补短，共谋发展，让风景园林行业尽快走上可持续发展的轨道，共同实现大地园林化和建设美丽中国的梦想，风景园林行业将在生态文明建设中发挥更重要的作用。

4　结语

中国风景园林行业整体正处于向前发展持续低迷时期，导致走入困境的原因十分清楚，也许未来还会遇到新的困境，但是只要风景园林学科审时度势把握好行业发展的方向，及时面对行业发展中遇到的新问题积极开展研究，主动吸纳多学科参与，共谋发展大业。主要采用集成创新的研究方法，集中学科力量，重点开展城乡绿色产业综合体的规划设计研究，在技术上支撑行业发展，不断优化行业系统结构，彻底改变行业长期处于从属地位的依附状态，强化规划把控、经营投资、改革创新和融合发展意识，引导风景园林行业尽快走出困境，向着光辉灿烂的明天奋勇前进!

中国乡村绿色产业综合体建设规划构想

摘要： 中国实施乡村振兴战略的一个重要目标就是要实现乡村产业振兴，怎样实现乡村产业振兴是社会各界普遍关注的一个重要问题，乡村一二三产业融合发展是实现乡村产业振兴的有效途径与方法，这已是形成的广泛共识，因此普遍看好田园综合体的建设和发展。本文针对近年来田园综合体项目建设和发展过程中普遍存在的几个突出问题，如贪大求全、主导产业不明确、建设重点不突出和农业基础地位不牢等问题，提出了乡村绿色产业综合体的概念，阐述了乡村绿色产业综合体的基本结构与功能，即自然山水环境的自然生态功能、农田耕地区域的农业生产功能和建设用地的居住生活功能，明确指出按发展三产服务业的要求改造后的村落是推动区域乡村产业发展的核心和引擎，并从总体规划的角度提出了中国乡村按绿色产业综合体模式发展及建设的构想，旨在引导中国乡村产业走上可持续发展的轨道。

关键词： 中国乡村，绿色产业综合体，总体规划构想

中国正在实施乡村振兴战略，提出了产业兴旺、生态宜居、治理有效、乡风文明和生活富裕的总体目标和要求，其中产业兴旺是最重要的目标和要求。近年来，为了促进产业兴旺，国家先后发布了《关于统筹推进村庄规划的指导意见》，积极倡导乡村一二三产业融合发展和发展全域旅游产业，大力支持特色农产品商品化生产与加工基地建设。政府十分认可田园综合体建设与发展模式，全国各地在政府的大力支持下兴建了大量的田园综合体项目，在概念上这并没有什么不足之处，也是社会各界普遍看好的一种乡村产业发展新模式，但是在具体发展及建设过程中普遍出现了贪大求全、主导产业不明确、建设重点不突出和农业基础地位不牢等突出问题，以致很多的业主在经营上陷入难以维持的处境，现在回过头来反思田园综合体项目，不难发现当初的规划存在不可推卸的责任。这与规划人员并未完全厘清田园综合体的基本结构与功能存在必然的联系，有的甚至打着建设田园综合体的名目，实际做起了乡村房地产的买卖，完全忽视了农业的基础地位，完全脱离了农村基础产业的社会价值，因此，经营

的失败也就成了必然的结果。基于此，本文作者在田园综合体的基础上提出了乡村绿色产业综合体的概念，从坚持农业基础地位、讲究适度规模、明确主导产业和突出建设重点等四个方面进行了论述，旨在引导中国乡村产业走上可持续发展的轨道。

1　乡村绿色产业综合体与田园综合体比较分析

中国实施乡村振兴战略，积极倡导农村一二三产业融合发展，于是业界按照乡村产业融合发展的思路，提出了田园综合体的建设与发展模式，得到了政府与社会各界的高度认可，至于田园综合体的具体发展及建设要求，至今尚未见到一个明确的规定，从字面上来看田园综合体即是在乡村田园环境中兴建的多功能产业综合体，至于不同区域乡村经营何种产业靠业主确定，在对市场潜力与主导产业发展条件估计不足的情况下，实施起来可能走偏，这一点上也完全符合认识规律，任何认识都需要一个实践的过程，认识才会不断完善，中国乡村产业发展的实践与认识过程也是如此。乡村田园综合体与绿色产业综合体本质上并没有什么根本区别，关键是要把握它的内涵和要求，相比于城市商业综合体田园综合体也可以理解为乡村农业综合体，但是农业相比于商业来说其利润空间是无法比拟的，资本总是亲利的，于是很多投资乡村田园综合体的业主在利益获得上并不看好农业，也都知道投资农业获利难，于是把重点建设内容放到了三产服务业的环境与设施建设上。从商业发展的角度来看也没错，但是农村产业发展的环境和根基不同于城市，其服务对象和市场需求必须把握准确，然而很多田园综合体的业主并没有完全弄清楚，有的甚至完全忽视农业的基础地位，甚至将城市的房地产业搬到乡村去了，在乡村建设上大兴土木，不仅投资巨大，而且还造成了乡村土地与现有建筑资源的大量浪费。有的田园综合体项目完全是按旅游发展思维进行建设的，景观与环境仅从游一游、看一看、玩一玩、乐一乐的需求上进行考虑，并未找到社会发展的刚需，具体表现在以下几个方面：一是规模上摊大，内容上求全；二是主导产业不突出，主题不明确，什么都有且什么都不突出，缺乏主题特色，同质化现象较严重；三是忽视了农业的基础地位，甚至完全不做农业，完全失去了乡村农业生产的基本功能，再加上人造景观的同质化建设弊端，缺乏优势特色，有的甚至过于重视外表形式而忽视内在内容，然而消费者却永远是实在的，结果是好景不长，在游客不断减少的情况下自身都难以维持。本文新提出的乡村绿色产业综合体概念必须改变过去所实施的田园综合体的做法，首先必须强调农业生产的基础地位不动摇，坚持生态理念，讲究绿色发展，在乡村中决不大兴土木开展建设，突出资源节约和生态环保，产业发展上力求与城市互补，强化乡村产业的特色和优势；再就是抓住当今及未来中国社会发展的两大刚需发展三产服务业，即青少年的自然与农耕文化教育和老年人的田园康养需求发展产业，转变乡村产业发展思维，按办学思维发展乡村三产服务业，真正把乡村绿色产业综合体做广做大做强。

2 乡村绿色产业综合体基本结构与功能及建设规划构想

中国乡村过去经营的主导产业主要是农业，包括种植业与养殖业。20 世纪 80 年代以前，以村民小组为生产单元，之后分田到户，采用的是家庭联产承包责任制，家庭成了生产单元。近年来提倡适度规模经营，鼓励土地流转，实行三权分制，破除了耕地过于分散而不利于现代农业发展的弊端。总之以家庭为单元的生产状况是必须改变的，那么取而代之的将是一个在地理位置上相对独立的区域组成一个多功能融合产业单元，这个区域既不宜太大，也不宜太小，一个或几个村民小组组成，或是一个村或几个村组成，大小规模依据产业发展的需要确定，相邻区域的产业单元之间在农业生产上可以相同或相似，可以共同打造品牌，但是在其他产业发展上必须具有明显差异，力求异质发展，避免同质化竞争。中国未来乡村从现在产业发展的状况与趋势来看，不同区域将会形成一个个不同的特色产业单元，这是一个必然的结果，实践证明也只有特色产业单元才有旺盛的生命力，关键在于特色的创造。规划先行，规划引领发展方向，规划厘清发展思路，规划制定行动方案，我们暂且把乡村特色产业单元称之为绿色产业综合体，即区域乡村以农业为基础的多功能融合产业发展实体。我们不难发现不同的产业单元不管是经营何种产业，它们的基本结构都是相似的，都拥有三个基本功能区，即自然山水环境的自然生态功能区、农田耕地区域的农业生产功能区和建设用地的居住生活功能区，这三个基本功能区正是国土空间规划划定的三条红线保护与控制区域，其范围和使用功能有严格的规定，是不允许随意改变的，因此，乡村绿色产业综合体发展及建设规划必然强调保持各功能区块的基本形态与结构，并维持其良好的状态，即必须建立良好的生态体系、生产体系和生活体系，以确保各项功能的正常发挥。

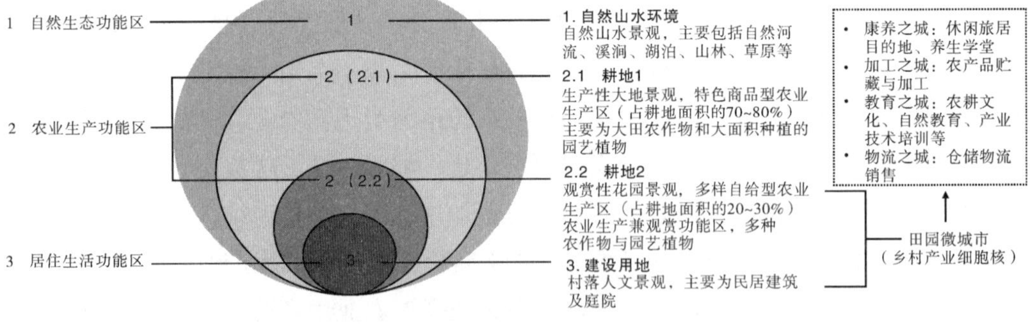

乡村绿色产业综合体基本功能结构模型图

（1）自然山水环境是自然生态功能区，它的构成要素与结构主要是自然形成的，主要指的是天然的湖泊、河流、溪涧、山林等自然资源环境，最好是维持其自然状态，人类尽量不要轻易干预，一般属自然保护的区域，在规划上通常按国内空间规划的要求划定为生态红线保护区，以便让该区域充分发挥其自然生态功能，人类开发必须在自然生态功能得到有效保护的前提下进行，如生态旅游开发。

（2）农田耕地区域是农业生产功能区，由基本农田和一般农田组成，对于基本农田使用，国家制订了基本农田保护法，严禁非农化，特别强调开展粮食和一二年生作物生产，要求藏粮于地、藏粮于技，永远保护好农田的耕作层。因此，在农田使用上规划开展两种类型的农业生产，一是特色商品型农业生产，即依据本地农业生产资源优势选定适宜的农作物为生产对象，计划生产用地占耕地的70%～80%，生产具特别竞争力的农产品进入市场销售，甚至出口创汇，生产区域形成季节性的生产性大地景观。特色商品型农业生产的产品最好是能成为地理标志产品，生产规模可以根据市场需求扩大；生产技术尽可能实现标准化和专业化；产品生产链按市场需求延长，甚至进行产后加工处理，形成专门的农产品加工生产线。二是多样自给型农业生产，即根据就地消费各种农产品的需要选择多种农作物进行生产，包括畜禽养殖与水产养殖，计划生产用地占耕地的20%～30%，生产的农产品基本上不考虑上市销售，主要是满足自身需求。用于多样自给型农业的生产环境同时又是三产服务业主要的配套使用环境，建设上要求结合生产创造可供观赏体验和休闲游憩的田园环境，要求拓展农业生产环境的景观游赏功能，以此区别于一般的农业生产环境。

（3）建设用地区域是居住生活功能区，对于区域乡村来说，一般是村落，国家对乡村建设用地制订了相应的政策，实行一户一宅基地，且占地面积有严格规定，不允许突破，就是生产管理用房建设也有严格要求。现在中国乡村民居建筑资源大量闲置，造成了建筑资源的严重浪费，不符合资源节约社会发展的要求，作为乡村发展绿色产业综合体的需要，建筑又是开展乡村三产服务业的主要设施，在对现有乡村民居建筑难以直接利用的情况下，根据产业发展需要对其进行改造建设是必需的，同时对村落环境进行园林化改造也是有必要的，通过将村落改造建设成为拥有与现代城市居住区相媲美的配套生活设施，最终目的不仅是为了提高乡村居民的生活水平，而且还要成为让城市人到乡村享受美好生活的理想境地。区域乡村建设绿色产业综合体的核心区域就是被选定作为二三产业综合服务区的建设区域，即为被选定改造建设的村落，也并非所有的村落都必须按发展融合产业的需要进行改造建设，改造建设的目的是发展融合产业而改造村落，因此，从经营与经济的角度必须选择开发利用基础条件较好的村落，以便减少改造建设的资金投入。所改造的村落一般公共建筑很少，主要是民居，改造前必须得到居民的同意，最好是采用股份制经营模式，吸纳居民以建筑与土地等资产入股参与，发动当地居民共投共建融合产业平台，实现利益共享，以此产业平台为引擎带动区域乡村社会经济的健康与可持续发展。

3　乡村绿色产业综合体的经营效益预测

中国乡村绿色产业综合体适宜在全国范围内进行开发建设，不同的区域乡村其绿色产业综合体的基本结构是相同的，不同之处除自然山水环境差异明显外，经营的特色商品型农业和多样自给型农业也存在地域上的明显差异，从而表现出不同区域之间地域农耕文化的差异。绿色产业综合体规划拓展的二三产业，其共同之处就是服务的对象主要都是青少年和老年人，中国日益重视对青少年开展自然与农耕文化素质教育和对老年人开展乡村田园康养服务，这两项产业将是中国社会发展的两大刚需，可以说全国各地都有需求，只是从地理位置上来看靠近城市的乡村相比于较远的乡村更适宜发展青少年的素质教育产业；山清水秀且具特别气候优势的乡村更适宜发展旅居康养产业。从服务的对象上来看，据初步估算全国中小学生数约有 2.3 亿；60 岁以上老年人数超过 3 亿，对于中小学生的素质教育，教育部已发文要求每学期开展 4 天以上，其中自然与农耕文化教育是重要的素质教育内容，全国的素质教育产业大大超过 2 万亿元的产值规模；乡村老年旅居康养产业至少有 10 万亿元产值规模的产业发展空间，而且这两大产业都是可持续发展的。随着青少教育质量的提高和老年人对美好生活的要求更加迫切，两大产业的产值规模还将进一步扩大，这仅是乡村绿色产业综合体经营的三产服务业中服务于青少年和老年人的效益预测，除此之外，乡村绿色产业综合体还将经营特色商品型农业生产，能够很好地促进区域乡村农业生产结构的调整，使全国的农业生产朝着一个结构合理的方向发展，从而实现农业生产的高产、优质、高效与安全。各地都有自己的农业生产特色，农业作为农村经营的基础产业，其特色农产品具有市场竞争力，能够保障获得基本的农业收入，对于促进中国农业的可持续发展意义重大。乡村绿色产业综合体作为一个多功能融合产业发展平台，在农业稳定发展的基础上有效地拓展了乡村二三产业，大大增加了乡村就业岗位，不仅能够获得良好的经济效益，还能够获得良好的社会和环境效益。

4 结语

中国实施乡村振兴战略，产业振兴是根本，人才振兴是关键，生态振兴是要求，组织振兴是保障，文化振兴是灵魂，生活富裕是最终目的。中国地大物博，人口众多，各地气候条件差异明显，农业主导产业发展不同区域乡村各不相同。推进农村一二三产业融合发展是实现乡村振兴的重要抓手，也是改变乡村产业结构的有效途径，乡村绿色产业综合体与田园综合体发展模式实质上是相同的，只是前者更加明确强调农业是乡村发展永远不变的基础产业，并且明确提出按特色商品型农业和多样自给型农业发展的思路与方法，此外还明确要求按照中国社会发展两大刚需发展三产服务业，乡村绿色产业综合体发展模式的大量推广应用对于促进中国乡村振兴具有极其重要的意义。

选用名花打造中国美丽乡村的发展前景探析

摘要：中国开展美丽乡村建设是改善人居环境的重要行动，对促进乡村振兴具有极其重要的意义。中国乡村具有“一般美丽”的比比皆是，具有“特别美丽”的并不多，对于具有一般美丽的乡村怎样使之形成“特别美丽”？并使之成为吸引外来游客的主要景观，这是摆在规划设计与建设工作者面前的一道难题，本文针对这个问题提出了选用名花结合多样农作物生产和村庄环境建设打造名花专类园的建设思路，利用名花创造乡村的“特别美丽”，以此作为增强区域乡村农旅融合产业环境吸引力的主要行动。依据乡村发展农旅融合产业对优美生活环境的普遍需要，论述了名花应用的可行性、必要性和迫切性，同时依据中国未来人们对美好生活的追求，预测了拥有名花专类园景观的区域乡村发展农旅融合产业的广阔前景。

关键词：名花，美丽乡村建设，发展前景

为了改善乡村人居环境，同时也为了促进全域旅游产业的发展，我国先后发动了社会主义新农村和美丽乡村建设，近年来正在实施乡村振兴战略，全国各地积极响应，掀起了乡村建设新高潮，彻底改变了过去广大农村普遍存在的脏乱差现象，可以说现在的乡村大多具备了一般的美丽。然而，改善后的乡村环境对于促进区域乡村产业振兴来说尚未带来明显的效果，各地乡村对以城市居民为主的游客吸引力并不强，并且近年来开展农旅融合产业投资建设的乡村也不少，真正能够可持续兴旺发展的也不多，究其主要原因有：一是景观同质化现象严重，多数业主急功近利，急于求成，景观营造上特色不鲜明，很多乡村采用的是一二年生花卉或其他价格低廉的植物打造环境景观，不仅形式简单，而且缺乏特别的文化内涵；二是打造后的环境景观美感度不够，多数项目未进行特别的景观设计，或所实施的景观营造方案未达到期望的高水平要求，造型上缺乏艺术感染力，建成的结果可想而知；三是配套生活设施与管理未跟上，粗制滥造明显，品质上达不到游客所期望的水平要求。基于此，本文作者针对目前乡村环境建设存在的突出问题，提出选用名花特别打造美丽乡村的建设思路，并且强调结合多样农作物花园与组合大院落建设打造各具主题特色的名花专类园景观，旨在营造

区域乡村发展农旅融合产业的特色景观环境，最终达到促进乡村振兴的目的。

1 中国美丽乡村建设的现状及问题分析

美丽乡村之美包括自然山水之美和人文景观之美，自然山水之美是天然形成的，如湖泊、河流、山林、草原等，其结构与功能相对稳定，在人类不干预或少干预的情况下基本保持生态平衡状态，这一部分美丽不同区域乡村存在较大的差别，有的特色鲜明，景色优美，具有较大的开发利用价值；有的特色不突出，景色一般，开发利用潜力不大，这是人类难以改变的结果，维持这份美丽就是要保护好自然。乡村人文景观之美则是人类创造的，包括所有的生产与生活场景，主要是田园景观与村落建筑景观，这正是美丽乡村建设之重点，此外，乡村道路、桥梁与灌排沟渠等也在人文景观之列。最近几年，全国各地为了建设美丽乡村先后开展了村庄环境整治行动，重点对村落建筑及周边环境进行了综合整治，虽然大都在视觉上改变了原来乡村的面貌，确实改善了乡村的人居环境，也创造了乡村的美丽，但是对于促进区域乡村产业发展的效果并不明显，这与建设的最终目的不够明确有直接关系。全国各地虽然政府出资建设树立了一批美丽乡村建设的典范，但是由于大多数项目建设在经济上的可行性事先并没有得到充分论证，尤其是对区域乡村发展特色产业环境和设施的需求考虑不够充分，并没有从乡村发展融合产业平台建设和经营的需要上考虑，以致村庄在外观上得到了较大的改变，但是在内质上并没有得到大的提升，再加上后期运营管理未跟上，故多数项目出现经济效果不佳的现象就成了必然的结果，因此，该类建设项目普遍被社会认为是形象工程就不难理解了。

中国美丽乡村绿地景观建设普遍存在以下现象：一是出现了村庄环境景观建设模式城市绿地化的趋势，如城市绿化广场、城市公园和城市道路绿化等模式，这些绿地景观与乡村环境功能格格不入，且粗制滥造明显，更谈不上地域景观特色，因此，这类改造后的乡村景观看不出乡村景观朴实自然的风貌，导致难以被消费者所接受；二是田园植物景观雷同现象严重，很多乡村的农田大地景观营造离不开主题模纹形式，缺乏有内涵主题的特别创意，景观艺术感染力不强，难以给游客留下深刻的印象和产生再度游赏的意愿；三是小范围内的田园植物景观多选用一二年生花卉作花海，或是成片种植季节性的农作物油菜、向日葵、蓝花鼠尾草等，缺乏多样化的植物景观变化，景观色彩与形态单一，不仅没有丰富的植物景观层次，而且更没有创造具有特别意境的田园环境景观，其观赏价值普遍偏低且难以提升就成了该类植物景观存在的一个突出问题。

2 选用名花打造中国美丽乡村可行性分析

本文所选用的名花并非专指中国已选定的十大名花和十大传统名花，而是泛指可用来打造植物专类园景观的多种观赏植物，如木本的樱花、海棠、紫薇、二乔玉兰、紫玉兰、红桎木、紫荆、北美红枫、碧桃、紫藤、木棉、银杏等；草本的大花萱草、八仙花、蓝花鼠尾草、百合等；此外还可选用树木桩景打造桩景或盆景专类园；选用水生与湿生花卉打造湿地植物景观专类园，其可行性分析如下：

2.1 名花观赏价值较高，已被大众公认

中国名花之所以享有盛誉而名传四方，就因为它们都具有较高的观赏价值，一直以来被人们赞赏而广为栽培。它们特有的形态和色彩美能被大众所接受，再加上名花自古以来作为无数文人墨客赋诗作画的特别审美对象，并赋予了拟人化的高贵品格。人们欣赏名花不仅是一种优雅的物质享受，而且更是一种高尚的精神享受，尤其是在城市生态环境问题较突出的今天，名花专类园景观更能得到城市居民的青睐。

2.2 名花种类品种较多，可供选择余地大

中国已经选定了十大名花和十大传统名花，传统名花均在中国栽培超过了500年的历史，每一种名花都有多个园艺栽培品种，有的甚至超过1000个品种，其形态和花色丰富多样，具有极高的观赏价值。中国除已选定的十大名花和十大传统名花外，还有很多花卉具有较高的观赏价值，如草本的有大花萱草、八仙花、百合等；木本的有木棉、红桎木、海棠、樱花、碧桃、紫薇、二乔玉兰、紫藤、紫荆、茶梅、红枫、琼花等，此外，树桩盆景、各种树桩和观赏竹类都可作为专类园的主景，并且都可以用来打造各具特色的专类园景观。中国地域广阔，虽然地理气候变化较大，但是每个地区都有多种名花可供选择，且在一定的地域范围内，还可选择不同种类的名花打造多个特色鲜明的名花专类园，完全可以避免同种名花在同一区域重复采用的现象，因此，不同的名花专类园之间能够实现异质互补，避免同质竞争的现象发生。

2.3 名花专类园造景形式多样，可避免景观单一化

名花专类园景观不仅是因为同种名花的品种繁多，形色丰富，而且因为同种名花造景形式可以丰富多样，一个名花专类园内在突出一种名花为主景的前提下，同时还可以选择多种花卉作为配景植物而创造具时空变化的各种植物景观，完全可以把中国自然山水式园林的各种造景手法运用到极致，在乡村中创造丰富多彩的植物景观，不仅可以克服某类植物景观单一的问题，还可达到一年四季都有景可赏的目的。

2.4 名花专类园主景可一次性投资建设，运营成本相对较低

名花专类园所选用的名花无疑是该园的主要审美对象，名花不仅在数量上较多，而且在位置上也较突出，并且现在被人们公认的名花绝大部分为多年生植物，一经栽植大都不需要每年移植或更换，名花种植的位置相对固定，名花专类园主体植物景观一次性投资建成，可长期使用或较长时间使用，能够做到一劳永逸。名花专类园主景确定之后，配景植物可根据空间和时间上的需要加以选择，种类和数量都可适当选配，运营与建设成本自然就降低了。

2.5 名花专类园不以规模取胜，可结合多样农作物造景

关于中国乡村建设名花专类园的土地政策是不允许专门占用农田的，尤其是不允许占用基本农田，这是出于中国人均耕地十分有限的现状而形成的一项耕地限定使用的政策，农村耕地的农业生产功能必须维持，因此，名花专类园建设最好是结合村庄环境的改造建设进行，以选择村落房前屋后的园地为主，并且同时套作、轮作和间作多样农作物，使之具有农业生产功能。名花专类园的植物景观虽然要求主景突出，但是其质的要求胜过对规模的要求，可以以质取胜，适当的规模就能够达到很好的观赏效果，与村庄建设结合和与农业生产相结合正是解决建造名花专类园占用耕地问题的一种可行的方法。

3 名花专类园景观对促进农旅融合产业发展的作用

中国乡村农旅融合产业环境究竟营造什么样的景观才能不断吸引游客？并且具有独特性，这一直是摆在乡村规划与设计工作者面前的一个重要问题。自从中国实施乡村振兴战略以来，国家积极倡导农村一二三产业融合发展，大力推进全域旅游产业的发展。近年来全国各地都在积极响应，各级政府都付诸了行动，也取得了较显著的成效，然而目前国内建成的可持续高效发展的农旅融合产业项目并不多，究其原因：一是违背了国家耕地使用政策，出现了借发展农旅融合产业之名非法占用基本农田作建设用地的现象，国家不得不对其进行依法处理，其投资损失的教训是惨痛的；二是出现了到处占用农田造花海的跟风现象，认为花作为主要审美对象可以吸引游客，最初搞花海旅游项目也确实产生了轰动效应，收到了较好的经营效果，接着就是到处竞相仿效，由于花海多采用的是一二年生花卉，大面积种植占地面积大，每年都要更换，运营与建设成本相对较高，且观赏期较短，再就是造景方式缺乏变化，导致景观同质化现象十分严重，结果是游客一年比一年少，其持续性和经营效益可想而知。相比之下，结合村庄环境建设和多样农作物生产营造各种类型的名花专类园对于解决上述问题无疑是一个较好的选择，让各种名花开遍神州大地，真正实现大地园林化的建设目标，不仅能够营造各具特色的美丽乡村环境，而且还能够满足具多样审美情趣的游客要求，对于促进乡村农旅融合产业的可持续发展发挥极其重要的作用。

4 拥有名花专类园的乡村发展前景预测

中国十大名花与十大传统名花已深入人心，一直以来是人们审美的对象，此外还有多种观赏价值较高的花卉，这些大多数为多年生花卉，自古以来就有无数文人墨客为之吟诗作画，一直是中国造园的主要植物材料，过去因受发展水平较低的影响，乡村很少讲究生活居住环境的特别打造，名花应用多见于城市，农村几乎没有专门的公园，更难见到有各种类型的名花专类园。如今，中国经济发展了，人们追求美好生活，优美的人居环境就成了人们享受美好生活的必然选择，不仅城市公园朝着名花专类园建设方向发展，营造名花景观已经成为植物造景的一个趋势，而且采用名花专类园的发展思路即将成为引领美丽乡村建设的必然选择，人们享受美好生活已经不满足于城市环境，尤其是难以忍受存在灰霾频发、PM2.5超标、热环境效应明显和公园绿地不足的城市环境，因此有很多城市居民更加向往美丽乡村。然而，中国美丽乡村大多正在建设之中，一方面乡村美丽来源于现有乡村的自然山水环境；另一方面来源于农田生产性大地景观，即美丽田园；除此之外，乡村美丽更是可以来源于环绕村落建筑的各种名花专类园，可供中国各地乡村选择的名花较多。在同一乡村的不同区域可通过选择不同种类名花打造不同的专类园，即使选用同种名花也可在造景上采用不同的模式与方法创造景色不同的专类园，还可根据选择配景植物上的不同创造有差异专类园景观，总之，乡村名花专类园景观可以丰富多彩，未来的发展前景十分广阔，再加上中国创造了世界独树一帜的自然山水式园林艺术与技术，完全可以坚信中国园林界有能力为中国美丽乡村打造成千上万个高品质的名花专类园，让未来中国乡村成为人们享受美好生活的最佳目的地。

5　结语

中国美丽乡村建设是实现乡村振兴的重要行动，其建设模式与发展思路对促进乡村产业振兴有直接影响。在全国各地乡村或在同一地区的不同区域乡村选用不同种类的名花，运用中国自然山水式园林的造景手法，结合多样农作物生产和村庄环境建设，精心打造各具植物景观特色和乡村地域文化内涵的名花专类园，让名花开遍祖国大地，为广大人民提供一个良好的享受美好生活的优美环境，期望能够全面推进乡村农旅融合产业的快速与可持续发展。

中国乡村旅居康养产业基地配套花园建设构想

摘要： 中国乡村发展旅居康养产业对于推进乡村产业振兴具有重要意义，选择适宜的村落将其改造建设成为旅居康养产业基地是促进乡村产业转型发展的重要行动，基地除对村落民居进行改造建设外，其配套花园建设也是重要的建设内容之一。本文依据乡村发展旅居康养产业对美好生活环境的特别要求，提出了旅居康养产业基地配套花园建设构想：即园址宜选用环绕村落成带或紧傍村落成片的土地，用地面积以 1～3 hm^2 为宜；基地内地形为稍有起伏变化的较平缓之地为佳，改造时筑山结合理水，创造多样的立地环境，水、旱、湿三种土地类型齐全，园内山水交融构成体系；游道设置讲究实用美观，主次分明，线形流畅，路面平坦，行走舒适，出入方便，宽度宜在 1.5 m 以内；活动场地与设施依据游赏、健身、休闲等活动需要设置，大小与数量合适为宜；植物配置分季节宜选用 1～2 种名花作主景，多样化的一二年草花和宿根与球根花卉作配景，不同的视域景观空间具有不同的景观特色，并且依季节而变化。观赏植物种植主要采用自然式的种植方式，创造丰富多样的花境景观，尽可能做到四季有花可赏，主题特色鲜明。乡村一般是利用耕地营造花园，为了突出耕地的农业生产功能，观赏植物种植尽可能少占耕地，仅在点线上种植，即游道两旁和景观节点上种植，面上仍然以农作物种植为主，做到花卉栽培与农业生产相结合，植物景观营造在时间上主要突出旅游旺季，集中打造美丽田园景观。

关键词： 乡村，旅居康养，配套花园，建设

中国正在实施乡村振兴战略，大力推进城乡经济统筹一体化发展，积极倡导农村一二三产业融合发展，一致认为产业振兴是实现乡村振兴的根本。然而，中国乡村自然地理与气候资源状况千差万别，过去除普遍种植水稻、玉米、小麦等粮食作物外，在农业发展上全国各地几乎没有普遍经营的某种产业，二三产业也普遍不发达，未来是否有可以共同发展的产业呢？这是摆在社会发展研究工作者面前的一个重要问题。随着中国城市化水平的不断提高和深度老龄化社会的到来，旅居康养产业应运而生，

城市不再是人们享受美好生活的唯一选择，生态环境和生活条件较好的乡村将更受人们青睐，这一点从最近几年乡村旅居康养产业快速发展的实际得到证明，尤其是经济较发达的地区市场需求更大，旅居康养产业发展得更快，今天，完全可以预计中国乡村旅居康养产业的发展前景十分广阔，中国乡村适合发展旅居康养产业已经形成了广泛的共识，只是具体怎样快速推进该产业的发展还有待研究。中国各地乡村发展旅居康养产业是实现产业兴旺的重要行动，主要是为了满足部分城市居民到乡村去享受美好的田园生活，从而达到发展乡村经济的目的。然而，区域乡村拿什么来吸引城市居民来旅居康养呢？当然，一是乡村良好自然生态环境，主要是拥有与城市完全不同的新鲜空气；二是优越的生活条件，乡村有宜居的建筑是基本要求，而更重要的是乡村有别于城市且充满美感的精致田园环境。花是大自然的精华，是美的象征，充满鲜花的生活环境历来就是人们向往的理想境地，这正是中国乡村目前缺少的且需要重点建设的旅居康养产业环境。因此，利用现有田园环境营造精美的花园，对于促进区域乡村发展旅居康养产业意义重大，其营造的理论与方法在目前尚缺乏成功模式与案例的状况下值得研究。本文作者针对目前各地乡村旅居康养产业发展的现状与问题，从配套花园选址、地形改造、植物配置、景观建筑、场地与游道等方面进行了论述，分别提出了建设构想，旨在为中国乡村旅居康养产业基地配套花园建设提供参考。

1　花园选址

旅居康养产业虽然是中国乡村未来可以普遍发展的一项产业，但不是所有的乡村都适宜发展的，它同其他产业一样，同样存在激烈的市场竞争，区域乡村的地理区位、特别气候与整体生态环境是竞争的基本条件，但是对于同一区域，选作旅居康养基地建设的村落及其周边环境必须加以选择，毕竟在乡村发展旅居康养产业属于一种投资经营行为，建设投入与经营效果是必须考虑的。旅居康养产业基地选择是有前提和条件的，具有优越的自然生态环境和可供改造的村落至关重要，与基地配套的花园建设也是康养产业环境建设的一项重要内容，基地配套花园选址对于营造良好的产业环境关系紧密，涉及建设投资规模、建成效果优劣与使用者的感受，花园作为游客旅居生活的户外亲近之地，尤其是对于老年游客来说，花园漫步几乎是少不了的活动，宜选择平缓之地建花园。基地配套花园选址最好是环绕村落成带或紧傍村落成片，被选作配套花园用地的地块可以为菜地、果园、茶园、饲草园和药园，也可以为种植水稻、玉米和小麦等大田农作物的农田，还可以为荒坡草地，一般来说乡村较平缓之地多被农民开垦为耕地，正在发挥其农业生产功能，多属于农田保护的范围，开发建设上必须严格遵守国家耕地保护政策，始终维持其农业生产功能。花园是旅居康养基地最具吸引力的生产兼生活用地，花园用地最好是能与当地自然山水环境融为一体，且便于开辟游道与之有机衔接，整体上能形成充满美感的乡村旅居康养产业环境，被选园址中有可直接利用的山、水与景观植物资源的更佳。花园选址基地内的土层厚度、土质、水文与肥力状况也是必须考虑的因素，这关系到花卉植物的生长，一般不宜选用荒地，避免基地改造建设投入的增加而对经营不利。如果全是利用耕地营造花园在用地面积上不宜太大，也没必要太大，通常以 1～3 hm^2 为宜，花园植物种植能与农业生产相结合的则可适当增大面积。

2　地形改造

地形改造是花园植物景观营造的第一步，微地形改造必须坚持因地制宜的原则，基地原有地形可供利用的尽可能维持原状，不必大兴土木，建设时仅对局部进行微地形改造，筑山结合理水，让地形产生一定的高低起伏与曲折变化，园内水、旱、湿三种土地类型齐全，园中每一个小视野范围内以游道为参照对象，建议地形高差控制在 2～3 m 以内为宜，即土阜高出游道 2 m 以内；洼地低于游道 1 m 以内，部分洼地形成水体与湿地，以便于游客平视与俯视观赏花卉景观，且有利于分割与组织多样变化的景观视域空间。具体进行施工建设时，讲究因高就低，因势利导，采用堆与挖相结合的方法，使山成山系，水成水系，山成组，水入流，高处山脉相连，低处水道相通，山水交融构成体系，营造丰富多样的立地环境，游道在山水之间穿行。水是给环境带来生机的关键要素，水绕山转，山环水抱，山因水而活，花园中的水系讲究动静结合，形态灵活多变，力求高低过渡和空间大小、收放、开合、曲折与变化自然，且能够形成排蓄自如的雨洪消纳系统。花园内起伏多样的微地形是营造多样化景观与视域空间的基础条件，对于形成良好景观生态系统将起到决定性的作用。

3　植物配置

花园植物配置对花卉景观形成起决定性作用，首先是选择适宜花卉植物种类与品种，不仅要求植物具有较高的观赏价值，而且要求花卉种植与农业生产相结合，然后是依据植物的生态习性与观赏特性进行配置，创造形态与色彩丰富多样的植物景观。

3.1 植物种类品种选择

基地配套花园不同于乡村充满野趣的自然环境，它是由人工针对游客户外游赏活动的需要精心打造的，园内一年四季不仅要求有花可赏，所创造的花卉植物景观具有较高观赏价值，而且要求植物的形态与色彩构图充满美感，具有较强的艺术感染力，甚至还要求具有较深远的意境。因此，花园主景植物的选择要求较高，建议最好是选用名花，名花是已经为大众所公认和欣赏的观赏植物，一般具有较高的观赏价值，如木本名花中的牡丹、梅花、杜鹃、茶花、樱花、海棠、茶梅、紫薇、三角梅、木棉、杏和月季等；草本名花中的菊花、大花萱草、兰花、八仙花、荷花、芍药、郁金香和水仙等，以突出花园植物景观特色与主题。如果花园面积相对较小，宜选用一种主景植物；面积相对较大的可分区分别选用主景植物。花园所选用的木本名花一般既是主景植物，又是花园的骨干树种，种植的数量一般较多，以形成规模效应。一年之中主景植物的开花时期是花园植物景观观赏价值最高的时期，最好选种能同期开花或观叶的配景植物，但在形态和色彩上不能喧宾夺主。花园内一般都设有景观节点，节点上的主景植物宜选用造型良好的树桩，如罗汉松、黑松、金弹子、中华细叶蚊母、红桎木、杜鹃、对节白蜡、榆树等桩景，以突出景观节点的观赏效果。花园配景植物选择的主要目的是弥补主景植物在时间和空间上的不足，在空间上有的主景植物需要有上层适度遮阴植物，如杜鹃、茶梅、茶花、八仙花等需要适度遮阴才能生长发育良好，最好是选用开花或观叶的名花，如梅花、樱花、海棠、红枫等，景观营造上可谓一举两得；有的主景花卉需要常绿的背景植物，如月季、紫薇、红枫等木本花卉；大花萱草、水仙、郁金香、菊花等草本花卉，宜选用杨梅、柑桔、金桔、柚、枇杷等果树植物作背景，同时发挥花园的农业生产功能；也可利用杜鹃、茶花、茶梅和红桎木等常绿灌木作背景植物。花园之中的主景植物在开花时间上都很难保障全年都有花可赏，配景植物必须选用一二年生草本花卉进行弥补，可选用的花卉种类与品种很多，主要是按开花时间进行选择，尤其是一年之中的乡村旅游旺季更是重点考虑的开花时期。

3.2 种植技艺

经改造后的花园基地具有多样的立地环境，适宜种植多种多样的植物，包括湿生与水生植物，将选定的花卉植物按照种植工程技术与艺术要求进行配置。种植时首先依据地形分割与组织的不同视域空间特点，在空间上确定好主景植物与配景植物的种植位置，并明确主配、疏密和前后层次关系后进行定植，以形成不同视域空间的植物景观骨架；在时间上分季节确定好需要种植的一二年草本、宿根与球根花卉，依据植物的生态习性要求选择种植地点，按照造型艺术要求与主从关系进行搭配，花园内起伏变化的微地形宜采用花境的方式进行种植，力求变化自然，以创造丰富多样的花境景观，一年之中随季节而交替变化，并且使不同的视域空间都有不同的植物景观特色。

4　景观建筑

乡村旅居康养基地的配套花园主要是供游客游赏的，以赏花为主，园内设置景观建筑的目的主要是满足游客小憩休闲和静态观赏花卉的需要，或临水赏鱼，或处花丛之中赏花，或设置于路旁静坐小憩，按需要设置，不宜多设。景观建筑大多作为园中重要的观景点，同时景观建筑本身造型美观，且能很好地融入自然环境之中，通常也可作为园中一景供人欣赏。景观建筑类型可为亭、廊、轩、榭、架、篱垣等，花园之中可选择设置，体量大小讲究适宜，位置安排讲究恰当，色彩搭配讲究协调，最忌喧宾夺主。花园中一般会设置架和篱垣，主要是用于种植藤蔓花卉植物，也可以用来围合组织与分割空间，同时还能形成花园之中的一类特别景观。架和篱垣处种植藤蔓花卉后，架可形成藤荫走廊，架下设置坐凳可供夏季乘凉；篱垣形成花篱，都可形成较好的观赏效果，架与篱垣上还可以选种瓜果植物，更是两全其美。

5 场地与游道

花园之中必须设置游客赏花交流与康体健身等活动用的场地，一般不宜设置大型运动场地，如网球、篮球、足球与排球等活动场地，仅设置小型的器械康体健身活动场地，场地的大小依据旅居康养的游客数量确定，一般宜小不宜大。花园之中的游道是必须设置的基本设施，是连通花园视域空间与景点的纽带，游道是花园的动态游览系统，建设要求路面平坦，线型流畅，形态美观，色彩协调，游客进出与游览舒适方便，宽度在 1.5 m 以内，面层尽可能采用防滑的生态材料，最好是就地取材，力求生态自然，为确保游赏安全，一般情况下不设蹬道和随意设台阶踏步，如某一路段有小的高差，宜采用缓坡过渡的方式修筑道路，并做好防滑处理。草地与花丛中的小游道，宜采用汀步的形式，或选种耐践踏的草地作游道。

6 结语

中国乡村选择适宜的村落发展旅居康养产业是调整农村产业结构的正确选择，建设好旅居康养产业基地的环境与设施是增强竞争力的最有效的行动，其中配套花园建设是必不可少的建设项目，其形式和内容值得研究。花园建设用地多为耕地，完全不同于城市花园，国家对现有耕地使用有较严格的要求，栽花种草必须与农业生产相结合，即使花园景观按照游览线、景观点与生产面的植物景观结构进行打造，尽可能让纯观赏的花卉植物少占耕地，或多选用既可生产又具有较高观赏价值的农作物与生产性园艺作物，如果树、蔬菜与药材等，但还是难以解决花园建造与农业生产相矛盾的现实问题，因此建议国家相关管理部门针对乡村发展旅居康养产业的实际需要制定相关的特别政策，目的是更好地促进乡村旅居康养产业走上可持续与健康发展的轨道。

城市郊区供市民休闲的田园综合体建设构想

摘要： 在中国城镇化达到较高水平的区域，市民就近选择到郊区开展休闲活动已成为一种时尚，给郊区乡村发展休闲服务业带来了良好的机遇。城市郊区着力打造供市民休闲的田园综合体是调整产业结构的重要行动，对于促进城郊休闲服务业的发展具有极其重要的作用和意义。本文依据市民对乡村休闲环境与设施的需要，提出了在城市郊区打造田园综合体的建设构想，即在城市郊区选择具有良好山水田园环境的村落发展休闲服务业，具体建设思路：一是对现有山水田园环境进行园林化提质改造，创造适于开展休闲活动的郊野公园环境；二是对选定的村落民居进行大院落化改造，创造舒适方便的生活环境与设施。建设田园综合体的主要目的是让市民在双休日能够到郊区乡村享受一种回归自然的田园生活，以此推进城市郊区休闲服务业的健康发展。

关键词： 城郊，休闲，田园综合体，建设构想

田园综合体相对于城市商业综合体来说，也可以称之为乡村绿色产业综合体，它是一个以拥有田园环境为主要特征和具有多种产业功能的乡村区域，也可以说是一个多功能融合产业单元，其核心是改造后的村落民居所形成的组合大院落。城市郊区供市民休闲的田园综合体的建设目标十分明确，就是要在郊区为市民提供一处可以开展多种休闲活动而获得身心放松的田园环境，这种田园综合体通常由两部分组成，一部分是环绕村落的山水田园环境；另一部分是将村落民居改造后所形成的组合大院落。山水田园环境又包括自然山水和耕作田园两部分，两者有一个共同的要求就是要实行园林化，最好是形成郊野型农业公园，能够让游客深入其中开展游憩活动，有充满美感的乡村自然景观与环境，与城市人工景观与环境能形成鲜明的对比，尤其是乡村的新鲜空气是城市难以企及的。再就是城郊田园综合体中的组合大院落完全融入山水田园环境之中，不仅建筑室内设施方便舒适，而且室外庭院空间优雅宜人，处处充满生活情趣，具有浓郁的地域文化特色，完全是市民向往的理想生活境地。然而，现在乡

村已建成的田园综合体能达到上述境界的却寥寥无几，能够运营成功的更少，究其主要原因还是总体建设的目标和要求欠明确，建设重点不突出，有的甚至盲目摊大建设规模造成投资巨大而负债累累，还有的甚至因资金链断裂而成为烂尾工程，再加上后期经营管理难以跟上，结果多以失败而告终，导致社会对田园综合体建设项目产生了怀疑。为了纠正这一认识，本文针对城市郊区供市民休闲的田园综合体提出了对山水田园环境园林化和村落民居大院落化的改造建设构想，并且明确了改造建设的内容、方法和要求，旨在为城市郊区发展休闲服务业提供参考。

1　城郊供市民休闲的田园综合体建设目标和要求

城市郊区供市民休闲的田园综合体经营的主导产业是休闲服务业，服务的主要对象是双休日就近到城市郊区休闲度假的城市居民，该类田园综合体的建设目标有两个：一是使现有的山水田园环境园林化，使之成为具有特别美感的郊野公园式游憩环境，能够满足游客开展游览观光、拓展运动、登山戏水、闻香赏花、垂钓采摘等休闲活动的要求；二是将现有的村落民居大院落化，使之具有特别舒适的建筑空间环境与设施，能够很好地用于开展餐饮、居住、娱乐、健身、会务、商务等接待服务。城市郊区也属于城市之外的乡村，在城市建设用地边界确定之后，郊区的耕地用地性质不变，其农业生产功能必须继续保持，这也是国家对耕地保护的要求，现有的田园要建成为拥有农业生产内容的园林化环境，其建设目标就是要将其打造成为各具特色的郊野型农业公园形态，并且让现有的自然山水环境融入农业公园之中，使之与农业公园形成一个有机统一的整体。城郊自然山水环境多为保护对象，能直接利用的可加以利用，仅添置游道与景观建筑等休闲设施，不宜大兴土木，但可选择适当位置种植景观植物，以形成特色植物景观，目的是增强环境的吸引力。

2　山水田园环境园林化提质建设的内容与方法

城市郊区属于距城市较近的乡村，具有发展休闲服务业的地理区位优势和市场潜力，社会经济发展水平一般相对较高，现在单纯靠农业收入已经不足以支撑当地经济的增长，面向本地城市的需求，发挥近郊的地理区位优势发展休闲服务业是一种较明智的选择。

城市郊区的自然山水与田园环境是发展休闲服务业的基础条件，尤其是自然山水环境条件较好的区域乡村只要稍加改造就可以直接用于开展休闲活动，环境建设不需要大的投入，因此，保护良好的自然生态环境极为重要。对山水田园环境进行园林化建设仅是添置必要的游道和休闲景观建筑等设施，不宜大兴土木，采用保护利用的建设思路，建造材料以就地取材为佳，突出本土风格，最好是采用纯天然材料，如本地生产的木材、石材和竹材等。田园综合体范围内除主要车行道外，尽量减少对游道的硬化，田埂游道按国家土地利用之规定北方不超过 2 m 和南方不超过 1 m 为宜，路面材料选择铺粗砂或碎石，或仅进行简易的铺装，使之具有浓郁的乡土特色。

山水田园环境的植物景观提质是园林化建设的一项重要内容，自然山水和耕作田园都需要通过提质改造而增强环境的吸引力，使之具有特别的美感，选用名花打造美丽乡村是增强山水田园环境吸引力最有效的方法，一个田园综合体内可同时选择几种名花分别在几处创造不同的特色植物景观，既可供游客观赏，也可以开展名花生产，以满足未来市场对名花的需要，尤其是非基本农田的山地与河岸、湖岸等滨水环境更是适合选用名花集中打造特色植物景观，较大的区域乡村完全可以同时选择几种名花打造几个不同类型名花专类园景观，使其更具吸引力。

山水田园环境园林化就是要创造优美的休闲环境和配套齐全的休闲设施，除营造优美的植物景观外，还必须配套建设必要的休闲运动场地和设施，如篮球场、羽毛球场、网球场、水际凉亭、林中茶轩、垂钓平台、森林浴场、藤本花架等，使乡村的山水田园环境真正成为各具特色的园林环境。

郊区的山水田园环境实行园林化并不是要求田园综合体范围内所有的山水田园环境都要园林化，也没有必要，一般人的居住休闲活动范围是有适宜的尺度的，也不是越大越好，尤其是以康养为目的休闲活动范围更是不宜太大，但也不宜太小，按步行游览观赏不走回头路，每天7000～8000步的适宜健身康养游览距离，以1～2 km^2 范围大小为宜，主要是对环绕村落附近的山水田园环境实行园林化，尤其是对大面积田园环境实行园林化还必须坚持以农业生产为主导，突出主要农作物生产功能不削弱，仅对局部生产环境进行景观提升，采用主题图案或点缀镶嵌观赏植物进行装饰的方法，创造生产性大地景观，尽可能减轻对当地农业生产的影响。

3　村落民居大院落化改造建设的内容与方法

城市郊区的民居大多是处于分散分离的分布状态，也有集中分布形成村落的，作为供市民休闲的田园综合体建设最好是选择民居相对集中的村落。现有的村落民居多为2～3层的小楼，也有4层以上的多层建筑，有的民居还建有独立的庭院，如果作为经营休闲服务业为主导产业的田园综合体，其对外承担接待服务用的建筑最好是呈组合大院落的形态，即让改造后的村落民居能够形成一个组合大院落，即形成一个相对统一的有机整体，以便于使用和管理。组合大院落内一般要求有便于开展接待服务用的大客厅、大厨房和大餐厅；有适宜开展各种文化、保健、康体、阅览、商务、会务与娱乐等活动用房，并且在数量和面积上达到一定的规模。村落民居在进行改造建设时虽不刻意追求外貌和风格上的完全统一，但求内质上有一个大的提升，要求室内外休闲设施配套齐全，尤其是建筑内部生活设施必须满足现代城市人对高品质的要求，力求做到舒适与方便。

组合大院落是田园综合体的主要建筑设施，是游客的主要活动空间和环境，也是田园综合体的核心设施，部分休闲娱乐活动需要在室内开展，民居用房按活动要求进行改造，严格按功能要求配备室内设施。组合大院落的内庭院由民居之间的空坪隙地构成，也许是由原来单家独户的私家小庭院改造而形成的共享大庭院，规模由小变大，原有的各庭院空间融为一体，民居建筑之间新建连廊与走道使之相通，大院落内交流活动场地与休闲健身设施统一安置，根据活动需要配备。

组合大院落是一种地域文化传承的重要载体，属于重要的审美对象，要求能够让游客得到美的享受，在改造建设上尽可能彰显地域文化特色，蕴含特定的地域文化主题；院落建筑外表装饰上做到色彩协调，造型朴素大方，具有美感，能够突出地域风格，与乡村自然环境融为一体，让游客能够留下深刻的印象，从中得到美的享受；建筑室内装饰讲究生态安全，精致素雅，使用舒适方便。总之，为了更好地发展休闲服务业，很有必要将村落民居改造建设成为有别于现代城市的理想生活境地。

4 结语

城市郊区适应城市化发展调整产业结构是实现区域经济可持续发展的重要举措，随着城市化水平的不断提高，城市居民渴望回归自然而享受田园生活的美好愿望将越来越强烈，城市郊区面向市民身心放松的需要发展休闲服务业，市场前景广阔。按照市民开展休闲活动的要求对现有村落民居及其周边山水田园环境分别进行大院落化和园林化改造建设是促进郊区产业转型发展的重要行动，对于促进城郊乡村产业振兴具有极其重要的现实意义。

中国乡村部分民居改建组合大院落的设计构想

摘要：当今中国发展旅居康养产业已经成为广大农村产业结构调整的主要方向和重要行动，对于促进区域乡村产业振兴将发挥极其重要的作用。本文针对乡村发展旅居康养产业对建筑设施的迫切需要，考虑现在中国农村土地利用与居民建房政策的限定，在大规模拆迁新建不经济也不可能的前提下，提出了利用现有部分民居建筑改造成组合大院落的建造模式，并且根据发展旅居康养产业对组合大院落的实用功能要求，明确提出了四大功能区，即居住生活区、餐饮服务区、文体活动区和管理入口区。重点介绍了构成组合大院落的居住、餐饮、文体、商务、医务、会务和管理等主要功能用房的基本构成、空间布局与设计要点。此外，还对组合大院落选址和内庭院空间营造提出了相应的目标、方法和要求。

关键词：组合大院落，民居建筑，改造设计

中国正在实施乡村振兴战略，产业结构调整是促进乡村振兴的重要抓手，积极倡导农村走一二三产融合发展的道路已形成了广泛的共识，并明确提出了大力支持农村发展康养产业，全国各地都在积极响应，开创了农村产业转型发展的良好局面。现在，城市居民定期到乡村旅居已经成为发展康养产业的重要形式，要促进旅居康养产业的高效和可持续发展，除乡村必须具备优于城市的生态环境外，还必须具备完善的生活服务设施，其中适宜于对外接待用的建筑设施必不可少，并且还必须具有较高的品质和一定的规模。然而，从中国乡村现有的民居建筑来看，主要是以家庭为单位呈分散分布的独栋小楼和小院落形式，也有集中分布形成村落的，虽然目前有小部分民居改造成民宿对外开展旅居接待服务，但是作为发展乡村康养产业还远远不够，且价格昂贵难以实现大众消费，不宜广泛推广，故乡村民居建筑的大部分仍然处于闲置状态，很难达到对外开展旅居接待服务的要求。如果采用新建的方法，不仅会受到国家相关土地利用和农村建房政策的制约而难以实现，而且还会造成现有闲置民居建筑资源的大量浪费，那么利用现有民居建筑进行改造和适当扩建就成了必然之路。因此，本文

作者依据区域农村发展旅居康养产业的需要提出了一种将现有部分村落民居建筑改造成适于对外开展旅居接待服务用的组合大院落的设计模式，旨在探索出一条适于乡村民居建筑改扩建的建设与发展之路。

1　组合大院落的基本构成

过去中国乡村民居建筑是以家庭或家族为单位建造的，主要是单栋小楼或小院落形式，也有规模较大可居住多个家庭而称之为大屋的，住户之间虽然靠得很近，但还是具有一定的独立性，可以互不干扰，类似于城市住宅的家庭套房，其主要功能就是为了满足家庭成员居住生活与生产需要配备的，毫无疑问会受到当时经济与技术发展水平的限制而不便于现在对外开展旅居接待服务。至于院落早就有定义，其实就是由建筑及建筑围合的空间所构成的供集中居住生活的建筑设施与环境，其本身就有组合的特性，只是院落内的建筑类型没有现在所建的组合大院落多，规模没有现在的大，实用功能更没有现在的多，现在所建的组合大院落更是强调其组合性和相对较大的规模，以及使用者和实用功能的拓展变化，因此，对现有民居建筑的改造是必然的。新建成的组合大院落不仅要求保障原住民生活居住的要求，更是要对外保障接待旅客的需要，其功能主要包括居住、餐饮、文体、商务、医务、会务和管理等，要使上述功能都能在一个组合大院落内实现，才能使之成为区域农村康养产业发展的核心。组合大院落的基本构成不仅包括各种类型的功能建筑，还包括建筑围合的各种内庭院空间，现分述如下：

1.1 建筑

按实用功能分，构成组合大院落的建筑类型主要有居住、餐饮、文体、商务、医务、会务和管理等七大功能用房。

居住用房是组合大院落的主要用房，数量是最多的，它主要决定着业主经营旅居康养产业的规模。居住用房的建设规模起始阶段不宜过大，建议控制在接待旅客 100 名以内为宜，以后可根据运营状况再决定是保持还是扩大规模。居住用房类型可分为单间、标间与套间，建议以标间为主，少量配置单间与高档套间。此外，与居住用房相配套的还必须建有用于生活物资贮藏与洗涤用房。

餐饮用房包括大餐厅、小包厢与大厨房。大餐厅除就餐外还可兼作茶室，大小以一次接待 100～200 人用餐为宜；小包厢设 3～5 个，其中有一个较大的包厢，能接待 20 人左右就餐，当然利用大餐厅也可间隔出小包厢；大厨房不同于家庭小厨房，要求能安放多个灶台，尽可能具有较宽敞的厨师工作空间，并就近配置有蔬菜、水果和肉类等食材清洗和贮藏用房。

文体用房包括文化娱乐与体育健身活动等用房，主要是满足不同旅客对文体活动的要求，可根据需求进行设置，部分活动也可利用居住用房安排。

商务用房主要是用来陈列特色农产品，让旅客了解食用的材料，尤其是具有展示地方土特产品的功能，相当于一个小型的商店，以便旅客离开时购买产品，此项用房宜于设在主入口处大堂内的某一区域，也可以不设专门用房。

会务用房主要用于对外承接会议用，也可用于技术培训与讲座，面积以容纳 100 人左右为宜，有条件的可设大小会议室各一个，必要时可以兼作他用。

医务用房主要用于陈放护理性医疗所用的设备、设施和常用药品，以便对旅客提供护理性医疗服务，宜靠近居住用房设置。

管理用房是组合大院落对外经营必不可少的用房，包括门卫、大堂、办公、财务等管理工作用房。门卫用房设在主入口处，一般与大门相配套；大堂用房宜靠近主入口处设置，大堂内通常布置吧台、茶座和土特产品展销等功能区位；此外，业主管理人员办公和财务专门用房也是必须设置的，以集中设置为佳。

除上述用房外，有的组合大院落还建有大门、围墙、水塔与园林景观等建筑，可根据实际需要进行设置，值得一提的是，园林建筑中的长廊可以作为连接各区域和建筑之间联系的纽带以及人行的风雨走廊，对方便旅客生活和院落空间组织具有重要作用。

1.2 内庭院

组合大院落建筑外就是建筑与围墙围合组成的内庭院空间，即院落内的室外绿地环境，乡村组合大院落的内庭院绿地建设不同于城市庭院的建设要求，主要从通达、通行和通风上考虑，从简为宜，坚持经济实用的原则，一般不需要营造造价较高的园林景观和种植太多的绿化植物，主要是修建通行的道路和室外交流活动的小场地和休闲设施，其中用于连接现有民居建筑的风雨长廊最好是优先设置，以便旅客在组合大院落内出行方便，同时也有利于将原有分散的民居建筑联系起来形成统一的整体。一般村落中民居建筑栋与栋之间的距离空间通常不大，再加上将其改建成组合大院落尚需扩建，室外绿地空间将会更小，多呈小天井式的空间出现，绿化植物种植用地也将更加有限，密集的建筑之间主要考虑通风与采光，并且都需要扩建配套用建筑，很难保留大的绿化空间，因此，简化内庭院绿化建设内容就成了必然，仅能适当考虑点缀绿化植物。

组合大院落内庭院的铺装活动场地也可考虑用于停放小车，但为了让院落更加紧凑，更能集约节约建设用地，建议把停车场建在主入口附近，以方便管理和车辆出入。

2　组合大院落选址与整体布局

中国乡村现有民居建筑多为 2～3 层的小楼房，也有小院落式建筑，因受气候与地理因素的影响而存在一定的差异，但差别不大，总体上小楼房居多，有集中分布形成村落的，也有单栋分散分布的，绝大部分是近二三十年内修建的，据调查统计现在有 60％～70％的民居处于闲置状态，产业化利用激活空间很大。

2.1 组合大院落选址

中国农村每家每户都有宅基地并建有住房和生产用房，通常沿道路呈带状分布或集中成片分布形成村落，组合大院落建筑由原有民居与新建或扩建建筑构成，不是区域乡村所有村落民居都适合改扩建成组合大院落，理想的组合大院落选址最好满足以下三个条件：一是外环境基础较好，即现有村落周围或附近有较好的自然山水和田园环境，基址临河傍水环山，山清水秀，景色优美；田园耕地成片，灌溉水源充足，土层深厚，土壤肥沃。二是现有民居分布集中成片，风格相似，结构相近，品质优良。三是基址地形较为平坦，且周边或一侧有较大的拓展空间，适宜作新增建设用地。

2.2 组合大院落整体布局

组合大院落主体建筑主要由现有民居建筑与新建大客厅（大堂）、大餐厅、大厨房、文体活动与管理办公等用房构成，总体布局依主要功能不同分为四大区：即居住生活区、餐饮服务区、文体活动区和管理入口区，在主入口位置确定之后，新建建筑尽可能以现有的居住生活区为核心进行整体布局，考虑新旧建筑采光通风的需要，在留出必要的风道和采光透气天井之后，尽可能做到节约利用有限的建设用地，各部分建筑具体布局位置注意做到：一是餐饮接待区的大厨房以布置于基地西北角为佳，其次是选择布置于东北角，以减轻厨房排出油烟对居住生活环境的影响，且大餐厅靠近大厨房布置，小包厢靠近大餐厅布置，以便集中形成餐饮服务区，同时大餐厅尽可能靠近居住生活区，以方便旅居客人就餐；二是文体活动区用房可靠近餐饮服务区布置，娱乐活动用房宜远离居住生活区布置，安静休闲与健身运动用房可靠近居住生活区布置；三是管理入口区布置以入口大门为起点，尽可能做到以大堂为中心，围绕大堂布置医务、会务、商务和办公管理等功能用房；最后为了让四大主要功能区能形成一个有机统一的整体，即组合大院落，除建围墙围合外，还需要在各建筑之间或一旁修建风雨走廊作为联系各大功能区的通道。

3　组合大院落的设计要点

组合大院落采用的是改扩建的修建方法，建设包括改造和新建两部分，为了确保建成后的组合大院落能够很好地满足使用功能要求，一个良好的设计是建设成功的重要保障，着手设计必须把握如下设计要点：

3.1 明确功能分区与建造要求

组合大院落是为发展旅居康养产业而修建的，依据其主要功能而分为四大功能区，即居住生活区、餐饮服务区、文体活动区和管理入口区，各功能区有不同的功能建筑，设计前必须明确每一种功能建筑所要求的特定结构和空间大小尺度以及适宜布置的位置，重点把控平面尺度与位置。

3.2 突出坚持实用经济原则

组合大院落作为发展乡村旅居康养产业的重要建筑设施，主要承担的是旅居接待服务，实质上相当于乡村酒店，经营上必须讲究经济效益，因此，在满足各种建筑实用功能的前提下，设计上尽可能降低建设工程造价，建议采用轻钢装配式建筑结构，达到低造价快速建设的目的。

3.3 坚持新建和改扩建相结合原则

构成组合大院落的多数建筑是现有的民居建筑，该部分民居建筑是构成居住生活区的主要建筑，要满足对外接待服务的功能要求，改扩建是必需的，设计既要考虑保障原户主成员居住生活，又要满足对外接待旅客的居住要求，并要同时考虑与其他功能区新建建筑通过风雨走廊联系成一个整体，要保障接待用房间具有相对独立性，因此，民居建筑的房间出入门与卫生间的改建是改造设计的重点和难点。

3.4 坚持建设用地节约高效利用原则

中国农村建设用地管控非常严格，实行一户一宅基地政策，每户宅基地面积有明确规定，不允许突破，很难新增建设用地，必须动员需要新建和可以新建住宅的村民提供宅基地共同参与建设，像这类村民很少，必须珍惜难得的有限建设用地，不同实用功能用房可叠加利用，尽可能提高利用率，做到高效利用每一寸建设用地，建筑以外的内庭院空间大小必须严格控制。

4　结语

中国实行乡村振兴战略是缩小城乡差别的重要行动，并明确提出了产业振兴是实现乡村振兴的首要目标，要促进农村社会经济的可持续高效发展，农业是基础，生态是保障，尤其是中国进入老龄化社会后，乡村生态环境明显优于城市，对于旅居康养产业的兴起已经形成了良好的产业背景和巨大的市场潜力。在经济较发达地区民宿服务业的兴起并成为时尚，已经证明乡村旅居康养产业前景十分广阔，但是民宿消费者的局限性已经显现，急需一种大众可接受的乡村旅居康养模式，组合大院落的出现正是旅居康养产业发展必备的建筑设施，与现有民宿的显著区别是具有大客厅、大餐厅和大厨房，可一次性接待更多的游客，可以形成促进区域农村新型产业发展的引擎和核心。组合大院落的建设是中国构建资源节约型社会的重要举措，对于激活现在农村大量闲置民居建筑资源将发挥重要作用，并且对于促进中国农村产业结构的调整具有极其重要的意义，更是促进中国广大农村社会经济可持续发展的一项行之有效的措施。

丘陵山区村域小河流景观提质改造设计构想

摘要： 中国乡村丘陵山区占了很大的部分，村域范围内的小河流景观是自然景观中的一种较常见类型，它既是重要的生态廊道，又是人类生产与生活的绿色基础设施，还是美丽乡村景观重要的组成部分，开展小河流两岸植物景观提质改造设计研究对于提升村域旅游产业环境具有重要的现实意义。本文针对目前广大农村小河流景观改造普遍存在的非理性建设活动，如堤岸硬化、河道裁弯取直、分段设坝和植物种植规整化绿化等，提出了对河道地形进行拟自然改造和植物景观结构优化的设计构想，即按照生物多样性的基本原理和人们对特色植物景观自然美的特别要求进行小河流两岸和滩地等植物景观进行提质改造，做到既能维持原有的生态、生产和生活服务功能，又能提升小河流景观的美学价值，期望能为区域农村美丽乡村建设提供技术指导。

关键词： 小河流；植物景观；设计

在丘陵山区除现有大江大河外，还分布有很多的小河流和溪流，这些小河流与溪流有长短宽窄之分，纯天然的小河流与溪流都具有曲折变化，呈自然形态，完全融入大自然生态系统中发挥着极其重要的作用，有的已经成为当地游览审美的对象进行了开发，取得了极其可观的经济效益，像这些被开发的小河流和溪流通常在已经开发的风景区内，如张家界森林公园中的金边溪和西湖风景区的九溪十八涧等，它们都是风景区较有吸引力的自然景观。溪流分布于山涧谷底，自然形成，因高差大、水流急、冲刷严重而多呈硬质状态，甚至常有深潭、叠水和瀑布等景观相伴，然而溪流或多条溪流汇入到较平缓的村庄后往往就变成了宽度较大的小河流，因处较平缓的区域通常与农田相伴，有的小河流甚至承担农田的灌溉功能而成为农业基础设施，正因为这样，当地村民为了发展农业生产对很多小河流进行了改造，同时水利部门也为了洪水安全对小河流也进行了相应的治理，结果是原来小河流失去了原有的纯天然状态，主要表现出河道裁弯取直、堤岸硬化、分段建坝、植物景观规整化绿化等所带来的生态和美学价值降低等问题。针对这些问题，本文作者从提高小河流的生态服务功能和景观美学价值等方面展开研究，以生物多样性原理和景观美学理论作为设计依据，以区域生态系统可持续发展和促进当地产业环境建设为目的，旨在探索村域小河流景观提质改造设计的技术方法，也为美丽乡村建设提供参考。

1　村域小河流景观现状与问题分析

丘陵山区的村域小河流暂定为宽度在 5～100 m 范围内的河流，现在有两种状况，一种是已改造了的，另一种是处于纯天然状态的，以改造了的河流景观为多。通常改造的目的有三个，同时也产生了相应的问题，现分述如下：

一是将弯曲的河流裁弯取直，不仅提高了泄洪能力，减轻了频发的水灾，而且还能增加区域农村农田面积，但是导致了河流生境的单一化，原有河流所具有的浅滩、深潭和缓急变化的流水没有了，再加上对堤岸进行硬化，结果是生物多样性水平明显降低了，对原有河流的生态服务功能造成了一定的影响。

二是分段建坝，主要是保障农田灌溉用水，也有用于发电的，两者兼而有之，多为区域农村的水利建设项目，对当地的农业生产和人们生活发挥了重要作用，但由于建设方案并未考虑好河流作为生态廊道的延续性，结果切断了生物的迁移，尤其是某些种类的鱼类在坝的上游河流中绝迹，对维持流域生态系统的完整性带来了一定的影响，河道上坝建得越多影响越明显。

三是河堤两岸植物景观规整化绿化，现在很多区域农村对河堤两岸进行了绿化，有的是将人工修筑的河堤作为乡村公路，并对河堤公路进行了绿化，完全采用行道树的列植方式，消除了原河流两岸群落式自然植物景观所具有的自然美，也未曾对河堤坡面进行美化，更没有考虑营造河流生物多样性的景观环境，以致现有的河堤两岸景观缺乏艺术感染力。

丘陵山区的农村也有一些没有改造或是人工干预极小的河流，其景观基本处于自然状态，景致好的可直接开发利用，但存在游客难以深入其中的问题，游道是必须修建的最基本设施；景致差的主要是植物景观和滩地缺乏特色，仍存在大的提升空间，作为区域农村重要的景观类型值得提质改造，但在提升美景度的同时必须保持原有的生态服务功能。

此外，村域小河流水质受当地农业生产与村民生活污染的影响也较为严重，对河流水生态影响较明显，污水治理也是河流景观提质改造的一项重要内容。

2　小河流景观提质改造整体设计构思

2.1 设计目标

针对村域小河流景观存在的突出生态问题和景色上缺乏美感的现状，以提高生态服务功能和美景度为目的进行提质改造设计，力求把小河流景观建设成为生态服务功能较强和地域特色鲜明的乡村美景。

2.2 设计依据

小河流景观提质改造设计依据主要有生物多样性原理和景观美学理论。生物多样原理的应用主要是创建物种多样性，且以丰富植物多样性为重点，在分段选定主景植物后，尽可能丰富配景植物，力争四季有花可赏；再就是创建生境多样性，主要是通过对河道和堤岸的微地形改造，创造多样的立地环境，以满足不同种类植物和动物的生存与生长条件，从而形成良好的生物栖息地。景观美学理论的应用主要是体现在三个方面：一是生态美，即小河流景观环境形成了一个充满生机的自然生态系统，无论是植物还是动物都能各得其所，在流水中和堤岸或滩地上都能生长良好，生机勃勃，生意盎然；二是形态美，即小河流景观的空间形态美，主要是植物景观的形态美，即河道内和堤岸上的景观植物高低疏密错落有致，景观空间构成大小位置得当，且主次分明；三是色彩美，主要是植物景观的色彩美，主景植物色彩鲜明，配景植物色彩丰富，季相变化明显，无论是观叶植物，还是观花植物色彩上都具有良好的观赏效果。再加上清澈的河水，鱼翔浅底，岸上植物景观与水中倒影交相辉映，更能形成一幅幅美丽的图画。

2.3 设计原则

一是坚持因地制宜原则，即依据小河流河道和堤岸景观现状进行改造设计，不大兴土木，尊重现有地形地貌格局，仅作微地形改造，以提高小河流景观的生态服务功能和美景度为目的，植物景观营造尽量做加法，少做或不做减法，多选用本土植物，慎重选用外来植物。此外就是要根据河道和堤岸改造后的不同立地条件选择适宜植物。二是坚持实用经济原则，主要是堤岸绿化植物的选择上除必要的观花观叶主景植物外，配景植物可多选用具农业生产功能的果树植物，如杨梅、柚、枇杷、柑橘类等植物；地被植物多选用药用植物和季节性农作物，如黄花菜、芍药、麦冬、荞麦、射干、野菊、金丝皇菊、油菜等，除观赏效益外，还可获得生产经济效益。三是坚持生态与美观兼顾原则，对小河流景观进行提质改造有两个主要目的，即提高生态服务功能和美景度，两者必须考虑兼顾。

2.4 景观类型

主要景观类型有河水、滩地和植物景观等三种，河水景观有动、静、深、浅之分，动水有缓、急之分，通常河水在跌落处会形成叠水，还会发出一定的声响，泛出白色的水花，在阳光照射下，熠熠发光；有时还会形成小的彩虹，颇为壮观；清澈的河水中经常可见到成群的小鱼和以鱼为食的小鸟，这也属河道中充满生机的景观；河中也有深潭静水，像一面硕大的镜子，静水中堤岸景观的倒影清晰可见。滩地景观通常在天然河流中随处可见，有卵石滩、沙滩和泥沙滩，滩地通常在堤岸与河水之间，有面积大小和高低之分，也有滩地在河水中央形成孤岛或小绿洲的，滩地在大的洪水到来时淹没，绝大部分时间呈现在河道之中，泥沙滩上通常长满了耐水湿的本土草本植物，也有树木丛生的滩地。小河流植物景观包含堤岸与滩地植物景观，植物景观类型主要有树丛、花丛、花带、花境、花地等，这些都是植物的自然景观类型，这些类型景观依植物种类和组合方式不同而变化万千，此外也有堤岸上按行道树规则式种植的林带景观。

2.5 景观提质构思与整体布局

小河流的各种景观类型有其固定的位置，尤其是天然河道的地貌不宜人为做大的改变，只能是在不影响行洪功能的前提下作微地形改造，必须保持已形成的生物多样性格局不受大的影响，其现有的景观生态服务功能只能加强，不能削弱，植物造景上主要是添加主景植物和丰富配景植物，包括季节性的宿根花卉和临时种植的一二年生花卉与农作物。主景植物景观分段进行布置，一般以 200～300 m 一段为宜，且在季节上交替变化，每段都有明确的植物主题和特色，实现每一个村域的小河流段植物景观既有鲜明特色，又有四季变化，保持村域小河流景观具有较强的艺术感染力。

3　小河流景观提质改造分项设计要点

3.1 地形改造

近年来，因城市公路建设对河卵石的大量需要，很多丘陵山区村域小河流被采挖，河道被淤塞的现象很少，尤其是通过人工治理的河流，基本上洪水安全都不存在问题，一般在村域境内的河流两岸有成片的农田或山林，有的也有部分民居临河而建。因此，对小河流景观进行提质改造的第一步就是对河道堤岸和滩地进行微地形改造，在河道高差较大之段很适宜营造多样的立地环境，可分段设矮坝形成叠水动态景观，也可以结合理水进行滩地的微地形改造，使之适于营造多样化的花境与花地景观；对于堤岸微地形改造可结合游道的设置改造微地形，尽可能做到不动原有堤身，游道路基多采用桩基，或填而不挖，以不削弱原有堤身的防洪功能，也可结合疏通河道加固堤身而结合改造地形，以便于种植不同类型的景观植物。对于河道生境单一的河流段，通常是截弯取直和对河堤进行硬化了的小河流，对其进行微地形改造可在河道内采用就地挖抬的方式，形成小滩地或小岛，以丰富河道内的立地环境类型。

3.2 建筑设计

小河流景观中的建筑主要有亭、台、廊、榭等，建议采用钢筋混凝土主体结构，亭、廊、榭的配件可采用木结构；台多为亲水平台，建议采用纯钢筋混凝土结构。亭、廊可结合桥一并修建成亭桥和廊桥；亭也可以修建于桥的一端，形成桥头亭。亭、台、廊、榭等建筑既可作为小河流景观中的建筑景观，本身就是审美对象，又作为小河景观的赏景点，其位置选择至关重要，宜选择在主体植物景观或水景观的对景位置，可正对，也可斜对，还可与其他建筑景观互对，以丰富观赏者视野范围内的景观。如果亭、台、榭等景观建筑作为赏景点，宜选择于河流凸出的转折点位置，以便欣赏到两端更多的河道和堤岸景观，但是在村域较短的一段河流景观中不宜设置过多建筑景观，且体量以小为佳，不宜过大；色彩以素雅为好，不宜太艳，以防喧宾夺主。

3.3 游道设计

小河流景观提质改造的一个重要目的就是要提高美景度，增强对观赏者的吸引力，激发游客游览的兴趣，那么在河流两岸或一岸修筑游道就很有必要。现在有的村域小河流段利用堤岸已修建了乡村公路，并进行了绿化，主要用作交通运输，不宜作游道，也无特别景致可赏，那么在该河堤对岸营造景观并修建游道就成了必然。游道线形随河堤走向而变化，并结合堤岸地形改造而延伸，路线沿河堤内外穿行，宽度为 1.2～2.0 m，每隔 100～200 m 距离拓宽路面设立观景平台，游道宜弯曲，切忌呈直线。游道宜采用一般游路与桩基栈道相结合的方式修建，其路基开挖以不削弱河堤防洪功能为前提。路面材料就地取材，天然片石、碎石、块石都可采用，栈道部分以钢筋混凝土板仿木结构为佳。通往两岸的桥和河中汀步也归为游道建设，坚持安全第一原则，结构要求牢固，形式可以多样，拱桥、平桥、吊桥、索桥均可采用，力求美观实用，不宜多设。

3.4 植物种植设计

植物景观是村域小河流景观中的主要景观，植物种植设计首先是选择适宜的植物种类品种，再就是进行艺术与科学的配置。

植物种类品种选择一是要考虑堤岸和河道内滩地种植的植物在特性上的差异，滩地必须选择耐水湿植物，并以多年生草本植物为主，能自繁自衍的一二年生草本植物也可选用，如红蓼、水菖蒲、千屈菜、再力花、溪荪、黄花鸢尾、花叶芦竹、水烛、灯心草、野芋、丽蚌花、水葱、二月兰、萍蓬草等。堤岸绿化与美化植物可供选择的种类品种很多，主景植物宜选用开花繁茂的木本花卉，如梅花、山樱花、紫薇、二乔玉兰、红花玉兰、紫玉兰、红桎木、紫荆、海棠类、美人梅、碧桃、湖南红樱等；配景植物主要选择常绿果树，如杨梅、枇杷、柚、酸橙与柑橘类，还可适当选用桂花、茶花、银杏、枫香、朴树、榆树、水杉、红叶石楠、紫叶李等，这些树种可在形色上加以丰富，在观赏季节上加以补充；林下林缘灌木植物可选用杜鹃、金丝桃、茶梅、棣棠、南天竹、映山红、含笑、榆叶梅、贴梗海棠、红桎木、红枫、南迎春、月月红、藤本月季、矮紫薇等，并按对光照要求进行配植；地被植物选择以多年生宿根草本植物为主，如金鸡菊、芍药、柳叶马鞭草、鼠尾草、千屈菜、射干、千里光、野菊、国庆菊类、麦冬、鸢尾、蝴蝶花、藤本七里香、常春藤、大丽菊、美人菊、美女樱、宿根福禄考等。

河道滩地可营造花丛、花境、花地等植物景观，选用的不同植物可多种混植，前后层次以不遮挡视线为原则；也可同种植物成片种植，集中展示，营造具吸引力的花卉景观。

堤岸植物景观营造，首先是要分段确定木本主景植物，采用成带成丛种植方式，做到使用量上有规模，使之形成特色鲜明并突出的开花或观叶植物景观，再根据季节与形、色、层次变化要求选用配景植物，力求做到层次丰富、季相变化分明和四季有景可赏；地被植物按其生态习性要求，主要是光照要求选配植物，采用成块成片的方式种植，以全覆盖不露土为原则，因地制宜创造花带和花境景观。

4　结语

小河流是丘陵山区乡村一种重要的景观资源，也是区域乡村重要的生态廊道，经过提质改造后的村域小河流景观定将成为一条靓丽的风景线，不仅可以维持或提高小河流的生态、生产和生活服务功能，而且对促进区域农村旅游康养产业的发展具有重要的价值和意义。

中国乡村三生三产融合产业单元概念性规划构想

摘要：为了改变广大农村普遍衰落的现象，中国正在实施乡村振兴战略，明确了产业振兴是乡村振兴的核心和重要抓手，并提出了农村一二三产业融合发展的新思路，基于此本文作者在深入农村开展了一系列的调查研究并完成多个村庄和产业园区规划之后，提出了中国农村构建融合产业单元的基本构想，主要从自然山水、耕地和民居建筑资源的保护与利用上确立了区域农村构建融合产业单元的基本模型，该模型主要由自然山水保护区、耕地农业生产区和集中居住生活区三部分构成，并以此确定为村庄保护与建设规划的基本框架。为了实现产业振兴，依据中国未来老龄化社会大而稳定的需求提出了主要发展以老年旅居康养为主体的乡村服务业的新思路；还提出了对农业生产结构进行调整，同时发展两种类型农业的发展思路，即特色商品型农业和多样自给型农业；提出对现有部分村落民居建筑进行改造，创建乡村多功能聚居区，聚居区内具备完善的生活配套设施和优美的人居生活环境，即乡村理想的山水田园微城市，并使之成为区域乡村融合产业发展的核心，进而提出中国乡村以微城市建设为重点，目的是通过打造各具特色的融合产业平台稳步有序推进乡村产业振兴，最终实现区域农村社会经济和自然生态的可持续发展。

关键词：中国乡村，融合产业单元，规划

事物发展必须遵循一定的规律，无论是社会的发展还是生物的生长都有其自身变化和发展规律，社会的基本单元是家庭；生物的基本结构单元是细胞，它们都依特定的结构而拥有和发挥特定的功能，结构决定功能，基本结构维持基本功能，单元结构上的差异必将导致功能上的差异，特殊的结构将产生特别的功能。每一个单元就可以形成一个微系统，它既处于相对独立的状态，同时又与外界具有必然的联系而融入一个大的系统之中，社会与自然界都如此，甚至可以把整个社会与自然界看成一个大系统，系统由各种不同的功能单元所组成，只是各单元的层次不同和发挥的功能不同而已，单元的有机组合而形成整体，这就是通常说的个体与系统的关系，也可以说是局

部与整体的关系。中国农村产业体系的构建也必须遵循这一规律，首先必须构建基本的产业单元，规划与设计者必须明确产业单元的基本结构，并且使产业单元能够融入整个社会与产业发展体系之中。农村产业单元的基本结构具有相似性，乡村地貌类型为山、水、林、田、湖、草、路、村，这些是乡村融合产业单元构成的基本要素，依据土地基本功能之间的差异可将其分为三大区块，即自然山水、耕地和村落，因此，农村产业单元的基本构成就是由这三大区块组成，这也就是农村产业单元规划的基本构架，各区块怎样保护、利用与建设？这就是规划与设计工作者必须做的具体工作内容，不仅在形态学上进行规划与设计，而且还包括整个产业单元的运营与管理方案的制订，以形成区域乡村切实可行的保护、建设与发展方案。过去曾有很多单位和个人编制了区域农村的保护、建设与发展规划，在实施过程中出现了不少的问题，主要是项目主要功能定位不明确、建设规模失控偏大、农业生产盲目跟风、市场预测脱离实际与管理人才严重缺乏等，且项目建设投资过大而造成的经营失败，这类教训是惨痛的，开展中国乡村融合产业单元规划研究现实意义重大。

1　乡村融合产业单元产生的背景

中国农村实施以家庭为单位的联产承包责任制已有四十多年，这四十多年农村经济相比于城市经济发展来说明显滞后，虽然近些年广大农村一直在积极探索农业生产结构和农村产业结构的调整，都在期望改变农村社会经济相对落后的状况。与此同时，国家也出台了一系列促进农村经济发展的政策，开展了一系列的建设活动，如社会主义新农村与美丽乡村建设，尤其是在农村精准扶贫上各级政府都非常重视，有针对性地制订了具体扶贫措施并付诸实施，成效极其显著，充分体现了中国特色社会主义制度的优越性。然而，中国要彻底改变农村相对落后的面貌，并扭转部分乡村走向衰落的局面，让广大农村真正实现农村美、农业强和农民富，从而彻底解决“三农”问题，这仍然是摆在我们面前的一项艰难而长久的任务，为此，国家于 2017 年 10 月提出了实施乡村振兴战略，明确了较长时期的奋斗目标，又一次掀起了乡村建设的热潮，一致认为推进产业振兴是乡村振兴的核心和工作重点。全国各地有不少仁人志士正在积极探索不同类型乡村振兴的途径和方法，并且有的正在实践之中，目的是探索乡村产业振兴的模式与方法，以便广泛推广应用，但是从近几年采用的建设模式来看，尚存在诸多问题，如特色小镇、家庭农场和田园综合体等，在实施过程中因其规模大小失控、特色产业独特性不足、投资额度过大和后期管理跟不上等而导致经营失败，基于此，我们不得不反思正在采用的乡村建设模式。

2　乡村融合产业单元的基本构成及功能作用

乡村融合产业单元的基本构成包括三部分，即自然山水环境、耕地和村落，它们相应形成三大功能区，即自然生态功能区、农业生产功能区和居住生活功能区。

2.1 自然山水环境

自然山水环境主要由山林、草地和水系构成，它们主要是天然形成的，人工的成分一般较少，并且多以山林、草地和水系的形态存在。其主要功能就是保持区域农村具有良好的自然生态环境，山林、草地与水系构成区域乡村良好的自然生态系统，属于保护的对象，规划中一般将该区域划定为生态红线保护区，人类尽可能少干预或不干预，并且以生物多样性理论作指导，依据国家对自然保护区制定的相关法规进行保护，维持其自然状态，以实现该区域的自然生态功能的最大化。自然山林环境主要为天然形成的次生林和原始森林，当然现在的原始森林极少，也有人工种植的部分用材林、风景林和果林，这部分林地可以同时发挥生产和生态功能，两者可以兼顾，但必须明确未来在规定的禁止开发区内杜绝开展农业生产，以免带来生态安全问题而影响区域生态功能的正常发挥。天然草地有高山草甸、平原草原和山脚草坡，它们的主要生态功能是保持水土，我们可以利用草地发展畜牧业，但不宜过度开发，在生产中必须进行必要的维护，才能保障草地环境的可持续发展。自然山水环境中的水系有纯天然形成的湖泊、河流、溪流、山泉和瀑布等，也有人工修筑的水库、山塘、运河和沟渠等，它们共同构成了区域农村水生态、生产与生活系统，该系统存在的价值很大，它是区域社会经济发展和自然生态保护最重要的蓝色基础设施。水是生命之源，万物生长和生存都离不开水，其生态功能显而易见；水是农业生产的命脉，水量、水质和依时供应都必须有保障，各项农业生产才能顺利进行；水又是人类生活的基本物资，生活和生存都离不开水，因此，区域乡村现有水系除始终要保护和维护外，同时还必须定期进行必要的修缮和建设。

2.2 耕地

耕地是人类赖以生存的基本生产资料，其类型包括水田和旱土，也有将耕地称为农田的，国家早就制定了耕地保护法，尤其是对基本农田保护更加严格，耕地的农业生产性质不允许随意改变，并且对于耕地开展农业生产还有特别的规定和要求。耕地的合理利用是区域乡村融合产业单元规划必须重视的一项重要内容，耕地上生产什么、生产多少以及如何进行生产，具体实施方案必须切实可行，以市场需求为导向，因地制宜选定农业生产项目极其重要。随着中国城市化水平的不断提高，具地域特色的商品农业规模随之扩大，不同的区域乡村必须确定本地适宜发展的特色商品型农业生产项目，项目占耕地的比例主要以当地城市化水平为依据，切实避免盲目生产。此外，余下的耕地建议用以生产当地消费所需的多样化的农产品，大力发展多样自给型农业，并以精致花园的形态出现，使之具有观光、游憩、休闲、体验、教育等多种功能，并且结合多样化的农业生产打造各具特色的美丽乡村。

2.3 村落

中国乡村民居建筑相对集中的区域就是通常所说的村落，其主要功能就是生活居住。中国各地的民居建筑在风格、分布方式和形态上存在一定的差异，明显受建材、地理位置和气候条件的影响，但是随着现代建筑材料的广泛使用，近年新建的民居建筑在外形上的差异已变得不明显。中国乡村实施的是一户一宅基地的政策，有多栋集中分布而形成村落的，也有一部分是分散分布的，多为两到三层的小楼，也有小宅院的，栋与栋、院与院之间一般没有直接的联系，基本上处于单门独户的状态，很少有过去那种组合大院落的形式。近年来，随着中国城市化水平的不断提高，虽然农村常住人口在不断减少，但是乡村民居建筑的建设却从来没有停止过，并且都是面积越建越大和档次越建越高，导致目前出现普遍闲置的现象，以致现在乡村民居建筑资源因闲置而成了浪费最大的资源，如何提高乡村民居建筑资源的利用率，这就成了我们开展乡村规划研究的一项重要课题。如今国家实施乡村振兴战略，倡导乡村发展旅居康养产业，市场潜力巨大，面向市民对旅居康养的要求，重点对村落民居建筑进行改造，使改造后的村落具有接待市民生活居住、文化娱乐、康体健身、购物体验和保健疗养等功能，把现有村落改造成为环境优美、生活舒适和功能配套齐全的现代村落，并使之成为区域乡村发展旅居康养产业的核心。

3　区域乡村融合产业单元概念性规划要点

区域乡村融合产业单元，也可以说是区域乡村产业经营的基本单位，既可以是一二三产业融合，也可以是一三产业融合或一二产业融合。农村一产业主要指的是农、林、牧、渔业；二产业主要指的是农产品加工业；三产业主要指的是旅游服务业，包括休闲娱乐、餐饮接待、康养居住、游览观光、康体健身、农业科普和农耕体验等内容。产业融合不是简单的叠加，而是产业功能拓展后的有机融合和资源与环境的再利用，融合的最终目的是实现功能效益的最大化，要实现融合产业单元功能效益最大化，形态上必须具备与功能相适应的结构。既然乡村融合产业单元的基本结构由自然山水环境、耕地和村落三部分组成，那么这三大组成部分的形态结构就决定了融合产业单元的潜在功能，当然各种功能的正常发挥离不开人的运营与管理，人的因素仍然起决定性的作用。为了拓展区域乡村融合产业单元具有的潜在功能，现将形态规划要点分叙如下：

3.1 自然山水环境的保护与提质

区域乡村融合产业单元在自然地理位置上具有相对的独立性，虽具有一定的范围，但仍属一个开放的系统，总是与外界有着必然的联系，单元范围内的自然山水环境具有维持区域生态服务功能的作用，同时又作为自然景观具有重要的旅游开发价值，在开发的过程中我们必须按照生物多样性的原理与方法，始终坚持以保护为主的原则，尽可能少干预和不干预而维持其自然生态过程，并依法制定相应的保护措施。为了提高山林环境的美感度，可以谨慎选取局部范围种植可以形成特色植物景观的植物，让人工种植的植物能够融入自然环境，并使之在不同的季节呈现有吸引力的植物景观。对于已经形成良好的森林生态或优美的自然山水环境的，即可直接加以开发利用，仅适当添置开展生态旅游所需的配套服务设施，如修建游道和点缀景观建筑等，坚决杜绝大兴土木的开发建设工程。乡村的自然水域或水际环境，经过较长期的自然演变一般具有较稳定的形态，纯天然水系只要人工不干预一般不会发生变化，其功能也能正常发挥，但是区域乡村水系中，有一部分是人工修筑的，如水库、池塘和灌溉用沟渠等，由于年久失修和过度开展水产养殖等，而导致蓄、排、灌功能退化，甚至水质与生活污染较为严重，这已成为广大农村的普遍现象，在融合产业单元环境建设中应引起高度重视。有的乡村中的自然河流和山溪也有人工进行改造和建设的，普遍是提高其排水泄洪功能，采用的方法主要是对河堤和水际驳岸进行硬化，彻底改变了原有自然的形态，造成了自然生态功能的严重退化，破坏了乡村良好的自然景观，在未来融合产业单元环境建设中也应该避免。乡村融合产业单元内的草地是难得的自然资源，一方面可以放养草食动物，发展畜牧业，如养牛、羊、马、鹅等动物；另一方面还可以利用草地开展体育与拓展运动，草地是最适合人们亲近自然的场地，但是要避免进行过度放牧和过度使用而造成退化，因此，在开发利用的过程中必须定期进行必要的维护。

3.2 耕地的产业化利用

中国乡村在城市化水平较低的时候，商品农业普遍不发达，占比很低，耕地主要是种植大田农作物，如水稻、玉米、小麦、油菜、马铃薯、红薯与大豆等，除城市郊区为市民种植商品蔬菜外，其他经济植物很少种植，耕地农作物的景观形态较为单一，再加之过去乡村旅游业不发达，广大农村也没有产生拓展耕地其他功能的想法。这些年来，随着中国城市化水平的不断提高，农村产业结构和农业生产结构都在不断发生变化，并一直处在不断探索之中，现在商品农业的水平有了明显的提高。耕地作为发展农业最基本的生产资料，在中国人均耕地面积不足世界平均水平40%的情况下，对其进行高效利用显得尤为重要。近年来中国的农业工作者一直在进行农业生产结构的调整，国家也在政策和经费上大力支持特色农产品商品化生产基地的建设。中国农村除大力发展特色商品农业外，还必须生产本地消费的多样化的农产品，暂且称之为多样自给型农业，因此，本文将区域乡村融合产业单元内的农业分为两种类型，一种是特色商品型农业；另一种是多样自给型农业，该两种类型农业所占耕地比例可参考未来城乡常住人口比例进行确定。对于区域乡村构建的融合产业单元内具体的特色商品型农业生产项目则须依据当地的气候、土壤、地形、地貌、水等资源特点来确定，一定是选择当地具特别市场竞争优势的项目，决不能盲目跟风，并且还必须评估作物连作可能对耕地造成的不良影响而采取不同作物轮作的技术措施与方法。开展特色商品型农业的生产区域，一般面积较大且相对集中，可以形成区域乡村生产性大地景观而成为乡村旅游观光的对象。对于区域乡村融合产业单元内开展的多样自给型农业生产，产品种类多样是它的显著特征，符合生物多样性原理，完全可以通过科学配置，创建良好的农业生态系统，克服近年因单一的农业生产所带来的农田生态环境问题，并且可以利用多样的农作物和园艺植物创造丰富多彩的农业植物景观，以此形成优美的乡村田园环境，为发展乡村旅游业服务，使农业生产环境成为游赏观光、休闲娱乐、农事体验、康体健身和科普教育的第三产业环境，从而拓展农业生产环境的其他潜在服务功能。

3.3 村落民居建筑的改造利用

中国乡村新的民居建筑主要是近年修建的，古老的民居和村落已经很少了，到处可见的是2～3层的单栋小楼，也有少数4层以上的。现有乡村民居建筑有集中分布的，也有分散分布的，由于农民外出打工的较多，目前农村常住人口平均约为40%，以后随着城市化水平的进一步提高，农村常住人口还会继续减少，乡村民居建筑的闲置现象将会更加严重，如果我们从经济的角度评估，当今乡村民居建筑资源的利用率是最低的，造成的资源浪费也是最大的。如何将现有乡村闲置的民居建筑资源激活，这是摆在乡村规划设计工作者面前的一项重要研究课题，本文提出的改造利用思路如下：依据区域乡村构建融合产业单元的要求，开发旅居康养、休闲娱乐、餐饮接待、产品展销、康体健身等服务项目的需要进行改造，分别按照所拓展的多功能要求进行改造建设，重点对现有村落聚居地进行改造，完全按城市生活配套设施的高标准和乡村生态度假酒店的形式与要求进行建设，将现有村落改造成组合大院落的形式，院落内有便于餐饮接待的大餐厅、大厨房和大客厅，有一定量的生活居住、文化娱乐、康体健身、商业购物、会务交流和卫生保健等功能的用房，村落周围配备美化了的田园环境，使改造后的村落成为城乡居民共同向往的理想聚居地，即村中所建的山水田园微城市。

4　结语

中国正在实施乡村振兴战略，明确提出了产业振兴是乡村振兴的核心和工作重点，区域乡村依据当地的资源优势，以市场需求为导向构建具地域特色的融合产业平台，开展区域乡村融合产业单元规划，一是突出自然山水环境的生态保护和植物景观提质；二是充分利用耕地资源发展特色商品型农业和多样自给型农业，并拓展农业生产环境的多功能效益；三是对现有村落的民居建筑进行改造，使之成为能够对外具备餐饮接待、生活居住、休闲娱乐、购物体验、保健康体和会务交流等服务功能的重要设施，以促进中国农村走上可持续发展的轨道。

中国乡村美丽田园景观规划与设计构想

摘要： 美丽田园景观营造是中国美丽乡村建设的重要组成部分，对于促进区域农村产业振兴具有极其重要的现实意义。美丽田园景观规划与设计倍受投资建设者重视，本文针对目前广大农村调整产业结构而大力推进全域旅游产业发展的迫切需要，面对当今种植业生产结构欠合理、农田生态安全问题突出和种植业生产效益普遍偏低等问题，围绕美丽田园景观建设提出了按特色商品型与多样自足型两种类型农业进行规划；以及按特色农作物大地景观和多样农作物花园景观进行设计的构想。此外还对美丽田园景观的作物种类选择、农田地形改造、农作物配置和作物景观类型等做了详细介绍，旨在为中国乡村美丽田园景观建设提供重要的理论指导。

关键词： 中国乡村，田园景观，规划，设计

20 世纪 50 年代中国就提出了实行大地园林化的建设口号，随着社会经济的不断发展，除少数贫困地区外，尤其是近三十年以来，广大农村面貌发生了翻天覆地的变化，具体表现在民居建筑大多变为了 2～3 层小楼房，村民居住生活条件得到了明显改善，村村通公路建设基本完成，河流进行了整治，山地森林覆盖率普遍提高，大自然生态环境得到了明显改善，这些为乡村发展全域旅游产业奠定了基础，但是离大地园林化的高标准要求还有一定的差距，主要是农田存在的问题还较突出，田园景观还有很大的提升空间。为了实现国土资源的可持续高效利用，各级政府积极开展国土空间规划，要求明确划定三条红线，即生态保护红线、耕地保护红线和城市建设边界，农田作为一种重要的国土资源，是发展农业最基本的生产资料，国家极其重视基本农田保护，并制定了基本农田保护法，极其重视强化农业生产功能，同时为了推进乡村振兴战略的实施积极倡导一二三产业融合发展，要求全面开展村庄规划，其中农业生产规划是必不可少重要内容。田园景观是美丽乡村建设重要组成部分之一，是美丽乡村最具活力和最有吸引力的景观，美丽田园让游客可游可赏，并且可获满意的产品，对于实现大地园林化起决定性作用，因此，营造美丽田园景观对区域乡村发展旅游产业将发挥

重要作用。然而，农田既要开展农业生产，又要创造美丽田园景色，还要解决目前农田普遍存在的生态安全问题，更要获得良好的农业生产效益，因此，探索美丽田园景观规划与设计的理论与方法具有极其重要的意义。

1　中国乡村田园景观概况与问题分析

田园景观主要就是在农田范围内的农作物景观，有的还包含农田范围内民居建筑之外的鱼塘、沟渠、道路和相关的生产设施。农田包括水田和旱田，也被统称为耕地。农田又分基本农田和一般农田，水田通常为基本农田，耕作条件较好，常用于种植水稻、小麦、玉米、青稞、大豆、马铃薯、红薯、花生、荞麦和棉花等大田农作物；旱田也称旱土，通常为一般农田，主要种植园艺植物，如果树、蔬菜、花卉、药材和茶叶等，一般种植规模不大，且种植的种类品种较多；也有成片较大规模种植而形成的当地商品性农业生产项目。在基本农田中，若种植园艺植物不至于破坏耕作层土壤结构和性质的也允许大面积种植。回顾这些年来中国快速城市化的进程中，中国农业生产结构一直处于不断调整之中，尤其是近年来种植业的调整更加频繁，主要是园艺植物的种植上，大田农作物相对较稳定，主要农产品的区域优势逐渐呈现，园艺作物除果树外变化都较大，很难稳定，种植经营者逐利而跟随市场年年在变，生产计划调整因缺乏科学性，产品季节性过剩和短缺时有发生，供需矛盾突出，严重影响了经营者的生产积极性。区域乡村随着城市化水平的提高，农产品商品化率提高是必然的结果，但是选择种植对象是决定经营成败的关键，生产经营者都想选择种植市场需求大、价格高和效率好的种类和品种是必然的，在非计划经济体制下也只能依据市场进行调节，结果只能靠市场检验。主要农产品生产受气候因素影响已经形成了一定的分布区域，成为了该区域农村有市场竞争能力的农产品；非主要农产品的变化较大，各地都在探寻适合自己生产的农产品并期望成为区域农村有竞争能力的主打产品，这将是一个必然的发展趋势。但是由于过去长期在某一片耕地上生产某一种农产品，并且近年来一直采用的是非理性的生产方式，即生产过程中过量使用农药、化肥和除草剂等而普遍导致农田面污染严重和生态安全问题突出等问题，严重制约着农业生产的可持续发展，这些问题与种植业生产结构不合理密切相关，因此，区域乡村种植业生产结构调整迫在眉睫。

2　中国乡村美丽田园景观规划构想

中国实施乡村振兴战略，提出了五大振兴目标，即产业振兴、生态振兴、文化振兴、组织振兴和人才振兴，其中产业振兴是核心，国家积极倡导走一二三产业融合发展的道路。农业作为乡村基础产业，也是维持人类社会生存和发展之根本，我们不仅要优化区域农村的农业生产结构，还必须通过拓展农业生产环境之功能，从而发挥农业生产的多功能效益，本文作者依据城乡统筹一体化发展和农村未来发展康养产业的迫切要求，按照观光农业、休闲农业、体验农业、特色农业、集约农业、景观农业和精致农业等创新发展模式，将中国乡村分区划块，分别以一定范围内的区域乡村作为一个相对独立的融合产业单元进行生产与经营，提出了在现有的农田开展两种类型的农业生产，即特色商品型农业生产和花园多样型农业生产，且对应营造特色农作物大地景观和多样农作物花园景观，共同构成乡村美丽田园景观，现分述如下：

2.1 特色农作物大地景观

中国区域乡村在快速城市化进程中常住人口减少是必然的现象，平均降幅将达到40%～50%，也许中国未来城市化水平平均将达到70%，甚至到80%都有可能，这一结果必定促使中国农村商品型农业的迅速发展，部分农民必须通过从事商品农业生产获得主要收入，生产经营者也必将选择高效率的商品农业生产项目，同时也必须面对残酷的市场竞争，要做到在市场竞争中甚至是国际市场竞争中取胜，就必须选择最适宜于本地种植的农作物，并具有较明显的地域优势，包括特有的气候、土壤、地理位置、水资源等特色资源优势，充分利用优势而形成地域农产品的特别竞争力。区域乡村开展的特色商品型农业生产，一般具有较大的规模，建议按耕地面积的70%～80%安排，同一种作物一般成块连片，可以形成大面积的特色农作物大地景观，在适宜的季节可形成壮丽的景色供游客观赏。为了保障用于特色商品型农业生产的农田不至于因多年开展单一的农业生产而导致土壤板结、肥力下降、营养失衡、农药残留超标和生物多样性水平下降等问题，尤其是某一固定的一、二年生农作物长期循环生产引发的生态问题，规划建议每个区域农村最好选定2～3种农作物进行交替循环种植，并尽可能采用种养结合的生态农业模式，以确保农田形成良好的农业生态系统，达到可持续高效利用的目的。

2.2 多样农作物花园景观

中国乡村多样农作物景观一直存在，但在区域乡村因有部分分散的民居而一直是处于分散的状态，缺乏统一的打造，也未从游憩观赏的角度考虑农作物的选择与配置，纯粹就是以生产为目的，主要是满足自己生活或饲养动物的需要，很少种植花卉和药材等农作物，更谈不上按花园的要求进行建设，如营造地形、修筑游道和配置景观设施。现在规划所提的多样农作物花园景观，不仅是一种多样自足型农业，可继续生产各种各样的农产品，包括果、菜、花、药、茶、草等，而且还要营造四季有景可赏的植物景观，能够对外开放，吸引游客深入其中去游憩观赏，从而得到美的享受。多样农作物花园景观是美丽乡村景观的重要组成部分，对于促进乡村旅游康养产业的发展具有极其重要的作用，一般由乡村产业开发的业主单位投资建设，花园占地面积不宜过大，建议占融合产单元耕地面积的20%～30%；花园宜采用中国自然山水式园林的艺术风格；园址选择以靠近村落或对外接待用中心建筑为宜。

3　中国美丽田园农作物景观设计构想

美丽田园农作物景观设计构想包括农作物种类品种选择、农田地形改造、农作物配置与植物景观类型。

3.1 农作物种类品种选择

中国地域广阔，地理气候差异大，农作物种类与品种繁多，地域之间存在较大的差异，种类品种选择上始终坚持因地制宜原则，尤其是在交通运输和信息特别发达的今天，更没有必要刻意去改变生产条件而生产异地特色优势产品，而应该立足本地优质资源条件，筛选能形成地域优势的农作物作为商品农业的生产对象，营造特色农作物大地景观，重点突出 2～3 种为宜，品种为最新培育的新品种，使之成为区域乡村生产性大地景观本底植物。选用作特色农作物大地景观植物，既可选用适宜的大田农作物，也可选择适宜的园艺植物，包括果、菜、花、药、茶、草等，但是多年生木本果树和绿化苗木已禁止在基本农田中种植而不能选用。对于营造多样农作物花园景观的农作物种类与品种选择，只要是适宜当地种植的农作物都可以选用，种类和品种力求多样，突出以一、二年生草本与多年生宿根植物为主，多年生木本植物为辅，并且依据多样的立地环境选择植物，以构造一个良好的景观农业生产与生态系统，永远保持农田较高的生物多样性水平。

3.2 农田地形改造

作为营造特色农作物大地景观的农田用地，一般不需要进行地形改造，要改造也是属于高标准高产农田的建设范畴，讲究一致性和标准化，是以方便机械化操作和便于耕作为目的，而不是以创造多样的立地环境和便于创造丰富多彩的植物景观为目的，然而，对于多样农作物花园景观的农田用地正好相反，则是通过创造多样的立地环境而便于创造丰富多彩的植物景观，多样的立地环境包括水、旱、湿三种土地类型，农田已有地形高差变化的可加以利用，仅是理顺好不同土地类型之间的关系，再因势利导设置游道系统，并确定好必要的景观建筑与场地设施的位置；对于较平坦的农田进行微地形改造是必须的，采用中国传统自然山水式园林地形改造的方法，通过挖池堆山理水等工序，营造山系和水系，做到山水相依，融为一体，达到虽为人作宛自天开的境界，为创造多样的美丽田园植物景观打下坚实的基础。

3.3 农作物配置

中国乡村美丽田园景观农作物的配置，实际上就是对选定种植的农作物进行时间和空间上的搭配，使之按时间顺序展示各种类型的植物景观。不同种类和品种的农作物各自有其形态特征、生长特性和观赏特点上的差异，都存在各自最佳的观赏时期，这些作物有的适宜作主景，有的适宜作配景，有的适宜作背景，有的适宜作植物景观骨架，从而形成竖向的植物景观层次变化。在进行植物配置时，首先将田园环境划分为不同的视域空间，再依据不同植物的形态特征、生长特性和观赏特点，分别确立不同的植物景观主题，做到色、香、味、形各有特色，并且随时间的变化而变化，对于田园中重点植物景观区域可进行经常性的更换，以确保四季景观效果。在选用的农作物中，花卉植物的观赏价值一般较高，宜作主景植物或用于打破其他农作物的单调而做点缀或装饰用植物，对于提高多样农作物花园景观有显著效果。特色农作物大地景观一般在色彩和形态上都较单一，为了提高观赏效果，也可以选择在观赏时期上吻合的其他作物与之搭配，设计一定的主题图案，以增加大地景观的内涵与艺术感染力。

3.4 植物景观类型

中国乡村田园植物景观多种多样，景观类型依种植模式而定。特色农作物大地景观采用的是片植方式，作物种植按照农业生产的技术要求成行成块成片种植，其他植物设计的主题图案嵌入其中，形成季节性花海大地景观；多样农作物花园景观丰富多样，主要有花境、花带、花丛、花群、花地、花溪、花篱等观赏性植物景观类型，这些植物景观类型由相应的种植模式创造，与城市花园的根本区别是基调植物均为农作物，很少选用纯用于观赏的花卉，田园的农业生产功能永远放在第一位，仅仅是将农业生产内容采用园林的形式表现出来，通过拓展农田环境功能为乡村发展旅居康养产业服务。

4 结语

中国实施乡村振兴战略是缩小城乡差别的一项重要行动，也是一项较长期的任务，对于推进城乡经济一体化发展具有重要的意义。农业作为中国农村最基础的产业，无论从农业生产效益，还是从农田生态安全问题等方面考虑，现在区域乡村的农业生产结构都必须进行调整，并且必须面对中国未来大而稳定的市场需求，依据区域乡村产业振兴的需要，构建具地域特色和优势的农业生产结构。通过发展特色商品型农业营造特色农作物大地景观；通过发展多样自足型农业营造多样农作物花园景观，从而有利于发挥农业生产环境的多功能效益，最终实现中国农村经济的可持续发展。

中国乡村旅居康养产业基地建设与发展前景探析

摘要：中国实施乡村振兴战略的总体目标和要求是产业兴旺、生态宜居、治理有效、乡风文明和生活富裕，其中产业兴旺是核心和根本。中国地大物博，人口众多，乡村千差万别，选择何种产业？采用什么方法实现产业振兴，这是摆在乡村建设和管理者面前的一个现实问题。本文面对中国进入老龄化社会后的市场需求，同时也针对广大人民对美好生活的向往，提出了乡村振兴聚焦旅居康养产业基地建设的构想，即积极引导当地村民参与，采用股份制企业的经营模式，选择基础条件较好的村落，依据对外开展旅居康养接待的要求进行改造设计与建设，以享受美好生活为目的，以民居内质提升为重点，按照园林化村落建设的标准和要求，着力打造优美和舒适的村落环境，让中国乡村形成各具特色的旅居康养产业基地，使旅居康养产业成为中国乡村的主导产业，并以此为引擎带动其他配套产业的蓬勃发展，最终实现乡村全面振兴。

关键词：中国乡村，旅居康养产业，建设

中国要实现乡村振兴，产业振兴是根本和核心，产业振兴决定乡村社会经济发展水平。这些年来，在快速城市化进程中乡村发展相对滞后于城市并出现衰落的趋势，我们不难发现这与缺乏支撑乡村的产业经济密切相关。过去农村的主导产业一直是农业，以粮食生产为主，生产的主要目的是解决吃饭问题，农业生产的比较效益低是社会公认的，随着整个社会经济的快速增长，农业在国民经济中所占的比重越来越小，以致广大农民的家庭收入仅仅依靠农业收入很难提高到一定的水平，有的纯从事农业生产的部分农民甚至尚处在国家确定的贫困线以下，外出打工就成了提高农民收入的主要途径，因此，大部分农民进城了，乡村普遍衰落也就成了必然的现象。国家为了阻止乡村继续衰落，提出了实施乡村振兴战略，并明确了乡村振兴的总体目标和要求，即产业兴旺、生态宜居、治理有效、乡风文明和生活富裕。至于怎样实现乡村振兴，并没有提出一条明确的路径，全国各地正在积极探索，也先后树立了一些乡村振兴的

典范，如浙江安吉模式、江苏民宿模式、湖南农家乐模式等，已认识到乡村振兴首先必须实现产业振兴，也就是要使区域乡村所经营的产业兴旺起来，让经营者获得良好的经济效益。然而到目前为止，很多乡村还没有找到一个能让广大农民收入得到大幅度增长的产业，就拿农业来说，随着城市化水平的不断提高，大部分农业已转变为商品农业的性质，各地所开展的各种商品性的农业生产必须参与市场的激烈竞争，对农产品的选择必须考虑市场因素，然而，发展农业生产受限制的因素很多，有的因素是决定成败的关键，如气候与土壤等因素，因此中国农村的农业生产结构一直处于动态调整之中，调整好了的区域乡村建立起了地域特色农产品商品化生产基地，当地村民可以依靠经营的特色农业获得较好的经济效益，靠农业也能致富一方，这是具特别优势的区域乡村发展产业的较佳选择，国家在政策上也特别支持区域乡村发展特色农业，但是并不是所有乡村都能发展具特别优势的特色农业，很多乡村并无特别的优势，很难通过发展特色农业这条道路实现产业振兴，而且在发展农产品加工业和传统手工业尚无特别优势的情况下，不得不选择三产服务业，国家也倡导在乡村发展全域旅游产业，因此，旅居康养产业就成了很多乡村的必然选择。本文提出中国乡村聚焦旅居康养产业基地建设，目的是期望在中国乡村大力发展旅居康养产业，把乡村建设重点放到发展旅居康养产业所急需的环境和设施建设上来，以此为引擎带动农村相关产业的发展，从而走出一条中国乡村产业振兴的创新之路。

1 中国乡村旅居康养产业发展概况

旅居康养是乡村旅游的一种方式，是游客在乡村进行较长时间居住生活的一种行为，其实是人们为了身心健康而在宜居的乡村享受一种有别于城市的美好生活。最近几年，城市居民组团结伴到乡村进行旅居康养已成为一种时尚，占据了乡村旅游的很大一部分，因此而形成了一大新型产业，乡村旅游已不再是到乡村去游一游或是去看一看，而是还要住一住，甚至还要住较长的一段时间，这种居住生活的需求呈现出不断增长的发展趋势，这无疑是中国乡村发展的一个必然规律，也正是乡村产业发展的希望之所在。然而，中国乡村旅居康养产业发展还刚刚起步，出现了如下几种类型：第一种类型是在经济较发达城市周边兴办了民宿，主要是就近满足市民双休日度假的需要，起初很红火，接待用房供不应求，消费价格也很昂贵，经过几年的运营后，已反映出有不适于大众消费的弊端；第二种类型是在炎热的夏季城市居民选择到乡村的高山区域避暑，大多结伴而行，远离炎热的城市到凉爽的山村居住生活一段时间，如湖南郴州桂东的一个山地村庄，炎夏时就有来自城市游客几千人在此避暑，旅居接待成了当地的主导产业，让山区农民获得了不少收入；第三种类型就是在寒冷季节到温暖的南方避寒，类似于候鸟式的迁徙居住生活，近年来已形成一种常见现象，随着交通的越来越便捷和南方旅居康养环境与设施的改善，避寒旅居康养产业规模还将进一步扩大；第四种类型就是城市居民在灰霾频发的季节远离城市到生态宜居的乡村避霾，避开城市空气污染对健康的影响而到乡村去居住生活，这类旅居康养类型也有较大的市场。为了满足上述旅居康养的需求，乡村产业投资建设者已看到了旅居康养产业的市场潜力，旅居康养产业已经成为乡村投资建设的热点，人们已形成广泛共识，中国乡村旅居康养产业必将成为支撑乡村经济发展的主导产业。

2　中国乡村旅居康养产业基地建设要求

2.1 基地选址

中国乡村发展旅居康养产业是调整乡村产业结构的一个普遍选择，虽然政府倡导发展全域旅游产业，但是作为以老年人为主要消费群体的旅居康养产业并不是任何乡村和任何村落都可以发展的，旅居产业基地建设是一种经营投资行为，基地选址适宜与否，决定投资建设与开发的成败，基地选址时主要从以下几个方面考虑：

2.1.1 地理位置

中国地理纬度南北跨越几个气候带，地形有高山、丘陵、平原与盆地等多种类型，各地气候差别大，四季分明，主要是气温上的明显差异，总体来说，冬春两季南方气候温暖适宜避寒；夏秋两季高山气候凉爽适宜避暑，以致冬春季和夏秋季旅游带有明显的季节性，再就是寒、暑假时间也是造成旅游有淡旺季之分的一个重要原因，因此，旅居康养产业基地以避寒为目的选址南方明显优于北方；从避暑上考虑，高山明显优于丘陵、平原和盆地。大致的地理区域选择好了之后，再就是确定具体位置，基地选址宜坐北朝南，东南方向若视线开阔，依山傍水，滨海、滨湖和滨江位置更佳，忌选择陡峭之地，以免在地质上给顾客产生居住不安全之感。一般来说，凡是乡村建有较大村落的区域都是当地较适宜的人居环境，多为山腰或山麓较平缓开阔之地，都足以能够体现前人的智慧，这类村落多数也是较发达的，反过来，选择当地较发达的村落作为旅居康养产业基地开发也是较明智的选择。

旅居康养产业基地以避霾为目的选址，主要是要求与灰霾频发城市相隔一定的距离，灰霾是影响空气质量的一个重要因素；此外，选址还必须考虑风向，灰霾的影响与在城市的东西南北位置有一定的关系，在城市主风向上与城市较近的位置，一般不宜选择。

2.1.2 村落建筑

居住是人类社会发展最基本的生活要求，建筑设施是最主要的生活设施，村落是人类繁衍生息自然形成的，人类社会发展到今天，村落民居都是私有财产，为家庭享用，房间内部生活设施一般不符合对外接待的要求，虽分布上较集中，但一般处于单家独户的分离状态，建筑的外观形态和风格比较统一的很少，尤其是近些年乡村新建的民居较多，更是呈现多样化趋势。旅居康养产业基地选址以民居的外形和风格较一致的村落为佳，建筑之间空间与场地容易通过增加廊道或厅堂的改造方式而建立有机联系，最好是现有村落具有一定的规模，以便于改造成规模较大的组合大院落，改造后对外可居住用房最好是能够相对集中并达到50间以上的规模，因此被选村落要求具有10栋以上的民居，且村落周边最好是还有能纳入基地可供改造利用的民居建筑更佳，以便于拓展基地规模。

2.1.3 村落环境

选作基地建设的村落环境分内环境和外环境，内环境指村落建筑之间和邻近建筑周边的空间环境；外环境指环绕村落或与村落相邻的外部山水田园环境。内环境要求具有较好的环境基础，即有可供利用的环境资源要素，如生长有古树或大树、有可供直接利用的室外活动场地和其他环境设施等，不需要花费大量的内环境提质改造建设资金。村落外环境分两部分，一部分是自然山水环境，一般属于环境保护范围，品质较高直接可供游览观赏的最好，有环境基础可稍加改造提质的次之。如果环绕村落有天然的湖泊、江河、瀑布、溪流、山泉、溶洞、森林、草原等自然景观，甚至还分布有著名的文物单位或名胜古迹等人文景观的更佳。此外，村落内外道路也是构成村落环境的重要组成部分，道路通达性、完整性和质量也是基地选择必须考虑的关键因素。村落田园环境是农业生产环境，是国家确定的耕地红线保护范围，耕地上季节性的农作物或多年生的园艺作物大多数本身就有较高的观赏价值，可随农业生产结构调整和生产方式改变而变化。农田在村落周边一般都有，作为旅居康养产业基地周边环境以选择土壤、水利等生产条件较好的为佳，或是已经形成了特色农产品生产基地的更佳。

2.2 建设项目

乡村旅居康养产业基地实质上就是园林化的村落，其建设项目主要是村落民居改造和村落周边环境的园林化改造。将单栋分散分布的村落民居改造成组合大院落，使之具有大客厅、大厨房和大餐厅，有拓展娱乐、健身、护理、会务、居住和商务等功能用房。通过增设民居之间的走廊和厅堂将村落民居联系成一个有机的整体，选择民居之间的空坪隙地新建公用的大客厅、大厨房与大餐厅，使之能够满足对外规模接待的功能要求。居住用房使用上不仅要满足原住民，还必须满足对外接待游客的要求，内部卫生设施是民居改造的重点。

村落周边环境的园林化改造主要是为游客提供户外游憩使用的空间境域，营造时要求按自然山水式园林的模式和要求进行改造建设，尽可能利用现有的自然与人文资源条件，突出以名花植物造景为主，创建区域乡村园林的地域特色，尽可能保持田园环境的农业生产功能，结合实施多样化的生态农业进行造景，让游客能在游赏体验中得到美的享受。

2.3 建设目标

乡村旅居康养产业基地是主要提供给城市居民享受美好生活的理想境地，生态宜居是最基本的建设目标和要求，具体体现在村落民居内部生活设施和外部环境状况，内部生活设施要求整洁、方便和舒适，符合现代人居住生活的要求，功能配套齐全，如康体健身、保养护理、会务交流、餐饮居住、文化娱乐、特色商务等功能都有适宜的配套用房，且相对集中，使用上相对独立而互不干扰。村落民居外部环境实行园林化，达到园林建设的理想状态，即具有良好的生境、优美的画境与深远的意境，让乡村景观充满诗情与画意，且与周边相邻的旅居康养产业基地相比具有鲜明的特色。

3　中国乡村旅居康养产业发展前景预测

中国是世界上人口最多的国家，也是实现城市化进程时间较短的国家之一，在城市快速发展的过程中不可避免地产生了比较严重的城市生态环境问题，如灰霾频发、PM2.5超标和热环境效应明显等，这些问题严重影响广大城市居民的生活。虽然有很多宜居的城市，但是城市建成区不宜居住的区域也普遍存在，因此，中国现有城市并不能完全成为人们享受美好生活的理想境地，尤其是在炎热的夏秋季、寒冷的冬春季和灰霾频发的时间段，必定会有很大一部分市民不定期离开城市到乡村去寻找享受田园美好生活的理想境地，毋庸置疑所建成的乡村园林化村落就成了他们的首选，乡村发展旅居康养产业就有了消费的顾客，尤其是具有特别气候资源的乡村更具有吸引力，因此，旅居康养产业必将成为中国乡村最具潜力的新型产业，发展前景十分广阔。

4　结语

旅居康养产业是适宜于中国乡村广泛发展的一项新型产业，现在已经成为社会投资的热点，在选择好基地后首先就是要做好基地的建设与发展规划，理清发展思路，制定切实可行的建设方案，积极争取当地村民的支持与响应，让村民看到乡村发展旅居康养产业的前景，愿意拿出自家的房子与承包的田地入股，能自发地联合组建股份制公司，共同投资建设旅居康养产业基地，这样做不仅是谋求利益共享，而且还是乡村实行集体化模式的一种新尝试，符合未来社会发展的大方向。乡村旅居康养产业属于综合性服务业，涉及的专业面广，技术与管理要求高，各项工作都必须要求实行职业化，所有经营者都不可避免要参与市场竞争，旅居康养产业基地除需要具有优美的村落环境和良好的居住生活设施外，还必须提供优质的服务，让城市居民在优美舒适的乡村田园环境中享受美好生活。

中国乡村民居建筑改造利用的途径与方法探析

摘要： 中国在快速城市化进程中乡村面貌发生了一个最显著的变化就是大多数的民居建筑从低矮的平房变成了2~3层的小楼房，然而由于农民进城务工，一方面民居建筑闲置现象相当严重，另一方面发展乡村旅居康养产业又缺乏合适的建筑用房，为了解决这一突出矛盾，本文作者在对中国乡村民居建筑现状进行分析的基础上，提出了供发展农业生产和旅居康养产业用房两种改造利用的途径与方法，并阐述了改造利用乡村建筑对促进区域乡村农业生产结构调整、农村产业结构调整和城乡经济一体化发展都将具有极其重要的价值和意义。

关键词： 民居建筑，改造，利用

乡村民居顾名思义是农村居民用来居住的建筑。中国农民大多都有一个传统的思想，富足之后总想改善自己的居住条件，这本来是人之常情，无可厚非，但是建多大？建多高？实际又能利用多少？却不会深究，有的甚至是明知没必要也要建得足够的大和高，且追求豪华和气派，彼此之间存在互相攀比的心理，实际利用率大家可想而知，难怪乎有人说中国广大农村最大的浪费是民居建筑资源的浪费。然而，中国现在实施乡村振兴战略，积极倡导农村一二三产业融合发展，大力推进全域旅游产业和田园康养产业，在实际建设和运营过程中大家不难发现，建筑设施是促进农村产业发展的重要设施，虽然现在农村存在大量的闲置民居，却很难直接利用，必须进行改造，如何改造和利用？这是摆在我们专业工作者面前的一项重要研究课题，本文针对中国乡村大量闲置的民居建筑资源提出的利用途径和方法供大家探讨与实践。

1 中国乡村民居建筑的现状

中国乡村民居建筑属私人所有的财产，实行的是一户一宅基地政策，有单栋分散分布的，也有多栋集中分布而形成村落的。中国乡村现代民居建筑大多数是在近30年内兴建的，建筑形式多样，主要为砖混结构，有平顶也有坡屋顶的，虽呈现出一定的地方风格，但不特别明显。少数高档民居建筑外观上有仿欧式洋房造型的趋势，建筑色彩与外墙装修材料较为讲究；而一般现代民居建筑相对古民居建筑来说外形一般较为简洁，外墙装修上色彩与材料在同一地域之内与不同地域之间都存在一定的差异，单栋民居个性特征差异明显。现代民居一般为2～3层的小楼，也有4～5层的；单栋建筑占地面积多为100～150 m^2 之间，建筑面积多为200～300 m^2 之间，少数也有超过此面积范围的。中国乡村除少数经济不发达地区外，未建小楼房的农户很少，仍保留传统村落并居住在传统村落中的居民更少。近年来，中国乡村整体居住条件随着社会经济的不断发展而得到了较大的改善，新建民居大量增加，但是随着中国城市化水平的不断提高，青壮年农民大量涌入城市打工，有的甚至携妻带子女背井离乡一道进城，留守在农村的多为老人和小孩，其结果必将造成乡村民居大量闲置，然而大部分农民虽然离开了农村，并且多数时间在城市中工作和生活，但是他们却决不会因此而放弃在农村修建住房的权利，在故乡建房的传统观念根深蒂固，这就是中国现在平均城市化水平超过60％而户籍人口仅为40％左右的原因，以致仍有20％左右的农民户籍人口在城市与农村之间流动，并且他们绝大部分时间生活在城市，这样乡村民居建筑大量闲置也就成了必然的结果，有的村庄甚至出现部分民居建筑多年无人居住的现象。

2　中国乡村民居建筑改造利用的途径与方法

2.1 农业生产用房

包括畜禽养殖、食用菌生产、农产品加工与贮藏、农资仓库和生产管理等用房。农村以农为本，农业是基础产业，农业生产永远是农村必须开展的一项重要工作。目前，广大农村存在大量的闲置民居，正好有的农业生产需要有适宜的建筑与配套设施，因此我们可以从中选取其中的一部分民居改作生产与管理专门用房，并且依据生产项目的具体要求进行改造，以经济实用为原则，不刻意追求外形的美观，但求满足生产功能要求，至于选择哪些民居作为改造对象，其位置是否适宜，应该以不影响周边居民健康生活为前提。有的养殖项目为了疫病预防必须做到生产环境与外界相对隔离，规模养殖易产生难闻的气味；农产品加工过程也许产生一定的噪声，因此，改造作生产用民居位置选择必须考虑便于隔离的因素，最好选择距村落相对远一点的民居进行改造。民居功能转换力求做到房尽其用，使计划安排的各项农业生产都能够很好地融入区域农业生产体系之中，生产对象的选择必须坚持因地制宜的原则；生产规模的确定必须坚持以市场需求为导向；生产目标的实现必须坚持以促进区域社会经济与自然生态可持续发展为衡量标准。民居改造成不同类型的生产用房，为了满足农业生产的功能要求，其结构和形态将会有大的改变，这无疑是一项促进区域农村室内农业生产发展的重要行动，必须慎重考虑，周密计划，对实施项目的可行性进行严格论证。再就是原住民不得不离开原有的住房到别处去生活，在实施改造之前必须对原住民进行妥善安置，并且充分协调好区域乡村产业发展与民居所有者个人利益之间的矛盾。

2.2 旅居接待用房

近年来，中国乡村大力发展全域旅游产业，乡村旅游已成为一种时尚，有大量的城市居民到乡村去开展观光旅游和休闲体验活动，他们的目的是在欣赏乡村大自然景色的同时体验和享受农耕文化生活，要满足游客的要求，仅有自然景色是不够的，还必须具备相应的旅游接待设施，其中接待用建筑就是必不可少的设施。虽然中国现有的乡村民居很多，但真正可用于对外接待用的建筑却很少，很多乡村为了发展旅游业，也新建了不少的旅游接待用建筑，但受国土政策建设用地的限制，不允许大量新建，有的就直接利用现有的民居办起了农家乐，有的利用现有民居稍加改造办起了对外接待的民宿，这些都是乡村民居的利用方式，可以适当发展。但是，对于中国广大乡村大力发展全域旅游业来说都存在明显的缺陷，农家乐旅游休闲模式受接待能力的限制，规模化的生活和居住接待明显难以满足，实践已经证明难以发展；再者就是民宿，有的经济较发展的区域乡村，民宿是在农家乐基础上提升的一种乡村旅游模式，它满足了部分城市居民对乡村旅居生活的要求，具有规模小和价格高的特点，不适宜于大众消费，因此，民宿也不是一个值得广泛推广的乡村旅居模式。中国未来老龄化社会康养服务将具有大而稳定的需求，为乡村发展旅居康养产业带来了极好的发展机遇，乡村民居改造的目的更加清楚，主要是针对老年人集中居住康养功能的需要进行改造，使改造后的村落形成组合大院落，具有大厨房、大餐厅和大客厅，同时配套医疗卫生、康体健身、文化娱乐、科普教育、农耕体验和特色商务等功能设施。选择民居相对集中的区域按照多功能要求进行改扩建，同时美化村落环境，以满足城市居民回归自然和享受田园美好生活的追求，创造众多的以老年田园康养为主要功能的生活聚居地，使之形成大量的乡村康养产业平台，彻底改变目前中国乡村民居建筑大量闲置的状况，显而易见，这种乡村民居改造利用方式是值得广泛推广和实践探索的方式。

旅居是旅游的一种方式，将乡村民居改造成旅游接待用房，不仅可供游客居住生活，同时也提供给愿意入住的当地原住民居住生活，相对集中的民居经过改扩建形成区域乡村配套基础设施齐全的居住区，实行集中统一管理，避免乡村建设遍地开花而致重点不突出的局面。在城镇化过程中农村人口逐步减少是一个必然的趋势，但是让广大农村吸引部分城市居民返回到乡村旅居生活，不仅要有优越的自然环境、适宜居住的建筑设施和配套的医疗服务，而且还要有能够让他们到乡村久居的各种必要条件，因此，在新建居住用房难以实现的情况下，改造现有的民居就成了必然的选择，关键是要探索一种既要让当地民居拥有者愿意积极参与，又要让主要出资者乐意有共同创建旅居产业平台的投资愿望，创新一种让大家都能接受的股份制运营模式，以此来推动区域乡村经济的可持续发展。

3 中国乡村民居建筑改造利用的价值分析

中国在快速城市化进程中城乡差别在不断增大，城乡居民的年收入水平比值已达

2.7∶1，这些年来，城市居民的收入主要是用来购买住房，农村居民的收入主要是用来建房，房子成了中国公民的主要资产。城市相对于农村来说房屋资产的利用率要高一些，广大农村房屋资产闲置浪费相当严重，这已成为中国社会公认的事实，怎样通过发展产业激活广大乡村闲置的民居建筑资源，既符合两型社会建设的目标和要求，同时又符合广大农民的共同利益，其利用价值如下：

3.1 促进农业生产结构调整

近四十年来，中国农村的农业生产结构一直处于不断调整之中，其中现代农业的一种生产方式就是设施农业，利用人工设施在相对可控的保护地范围内进行农业生产，其中食用菌、畜、禽和特色农产品加工与贮藏需要一定量的建筑设施，将部分村民的住房改造成生产用房，用于发展区域乡村的特色农产品生产，有利于保障某些农产品在人工控制条件下稳定生产和就地供应，乡村民居建筑资源的生产利用可直接发挥调整农业生产结构的作用，同时利用民居建筑改善和增加农产品贮藏与加工条件，有利于促进地域特色农产品加工业的发展，对解决特色农产品季节性供过于求的问题和实现周年均衡供应也将发挥重要作用。

3.2 促进农村产业结构调整

过去的中国农村产业主要是农业生产，属第一产业，二、三产业有，但普遍不发达，这是制约农村社会经济繁荣的一个重要因素，国家为了改变这一状况，积极倡导农村一二三产业融合发展，鼓励发展农村二、三产业，即主要为农产品加工业和农村旅游服务业。然而发展二、三产业最需要的就是以建筑为主的配套基础设施，现在中国农村建筑虽多，但主要为家庭生活居住的民居建筑，不宜用于农产品贮藏加工和对外开展接待服务，必须依据发展产业的实际需要对现有民居建筑进行改扩建，并完善配套基础设施，以此为区域乡村发展二、三产业创造必要的条件。

3.3 促进城乡经济一体化发展

国家大力推进工业的发展是促进快速城市化的原动力，城市化的结果是大量的农民进城成为产业工人，进城的农民作为城市发展的主要劳动力来源，大大促进了城市的繁荣和经济的发展，城市无疑是社会经济最活跃的区域。相比之下，在城市化过程中，随着农业生产机械化和自动化水平的提高，农业所需劳动力的数量必然大大减少，农村大量劳动力不得不流入城市务工，再加上农业在量上发展空间极其有限，农村社会经济相对衰落也是必然的结果，城乡差别不断拉大，因而产生人们对美好生活的需求和发展不平衡和不充分的社会主要矛盾，以致中国必然实施乡村振兴战略并把解决“三农”问题作为党和政府工作的中心和重点。中国城市的快速发展，其实也存在一系列的城市环境问题，如灰霾频繁发生、PM2.5 超标和热岛效应明显等，因此而激发了久居城市的市民返璞归真和回归自然的愿望，到何处去享受不受环境困扰的生活？当然最佳的选择是乡村，这正好为乡村发展旅居康养服务业带来了机遇，然而，乡村难以满足生活要求的原因主要是缺乏适宜的建筑，按市民的生活居住要求改造乡村民居建筑就成了当今农村产业发展的必然行动，也是推进城乡经济一体化发展的重要措施。

4 结语

中国实施乡村振兴战略已把解决“三农”问题作为党和政府工作的核心和重点，也是全面推进建设小康社会的重要行动，所确定的总体建设目标和要求十分明确，并且面对不同类型的乡村提出不同的发展思路。中国老龄化社会已经到来，老年康养必将成为中国未来社会大而稳定的需求，老年康养产业必将成为广大农村的主导产业，基于发展老年康养产业的需要而改造大量闲置的乡村民居建筑，使之为发展农村产业服务，对于促进农村社会经济的可持续发展具有十分重要的意义。

中国乡村旅居康养产业基地建设与开发构想

摘要：中国正在实施乡村振兴战略，全国各地积极开展美丽乡村建设，乡村的道路、水利、电力、通信、网络等基础设施得到了全面改善，为了实现乡村振兴的目标，大家都在积极探索乡村振兴模式，尤其在产业振兴上，普遍认可并积极推广乡村一二三产业融合发展模式。近年来，有很多单位和个人满怀信心选择投资乡村产业发展项目，然而结果却事与愿违，处于进退两难的境地，严重挫伤了投资者的积极性。试问中国乡村融合产业发展是否有可推广和切实可行的新模式？这是关系到推进乡村振兴的一个很现实的问题。本文针对目前中国乡村建设与产业发展的现状，从分析普遍存在的问题入手，提出了以发展旅居康养产业为目的和以选择改造部分村落为建设重点的建设与开发模式，简称村落旅居点建设开发模式，即充分考虑区域乡村的地理区位、自然气候、特色资源、地域文化和经济发展水平等产业发展要素。依据发展旅居康养产业对乡村生活居住环境与设施的特别要求，集中有限资金有选择性地重点改造部分村落，按照组合大院落的建设思路，激活闲置的民居建筑资源，组织上鼓励村民参与、争取政府支持和吸纳企业加入，由企业、村民和村级政府共同创建旅居康养产业平台；经营上积极招商引资，确定投资主体，实行股份制经营方式，大力发展旅居康养产业，最终达到实现区域乡村经济可持续发展的目的。

关键词：中国乡村，村落改造，旅居康养

近年来，中国为了改变农村相对落后的面貌，先后号召发动了社会主义新农村建设和美丽乡村建设，取得了举世瞩目的建设成果，全国各地的乡村道路交通、水利电力、通信网络等主要基础设施都得到了明显的改善，同时还大力开展了乡村环境整治行动，村容村貌焕然一新，完成了大量的基础性的建设工作，这些项目主要是政府投入建设的，充分体现了中国特色社会主义制度的优越性。十八大确定实施乡村振兴战略，明确提出了产业兴旺、生态宜居、治理有效、乡风文明和生活富裕的总体目标和

要求，并且明确了产业兴旺是实现乡村振兴的核心和保障。社会经济靠产业支撑，产业发展水平直接关系到农村发展的社会经济水平。中国乡村产业一直是多种多样的，同时也是处在不断的变化与发展之中，国家为了促进乡村产业兴旺，积极倡导走一二三产业融合发展的道路，先后树立了多个乡村产业振兴的典范和模式，如浙江安吉模式、江西于都模式、湖南寻龙河模式、河南信阳模式、江西婺源模式等，这些对于促进乡村振兴有重要的参考价值。然而，全国各地乡村千差万别，发展产业的各方面条件也不尽相同，差异化发展将成为必然。农业产业作为乡村最基础的产业，也可以说是社会的一项公益事业，除具有特别优势资源适宜建立特色农产品生产基地的区域乡村外，一般经营农业的利润空间是极其有限的，实践证明，几乎大部分农村很难通过调整农业生产结构提高农民收入。近些年，有很多投资农业项目的企业和个人，甚至还争取了政府给予的资金和政策支持，也实现了农业产业项目的规模化，但由于缺乏产品特色和市场竞争优势，一直处于亏损的项目不占少数，不得不企望政府继续给予支持才能得以维持，像这类投资项目从经营与经济效益上来说其实是失败的，因此，乡村产业发展必须坚持以农业为基础，重点在二三产业发展上下功夫，做到“接二连三”，着力发展融合产业助推乡村产业振兴。近几年，全国各地按照一二三产业融合发展投资的乡村开发项目也不少，建设与投资规模有大有小，大到旅游小镇，小到单家民宿，投资大的几乎很少有成功的；投资小的民宿开始时表现出较为旺盛的生命力，最后的实践证明其市场开发潜力不大，不符合大众的需求，只能适度发展，基于此，本文以发展乡村旅居康养产业为目的，提出选择乡村部分村落作基地进行改造，旨在满足城市居民对避霾、避暑和避寒等旅居康养的迫切需要，探索一种乡村建设与产业开发的新模式，基地建设拟从民居改造利用的点上进行突破，让建成的旅居康养产业基地真正成为全面带动区域乡村实现产业振兴的建设与开发典范。

1 基地选址

乡村旅居康养产业基地建设与开发是一种经营投资行为，也不是任何乡村和村落都适宜于发展旅居康养产业的，基址选择适宜与否，将决定投资建设和开发的成败。基地选址主要从以下几个方面考虑：

1.1 地理位置

中国地理纬度跨越几个气候带，地形有高山、丘陵、平原与盆地，各地气候差别大，四季分明，主要是气温上的明显差异，总体来说，冬春两季南方气候温暖适宜避寒；夏秋两季高山气候凉爽适宜避暑，以致冬春季和夏秋季旅游带有明显的季节性，再就是寒、暑假时间也是造成旅居有淡旺季之分的一个重要原因，因此，旅居产业基地以避寒为目的选址南方明显优于北方；从避暑上考虑，高山明显优于丘陵、平原和盆地。地理区域选择好了之后，再就是确定具体位置，基址选择宜坐北朝南，东南方向若视线开阔，依山傍水，滨海、滨湖和滨江位置更佳；忌选择陡峭之地，以免在地质上给游客产生居住不安全之感。一般来说，凡是乡村建有村落的区域都是当地较适宜人居的环境，多为山腰或山麓较平缓开阔之地，都足以能够体现前人的智慧，这类村落多数也是较发达的，反过来，选择当地较发达的村落作为旅居产业基地开发也是较明智的选择。

旅居产业基地以避霾为目的选址，主要是要求与灰霾频发城市相隔一定的距离，灰霾是影响空气质量一个重要因素，此外选址还必须考虑风向，灰霾的影响与在城市的东西南北位置有一定的关系，在城市主风向上与城市较近的位置，一般不宜选择。

1.2 村落建筑

居住是人类社会发展最基本的生活要求，建筑设施是最主要的生活设施，村落是人类有群居习性而自然形成的，人类社会发展到今天，村落建筑是私有财产，为家庭享用，房间内部生活设施一般不符合对外接待的要求，虽分布上较集中，但一般处于单家独户的分离状态，其建筑的外观形态和风格较统一的很少，尤其是近些年乡村新建的民居较多，更是呈现多样化趋势。旅居产业基地选址以民居建筑的外形和风格较一致的村落为佳，建筑之间空间与场地容易通过增加廊道或厅堂的改造方式而建立有机联系，最好是现有村落具有一定的规模，以便于改造成规模较大的组合大院落，改造后对外可居住用房最好是能够达到 50 间以上，因此被选村落要求具有 10 栋以上的民居，且基址周边最好是尚有能纳入基地可供改造的民居建筑更佳。

1.3 村落环境

选作基地建设的村落环境分内环境和外环境，内环境指村落建筑之间和邻近建筑周边的空间环境；外环境指包围村落或与村落相邻的外部山水田园环境。内环境具有较好的环境基础，有可供利用的环境资源要素，如有古树或大树、有可供室外活动的场地和其他环境设施等，不需要花费大量的内环境提质改造建设资金。村落外环境分两部分，一部分是自然山水环境，一般属于环境保护范围，品质较高直接可供游览观赏的最好，有环境基础可稍加改造提质的次之。环绕村落有天然的湖泊、江河、瀑布、溪流、山泉、溶洞、森林、草原等自然景观，还分布有著名的文物单位或名胜古迹等人文景观的更佳。此外，村落内外道路也是构成村落环境的重要组成部分，道路通达性、完整性和质量也是基址选择必须考虑的关键因素。村落田园环境是农业生产环境，是国家确定的耕地红线保护范围，耕地上季节性的农作物或多年生的园艺作物大多数本身就有较高的观赏价值，随农业生产结构调整和生产方式改变而变化，农田环境一般村落周边都有，作为旅居康养产业基地周边环境以选择土壤、水利等生产条件较好的为佳，或是已经形成了特色农产品生产基地的更佳。

2　村落改造设计要求

村落改造设计分为两部分，一部分是对村落民居进行改造设计；另一部分是对村落环境景观进行改造设计，其设计要求如下：

2.1 民居改造设计要求

第一，在现有民居的基础上以适应对外接待的要求进行改造，以内质提升为主，外观改造为辅，不大兴土木，仅作局部改造，追求外土内洋和外传统内现代的改造效果；第二，对破旧难以改造利用的民居采用拆除后新建的方法重新设计，仅利用现有的宅基地，且与新争取批准的建设用地一并设计；第三，为了便于经营与管理，设计将现有单家独栋的民居采用连廊、凉亭、厅堂等公用建筑形式连接成一个有机整体，尽可能按照一个组合大院落的形式进行统一设计，彻底打破单家独户的村落格局，大院落内有大客厅、大厨房、大餐厅和大小包厢，有公共活动、商务、健身、网络、会务和娱乐等服务性用房，原住民生活用房实行统一安排。

2.2 环境景观设计要求

第一，村落内环境景观改造设计力求实用，一般场地有限，以提升品质改良硬质活动空间为主，突出室外活动场地与设施设计，不刻意设计花费较大的环境景观，力求保持乡土特色；第二，村落外环境景观通常与田园和自然山水景观相融合，景观设计上力求自然，尽可能利用现有的自然山水景观，坚持因地制宜原则，主要是采用种植观赏植物的方式适当提升田园景观，且以特色植物景观营造为主，尽可能不占用耕地，即选用适宜的名花创造村落外环境景观特色；第三，基地内游道与景观建筑等设施设计，尽可能就地取材，力求经济实用美观，并具有地域特色。

3　运营开发

开发区域乡村旅居康养产业时在项目确定之后就要进行谋划和总体策划，也可以说项目一开始便进入到了正式运营状态，而不是要等基地建成后再进行运营，所开展的各项工作都必须是有序地进行，即有领导、有组织、有指挥和有人、财、物的具体安排，一切按计划进行是项目开发成功的保障。

3.1 项目规划

开发乡村旅居康养产业项目时，在选好基地后就是要请专业团队做好项目规划，厘清建设与总体发展思路，主要包括规划目标、规划依据、功能定位、市场定位和形象定位，明确建设项目的工程设计要求及估算建设投资，制定保障措施，然后依据规划组织做好项目可行性研究与论证。

3.2 运营机构

乡村旅居康养产业项目确定之后就必须尽快组建运营机构，即成立股份制经营公司，股东最好是企业、村民和村级政府，确定投资主体与股东，严格按股份制公司的相关法定要求建立公司运营机构，成立董事会，确定部门负责人，制定切实可行的公司章程，确保公司各项工作的有序开展。

3.3 资金来源

基地建设资金主要由企业投入，鼓励村民入股，允许以现金和闲置住房作价定资，村级政府采用集体用地和向国家争取的项目资金入股，积极招商引入工商资本，根据建设项目的实际建设资金的需要筹集股金，股金筹措上不设入股门槛，按资定股。

3.4 基地设计

包括村落民居和村落环境改造设计两部分，民居改造设计以对外开展旅居接待为目的，重点是内部设施的提升，适当改造民居外部形象，再就是根据旅居接待对餐厅、厨房、厅堂、亭廊等公共建筑的需要进行修建，使改造后的村落能够形成一个组合大院落，不仅适宜对外开展居住接待，而且还有配套齐全的生活服务设施，能够让旅居的顾客享受与现代城市完全不同的乡居生活。村落环境改造设计包括村落内环境庭院景观设计和外环境的田园景观设计，内环境庭院景观以营造室外活动空间的场地和休闲设施为主，一般不大兴土木，尽可能利用现有的庭院景观要素，追求简洁实用美观；田园景观改造设计仅对村落附近小范围的田地和园地景观进行改造设计，按多样农作物花园的植物景观设计模式进行改造，形成美丽田园，田园好游，四季有景可赏。此外环绕村落附近的自然山水环境可直接利用，设计上仅布置必要的游道和景观休闲设施。

3.5 基地建设

乡村旅居康养产业基地建设依据设计以改造建设为主，适当新建，现有村落内的民居与环境尽可能利用，以最大限度减少建设投入，但是民居内质的提升和村落环境景观特色的营造是项目建设的重点。因此，项目基地的选择对于建设投资起决定性作用，是项目经营成败的关键。

3.6 经营项目

乡村旅居康养产业基地主营居住接待，兼营餐饮、休闲娱乐、土特产品销售、保健护理等项目，重点突出居住服务，兼营项目主要是为主营项目配套而设。

3.7 管理模式

实行统筹管理模式，即采用总经理负责领导指挥，部门经理负责具体实施的运营方式，基地内所有经营项目都是在总经理的领导指挥下运行的，人、财、物保障合理配备使用，以游客居住生活为核心，兼营项目保障旅居接待服务的高品质要求。

3.8 利益分配

基地经营按服务项目收费，分项目核算，主营与兼营项目毛利润按项目提存奖励，奖励后的总利润实行统筹管理，留出发展基金后，按股分红。

4　结语

中国正在实施乡村振兴战略，全面开展美丽乡村建设，大力支持和倡导农村一二三产业融合发展，选择部分村落改造成为乡村旅居康养产业基地是推进乡村振兴的重要行动，对于促进乡村产业结构调整和实现乡村产业振兴都将发挥极其重要的作用。

基于设凼蓄水积肥的生态农业生产单元设计构想

摘要： 民以食为天，农产品数量充足是社会安定的重要保障，农产品质量安全是人们健康生活的基本要求。纵观中国近几十年农业发展的历程，采用的主要手段就是全面实施化学农业，同时伴随着城市化水平的不断提高而逐步放弃了有机农业，时至今日不仅是农田出现了较严重的生态安全问题，而且农产品也出现了较突出的质量安全问题，既影响农业的可持续发展，又影响广大人民的身体健康。怎样解决这一问题呢？本文针对农田广泛出现的生态安全问题，以作物水肥调控为核心，提出了构建生态农业生产单元的设计构想，即在一定面积的耕地范围内，采用农田设凼蓄水积肥的方法建立水肥储备系统。建设管理上始终坚持地表雨水就地蓄积利用为原则和植物营养就地转化储备供应为核心，按照水、旱、湿三种土地类型分别选取适宜的农作物和动物作生产对象，实行种养结合的生态农业模式，采用轮作、套作和间作相结合的耕作制度与方法。以单元内作物生育期中对N、P、K、Ca、Mg等主要营养的吸收总量为依据确立土壤营养供应水平，主要采用凼中储备的有机肥，坚持薄肥勤施的原则，逐步减少化肥的施用量，使每一个生态农业生产单元都能形成一个良好的农业生态系统，从而确保农业生产实现高产、优质和高效的目标，期望能为农业的高效和可持续发展构建一种可推广应用的新模式。

关键词： 植物营养，生态农业，单元模式，设计

自古以来农业就包含有种植业和养殖业，人类总是按照自己的生存需求生产某些农产品，如稻谷、玉米、大豆和小麦等，在城市化水平较低和人口相对较少的情况下，有机农业一直持续到近代，古人一直采用的是传统农业模式，种养一直是结合紧密的，施用的是农家有机肥和种植绿肥，自然形成了良好的有机农业循环系统。中国传统有机农业循环系统主要是随着人口大量增加和实施化学农业带来的方便与高效而被打破的，快速城市化也是传统农业发生改变的一个重要原因。近几十年，中国农村普遍采用掠夺式的生产方式，化学肥料、农药和除草剂的过量使用，完全超出了农田生态所

能承受的范围，因此而产生较严重的农田生态安全问题完全是必然的结果，并出现农产品质量安全问题也在预料之中。人类社会对事物发展的规律认识总是需要一个过程，事物发展总是一分为二的，在没有产生和出现大的问题之前一般不会得到大家的重视，农业也是如此，现代农业科技发展到今天，不可否认的是我们对实施化学农业的负面影响研究不足，生产者受利益驱使而不计后果地开展非理性的农业生产已经到了不得不叫停的时候了，然而现代农业向何处去？这是农业科技工作者必须面对的一个重大问题，近几年国家对农田面污染、耕地土壤板结、农药残留超标、农田生物多样性水平普遍下降和农产品质量安全等问题极其重视，也资助了大量的研究课题开展相关研究，也采取了退耕还林、还湖和休耕等措施，同时还正在推广种养结合的生态农业模式，如稻鱼、稻虾、稻鸭、林鸡共生等模式，这些对解决农田生态安全问题正在发挥积极的作用。本文从设计的角度，采用在农田中设凼蓄水积肥的方法，依据作物对水肥的需要，提出构建生态农业生产单元的构想，目的是解决化学农业给农田带来的一系列问题，最终实现单元内农业生产的高速和可持续发展。

1　农田土地类型与现状分析

农田指的是用来开展农业生产的土地，包括水田和旱田，旱田又名旱土。水田一般有灌溉的水源，如水库、山塘和水坝等；旱土一般靠人工挑水浇灌，无自流灌溉的水源，或难以实现自流灌溉。山区也有缺乏灌溉条件直接利用天然降雨的梯田称为天水田。平原区与山区的田地在供水灌溉上有较大的差异，山区一般采用自流灌溉方式；平原区通常利用水泵进行提水灌溉。南方的水田多呈两坡夹一垄的农田形态，主要用来种植水稻，又名季节性湿地，需水量大，一般在田地的上方修建有供水的水库、山塘或水坝，大多可以自流灌溉，也有降雨不足蓄水不够而缺水发生旱灾的年份，旱灾是造成农业损失的一大自然灾害。水是农业的命脉，人类一直非常重视农田水利设施建设，农田区域一般都修建有较为完善的沟渠灌溉体系，主要目的是确保供应大田粮食作物的生产用水，同时也有排渍的功能。

高标准农田改造一直是国家在农业上大力支持投资建设的一项工程，主要目的是促进农业实现机械化而提高生产效率，改造工程内容主要是规整农田和改造水利灌溉基础设施，对于促进现代农业发展具有十分重要的意义。农田水、旱、湿三种土地类型自古以来就一直存在，水土地类型指的是现有用于灌溉农田的水库、山塘和水坝等土地类型；旱土地类型指的是用于种植陆生作物的土地类型；湿土地类型主要指的是用于种植水稻等湿生植物的土地类型，也有用于种植莲、水芹等湿生农作物的，属于一种季节性湿地，通常称之为水田，是农田的主要土地类型。水田其实本身也具有一定的蓄水功能，只是在生产季大量需水或少雨干旱季节需要补水，为了保持水田内土壤营养不流失，一般不宜向外泄水，尤其是在作物生长季节，更是要保持水田内具有充足的水分和营养。

现在的农田供水在平原区域一般采用抽水灌溉的方式，水源多为农田附近的河流或湖泊，也有打井抽水灌溉的；在山地区域多采用自流灌溉的方式，一般在成片成垄农田的上方修建有山塘，或在山地之中修建有较大的水库能够实行自流灌溉，过去常因降雨偏少蓄水不足而出现旱灾，或因降雨过于集中或排水不畅出现洪涝灾害，这些均与农田区域蓄水能力的大小有直接关系。

现在的农作物供肥，无论是施基肥还是追肥多采用化肥，很少施用有机肥，生产者追求简便高效或是相对经济，毫无顾忌过量和长期施用化肥对农田土壤和环境造成的不利影响，以致当今农田普遍产生了较严重的生态安全问题，表现为生产能力下降，甚至土壤结构严重变差而难以继续耕作，因此，改变农田肥料施用种类与方法已是当务之急。

2 农田改造设凼蓄水积肥

农田改造挖凼的目的：一是使划定的生态农业生产单元内能就地增加蓄水量，使之具有足够的蓄水能力，在雨季能够完全蓄积单元内的天然雨水；二是确保单元内的水溶性营养能就地就近循环利用，不至于在丰水季节随水而流失；三是利用凼收集储备与转化植物营养，俗称沤凼积肥，因此，农田设凼有水凼与肥凼之分。水凼不仅是蓄水而且还兼有水产养殖功能，若单元内现有水体足以蓄积天然雨水，又能保障生产用水，则可以不新增设水凼。水凼也可以依据农田水肥一体化建设的需要设置，此类水凼的容积大小以一次性给单元农田作物施用肥水量为依据。肥凼是农田中用来收集生物残体和动物粪便等原料的设施，有收集储备和促进营养转化的功能，肥凼大小以每亩 8～10 m^3 为宜。

农田改造主要是针对水田和旱土进行改造，以便更好地实施种养结合的生态农业模式。主要采用挖凼的改造方法，在现有旱土中增设水凼，实现部分旱土水化，同时也增设肥凼，构建旱作的水肥一体化系统。在水田中增设肥凼，用于积肥以保障营养供给；水田水化主要是挖沟坑式水凼，目的是实施种养结合的生态农业，水田改造整体上增加水土地类型，适当减少湿土地类型，通过调整农田水、旱、湿三种土地类型的形态与比例，使水土地类型均衡分布于农田区域，以便于蓄水和开展水产养殖。单元内水体蓄水容量以一次性最大降雨量为计算依据，对于能利于外来水源的农田则可适当减少水体数量而以生产需求为依据，但要均衡分布单元内的水体，为农田形成良好的农业生态系统创造条件。

3 种植作物选择

种植作物选择包括种类和品种的选择，选择后也不是固定不变的，尤其是农作物品种存在退化问题，需要及时更换。

种植业主要以大田农作物、园艺作物、经济林木和食用菌为生产对象。大田农作物主要种类包括水稻、小麦、玉米、大豆、马铃薯、红薯、高粱、油菜、花生、荞麦、青稞、棉花、苎麻和紫云英等；园艺作物主要类型有果树、蔬菜、茶叶、花卉、药材和食用菌等，每一类园艺作物又有很多种类和品种可供选择；经济林木是林业生产的对象，主要包括用材林、部分果树、油料林和绿化苗木等；食用菌为可食用真菌的一大类，生产的种类品种繁多，属于一种主要在室内进行的特殊种植业，一般不占用农田。

中国地域辽阔，纵跨几个气候带，气候四季分明，不同地区差异变化大，有高山、平原、丘陵、河谷、盆地等地理类型，地形与地貌变化多样，全国各地农田小气候与土壤类型差异明显，过去开展的农业生产主要以粮油作物为主，俗称大田农作物。近年来，随着社会经济的发展和城市化水平的不断提高，农业生产结构根据市场的需要，一直处于调整之中，先后建立了一批特色农业商品化生产基地，针对不同类型农田农业生产单元，选种何种大田农作物或园艺作物作为主要生产对象，以此发展特色商品型农业，选择时首先必须坚持因地制宜原则，充分利用本地具优势的农业生产条件与资源确定主要作物作为商品型农业的生产对象，创造具地域特色的生产性大地景观，然后再依据当地消费需求配套生产多样化的农产品，并结合美丽乡村建设打造具区域乡村特色的美丽田园游赏与体验环境，或称之为多样化农业之花园景观。

一个生产单元内种植作物的选择以适宜为原则，也不是固定不变的，很多农作物不宜连作，需要更换，就是多年生作物也会因品种退化原因而需要更换品种，尤其是实行多样自足型农业的农田，更是需要不断更换和选用新品种，这也是为了满足人们享受美好生活时对多样化农产品的需要。

食用菌的生产也是一项有发展潜力的产业，现在乡村有大量的民居闲置，经适当改造可用于开展食用菌的生产，还可以利用塑料大棚等避雨保护地设施开展食用菌生产。

4　养殖动物选择

养殖动物包括家畜、家禽、家鱼和特种动物，发展养殖业需要一定环境条件和设施，如鸡舍、牛栏、猪舍、鸭棚等，养殖动物不仅是人们生活对食品类型的必然要求，还有一个重要的功能和作用，就是给农作物生长不断提供有机肥料，对维持与建立良好的农业生态系统具有极其重要的意义。要促进生态农业生产单元形成一个良好的农业生态系统，离不开动物养殖，尤其是对于实行有机农业的生产方式而言更是不能缺少动物养殖。

生态农业生产单元内养殖鱼类是必须选择的，改造后的每一个生产单元内都有水土地类型和湿土地类型，这两种土地类型通常是一体的，如稻田中养鱼，就为养鱼挖了沟坑，形成了水体，稻鱼种养结合模式已有成功的技术，正在大面积地推广应用，养鱼不仅在原有的水库、山塘、水坝中进行，稻田也已成为重要的养鱼环境。稻田养鸭、小龙虾、甲鱼、蟹都取得了成功，正在面向全国推广应用。

生态农业生产单元内的旱土地类型，通常种植的是果树、蔬菜、绿化苗木、林木、花卉、药材与茶叶等，林地可配套养殖鸡、鹅等禽类。若有天然草场的可放养牛、羊、马、鹿等草食性动物。猪是一种广泛和大量养殖的动物，一般建猪舍进行养殖，猪的粪便历来就是一种重要的农家有机肥料，常与植物残体入凼沤制后施入农田之中，猪的粪便中 N 含量较高，施用时应与其他类型的肥料配合使用，单位农田使用量的控制较为重要。猪在过去主要以家庭分散养殖为主，现在倡导进行适度规模集中养殖。

特种动物养殖在近年也得到了大的发展，如鲟鱼、甲鱼、小龙虾、鸵鸟、野猪等，有环境资源优势的乡村也可以选择养殖特种动物。

5 结语

生态农业是现代农业的一个重要的发展方向，中国地域辽阔，农业生产环境复杂多样，境内有平原、山区和丘陵，探索不同的生态农业模式对保障农业的可持续与高效发展具有极其重要的意义。农田设凼蓄水积肥是构建生态农业生产单元的一项关键技术措施，水凼大小与数量以完全蓄积单元内雨水为依据，最好是能结合水产养殖项目进行建设与管理，如采用种养结合的生态农业模式；肥凼大小与数量以能堆沤单元内农作物秸秆等残体和用于收集储备养殖动物粪便量为依据，分布上以方便使用操作为依据，最好采用机械化和自动化的智慧管理体系，尽量减少人工劳动力成本，力求建立单元内水肥供应一体化系统，保障作物生长发育所需的水与营养的及时供应，彻底改进现在实施的水肥供应的方法，逐步减少农业生产化肥的施用量，解决目前农业生产普遍存在的生态安全问题和农产品质量安全问题，创造一种农业高效和可持续发展的新模式。

中国乡村旅居康养慢城建设构想

摘要： 近年来，城市居民结伴组团到乡村进行旅居康养已经成为一种中国乡村旅游的主要方式。为了更好地促进乡村旅游业的发展，乡村急需建设与之相适用的旅居康养产业环境与配套设施，而这正是摆在园林与建筑行业工作者面前的一项新的研究课题，本文作者针对中国广大农村目前发展旅居康养产业的需要及普遍存在的问题，提出了在中国乡村广泛兴建旅居康养慢城的构想，即以人们享受美好生活为主题，根据乡村发展旅居康养产业的迫切需要而选择适宜的村落进行改造建设，一是对现有村落民居按照对外开展旅居接待用的要求进行改造，重点提升建筑内质和增加公共服务用设施；二是对村落及周边环境进行园林化改造，主要是增强民居建筑及邻近空间环境的特别美感和提升游憩使用的功能，最终将被选村落改造建设成为能让城市居民享受美好田园生活的理想境地，即乡村旅居康养慢城。

关键词： 旅居康养，慢城，建设构想

中国乡村在近20年内民居建筑发生了很大的变化，很难看到破旧的平房了，基本上都修建了2～4层的小楼房，村民的居住条件得到了大的改善，农民的住房不仅是宽大起来了，而且质量也是大大提高了。随着社会经济发展水平的不断提高，广大农民的收入也随之提高，花钱修建一下自己的住房本来无可厚非，但是随着中国城市化水平的不断提高，乡村民居出现了严重的闲置现象，大量闲置就是利用率过低的表现，究其原因还是人们对私人财产的传统观念造成的，也是小农意识在财产拥有上的突出表现；再就是广大农民对中国社会发展的迫切需求认识不足，普遍缺乏经营与投资意识，修建房子仅是考虑家庭成员居住使用的需要，根本没有考虑发展乡村产业的需求，实际上农民要过上美好生活房子仅是基本保障，建多了用不上或很少用就等于浪费，家庭拥有稳定和较高的收入才是享受美好生活最根本的保障。如果农民没有稳定和基本的收入，就是有了房子也是保不住的，如果为了建房而去负债则更是极不经济的做法，当然，对于农民来说在户口所在地建私房也是国家给予农民的权利，在经济承受

能力允许的情况下也应该享用这种权利，把私房建得好一点也无可非议。既然大家都建了，也是合法的，那就是社会资源，就得想方设法提高其利用率，供城市居民旅居康养利用就是一种较佳的利用方式。然而，村落民居几乎都是单栋分布的独立状态，即使是相对集中分布形成了村落的，彼此之间也还是缺乏有机联系，当然单栋民居可以采用民宿的利用方式，但不是乡村未来旅游业发展的主要方式，不宜大力发展。本文作者认为将现有村落改造成为供城市居民享受美好田园生活的旅居康养慢城，其改造建设的技术方法值得探讨，广泛兴建旅居康养慢城对于促进中国未来乡村旅游业的发展将发挥极其重要的作用。

1 中国乡村兴建旅居康养慢城的必要性分析

自 2005 年以来，国家先后号召开展了社会主义新农村与美丽乡村建设，全国各地各级政府积极响应，开展了一系列的建设行动，乡村环境和基础设施得到了全面改善，可以说广大农村面貌焕然一新，从视觉上来看绝大部分乡村完全可以称得上是美丽乡村了，尤其是经济较发达的地区到处都是美丽乡村了，有的甚至不仅是具有一般的美丽，而是具有特别的美丽而成为 3A 或 4A 级景区了。然而，随着社会经济的发展和城镇化水平的不断提高，中国乡村旅游的目的和方式也在随之发生变化，已从过去到乡村去走一走看一看转变为停一停住一住了，乡村旅居已经成为乡村旅游的主要方式，城市居民已不再是就近去乡村休闲旅游吃一餐农家饭和买一点农村土特产品了，而是选择具有特别美丽的乡村住下来享受与城市生活截然不同的田园生活，让身心在山水田园环境中得到充分的再生，这已成为一种时尚的生活方式。但是，从中国美丽乡村建设的现状来看，具“一般美丽”的比比皆是，具“特别美丽”的并不多，主要是村落邻近空间环境尚不具备特别的美丽，离园林化的理想生活境地还有一定的差距；再就是现有的乡村民居并不适宜于对外开展旅居接待服务，急需的公用配套设施还有待改善，特别是民居建筑的内质还有待提升。此外，据对多个初步建成的美丽乡村进行实地调查的结果可知，很多乡村在建设与发展中遇到同一个问题就是村庄环境的特别吸引力不够，居住条件上很难满足游客旅居康养的高品质生活要求，尤其是尚无规模集中接待游客旅居康养的能力，普遍在发展村域旅游业上遇到了瓶颈，可持续发展的旅居康养产业并没有得到蓬勃的发展，尚处在起步阶段，迫切需要创建旅居康养产业所需的环境和设施。

城市居民到乡村去旅居与到乡村去休闲观光不同，不仅是游览，还需要住下来，不是一天两天，而是较长的一段时间，目的是要享受乡村美好的田园生活，涉及生活中的方方面面，尤其是结伴组团生活的游客要求更高。首先是居住用房的要求，必须具备相对集中的规模接待能力，起居舒适方便，生活配套服务与设施齐全；再就是村落环境不仅是要具有特别的美丽而可供观赏，而且还必须具备游憩的功能，具有园林化的设施和健身活动场地，二者缺一不可。要满足上述要求，现有的村落是很难达到的，必须根据旅居康养的高标准要求进行改造建设，目的是让城市居民到乡村去享受一种与现代城市生活不同的田园慢生活，从主营与发展旅居康养产业的角度，集中规模化经营是乡村建筑资源有效利用最经济的方式，因此，兴建乡村旅居康养慢城是乡村建设的当务之急，也是中国实行新型城镇化的一种新的尝试。

2　中国乡村兴建旅居康养慢城的技术方法

2.1 村落选择

中国乡村发展旅居康养产业是调整乡村产业结构的一个普遍选择，也是适宜乡村发展的主要服务业，虽然政府倡导发展全域旅游产业，但是作为以老年人消费为主要群体的旅居康养产业并不是任何乡村和任何村落都可以发展的，旅居康养慢城建设是一种经营投资行为，与公益性的基础设施建设不同，基地选择适宜与否，决定投资建设与开发的成败，选择村落改造建设时应从以下几个方面考虑：

2.1.1 地理位置

中国地理纬度南北跨越几个气候带，地形有高山、丘陵、平原与盆地等多种类型，各地气候差别大，四季分明，主要是气温上的明显差异，总体来说，冬春两季南方气候温暖适宜避寒；夏秋两季高山气候凉爽适宜避暑，以致冬春季和夏秋季旅游带有明显的季节性，再就是中国规定的学生和教师的寒、暑假时间也是造成旅游有淡旺季之分的一个重要原因，因此，旅居产业基地以避寒为目的选址南方明显优于北方；从避暑上考虑，高山明显优于丘陵、平原和盆地。地理位置大的区域选择好了之后，再就是确定具体位置，村落选择宜坐北朝南，东南方向若视线开阔，依山傍水，滨海、滨湖和滨江位置更佳；忌选择陡峭之地，以免在地质上给顾客产生居住不安全之感。一般来说，凡是乡村建有较大村落的区域都是当地较适宜的人居环境，多为山腰或山麓较平缓开阔之地，且分布有成片的农田，都足以能够体现前人的智慧，这类村落多数也是较发达的，反过来，选择当地较发达的村落作为旅居康养慢城开发也是较明智的选择。

旅居康养慢城以避霾为目的选址，主要是要求与灰霾频发城市相隔一定的距离，灰霾是影响空气质量的一个重要因素。此外，村落选择还必须考虑风向，灰霾的影响与在城市的东西南北位置有一定的关系，在城市主风向上与城市较近的位置，一般不宜选择。

2.1.2 村落建筑

居住是人类社会发展最基本的生活要求，建筑设施是最主要的生活设施，村落是人类繁衍生息自然形成的，人类社会发展到今天，村落民居建筑都是私有财产，为家庭享用，现有房间内部生活设施一般不符合对外接待的要求，虽分布上较集中，但一般处于单家独户的分离状态，其建筑的外观形态和风格较统一的很少，尤其是近些年乡村新建的民居较多，更是呈现多样化趋势，旅居康养慢城选址以民居建筑的外形和风格较一致的村落为佳，建筑之间空间与场地容易通过增加廊道或厅堂的改造方式而建立有机联系，最好是现有村落具有一定的规模，以便于改造成规模较大的组合大院落，改造后对外可居住用房最好是能够相对集中达到相对较大的规模，因此被选村落要求具有多栋民居，且村落周边最好是还备有更多可供改造利用的民居建筑更佳。

2.1.3 村落环境

选作旅居康养慢城建设的村落环境分内环境和外环境，内环境指村落建筑之间和邻近建筑周边的空间环境；外环境指环绕村落或与村落相邻的外部山水田园环境。内环境要求具有较好的环境基础，即有可供利用的环境资源要素，如生长有古树或大树、有可供直接利用的室外活动场地和其他环境设施等，不需要花费大量的内环境提质改造建设资金。村落外环境分两部分，一部分是自然山水环境，一般属于环境保护范围，品质较高直接可供游览观赏的最好，有环境基础可稍加改造提质的次之。如果环绕村落有天然的湖泊、江河、瀑布、溪流、山泉、溶洞、森林、草原等自然景观，甚至还分布有著名的文物单位或名胜古迹等人文景观的更佳。此外，村落内外道路也是构成村落环境的重要组成部分，道路通达性、完整性和质量也是村落选择必须考虑的关键因素。村落田园环境是农业生产环境，是国家确定的耕地红线保护范围，耕地上季节性的农作物或多年生的园艺作物大多数本身就有较高的观赏价值，可随农业生产结构调整和生产方式改变而变化。农田环境一般村落周边都有，作为旅居康养慢城周边环境以选择土壤、水利等生产条件较好的村落为佳，或是已经形成了特色农产品生产基地的更佳。

2.2 民居改造

纵观中国改革开放40多年，中国各地农村有一个明显的变化那就是民居，一是分布上由聚到散，到处是拆大屋建小楼，乡村聚落越来越少；二是形式上由平房变楼房，2~4层不等，多为单家独栋，小楼多配有大院，可称得上气派与豪华，然而，利用率却不高，多数民居处于闲置状态，可以说现有的乡村民居成了乡村可利用资源的最大浪费。农民建新房本身无可厚非，也是值得庆贺的一件好事，有经济实力的建大一点和建好一点也可以理解，一般都在自身能力范围之内，不过也有少数农民超出了自身经济承担能力，房子建得很大，毛坯房是建起来了，却无经济能力装修，多年处于闲置状态，这样的民居还不在少数。现在民居虽多，但真正适宜于对外开展旅居接待用的房子却不多，私人的房子也不宜于和不便用于对外开展接待服务。区域乡村发展旅居康养产业最主要的设施就是居住接待用房，选定的村落作旅居康养慢城建设，对民居进行改造就是必需的，改造的方法：一是使民居内质提升，对民居内部结构和设施进行改良，让住房具有独立卫生间和单独出入门，能够满足顾客生活居住的要求；二是使民居与民居之间加强有机联系，增设风雨走廊、亭、榭、架等景观与公用建筑，使部分村落民居能够融合成一个有机统一的整体，形成特大型的组合大院落，院落内有大餐厅、大厨房和大客厅，还有交流活动的空间和场地。民居改造材料尽可能就地取材，首选原生态材料，宜采用外土内洋的做法，不刻意追求建筑外观统一，但求内质要求有一个大的提升，力求功能上能够满足对外接待顾客的要求。

2.3 筑山理水

对邻近村落范围内需要景观提质的场地进行筑山理水，按照园林艺术与生态工程技术的要求进行微地形改造，改造时尽可能利用现有的地形地貌，筑山结合理水，让地形产生一定的高低起伏与曲折变化，施工操作时，讲究因高就低，因势利导，因地制宜，采用堆与挖相结合的方法，使山成山系，水成水系，山成组，水入流，高处山脉相连，低处水道相通，山水交融构成体系，营造丰富多样的立地环境。原有村落地形可供利用的尽可能维持原状，不必大兴土木，建设时仅对局部进行微地形改造。水是给环境带来生气的要素，水绕山转，山环水抱，山因水而活，尽可能引水入村，让村落有水相伴，水系宜动静结合，灵活多变，力求变化自然，使水景形成排蓄自如的雨洪消纳系统。起伏多样的微地形是营造多样化景观视域空间的基础条件，对于形成良好景观生态系统将起到决定性的作用。

2.4 植物配置

区域乡村自然山水环境中现有的植物景观大多是自然形成的，景观类型主要有山地森林、平原草地和高山草甸等，山地森林以杂树林为多，多属次生林，少有原始森林，同一区域同类型植物景观一般在外观形态上差别不大，不同区域受纬度与海拔高度的影响具有明显的差异性。天然林也有纯林的，如楠竹、高山杜鹃林等，这些天然植物景观一般在生态红线的保护范围内，属严格保护的对象，若在被选定的开发村落附近，可适度直接利用，不允许人类进行大的干预。有的区域乡村也有人工种植的林地植物景观，如茶园、果园、苗圃和人工用材林地，属于园艺与林业生产区，这些生产区可以通过适度增植观花观果等观赏植物提升观赏效果。对于大面积农田，主要是种植季节性农作物，形成生产性的大地景观，如水稻、油菜、玉米、小麦、高粱、红薯、青稞、荞麦、花生、棉花、紫云英等。乡村园林化的植物景观营造，主要是在村落附近，可以结合果园、菜园、茶园、药园和苗圃的生产营造丰富多样的植物景观，以保持农业生产内容，宜采用园林的形式，形成多样化的农业花园，并修筑游道，以方便游客游览观赏。为了突出花园特色，建议选取适宜当地生长的某种名花作为花园的主景植物，打造景观特色与主题鲜明的名花专类园，以增强植物景观的吸引力。村落范围内有古树名木和大树的，或是有树丛植物景观的，实行严格保护利用，村落内民居之间的空坪隙地，按庭院植物景观的设计要求进行配置，建议多选用果树植物和多年生宿根类和球根类花卉，尽量少种和不种需要经常更换和追肥才能生长良好的一二年作物与花卉，乡村中的花卉景观最好是多采用花境景观类型，能够充满乡村的自然野趣特色，力求做到低成本维护与管理。

2.5 游道修建

游客到乡村旅居康养慢城居住生活，到村落周边散步游览是必须开展的室外活动，园林化的美丽乡村，也是衡量乡村美好的一个重要方面，环绕村落的田间地头必须修筑有便于游览的游道，并成体系，游道要求能够通往所有的可供观赏的景点与景区，最好是能够形成可骑自行车游览的乡村绿道，依据不同等级游道的标准和规范进行设计与建设，不求高档，但求素雅朴实与经济实用。

3 中国乡村兴建旅居康养慢城的前景分析

中国社会的主要矛盾已经上升为人们对美好生活的追求与发展不平衡不充分之间的矛盾，发展不平衡是城乡发展不平衡，不充分是农村发展的不充分，国家一直在倡导城乡统筹一体化发展，走新型城镇化道路，中国乡村选择适宜的村落按人们享受美好生活的高标准要求兴建旅居康养慢城，是顺应了时代发展的潮流，是推进乡村一二三产业融合发展的重要举措，更是构建资源节约型社会的重要行动。中国已经进入老龄化社会，乡村旅居康养慢城的广泛兴建，能为城市老年人提供享受美好生活的理想境地，是现代城市无法比拟的，老年人不定期到乡村旅居康养慢城过上慢生活定将成为一种风尚，这一点已经在经济较发达的区域乡村得到了证明，随着中国社会经济的进一步发展，完全可以预测乡村旅居康养产业将会更加兴旺发达。

4 结语

中国正在实施乡村振兴战略，产业振兴是核心，全国各地开展社会主义新农村建设和美丽乡村建设到今天，最让广大农村建设者感到困惑的就是如何进行具活力又能可持续发展的产业选择，农业虽是基础和生存之本的产业，但是靠农业增收的空间十分有限，实践已经证明拓展农业生产环境观光、休闲与体验功能是实现农民增收的有效途径，但是要进一步延长乡村三产服务业的产业链需要与之相适应的产业环境和设施，因此，根据城市居民追求美好生活的迫切需要选择适宜的村落广泛兴建旅居康养慢城，对于促进乡村产业振兴将发挥极其重要的作用。

农村实行集体化发展旅居康养产业的规划构想

摘要：农村土地正在实行的是以家庭为单位的联产承包责任制，四十多年的实践证明这种体制对于促进国家粮食生产发挥了极其重要的作用，但是时至今日，对于实现农业农村现代化和发展旅居康养服务业的不适应性已明显表现出来，这些年来乡村相对于城市发展来说明显滞后，国家为了改变这一状况提出了实施乡村振兴战略，并且明确了产业兴旺是核心。然而对于地理气候条件、人文与自然资源、经济发展水平和区位交通状况各不相同的区域乡村如何发展产业？并且能够让农村家庭经济收入得到普遍提高，从而改变多数农民收入靠外出打工的普遍现象，至今尚无定论。本文从中国未来城乡统筹发展的角度，提出了区域乡村选择部分村落对其进行改造发展旅居康养产业的构想，以此为核心引导村民自发组建旅居康养产业股份制公司，并由此推动农村实行集体化改革。本文还从中国未来老龄化社会发展旅居康养产业的潜力，城市居民避霾、避暑和避寒的市场需求以及广大人民追求田园生活的美好愿望的角度展望了农村走集体化道路的发展前景。

关键词：中国乡村，康养产业，股份制，集体化

农村土地实行以家庭为单位的联产承包责任制已经四十多年了，回顾这四十多年，农村发生了巨大的变化，除水、电、路、卫生、通信等基础设施得到了大的改善外，一个明显的特征就是广大农村民居建筑焕然一新，从原来破旧低矮的平房和茅草房变成了2~4层的小楼房，到如今已经成为广大农村可供利用的重要资源。农民的住房是建起来了，居住条件明显改善了，但因大部分青壮年人常年外出打工，利用率却很低，以致大多数民居处于闲置状态，这与构建资源节约型社会格格不入。然而在国家倡导乡村发展全域旅游产业的大背景下，现在多数乡村连一个适宜接待游客的设施和场地都没有，更谈不上有特别吸引力的人文与自然景观，顾客既引不来，也留不住，凭什么发展旅游服务业？这是摆在乡村建设者面前的一个重要问题。国家针对农村相对落后的状况，自2005年以来先后开展了社会主义新农村建设、脱贫攻坚行动、美丽乡村

建设和实施乡村振兴战略，并且都明确了具体的建设目标和要求，全国各地积极行动，农村村容村貌和基础设施得到了明显的改善，但是农民的家庭收入并没有因此而得到明显的提高，这已成为广大农村发展的困惑，究其原因，区域农村产业以家庭为单位的联产承包责任制的体制没有得到根本的改变，也有少数经济较发达地区发展了以家庭民宿为主体的旅居服务业，也取得了较好的经营效果，实践证明民宿有管理难度大、服务标准把控难、功能配套不齐和规模接待能力有限等弊端而不能成为中国乡村发展旅居康养产业的主体和主要推广发展模式，急需创新解决目前乡村产业发展关键性的瓶颈问题，即体制与模式问题。本文以发展旅居康养产业为目的提出选择部分村落进行改造建设，拟采用股份制公司经营的模式，旨在乡村创新发展旅居康养产业的同时树立一个实行集体化发展村域经济的典范。

1 农村社会经济与产业发展现状

中国改革开放四十多年以来，社会经济得到了快速发展，已跃居世界第二大经济体的位置，各行各业都有全面的提升。中国城市经济相对于农村来说发展得更快，广大农村经济虽然伴随着城市的发展有了较大的提高，但是城乡差别和工农差别却更加明显，并且很多农村出现了衰落的现象，至今仍有一少部分农民收入处于国家确认的贫困线以下，基于此，国家强力推进农村脱贫攻坚和及时提出实施乡村振兴战略，并积极倡导以城带乡和城乡经济统筹一体化发展，主要目的是改变农村经济发展相对落后的状况。据不完全调查统计：中国大部分农民家庭主要收入靠到城市打工，其中农业收入仅是很小的一部分，虽然有部分从事专门的经济作物商品化生产获得了较高的农业收入，但毕竟是少数从业者，生产的项目中很少有如水稻、小麦、玉米、大豆、马铃薯、红薯、油菜等大宗农作物，总体说来农民获得的农业收入平均还不到可支配收入的30%，这是中国快速城市化的必然结果，随着城市化水平的不断提高，这一状况将会继续维持。人们已经认识到随着城市的快速发展而产生的城市生态环境问题越来越突出，灰霾频发、PM2.5超标、城市热岛效应等严重影响了广大城市居民的生活，由此必将催生逆城市化现象的出现，乡村自然成为市民享受美好生活的聚居地，这也正是中国农村调整产业结构带来的良好机遇，乡村旅居康养服务业的兴起并逐渐兴旺将成为必然。

中国城乡经济发展不平衡，城市化水平在地区之间尚存在明显的差异，广大农村也因区位、地理、气候、资源、交通、文化等方面的差异而导致区域乡村经济发展水平存在较大的差异，甚至还有少部分农民家庭经济收入还处在贫困线以下，既然靠农业增收难，那么调整农村产业结构就成了较明智的选择。区域农村究竟选择发展哪种产业？可供选择的产业有很多，如特色农业、特色农产品加工业和旅游服务业等，以因地制宜为原则，比较起来制约条件少、资源优势强和市场需求大的产业，还是旅居康养服务业是一个可供普遍选择的产业。

2　农村选择旅居康养产业的原因分析

中国农村地域广阔，纵跨几个气候带，地形地貌丰富多样，虽然可供选择的农业项目繁多，但是区域乡村依据其气候与资源优势可供选择适宜的特色农业项目却不多，过去广大农村大面积种植的是水稻、小麦、玉米等粮食作物，城市郊区主要种植蔬菜，绝大部分地区商品农业并不发达，近年来，随着城市化水平的不断提高，商品农业才逐步兴旺起来，因此，因地制宜选择适宜农业项目，很有必要建立特色农产品商品化生产基地，使之形成具市场竞争力的特色农业，才有可能通过规模化生产获得可观的经济效益。然而，对于无特别资源优势的区域农村很难发展规模化的商品农业，这已经形成了广泛共识。农业作为广大农村的基础产业可以说是一项宏大的公益事业，是人类生存与发展之本，商品化农业因受生产成本升高和大宗农产品价格控制的双层影响，其利润空间不大，以致广大农民靠生产大宗农产品大幅度提高收入水平几乎没有可能。再说广大农村虽然可能通过发展农产品加工业增加农民收入，但是农产品加工业属于工业的范畴，首先需要建工厂，一般在投产之前需要大量的资金投入，而且农村发展农产品加工业虽然能够实现农产品增值，但是相对于城市来说很难有明显的优势，尤其是在当地农产品原料生产缺乏特别优势的情况下，更是很难成为广大农村可大力发展的优势产业，并且多数农产品还是以鲜食为佳，需要加工的并不多，这也是农产品加工业不可大力发展的一个根本原因。既然广大农村大力推行和发展一二产业存在明显的难度，那么依据农村相对于城市存在明显的生态环境优势，且闲置的民居建筑资源相对丰富，参照国外经济较发达国家的城乡发展历程，可以预计中国农村也必将成为城市居民享受美好生活的聚居地，其实中国近几年经济较发达地区发展起来的民宿也证明了这一点，只是民宿因接待能力有限和管理控制难等弊端不宜大力发展。因此，引导村民以承包的土地、闲置的住房和富余的资金入股参与旅居康养产业基地建设，并组建专门的股份制公司进行运营，从而创建乡村集体化经营模式，使广大农民通过共投共建旅居康养产业平台，实现利益共享。中国进入老龄化社会，旅居康养是一项大的社会需求，是一项特别适宜广大农村发展的新型产业，农村将来作为人们享受美好生活的聚居地，也正好符合中国人依恋家乡渴望告老还乡的传统观念，投资创业者在农村重点选择旅居康养产业是完全正确的。

3　农村实行集体化经营旅居康养产业的建设与发展思路

广大农村大力发展以老年人为主要服务对象的旅居康养产业首先是要组建股份制公司，然后是围绕发展旅居康养产业的实际需要开展基地建设，最后就是组建专业团队进行运营。

3.1 组建股份制公司

中国农村现在实行的是以家庭为单位的联产承包责任制，政府虽然制定了农村相关土地政策，实行三权分制，鼓励土地流转，但是到目前为止，仍然有大部分土地还是由农民单家独户承包，这种体制已实施了四十多年之久，其不适应性已逐步显露出来，不仅是难以发展规模化和标准化的现代农业，更是难以形成合力发展具高标准要求的现代服务业，尤其是发展要求服务功能配套齐全的旅居康养产业，农村家庭处于各自为政的状态，以致现在农村家庭收入之间的差别在不断拉大，这种结果不符合社会主义国家实现共同富裕的目标。中国已经进入老龄化社会，在城市康养机构接待能力不足和城市生态环境问题突出的情况下，城市老年人选择到生态与居住环境良好的乡村进行旅居康养必将成为一种时尚，乡村为了满足这一新的社会需求，有的地区已开始尝试做起了民宿和乡村旅游接待服务项目，实践证明是有发展潜力的，但是民宿消费因定价太高不适宜大众消费，且规模接待能力有限，而单个业主独立经营的乡村旅游又往往缺少上规模的居住接待条件，尤其是缺少有一定规模的居住建筑设施，同时因受农村建设用地的限制也难以获得新建住房的批准。因此，发展乡村旅居康养产业，要解决以上困难，较可行的方法是动员村民参与建设行动，即充分利用现有闲置的民居建筑，并对其按照对外开展旅居接待服务的要求进行改造，让当地村民成为股东，组建以村民为投资主体的股份制公司，鼓励村民用承包的土地、建成的民居和富余的资金入股，完全按股份制公司进行运营与管理，以此创建乡村集体化经营的新模式，共同投资建设旅居康养产业平台，大力发展乡村新型股份制经济，开创实现投资风险分担和经营利益共享的新局面。

3.2 建设旅居康养产业基地

以当地村民为主体组建股份制公司，明确公司经营的主打产业为旅居康养服务业，那么建设好具特色的旅居康养产业基地就成了公司运行的第一步，基地建设包括村落民居建筑改造和村落环境特色景观营造两大部分。

3.2.1 村落民居建筑改造

乡村也不是所有村落都适宜作旅居康养产业基地建设的，当然是要依据村落位置、民居质量、外环境景观状况和村民意愿加以选择的。现有的村落民居建筑多呈单栋分散分布开敞的状态，一般民居建筑的内部结构和设施不适宜对外开展旅居接待服务，也没有公用的大客厅、大厨房和大餐厅，尚未形成组合型的大院落，不便于进行统一封闭式的安全与服务管理，对选定的村落进行改造是必要的。改造后的村落作为对外经营旅居产业基地的主要设施，一般要求具有餐饮、居住、康体、休闲、娱乐、网络、阅览、商务和护理等生活服务功能，一部分原住民还得继续在改造后的村落内居住生活，甚至工作，这也是民居建筑改造必须考虑的事项，尽可能以不影响游客旅居康养为原则。至于现在村落民居建筑的外貌特征，如果本来就较统一的固然是好，本来不太统一但花费较少经费可以改造统一的可以改造，如果要花费大量经费才能改造的不必强求统一风格，但求内质提升，始终坚持经济实用的基本原则。

3.2.2 村落特色景观营造

改造村落的目的就是要在乡村发展旅居康养产业，使改造后的村落成为城市居民渴望享受美好生活的理想境地，其中一个重要的方面就是营造具有吸引游客的特色景观。当然乡村特色景观有天然形成的，也有人工创造的，如天然形成的有湖泊、草原、原始森林、江河、溪流瀑布、溶洞等；人工创造的名人故居、寺庙、古村落、梯田、池塘、水库、大坝等，这些景观可以直接为发展旅居康养产业开发所利用。然而，这些景观也不是所有乡村都有的，很多乡村缺乏特色景观，也就是说缺乏特别吸引力，需要人工进行打造。对于不同的区域，环绕村落的特色景观，最有可能人工创造的特色景观就是特色植物景观，名花为大自然之精华，爱花特别是爱名花是人们普遍的喜好，无数实践已经证明，名花景观具有无穷的魅力，中国适应各地栽培的名花很多，不同的区域乡村可以依据本地的气候与村落环境特点选择一种适宜的名花作主景植物，然后再按照中国自然山水式园林的造景手法进行景观营造，创造具地域文化特点的名花专类园景观，尽可能让同一区域乡村的特色景观具有差异性，避免同质竞争，最好是实现异质互补。

3.3 创建专业团队运营

乡村旅居康养产业环境与设施建成后就是要创建专业团队进行运营，其实一开始就需要有专业团队进行策划、规划与设计，不仅是基地建设需要专业团队，基地的维护管理也需要专业团队。乡村旅居康养产业是一个要求多学科参与经营管理的综合性产业，需要多学科的专业技术人员参与建设与运营，主要包括植物种植、动物养殖、园林设计与工程、护理医疗、康体健身、餐饮、商务、旅游与经营管理等专业，由这些专业人员组成运营团队是乡村发展旅居康养产业的技术保障，坚持专业人做专业事，持证上岗，各司其职，各负其责，就是运营中简单的劳动也要求通过专门的技术培训后才允许上岗，实现全员职业化，这样才能确保旅居服务的质量。

4　农村旅居康养产业的发展前景预测

这些年来，农村一直在进行农业生产结构和农村产业结构的调整，国家大力支持特色农产品商品化生产基地建设，积极倡导农村一二三产业融合发展，号召发展全域旅游产业，全国各地积极响应，正在发展的乡村旅居康养产业是旅游产业的一种形式，吸引城市居民在农村停下来居住生活一段时间。来乡村旅居康养的游客一般是难以忍受城市灰霾频发和 PM2.5 超标的城市环境，或是难以忍受城市热岛效应的炎热，或是冬季过于寒冷，他们不得不离开所居住的城市找到一个适合于避霾、避暑和避寒的居住地，这一需求为乡村发展旅居康养产业带来了大量的顾客，这一点已由近几年全国各地兴旺起来的乡村旅居产业得到了证实。现在乡村旅居康养产业刚刚兴起，并且大多是在经济较发达的地区，旅居康养的方式多为民宿形式，未来采用的是选择适宜的村落按旅居康养高标准的要求进行改造的旅居康养基地，实行专业化的经营与管理，功能配套更加齐全，提供标准化的精致服务，且具有一定规模的接待能力。像这样的乡村旅居康养基地全国各地可以广泛推广，完全可以预计，旅居康养产业将成为中国农村主打产业，对于促进农村社会经济的蓬勃发展将发挥重要作用，发展前景十分广阔。

5 结语

农村以发展旅居康养产业为目的，以本地农民为主体组建股份制公司，并以此探索区域农村实行集体化经营模式，从而构建农村新型产业发展的利益共同体，不仅能够克服现在农村实行的以家庭为单位联产承包责任制发展农村产业的弊端，而且对于促进城乡经济一体化发展和实现农业农村现代化都将具有重要的意义。

乡村田园微城市建设构想

摘要： 城镇化是人类经济社会发展的必然结果，中国也不例外。中国现在的城镇化水平不同地区之间因经济发展不平衡而存在较大的差异，高的接近70%，低的还在40%左右，总体平均水平已超过60%，实际上的城市户籍居民平均不足40%，也就是说约有20%的人口仍然在城市与乡村之间流动，相对于经济较发达国家仍具有一定的发展空间。众所周知，中国未来必须走新型城镇化道路，然而怎么走，是扭转过去城镇化的方向，还是实行城镇化与逆城镇化并行？或者是在乡村中新建城市，或者是继续扩大现有的城市？这是摆在城乡规划者面前的一个重大研究课题。中国未来新型城镇化建设不仅是技术层面上的问题，更重要的是新型城镇化模式的确定，本文作者提出的乡村田园微城市作为中国乡村一种新型城镇化新模式，是针对中国进入老龄化社会和广大农村产业发展的需求提出来的，该模式按照村中建城的总体发展思路、目标和要求，以健康生活为主题，在乡村田园环境中广泛兴建微小城市，其面积规模建议控制在0.5 km^2 以内，人口规模控制在2000人以内，规划基本原则是宜小不宜大，按村级水平要求确定。村中建城的目的不仅是让当地农民享受各种服务功能配套齐全的现代城市生活，而且是让现在身居城市的部分市民到乡村去享受美好的田园生活，并以此为引擎，全面推动中国乡村大健康融合产业的迅速发展。本文介绍了中国乡村田园微城市的基本构成、功能与建设思路，从引导乡村人居环境和融合产业平台建设两个方面论述了它的发展前景。乡村田园微城市的广泛建立必将成为以城带乡和城乡统筹一体化发展的典范，并且对于解决中国目前快速城市化进程中所带来的城市问题和城乡发展不平衡与不充分的矛盾都将具有十分重要的现实意义。

关键词： 田园微城市，规划，建设

近年来，中国在快速的城市化进程中社会经济得到了迅速发展，城市明显快于农村，城乡之间的差别越来越大，这一状况不利于中国社会经济的可持续发展，同时随

着城市的快速发展也带来了一系列难以避免的城市问题，严重影响了城市居民的正常生活，以致广大城市居民返璞归真和回归自然的愿望越来越强烈，尤其是身居现代城市的老年人更是盼望有一个更好的宜居环境安享晚年生活。因此，中国现阶段的社会主要矛盾已转变为人民对美好生活的追求与发展不平衡与不充分之间的矛盾，为了解决这一矛盾，政府出台了一系列促进农村和农业优先发展政策和措施，如支持乡村田园综合体、特色小镇、家庭农场、特色产业基地等项目立项建设，积极倡导农村一二三产业融合发展和推进乡村全域旅游产业发展，虽然取得了显著的成效，但是各地农村仍然有许多农业相关的建设项目处于难以维持的经营状态，有的甚至以投资失败而告终，这严重挫伤了乡村投资建设者的积极性。面对这一现实，如何引导乡村建设和产业发展，怎样把握乡村建设的重点，本文提出在乡村田园环境中兴建微小城市，即田园微城市，以此形成中国农村产业平台建设的核心和促进农村社会经济发展的新引擎，它的广泛兴建对于改变过去中国农村以重点抓农业的发展思路和农村家庭建私房的建设思路都将具有重要的影响，其发展前景十分广阔。

1　乡村田园微城市的概念

中国正在推进新型城镇化建设，新型城镇化道路究竟怎样走，众说纷纭，尤其是广大农村怎样开展城镇化建设，如何能够加快实现乡村振兴中的生态宜居目标，作者提出在中国乡村兴建田园微城市的构想，这里所提的田园微城市即是在乡村田园环境中兴建的聚居地，具有与现代城市相媲美的生活配套设施，适宜于对外开展接待服务。田园微城市的关键就是在一个“微”字上，即是对城市规模的一个特别的限定，一是面积规模的限定；二是人口规模的限定，根据现在发达城市 1 km^2 居住人的基本标准修建田园微城市，再根据现在中国农村多数行政村 1000～3000 人的人口规模确定微城市的面积控制在 0.5 km^2 以内，人口控制在 2000 人以内，并且不同乡村兴建田园微城市的实际规模在建设与经营过程中必须根据需求坚持由小到大逐步扩增的原则，做到依规分期进行建设，留有充足的发展空间，从规划开始就避免盲目发展。乡村田园微城市实质上就是在乡村村域范围内建设一个人口相对集中的生活居住区，它与传统村落的根本区别就在于居住区内拥有与生活功能要求配套齐全的各种设施和优质的服务，打破了传统村落中单家独户的生活状态，实行集中居住，统一管理，微城市居民共享美好的田园生活。此外，从区域经济发展的角度来看，田园微城市又是乡村实行企业化运作的新型经济实体。

2　乡村田园微城市的基本功能与构成

2.1 基本功能

过去，城市主要是依据商业和工业的发展需要而逐步兴建起来的，尤其是现代工业的发展对现代城市的发展起了决定性的作用，城市中的居住生活设施仅仅是作为产业或行业发展的一种必需的配套，当然现代城市也有文化教育、休闲娱乐、大众体育、医疗卫生、金融信贷、电力电信、老年康养等服务行业。中国作为发展中国家，近年来现代城市的发展突飞猛进，在建设过程中因建设管理上的滞后而导致城市环境问题日益严重，如交通拥塞、灰霾频发、PM2.5超标等严重影响了城市居民的生活，尤其是对老年人影响更大，虽然很多城市为了改善城市生态环境开展了一系列的建设工作，也取得了显著的成效，但是对于达到生态宜居的高标准要求还是难以实现，要彻底改变现代城市的大环境质量几乎是不可能的，因此城市居民渴望返璞归真和回归自然的愿望越来越强烈，乡村必将成为他们追求美好生活的理想之地。然而现在到乡村去生活最缺的就是适宜于城市居民生活居住的设施，乡村现在虽然闲置的居住建筑很多，但都是私家住房，不宜对外开展接待服务，利用前必须进行适当改造，田园微城市主要是为了这一需求而提出来的，康养是建城的主题，宜居是建设的目的，推动农村融合产业发展是建设的动力。因此，乡村田园微城市的基本功能就是生活居住，此外配套功能主要有自然体验、康体健身、休闲娱乐、医疗卫生和特色商务等。

2.2 基本构成

乡村田园微城市其实就是一个集中生活居住区，其主要设施为餐厅、厨房、客厅和卧室等生活居住用房，这些在实用功能上与乡村传统村落没有多大的差别，仅仅是在形式上有所改变，布局更加集中，联系更加紧密，餐厅设公共大餐厅和小包厢；厨房为大厨房，与大餐厅相邻；客厅设公共大客厅与小客厅，作对外会客接待用房，通常与茶室和会务用房统一考虑；卧室设单间和套房，分别都带独立的卫生间，套房带小厨房、会客室和书房，符合现代人的居住要求，既大众化，又能满足不同使用者的特别要求，尽量做到使人们来这里生活更加舒适与方便。此外，为了满足与生活配套的其他功能要求，还建有运动健身用房、图书阅览室、休闲娱乐室、医务室、商场、办公用房、室外运动场、停车场等建筑和设施，这些均依据其功能要求和特点进行布局和建设。田园微城市是一个对外开放的生活环境，为了便于安全管理，设置有专门的出入口，有主次之分，以方便居民进出为原则，但不宜多设。城区内实行人车分离，停车场一般分别设置在各出入口之外，并且采用生态停车场的做法，让车辆都能停在树荫之下。整个田园微城市由一个风雨人行走廊将所有建筑连接成一个有机的整体而尽可能形成一个特大型的组合大院落，院落的中央设置中心花园，各建筑之间的绿地设置小游园，顾客均可深入花园之中进行游赏和开展休闲活动。

3　乡村田园微城市的建设思路

对于农村耕地国家划定了严格的基本农田保护红线，不允许将基本农田改作他用，建立了耕地保护法，严格实行占补平衡政策，仅允许在现有的建设用地上进行建设，或荒坡与荒滩地上按一定比例开发建设，国土资源部门划定了严格的生态保护红线并制定了相关的保护法律与法规，因此，中国乡村的建设用地是十分有限的。从土地使用方面也就决定了在中国乡村中建城只能是微小城市，建城的方法一是在原有村落的基础上改扩建；二是择地新建，无论是改扩建还是新建，田园微城市的基本功能要求是不变的，满足基本功能要求的建筑与设施构成也是不会变的，只是城市的建设规模根据实际需要可以逐步增加而改变。

3.1 改扩建思路

近年来广大农村农民以户为单位兴建了大量的小楼房，多为两层，有部分为 3～4 层，农民住房条件得到了大的改善，住房面积在不断增大，由于大量的青壮年农民离乡进城打工，留守农村的多为老人、妇女和儿童，有的甚至全家进城，仅留下留守的老人，这导致农村大量的住房处于闲置状态，造成了农村建筑资源的极大浪费，农村闲置建筑虽多，但真正可用于对外接待用建筑极少，尤其是用于对外发展具一定规模的旅居康养产业生活用建筑更少，几乎没有，必须对现有村落建筑进行改造，在征得广大农户同意的前提下，将分散分离的建筑连接成一个有机的整体，重点对住房卫生设施和用房进行提质改造，通过提高卧室的独立与私密性满足顾客的居住生活要求；再就是充分利用现有建筑之间或旁边空置区域建公用性建筑，如公共大餐厅、大厨房、大客厅、健身运动用房、公共休闲建筑和室外公共活动场地等，改造的最终目的是将现有的村落建筑改造成一座对外开展旅居生活接待用城市，变原来的农户私用为大众接待公用，使之形成生态宜居、田园环绕的微城市，真正成为农村一二三产业融合发展的核心平台。

3.2 新建思路

在乡村中新建田园微城市，首先是选地，即选择地形与地貌条件较好的地点进行建城，在征得国家批准之后进行规划与设计，基地范围内及周边可利用的自然与人文资源尽可能充分利用，尤其是古树名木资源更是要设法保护，它们能彰显该区域自然的历史和底蕴，可以直接形成人们欣赏的自然与人文景观。微城市的规划设计始终坚持因地制宜和经济实用、美观的基本原则，因山就势，利用自然地形，仅对基地不宜的部分进行适当改造，决不大兴土木，尊重基地已经形成的自然山水和田园格局进行规划设计和建设，做到规划立足长远，留有发展空间；建设按与生活配套的全功能城市单元分期进行，留有余地，根据实际需求确定现有的建设规模，建筑外观追求朴素美，讲究与乡土地域环境协调；内装修突出方便舒适，尽可能选用天然环保材料，讲究实用与生态，做到城市建筑内外环境和设施统筹考虑，一并设计，有序建设，将未来的乡村田园微城市真正建成为理想的山水城市、花园城市、森林城市、生态城市、海绵城市、园林城市和智慧城市，让入住田园微城市的居民享受美好的慢生活。

4　乡村田园微城市建设的发展前景

乡村田园微城市是农村新型城镇化的一种新模式，是在村域范围内兴建微小城市，它是以生活康养为主题，既不同于现代的大城市，也不同于现有的特色小镇，特别注重生活的舒适和方便，生态宜居是其建设的主要目标，乡村山水田园环境是建城的前提和必要条件。因此，田园微城市不仅是要求融入乡村自然与农业生产环境之中，而且是要求具有良好的与现代生活相配套的居住设施与服务，它的建成必将成为人们向往享受美好田园生活的境地，也必将成为区域农村一二三产业融合发展的核心平台，对于助推农村社会经济发展将发挥极其重要的作用。中国乡村田园微城市的发展前景可以从如下两个方面进行展望：

其一是引导农村产业发展的方向，中国已进入老龄化社会，现代城市虽然具有良好的居住与医疗条件，但是城市空气质量是难以改善的，与乡村相比有着天壤之别，这正与人的健康有着密切的联系。乡村田园微城市必将成为现代城市老年人安享晚年生活的好去处，不仅有新鲜的空气，还有洁净的水、新鲜的农产品和现有城市无可相比的山水田园大环境，可以说老年康养是未来中国社会大而稳定的市场需求，必将形成乡村巨大的田园康养产业，乡村田园微城市作为最适宜的康养产业平台，将会得到中国社会的广泛关注，必将成为农村融合产业投资的热点，其发展前景十分广阔。

其二是引导农村人居环境建设的方向，农村建设的重点和核心一直是居住建筑，住房条件的改善是社会经济发展的明显标志，近年来，中国农村兴建了大量处于独栋分散分布的私房，虽然房子多，但不宜对外开展接待服务，尤其是团体接待更是不宜，加之农村青壮年外出进城打工的多，很少回家居住，以致目前中国农村建筑资源闲置现象相当严重。按照田园微城市的建设要求和发展思路对闲置的乡村建筑进行改扩建，使之成为产业化利用的主要设施，以此激活广大农村闲置的建筑资源，大力发展乡村田园康养产业，充分调动现有乡村建筑所有者的积极性，推行共享发展理念，组织广大农民以入股或出租的形式参与，实行股份制经营，共建康养产业平台，实现利益共享。同时还给当地农民带来更多的就业机会，可获得工资性收入，让参与的农民成为农村经济发展的主要受益者，由此得到广大农民的大力支持与热烈拥护而便于推进田园微城市的建设，改变广大农村互相攀比建私房的状况而走上正确的乡村人居环境建设道路。此外，利用乡村田园微城市发展康养产业对于促进当地农业生产结构调整和农产品销售也将发挥重要作用，符合国家倡导的以城带乡、城乡一体化发展和农村一二三产业融合发展的方向，田园微城市建设将会得到政府相关政策的大力支持，在政策上有保障。乡村田园微城市不仅是作为农村融合产业发展的核心平台和助推农村产业发展的新引擎，而且还是中国农村新型城镇化可广泛推广和复制的一种新模式，无疑具有广阔的发展前景。

5　结语

近年来，全面开展社会主义新农村建设，目的是期望彻底改变广大农村相对落后的状况，政府和业界针对中国农村先后提出了发展特色小镇、家庭农场、田园综合体和区域特色农产品生产基地等建设思路和模式，尤其是自从国家实施乡村振兴战略以来，农村未来发展的总体目标和要求更加明确，基于以生活为主题、生态宜居为目标和助推农村融合产业发展为目的的中国乡村田园微城市新型城镇化模式的提出，开辟了一条农村村中建城和城乡经济一体化发展的新道路，值得我们实践和探索。

长沙市休闲农业产业可持续发展路径与建设构想

摘要： 长沙市是全国休闲农业产业发展得较好和较快的城市之一，经历了兴办农家乐、休闲农庄和民宿等发展过程，业态丰富多样，产业规模在不断扩大，经营业主一直在不断优化产业环境与提升服务质量，普遍对休闲农业产业发展的前景充满信心，休闲农业产业整体上呈现出良好的发展势头。然而，面对目前行业发展普遍存在同质化而导致恶性竞争和效益不高的现象感到有点束手无策与无奈，都在非常艰难地应对市场的变化与需求，大部分业主尚未找到适合自己的建设目标与路径。针对这一状况，本文依据中国未来市场大而稳定的需求，提出了长沙市乡村休闲农业产业可持续发展的两条主要路径：一是办学，即兴建活态传承农耕文化的农耕学堂，目的是在乡村开展青少年的自然与农耕文化素质教育；二是养生，即在乡村选点创建旅居康养产业基地，主要提供老年人享受田园美好生活。针对上述两条路径分别提出了在乡村大环境中兴建田园康养与自然教育基地的建设构想。

休闲农业实质上就是利用农业生产环境而发展的一种乡村旅游服务业，也可以说是乡村发展的一种以旅游为主导的多功能融合产业，即农业生产环境功能向旅游、观光、休闲、娱乐、康体、养生和教育等多功能拓展的一种新型业态，那么原有的农业生产环境要实现多功能拓展就必须在其所在乡村的农业生产、村落生活与自然生态环境中兴建必要的活动场地与设施，以满足游客开展各种活动的需要，如观光游道、休闲凉亭、景观小品、游戏娱乐、康体运动、居住生活与停车聚散等各种场地和设施。开展青少年自然教育或农耕文化教育则要设置和安排相应的教学项目与内容，如种植、养殖、捕捞、采摘和加工等各种农事体验活动，让学生进行实地实景活态感知学习，从而能够获得良好的教学效果。长沙市为湖南省省会，属经济较发达区域，是全国休闲农业产业发展得较好和较快的城市之一。长沙市包括六区一县二市，即岳麓区、芙蓉区、天心区、雨花区、开福区、望城区、长沙县、浏阳市和宁乡市，常住总人口2019年末公布已达839.45万，户籍人口600多万，长沙市城区常住人口已超过400

万，城镇化率接近80%。近年来，长沙市的乡村旅游服务业得到了蓬勃发展，业态丰富多样，对促进乡村经济的发展发挥了极其重要的作用，有的村庄甚至成为当地经济的支撑，但是，也有不少投资发展休闲农业的业主，由于发展目标不明确和主营项目不突出而缺乏特色，盲目跟风建设出现同质化现象而导致所建休闲农庄缺乏核心竞争力的状况，结果是投资大而收益不佳，甚至处于难以维持的困境，因此而丧失了对经营休闲农业的信心。然而，经营休闲农业就真的那么难吗？回答是否定的，关键是我们尚未找到乡村休闲农业可持续发展的方向和正确路径，本文依据中国社会发展的未来市场需求，针对青少年素质教育提出的乡村办学和针对老年人康养需求提出的养生两条路径作为长沙市发展休闲农业的选择，旨在引导和促进长沙市乡村服务业走上可持续发展的轨道。

1　长沙市休闲农业产业可持续发展方向

长沙市为湖南省省会城市，人口密度大，社会经济相对较发达。长沙市乡村休闲农业产业起始于20世纪90年代，兴旺于2010年以后，纵观长沙休闲农业发展历程，从当初的市民到乡村游一游、看一看、玩一玩、尝一尝农家饭的短期农家乐旅游休闲模式，发展到今天的民宿与农庄并举的乡村生活体验模式，这一跨越经历了约30年的发展历程，休闲农业产业规模由小到大、产业范围由局部到全域、产业内容由单一到多样化的过程以及近年乡村研学旅行的兴起无不与社会整体发展息息相关，长沙市可以说是中国乡村休闲农业产业融合发展的一个真实缩影，揭示出了休闲农业产业发展的市场规律，即任何产业发展前景取决于市场需求，并且是可持续和稳定的需求，休闲农业产业也不例外，大需求形成大产业；小需求形成小产业，市场竞争永远是具有优势与特色的取胜。长沙市发展到今天的休闲农业产业已经完全变成了具备多功能的融合产业，从目前长沙市休闲农业产业多样化的发展现状来看，主要包括旅游观光、休闲体验、亲子娱乐、康体健身、居住生活、护理养生、素质教育、文化传承和特色商务等功能。多年实践已经证明：单一的乡村游乐和纯粹赏景与城市公园和风景名胜区相比是缺乏优势的，此外，农庄发展并不是功能越多越好，主导功能不突出的农庄是很难经营的，缺乏特色的农庄因缺乏核心竞争力也是很难持续发展的。上述结论业界通过这些年的探索已经形成共识，由此明确长沙市休闲农庄的两大发展方向：一是乡村办学方向，即针对青少年的素质教育需求发展研学旅行教育产业，且明确宜在城市近郊兴建能让中小学生走出传统课堂开展自然与农耕文化教育的基地；二是乡村养生方向，即针对中国老龄化社会的需求，充分利用乡村明显优于城市的自然生态环境发展乡村田园养生产业，即主要服务于老年人的乡村旅居康养产业。

2　长沙市休闲农业产业可持续发展路径

任何产业得以可持续发展的前提是要有永恒的市场需求，乡村发展休闲农业也不例外。休闲农业实质上就是为邻近城市市民提供旅游服务的一种新型产业，从中国社会永恒的市场需求来看有两组人群是服务的主体，一是青少年，二是老年人，青少年的素质教育和老年人的健康养生都是永恒的需求。中国自古以来就有尊老爱幼的优良传统，特别重视青少年的培养，也特别关怀老年人的生活，这不仅是长沙市也是全中国可持续发展休闲农业产业的思想基础和重要保障，因此，未来中国乡村休闲农业产业对应的发展路径有两条：即办学和养生。

2.1 办学

办学即发展教育，这是每一个国家和民族不可或缺的公益事业，尤其是中小学生的基础教育更是极其重要的公益事业，近三十年在中国快速的城镇化进程中城乡基础教育的学校布局发生了大的变化，原来大量的乡村学校不得不因学生大大减少而合并或直接取消，乡村优秀的教师资源也随着城镇化水平的提高也不断涌入城市，尤其选择经济较发达的城市去任教，这是城镇化给基础教育带来的必然结果，是难以阻挡的发展趋势，哪怕现在户籍仍是农民的子女也想方设法送到城镇去就读，尤其是大城市中的学校更是人满为患，这样的城乡基础教育格局的改变表现为学生集中于城市的现象，而且社会与教育管理部门都看到了因主要教育环境改变给教育质量带来的影响，即中小学生在硬试教育的城市环境下失去了直接接触大自然和农事体验的机会，城市为主体办基础教育的缺陷正逐渐显露出来。为了提高中小学生的综合素质以弥补城市为主体办基础教育的明显不足，国家教育管理部门发文要求城市中小学生必须在一学期内安排 4 天时间走出学校开展各种类型的素质教育活动，包括自然与农耕文化教育，因此长沙市在岳麓区莲花镇由市政府出资专门兴建了开展中小学生素质教育的基地，同时，长沙市的乡村也有部分农庄专门安排了开展中小学生自然与农耕文化传承体验有关的经营项目，从目前运营的情况来看，远远满足不了素质教育的要求，并且尚存在教学内容、方法、形式、设施、场地和专门教师配备等诸多问题。中小学生对自然与农耕文化素质方面的硬性教育需求给乡村尤其是城市近郊的乡村带来了产业发展的良好机遇，具有巨大的产业发展空间，然而，怎么把握市场机遇值得思考。本文针对目前乡村开展中小学生自然与农耕文化教育存在的突出问题，提出专门开办兴建自然与农耕学堂的发展与建设思路，学堂采用实地实景活态传承的教学形式与方法，从根本上弥补城市学校开展自然与农耕文化素质教育的不足，收到良好的教学效果，以达到全面提高中小学生综合素质的目的，这无疑是广大学生家长和整个社会期望看到的理想结果。

2.2 养生

中国社会发展到今天已经进入深度老龄化社会，60 岁以上的老年人将超过 3.5 亿，过去中国工业化与城市化水平不高，一直处于农业社会的形态，居家为主的养老方式一直维持到现在。随着中国社会经济发展水平的提高，人们对美好生活的向往与追求日益迫切，加之因计划生育实施的独生子女政策对人口结构的影响，导致居家养老出现众多困难。再加上目前城市中现有养老机构的严重不足，乡村生态与生活环境明显优于城市的实际，多重因素的叠加必然催生中国乡村即将兴起的一个新型产业就是旅居康养产业，以城市老年人为主体的消费人群必将选择适宜的乡村去享受美好的田园生活。然而，目前中国乡村虽在近二十年内兴建了大量的民居，广大农民的居住条件得到了明显改善，但是还是难以满足城市老人的旅居康养的实际需要，再就是民居分散分布的形式也不便于管理和集中开展旅居康养活动。实际上也不是所有的乡村都具备发展旅居康养产业的基础条件，虽然旅居康养产业是未来乡村发展的一个主要产业，但是作为投资经营者选择基础条件较好的地点是必须的，基地的选择将是决定经营成败的关键。乡村发展旅居康养产业，主要服务对象为城市健康老人，但是也不排除上班年龄阶段的人群到乡村去度过双休日或短期疗养。据调查有愿望去乡村旅居康养的城市老年人最关心的也是目前中国乡村明显不足的问题，就是医疗配套服务跟不上的问题，这也是未来乡村发展旅居康养产业必须解决的一个重要问题。再就是乡村发展旅居康养产业需要优美的生活环境和良好的居住设施，这也是乡村建设的重要内容。

3　长沙市休闲农业产业环境与设施建设构想

长沙市主要为丘陵区，高山和平原很少，乡村一般都具有良好的自然山水和森林生态环境，相比于城市发展康养产业具有明显的环境优势。近些年，在国家倡导发展全域旅游产业的大背景下，长沙市休闲农业产业得到了全面发展，用于开展旅游的产业环境和设施也得到了全面提升，可以说全市各地用于传统旅游看一看、游一游、玩一玩和乐一乐的自然环境比比皆是，传统意义上的美丽乡村到处都是了，但是专门用于发展自然与农耕文化教育和旅居康养的产业环境却很少有，就是有也还尚未达到开展专门办学与养生的高标准要求，因此，有针对性地开展产业环境与设施建设是很有必要的。

3.1 自然与农耕文化教育环境与设施建设要点

乡村开展中小学生自然与农耕文化素质教育就是要让学生在较短的时间和专门的场所学到自然与农耕文化知识，甚至是掌握一定的技能。目前，虽然长沙市的美丽乡村建设取得了较大的成效，但是对于开展中小学生自然与农耕文化教育还是不太适宜的，有必要建设专门的学堂或基地，具体建设要点如下：

3.1.1 选址

即选择办学用的基地，首先是其地理位置最好是城市郊区或所在镇区所办学校附近为宜，规模面积以能安排计划教学项目和内容为宜，一般不宜过大，一个基地以 100～200 亩为宜，结合开展特色农业商品化生产的基地除外。再就是地形与地貌特征，以地形与地貌变化多样的为佳，以便适于安排和布置多样化的种植与养殖项目，包括有水体能够安排不同类型的水产养殖项目。所选基地本身就形成了生物多样性环境的更佳，即具有良好的自然山水环境和各种农业实施的生产环境；如果尚未形成生物多样性环境的最好是在合适成本的前提下仅作适宜改造，最忌大兴土木，造成对乡村自然生态环境的破坏。作为自然与农耕文化教育的基地或学堂集中开展教学离不开必要建筑设施和场地，本身有可以直接利用的村落最佳；需加以改造的次之，能够允许新建的村落方可选择。

3.1.2 建设

作为教学用的基地或学堂，根据所开设的教学项目和内容的实际需要进行建设，与乡村的亲子乐园或普通的游乐园建设不同，为了避免同质化建设，各个基地都必须创造有个性特色的自然与农耕文化教育的项目，建设项目选择上不必求全，但求特色，并且是有针对性地展开建设，把一个一个的学习项目必要的办学条件建设好，达到能够实地实景活态体验传承自然与农耕文化知识和训练技能的目的，如各种种植和养殖场地与设施建设，各种农产品加工作坊建设等。适于青少年开展的各种游戏与游乐设施在有条件的情况下也可以适当建设，但这不是重点，以免喧宾夺主。教学离不开教师，专门的师资培养也是一个极其重要的建设内容。

3.2 旅居康养产业基地环境与设施建设要点

乡村旅居康养基地环境与设施建设不同于一般的美丽乡村建设，是一种专门为发展旅居康养产业而进行的投资建设行为，其目的十分明确，游客是为了享受美好的田园生活才到乡村来的，必须以美好生活为主题，依据主要消费群体老年人的实际需要开展建设，并确定好相应的建设项目和内容，主要是基地选址、居住生活建筑和室外活动环境。

3.2.1 基地选址

长沙市位于亚热带季风湿润气候区，四季分明，夏季炎热，冬季稍寒冷，长沙市城区热岛效应非常明显，市域范围内的乡村主要为丘陵区，仅有少量的高山和平原，大的乡村森林生态环境良好，适宜于人居的地点较多。长沙市也不是所有的乡村都必须发展和适宜发展旅居康养产业，作为一种产业投资经营行为，选择好基地位置是成功的关键。基地选址首先是考虑其地理位置与交通区位条件，当然长沙市现在的乡村交通几乎是所有村组都通了硬化车行道，已完全不存在交通问题了，主要考虑的是所在位置距长沙市城区的远近，一般来说既不宜太近，也不宜太远，以 1 小时以内的车程为宜。不管是选择山区还是丘陵区，基地核心区范围内最好是有一块相对较平坦的区域，以适宜老年人开展各种类型的康体健身活动。基地选址还有一个基础条件，就是基地范围现有自然山水环境、农业生产与居住建筑条件都较优越，对于减少建设投资至关重要，如果还具有社会影响较大的可利用人文景观资源的更佳。

3.2.2 居住生活建筑

乡村旅居康养产业基地是主要提供给城市居民享受美好生活的理想境地，生态宜居是最基本的建设目标和要求，具体体现在村落民居内部生活设施和外部环境状况，乡村建筑是最主要的居住生活设施，将单栋分散分布的村落民居改造成组合大院落，使之具有大客厅、大厨房和大餐厅，并且有拓展娱乐、健身、护理、会务、居住和商务等功能用房。通过增设民居之间的连廊和厅堂将村落民居联系成一个有机的整体，选择民居之间的空坪隙地新建公用的大客厅、大厨房与大餐厅，使之能够满足对外开展规模接待的功能要求。居住用房使用上不仅要满足原住民，还必须满足对外接待游客的要求，内部卫生设施是民居改造的重点，要求整洁、方便和舒适，符合现代人居住习惯与要求，居住生活既互不干扰又联系方便。基地建筑最好是外观上风格统一，色彩上朴实素雅，造型上简洁美观，最理想的状态是能够形成一个功能齐全的特大型组合大院落。

3.2.3 室外活动环境

乡村旅居康养基地建筑室外环境是极其重要的活动环境，将室外活动环境园林化是重要的建设目标，实行园林化就必须按园林建设的要求达到较理想的状态，即具有良好的生境、优美的画境与深厚的意境，让乡村景观充满诗情与画意，且与周边相邻的旅居康养产业基地相比具有鲜明的特色。长沙市城区夏秋季特别炎热，热岛效应极其明显，夏秋季自然成了市民外出旅游的旺季，为此长沙市乡村康养产业基地室外环境景观打造重点在夏秋季，与此同时考虑冬春季的旅居吸引力的形成，也有必要创造特别的冬春季景观。来乡村旅居康养的游客每天进行室外活动是必不可少的，室外环境不仅是好游和有景可赏，开展康体健身活动的场地和设施也是必须建设和配备的，让他们每天都能够在空气清新的田园环境中享受美好生活。

4　结语

长沙市休闲农业产业发展到今天已经演变成为一个综合性并具有旺盛生命力和发展潜力的乡村支柱产业，从青少年自然与农耕文化教育和老年人康养两大恒定的需求决定其可持续发展的方向，即开展乡村办学和养生，并以此为目标开展建设，休闲农业不仅能够走出当前的困境，而且会拥有一个更加辉煌灿烂的明天。

选择适宜村落发展旅居康养产业实行园林化建设构想

摘要： 中国美丽乡村建设一个重要的建设目标就是要满足人们对美好生活的追求所需的优美环境。园林一直以来就是人们享受美好生活的一种游憩空间境域，作为世界上独树一帜的中国自然山水式园林在营造上追求三种境界，即生境、画境和意境，这也正是生态宜居的美丽乡村建设追求的目标。本文针对区域农村调整产业结构发展经济的需要，按照城乡统筹与一二三产业融合发展的思路，明确提出了选取适宜村落将其改造建设成为旅居康养产业基地实行园林化的投资建设构想，即设计上坚持实用、经济、美观的基本原则，以中国自然山水式园林为模本，以营造优美的园林式宜居环境为目的；建设上运用生态园林工程技术，以建成良好的乡村景观生态系统为目的，基于此重点阐述了村落基地选择、民居改造、筑山理水、植物造景和游道修建等方面进行园林化改造建设的技术与艺术要求，期望把被选村落改造建设成为人们享受美好生活的理想境地。

关键词： 中国乡村，村落，园林化，建设构想

自古以来，园林一直就是人们享受美好生活的理想境地，是社会经济水平发展到一定阶段部分富足者追求高品质生活的产物，过去中国古典园林的典型代表有江南私家园林、北京皇家园林和全国各地的寺庙园林，现在实行大地园林化更是如此，只是享用的对象大众化了。对于中国园林前人总结出了一套完整的自然山水式园林营造艺术与工程技术，在世界上独树一帜，享有很高的盛誉，经过近几十年的继承和发展，已经形成了一套更加完整的营造理论与方法，同时培养了数以百万计的园林设计与工程技术人才，为实行大地园林化打下了坚实的理论、技术与人才基础。中国实行大地园林化在20世纪50年代毛泽东同志就提出来了，时至今日这个远大的目标可以说在很多的城市已经实现了，建成了很多国家级的园林城市，让市民过上了美好的生活。然而，中国广大农村虽然正在开展美丽乡村建设，但是按照实现园林化的要求还相差甚远，本文提出村落投资建设以中国自然山水式园林为模本，运用园林工程艺术与技

术建设美丽乡村，对于引导乡村建设和发展及改变目前中国乡村面貌无疑具有重要的意义和作用。中国正在实施乡村振兴战略，确立了产业兴旺、生态宜居、治理有效、乡风文明和生活富裕的总体建设目标和要求，并且明确提出了产业兴旺是实现乡村振兴的核心，产业兴旺是社会经济发展的保障，对于全国各地千差万别的区域乡村选择发展什么样的产业？这是我们从事乡村规划和设计者必须面对和急需解决的一个非常突出的问题，现在中国已经进入老龄化社会，老年人康养备受社会关注，依据中国未来老龄化社会的需求，以服务老年人旅居康养为主体的乡村服务业就成了乡村产业发展的首选，然而发展乡村旅居康养产业需要怎样开展建设？旅居康养对乡村生活设施与环境有何特别要求？这些又是摆在我们规划设计、投资建设和经营管理者面前的重要问题。现在中国有很多村庄进行了投资建设，村容村貌和供水、供电、通信、交通与环保等基础设施都得到了大的改变，就是村民与村集体收入难以得到明显的增加，甚至负债建设，根本谈不上经济效益，负的债谁来偿还？只好等待国家继续拨款，这并非个案，全国各地都普遍存在，这类建设实质上是增添了国家的经济负担，没有从根本上解决乡村可持续发展问题。因此，为了发展区域乡村经济，本文提出以发展乡村旅居康养产业为目的进行有针对性的建设，即选择适宜的村落进行有目的性的改造建设，克服目前乡村产业开发贪大求全盲目投资建设的做法，重点突出村落旅居点建设，包括民居建筑与周边环境的利用与改造。村落旅居点设计运用中国自然山水式园林的造景手法，以建成山水式园林村落为目标，以主要满足老年人旅居康养生活需要为目的，旨在为中国乡村产业振兴树立一个成功的典范。

1　基地选择

中国乡村发展旅居康养产业是调整乡村产业结构的一个普遍选择，虽然政府倡导发展全域旅游产业，但是作为以老年人为主要消费群体的旅居康养产业并不是任何乡村和任何村落都可以发展的，旅居产业基地建设是一种经营投资行为，基地选择适宜与否，决定投资建设与开发的成败，基地选择时从以下几个方面考虑：

1.1 地理位置

中国地理纬度南北跨越几个气候带，地形有高山、丘陵、平原与盆地等多种类型，各地气候差别大，四季分明，主要是气温上的明显差异，总体来说，冬春两季南方气候温暖适宜避寒；夏秋两季高山气候凉爽适宜避暑，以致冬春季和夏秋季旅游带有明显的季节性，再就寒、暑假时间也是造成旅游有淡旺季之分的一个重要原因，因此，旅居产业基地以避寒为目的选址南方明显优于北方；从避暑上考虑，高山明显优于丘陵、平原和盆地。大致的地理区域选择好了之后，再就是确定具体位置，基地选择宜坐北朝南，东南方向若视线开阔，依山傍水，滨海、滨湖和滨江位置更佳；忌选择陡峭之地，以免在地质上给顾客产生居住不安全之感。一般来说，凡是乡村建有较大村落的区域都是当地较适宜的人居环境，多为山腰或山麓较平缓开阔之地，都足以能够体现前人的智慧，这类村落多数也是较发达的，反过来，选择当地较发达的村落作为旅居康养产业基地开发也是较明智的选择。

旅居康养产业基地以避霾为目的选址，主要是要求与灰霾频发城市相隔一定的距离，灰霾是影响空气质量的一个重要因素。此外，选址还必须考虑风向，灰霾的影响与在城市的东西南北位置有一定的关系，在城市主风向上与城市较近的位置，一般不宜选择。

1.2 村落建筑

居住是人类社会发展最基本的生活要求，建筑设施是最主要的生活设施，村落是人类繁衍生息自然形成的，人类社会发展到今天，村落民居建筑都是私有财产，为家庭享用，房间内部生活设施一般不符合对外接待的要求，虽分布上较集中，但一般处于单家独户的分离状态，其建筑的外观形态和风格较统一的很少，尤其是近些年乡村新建的民居较多，更是呈现多样化趋势，旅居康养产业基地选址以民居建筑的外形和风格较一致的村落为佳，建筑之间空间与场地容易通过增加廊道或厅堂的改造方式而建立有机联系，最好是现有村落具有一定的规模，以便于改造成规模较大的组合大院落，改造后对外可居住用房最好是能够相对集中达到 50 间以上的规模，因此被选村落要求具有 10 栋以上的民居，且村落周边最好是还有能纳入基地可供改造利用的民居建筑的更佳。

1.3 村落环境

选作基地建设的村落环境分内环境和外环境，内环境指村落建筑之间和邻近建筑周边的空间环境；外环境指环绕村落或与村落相邻的外部山水田园环境。内环境要求具有较好的环境基础，即有可供利用的环境资源要素，如生长有古树或大树、有可供直接利用的室外活动场地和其他环境设施等，不需要花费大量的内环境提质改造建设资金。村落外环境分两部分，一部分是自然山水环境，一般属于环境保护范围，品质较高直接可供游览观赏的最好，有环境基础可稍加改造提质的次之。如果环绕村落有天然的湖泊、江河、瀑布、溪流、山泉、溶洞、森林、草原等自然景观，甚至还分布有著名的文物单位或名胜古迹等人文景观的更佳。此外，村落内外道路也是构成村落环境的重要组成部分，道路通达性、完整性和质量也是基地选择必须考虑的关键因素。村落田园环境是农业生产环境，是国家确定的耕地红线保护范围，耕地上季节性的农作物或多年生的园艺作物大多数本身就具有较高的观赏价值，可随农业生产结构调整和生产方式改变而变化。农田环境一般村落周边都有，作为旅居康养产业基地周边环境以选择土壤、水利等生产条件较好的为佳，或是已经形成了特色农产品基地的更佳。

2 民居改造

纵观中国改革开放四十多年，中国各地农村有一个明显的变化那就是民居，一是分布上由聚到散，到处是拆大屋建小楼，乡村聚落越来越少；二是形式上由平房变楼房，2～4 层不等，多为单家独栋，小楼多配有大院，可称得上气派与豪华，然而，利用率却不高，多数民居处于闲置状态，可以说现有的乡村民居成了乡村可利用资源的最大浪费。农民建新房本身无可厚非，也是值得庆贺的一件好事，有经济实力的建大一点和建好一点也可以理解，一般都在自身能力范围之内，不过也有少数农民超出了自身经济承担能力，房子建得很大，毛坯房是建起来了，却无经济能力装修，多年处于闲置状态，这样的民居还不在少数。现在民居虽多，但真正适宜于对外开展旅居接待用的房子却不多，私人的房子也不宜于和不便用于对外开展接待服务。区域乡村发展旅居康养产业最主要的设施就是居住接待用建筑，在选定的村落作旅居康养产业基地后，对民居进行改造就是必需的，改造的方法：一是民居室内提升内质，对民居内部结构和设施进行改良，让住房具有独立卫生间和单独出入门，能够满足顾客生活居住的要求；二是民居与民居之间加强有机联系，增设风雨走廊、亭、榭、架等景观与功能建筑，使部分村落民居能够融合成一个整体，形成特大型的组合大院落，院落内有大餐厅、大厨房和大客厅。民居改造材料尽可能就地取材，首选原生态材料，宜采用外土内洋的做法，不刻意追求外观统一，但求内质有一个大的提升，力求功能上能够满足对外接待顾客的要求。

3　筑山理水

对基地范围内需要景观提质的场地进行筑山理水，按照园林艺术与生态工程技术的要求进行微地形改造，改造时尽可能利用现有的地形地貌，筑山结合理水，让地形产生一定的高低起伏与曲折变化，施工操作时，讲究因高就低，因势利导，因地制宜，采用堆与挖相结合的方法，使山成山系，水成水系，山成组，水入流，高处山脉相连，低处水道相通，山水交融构成体系，营造丰富多样的立地环境。原有村落地形可供利用的尽可能维持原状，不必大兴土木，建设时仅对局部进行微地形改造。水是给环境带来生机的要素，水绕山转，山环水抱，山因水而活，村落有水相伴，水系动静结合，灵活多变，力求变化自然，能够形成排蓄自如的雨洪消纳系统。起伏多样的微地形是营造多样化景观视域空间的基础条件，对于形成良好景观生态系统将起到决定性的作用。

4　植物配置

区域乡村自然山水环境中现有的植物景观大多是自然形成的，景观类型主要有山地森林、平原草地和高山草甸等，山地森林以杂树林为多，多属次生林，少有原始森林，同一区域同类型植物景观一般在外观形态上差别不大，不同区域受纬度与海拔高度的影响具有明显的差异性。天然林也有纯林的，如楠竹、高山杜鹃林等，这些天然植物景观一般在生态红线的保护范围内，属严格保护的对象，若在被选定的开发村落附近，可适度直接利用，不允许人类进行大的干预。有的区域乡村也有人工种植的林地植物景观，如茶园、果园、苗圃和人工用材林地，属于园艺与林业生产区，这些生产区可以通过适度增植观花或观果等观赏植物提升观赏效果。对于大面积农田，主要是种植季节性农作物，形成生产性的大地景观，如水稻、油菜、玉米、小麦、高粱、红薯、青稞、荞麦、棉花、紫云英等。乡村园林化的植物景观营造，主要是在村落附近，可以结合果园、菜园、茶园、药园和苗圃的生产营造丰富多样的植物景观，保持原有的农业生产内容，采用园林的形式，形成多样化的农业花园，并修筑游道，以方便顾客游憩观赏。为了突出花园特色，建议选取适宜当地生长的名花作为花园的主景植物，打造景观特色与主题鲜明的名花专类园，以增强植物景观的吸引力。村落范围内有古树名木和大树的，或是有树丛植物景观的，实行严格保护利用，村落内民居之间的空坪隙地，按庭院植物景观的设计要求进行配置，建议多选用果树植物和多年生宿根类和球根类花卉，尽量少种和不种需要经常更换和追肥才能生长良好的一二年生作物与花卉，乡村中的花卉景观最好是多采用花境景观类型，能够充满乡村的自然野趣特色，力求做到低成本维护与管理。

5　游道修建

游客到乡村旅居康养产业基地居住生活，到村落周边漫步游览是必须开展的室外活动，园林化的美好乡村，好游也是衡量乡村美好的一个重要方面，环绕村落的田间地头必须修筑有便于游览的游道，并成体系，游道要求能够通往所有的可供观赏的景点与景区，最好是形成可骑自行车游览的乡村绿道，依据不同等级游道的标准和规范进行设计与建设，不求高档，但求经济实用。

6　结语

中国实施乡村振兴战略，产业振兴是根本。区域乡村为发展产业进行建设，让乡村成为享受美好生活的宜居地，乡村实行园林化不仅是为了乡村视觉上的美丽，更是为了创造人们向往的具生境、画境与意境的空间境域，重点突出村落环境的园林化投资建设，由此推动乡村旅居康养产业的蓬勃发展，最终实现区域乡村经济的可持续发展。

乡村康养产业基地按养生学堂建设与发展规划构想

摘要：中国社会发展到今天已消除了绝对贫困，在基本生活物资得到满足的情况下，精神需求就成了影响健康长寿的决定性因素。当然在物质需求层面上，中国很多城市尚普遍存在空气质量和食品安全等突出问题而显著影响市民的健康生活，尤其是对城市老年人的影响更加明显，这样无疑为乡村发展康养产业带来了良好的机遇。本文针对中国乡村正在广泛兴建康养产业基地的需要提出了养生学堂建设与发展规划构想，即在基地中设置能供交流学习和实景体验的各种场所，严格按学堂的要求进行建设，以便有组织和有计划地开展中医药膳、农耕体验、国学悟道、图书阅览、花艺茶道、网络交流、琴棋书画、康体健身、学歌习舞等一系列养生活动，主要以满足精神生活需求为目的，让学员通过参与各种活动而提高精神境界，从而实现健康长寿的梦想。

关键词：乡村康养，养生学堂

健康长寿一直是人们追求的一个目标，众所周知要实现健康长寿不仅与物质要素有关，还与精神要素有着必然的联系，中华民族自古以来就崇尚天人合一的哲学思想，讲究人与自然和谐共生，形成了乐善好施和行善仁慈的善德文化，以及智者乐与仁者寿的统一认知。中国社会经济经过近四十年的快速发展，已经消除了绝对贫困，衣食住行基本物质生活达到了较高的水平，社会的主要矛盾已经上升为人们对美好生活的追求与发展不均衡和不充分的矛盾，所谓的不均衡就是城乡之间的发展不均衡；不充分就是乡村发展的不充分，出现了乡村相对衰落的现象，于是，国家于 2017 年 10 月提出了实施乡村振兴战略，并明确了产业振兴是根本，全国各地积极响应，正在积极探索乡村产业发展的路径和方法。广大乡村建设与投资者面对中国进入老龄化社会的巨大需求都非常看好在乡村发展老年康养产业，正在积极兴建老年康养产业基地，但是对于乡村发展老年康养产业尚存在诸多疑惑，建设上普遍带有盲目性，缺乏切实可行的发展思路，本文作者针对这一状况，依据城市老人去乡村康养的意愿与要求，提出了乡村康养产业基地按养生学堂建设和发展的规划构想，即充分利用区域乡村明显优于城市的环境资源要素，以享受美好生活为主题，以弘扬善德文化提升精神境界为核心，以传承国学精华为重点，以实现长寿梦想为目的，严格按养生学堂的要求开展乡村配套基础设施与场所建设，旨在促进乡村康养产业走上可持续发展的轨道。

1 乡村康养产业基地按养生学堂建设和发展规划依据

1.1 养老机构严重不足，居家养老问题突出

中国社会经济在近四十年得到了快速发展，全国各地于 2020 年底消除了绝对贫困，人们基本物质生活水平明显提高，人均寿命已超过了 76 岁，这一结果主要取决于基本物质生活水平的提高，中国未来在基本物质生活水平有保障的前提下，要进一步提高人均寿命，毫无疑义主要取决于精神生活水平的提高，尤其是老年人精神生活水平的提高将起到决定性的作用。中国过去主要采用的是居家养老模式，养老机构很少，且主要分布于城市。现在城市养老机构均属营利性质的，一般收费较高，享用者多为高收入人群，中国进入老龄化社会之后，现在在数量上表现为明显不足。一般收入和低收入人群多选择居家养老，过去相比于现在人手较足，居家养老问题并不突出。随着城市化水平的进一步提高和深度老龄化社会的到来，城市养老机构将会更加紧缺，据调查城市养老机构使用者的满意度不高，进养老机构并没有让城市老人过上他们所期望的晚年生活，很多老人并不愿意进养老机构去生活，有的甚至是不得已而为之，城市养老机构除环境与设施质量存在问题外，主要是精神生活达不到一定的高度，再加上受发展空间与场地的限制，要提升是一件相当难的事情，尤其是空气质量的提高难度更大。再看乡村养老机构的情况，主要是当地乡镇兴办的敬老院，也有村办的，主要是属公益性的，目前状况是其分布不均匀，养老的条件也是很难尽人意的，服务质量处于较低的水平，当地五保户与孤寡老人也是处于不得不去敬老院的境地。中国过去主要是居家养老，并未出现一个突出的社会问题，也并没有形成一个大家关注的社会产业，但是发展到今天，进入深度老龄化社会后老年康养问题已经成了一个突出的社会问题。

1.2 老年人对健康生活的要求明显提高

随着中国社会经济发展水平的不断提高，不仅是城市老年人的生活水平提高了，整个社会的生活方式也改变了，城市老人为了实现健康长寿的梦想，也不再满足于基本物质生活的追求了，对康养环境的要求提高了，尤其是老人对影响健康的因素特别关注，如城市灰霾频发和 PM2.5 超标，因此很多城市老人产生了离开城市到乡村去康养的愿望，这正是乡村康养产业有望兴起的前提条件。再者，过去城乡养老机构主要是从基本物质生活方面考虑满足老人的康养需求，或是配套改善医疗服务条件，能做到医养结合的大家就认为不错了，实际上老年人的健康生活并不局限于医养的需求，在基本生活物质与医疗有保障的情况下，对精神生活水平的要求明显提高了，有组织地开展一系列的康养活动是很有必要的，目的是让老年人的精神境界得到全面提升。

俗话说："人活到老，学到老。"轻松愉快的学习对于老年人都是很企盼的，尤其是自己感兴趣的活动项目和内容，他们更有学习和体验的欲望，这一点通过走访很多老年人得到了证实。

1.3 乡村全域旅游产业转型发展需要

近年来，国家积极倡导乡村发展全域旅游产业，并号召全国各地开展美丽乡村建设，从这几年乡村旅游产业发展的趋势来看，乡村旅游正在向着旅居的方式改变，很多游客乐于到乡村去久居一段时间，静下心来享受宁静的乡村田园美好生活，这一点在乡村民宿发展迅速上得到了充分证明。民宿是城市人回归自然享受美好生活所需要的一种居住生活方式，具一定规模的乡村康养产业基地更是城市老人结伴养老所需要的，康养产业基地在组织与经营管理等方面比民宿具有明显的优势，再加上养生学堂的建设与发展模式的实施，主题更加清楚，目的更加明确，对促进乡村旅游业的转型发展将起到决定性的作用。

2　乡村康养产业基地按养生学堂建设和发展规划思路

2.1 按养生学堂要求建设

乡村康养产业基地以健康生活为主题，主要服务对象为城市老年人，按养生学堂要求进行建设，形式上就是一所学校，是一所名副其实的老年大学，作为学校就得拥有校舍和校园，并且要求相对集中，学员与举办方之间就存在一种教与学的关系，就要求达到设定的教学目标和要求。养生学堂与现在的学校有很大的差别，首先是学堂的选址对环境有更高的要求，必须具备良好的生态环境，生态宜居是最基本的要求，最好有适宜利用的优势资源与设施条件，一般不允许大规模新建，建设用地上受国家政策限制，最好是利用现有的村落与环境进行改造，以降低建设成本。养生学堂主要是以康养为目的传授养生知识，物质条件是基础，不仅要创造良好的食宿条件，让学员享受良好的物质生活；精神是支柱，更重要的是要满足学员精神生活的需求，改造和扩建文化娱乐活动场所和设施，用以丰富学员的精神文化生活，在基地范围内建设实景体验的各种场所，严格按教学的要求进行建设。

2.2 按办学方式进行运营

乡村康养产业基地按养生学堂的要求建设后，就要按办学的方式进行运营，物质生活条件与环境一般是比较容易达到要求的，办好学堂难度较大的是运营管理，即有组织和有计划地开展中医药膳、农耕体验、国学悟道、图书阅览、花艺茶道、网络交流、琴棋书画、康体健身、学歌习舞等养生教学活动，让学员各得其所，各行其乐，各取所需，使每一个学员的精神境界都能得到提高。学员的兴趣、爱好、信仰、特长与追求等各不相同，同样需要因材施教，主要采用活态传承和实景体验的教学方式，各种各样的教学场所与设施建设很重要，这正是乡村康养产业基地按养生学堂建设与现在一般养老机构的根本区别，教学的目的就是要让学员获得身心再生，能够健康快乐生活，教学运行上讲究能者为师，学员中有很多老年人多才多艺，品行高尚，本身就是良好的教学资源，在某些方面就是大家学习的榜样，值得推崇，同学之间取长补短，既可以互相交流学习，相互感化，自娱自乐，共同提高，也可专门安排有特长的学员当老师传授学习，教学方式可以灵活多样，只求学堂内能够形成良好的养生学习氛围，学员通过参加丰富多彩的活动，心情舒畅，天天开心快乐，享受他们所期望的老年生活，最终达到人人健康长寿的目的。

2.3 按差异化要求发展

中国乡村康养产业基地将会大量兴建，同质化对发展是极其不利的，各具特色的不同康养产业基地可以连锁经营，共同发展，讲究异质互补，不仅是校园环境上的差异，更是经营内容上的不同。依据学员求新、求异、求奇等多样的心理需求，各养生基地要求教学内容有所侧重，各具特色，尤其是相邻的基地更要设置差异化的教学内容，能够让有不同需求的学员找到自己理想的养生学堂，获得不同学堂学习之后的不同感受，从而更有利于他们的身心健康。

3　乡村康养产业基地按养生学堂建设和发展前景预测

中国即将进入深度老龄化社会，养老问题将成为一个突出的社会问题，这段时期的城市老人主要属于前几十年的计划生育对象，过去限定只能生育一胎，大多数老人只有一个孩子，过去采用的居家养老方式现在因缺乏人手已经表现出明显的不适宜；再就是随着社会经济和生活水平普遍提高，人们的健康生活观念发生了较大的变化，对美好生活的要求也普遍提高了，不再安于家庭平凡的生活方式，尤其是面对现在城市出现的生态环境问题而影响身体健康的现实，他们为了健康长寿自然就产生了去寻找最宜健康生活境地的想法，毫无疑问乡村就成了他们享受美好生活的最佳选择。中国现在有超过 3.5 亿老年人口，乡村康养产业基地建设刚刚兴起，按养生学堂的发展思路进行建设与运营，彻底改变了过去城市养老机构的运营与管理模式，这是时代发展的产物，具有巨大的市场潜力，不仅康养产业本身有可能发展到超过 10 万亿元产值的产业规模，同时还可带动乡村旅游业和农业的转型发展，对于缓解城市的环境压力和促进城乡统筹一体化发展以及促进乡村振兴都将具有重要的意义。

4　结语

中国实施乡村振兴战略，关键是要通过发展乡村产业而实现乡村社会经济的可持续发展，乡村相比于城市的显著优势就在于具有良好的生态环境，尤其是对生态环境问题较严重的城市来说优势更加明显，这一点已被有意经营乡村康养产业的投资者看得更加清楚，全国各地正在大量兴建康养产业基地，按养生学堂建设与发展规划思路的提出，对于引导乡村康养产业的健康与可持续发展指明了方向，对于促进乡村振兴具有极其重要的意义。

办学思维主导下的乡村学堂景观设计构想

摘要：中国乡村发展第三产业在办学思维的主导下针对青少年综合素质培养的需要兴办自然与农耕学堂；针对中年人创业与就业的需要兴办职业培训基地；针对老年人健康长寿的需要兴办养生学堂，其发展前景十分广阔，这已在业界形成了广泛的共识，为兴办学堂设计有特别学习价值的乡村景观值得设计工作者探究，本文依据不同类型的乡村学堂的办学需要，以创造学习价值为主要目的，分别提出了营造乡村学堂景观的设计方法，从与景观设计相关的主题内容、表现形式、形态结构、建材选择、营造方法与技术要求等方面进行了介绍，即自然与农耕学堂景观设计突出地域农耕文化主题，学堂建设重点打造与基本生活技能传授相关的农耕文化景观；采用活态实景的表现形式，突出功能属性，讲究实用，力求简略；景观营造突出地域特色，尽可能运用乡土材料，追求朴实素雅，场地与配套设施建设考虑对外开展教学活动的要求。乡村养生学堂景观设计突出康养生活主题，学堂建设以改造适宜于老年人居住生活的村落建筑与设施为重点，以便于开展各种养生活动为目的，室外环境突出村落配套花园建设，力求创建园林式学堂和农业公园化的美丽乡村，让养生学堂成为镶嵌在青山绿水之中的一颗闪亮的明珠。针对中年人开办发展第三产业的创业与就业培训基地，完全可以利用乡村建成的自然与农耕学堂和养生学堂，不需要另外兴建基地，因此，乡村景观重点就在于两类学堂的建设。

关键词：乡村学堂，办学思维，景观设计，学习价值

乡村学堂也可以称之为乡村学校，或是教育培训基地，实质上它就是一个以教育服务业为主体的第三产业单元。乡村学堂景观的基本结构也离不开自然山水环境、农田耕地和村落三大组成部分，兴建乡村学堂的目的是发展第三产业，属于一种投资建设行为，必须讲究投资效益，其规模不求大，只要安排布置教学场景和设施能满足教学活动的需要，学堂景观的学习价值挖掘与创造极其重要，其景观设计不同于城市景观和一般的乡村景观，所建造的景观是用于办学的，不仅是要创造它的美学价值，更

要创造它的学习价值，即满足学员学习的功能属性，因此，乡村学堂景观设计的主题内容、表现形式、形态结构、建材选择、营造方法和技术要求等都必须考虑便于学习。乡村学堂景观建设重点是对村落按校舍要求进行改造建设；其次是对与村落邻近的农田耕地按多样化农作物花园的形式进行生产建设；再就是对自然山水环境在不影响自然生态功能的前提下按教学要求进行适当改造利用，这些就是乡村学堂景观设计的具体任务。农田耕地中对于大面积开展特色商品型农业生产的大地景观虽可不列入学堂景观设计范围，但可为教学所利用。中国乡村过去发展第三产业时主要是按旅游思维进行产业景观建设的，虽然也有针对学生消费群体开展研学旅行的，但还是在旅游思维主导下开展活动，存在计划性、组织性、针对性和目的性不强等问题，还没有兴建学堂这个明确的概念，在产业经营上出现问题也就成了必然的结果，因此，为了建好乡村学堂，从而引导乡村第三产业走上正确的发展轨道，在办学思维主导下明确提出乡村学堂景观设计构想具有重要的现实意义。

1 乡村景观类型及发展现状

乡村景观类型主要有三大类型：即自然山水景观、农田耕地景观和村落建筑景观。这些年来除少数乡村因矿山开发自然山水环境遭到一定破坏外，中华大地到处是青山绿水，尤其是近年对自然环境的保护力度加大，广大乡村整体生态环境得到了全面提升，就是遭受破坏的环境也在积极开展生态修复，绿水青山就是金山银山的理念深入人心，国土资源管理部门在国土空间规划上划出了明显的三条红线，各级政府加大了基础设施的建设投入，乡村人居与生产环境得到了全面整治，尤其是道路交通上的改善十分明显，自然山水环境不仅是更美了，而且它的生态服务功能明显增强。再看看农田耕地环境，国家一直重视高标准基本农田建设和保护，同时也极其重视特色农业商品化生产基地建设，针对农田耕地因多年非理性农业生产方式带来的重金属超标和面污染问题正在加大投入积极治理，同时也正在大力推广有机农业、生态农业和循环农业模式，有的为恢复地力还采用了休耕措施，国家对农田耕地利用进行了明确的规定，过去中国乡村在旅游思维主导下广泛开展了美丽乡村建设，兴建了大量的乡村旅游目的地，为的是发展乡村旅游和休闲农业，为了打造在视觉上有吸引力的美丽乡村景观曾兴建了很多花田与花海，实践证明其生命力是短暂的，国家不得不下文严格禁止，现在看来纯视觉景观打造并不是经济社会发展的刚性需求，我们决不能被花田与花海一时红火的假象所迷惑，尤其是在当今可视化信息技术特别发达和普及的今天，决不能过高地估计人们对美景的需求，这一认识规律已被证明，探索与认识事物发展规律需要一个过程，人类就是在不断实践、认识、再实践、再认识的过程中提高认识水平的，因此，中国乡村的农田耕地景观正处在调整与建设之中。乡村第三类景观就是村落景观，包括村落建筑和邻近的室外环境，是村民居住生活的地方，近些年在旅游思维的主导下也进行相应的改造和建设，也考虑了餐饮接待、文化娱乐、商务会务、康体健身、图书阅览等服务功能的场所和设施建设，也对村落室外环境进行了亮化和美化，有的甚至还在艺术走进乡村的发展思路引导下在村落建筑的墙面画上了很多涂鸦，也确实增强了视觉上的美感度，既改变了乡村生活环境，也创造了一定的景观学习价值，但是从现在的产业利用率来看，村落景观建设并没有达到预想的效果。

2　乡村学堂类型及选址

乡村按办学思维发展第三产业，是发展思路上的一种新的尝试，针对性更强，目的性更明确，服务对象更加清楚，乡村学堂依据办学内容和学员年龄层次上的差别可分为三种类型，即针对青少年的自然与农耕学堂；针对中年人的创业与就业培训学堂；针对老年人的养生学堂。对于中年人开办的创业与就业学堂，如果是学习发展乡村教育服务业创业与就业有关的技术与方法，则可不再另建学堂，完全可以利用其他两类学堂开展教学活动，对于学习特色商品化农业生产技术的则可利用现有的生产基地开展技术培训，因此，乡村运用办学思维发展第三产业的重点是修建自然与农耕学堂和养生学堂。

2.1 自然与农耕学堂选址

兴办自然与农耕学堂选址首先要考虑的是地理位置，最好是选择城市近郊，以满足城市中小学生可达性和便捷性的要求。再就是考虑基址内的现有办学资源条件是否优越，包括自然与人文资源条件，具体要考虑以下几个方面：一是山水资源条件是否优越，基址内有可被利用的良好森林生态环境和较完整的天然或人工水系景观，已经形成了生境多样的区域最佳，或者是基地内的地形地貌多样，已经具备生物多样性景观形成的基础条件；二是具有良好的农业生产条件，包括种植业与养殖业的条件，农田土壤深厚肥沃，灌排条件良好，基础设施先进；三是有可供改造利用的村落或闲置的公用建筑，且有较充足的建筑扩建空间与场地，此外，还具有纪念性与地域文化价值的景观地点的更佳。

2.2 养生学堂选址

养生学堂服务的对象主要为城市老年人，也不排除中年人来休闲度假，他们进学堂学习的目的就是为了享受美好生活，学堂建设主要就是为了满足老年人享受美好生活的需要而营造能够开展各种养生活动的场地、场所与设施。因此，学堂选址必须以老年人享受美好生活需要为依据，选址时必须从以下几个方面考虑：一是基地内最好是有山有水，自然山水条件优越，森林生态环境良好，水景有天然的湖泊、河流和溪流，或有人工的水库和山塘的更佳。基地范围内生态环境良好，基地所处位置不会受大气污染和各种污染源的影响，具有特别新鲜的空气；二是基地范围内有可供发展多样自给型农业生产的优越条件，最好是环绕村落，农田土壤深厚肥沃，灌排条件与基础设施良好，有适于种植和养殖的土地，在山区或丘陵区学堂大环境可群山环绕，但室外活动区域要求地势相对较平坦；三是有可供养生学堂利用的村落建筑与良好的村落环境，民居建筑最好是相对集中，且便于连接成一个有机的整体，村落区域小范围内地势较平缓的为佳，也可有一定的高低起伏变化，但主要游道要求较平缓，且高低起伏变化小，村落小范围内拓展空间较大，有足够可供老年人开展各种养生活动的场地。

3 乡村学堂景观类型及设计要点

乡村学堂景观一般包括大范围内的自然山水景观和小范围内的村落景观和农田耕地景观三大部分，其主要功能分别对应生态、生活与生产，它们之间存在紧密的依存关系。学堂景观设计的目的主要是提升和集中呈现各类景观的学习价值，让学员能够在学堂环境中更好地学习和生活。

3.1 自然山水景观

一方山水养一方人，区域乡村的人地关系是千百年来形成的，学堂区域自然山水的格局不容随意打破，必须尊重已经形成的生态平衡体系，敬畏自然，保护自然，这是人类生存和社会经济可持续发展的重要保障。学堂内的可供办学利用的自然山水景观主要有山体、植物、河流、溪流、瀑布、山泉、叠水、草原、湖泊、岩体、溶洞等类型，这些景观是天然形成的，蕴含着丰富的生物学、植物学、地理地质学等学科知识，可直接为教学所利用，人与自然和谐共处，依赖自然而生产和生活。一个学堂也许仅有其中的几种自然景观，同样也会形成相对独立的生态系统，或是区域自然生态系统中的一部分，不管乡村学堂中的自然景观类型多少和规模大小，都存在可供挖掘的学习价值，一般没必要进行大的人工干预。过去人们为了生产和生活的方便，在自然环境中也修建了不少的水库、水坝和池塘，留下了人们改造自然的痕迹，这些已融入了人与自然和谐共存的生产与生活体系之中，凝聚着人类的智慧与力量。当地的自然景观尽可能维持其自然状态，包括人工种植的经济林，但是为了更好地开发与利用，可以选择适当位置修筑游道和布置一定数量的景观建筑，同时修建便于教学和游憩活动场地与设施。学堂自然山水环境的植物景观在适宜改造的局部也可选种观赏价值较高的植物创造特色植物景观，以提高学堂环境的美景度，前提是不打破当地的生态平衡，不提倡人工过多干预自然，更没有必要将自然山水改造成人工的园林而失去其自然状态。自然山水环境中的水系是给学堂环境带来活力的重要景观，主要是要保持水量和维持水质，若是静态水体则必须制定切实可行的水质净化方案，以防止水体富营养化；智者乐水，学堂水景观打造仅选择适宜的滨水位置修建必要的亲水设施。有的学堂自然山水环境是一幅幅的天然山水风景画，具有较高的美学价值，不仅可以欣赏，而且还可以作为学员写生的对象，因此，景观建设就是选择较佳的赏景点位置修建赏景与写生的场地与设施。

3.2 农田耕地景观

农田耕地是任何一个乡村学堂不可缺少的土地类型，人类依赖农田耕地而生生不息，创造了辉煌灿烂的农耕文化。作为乡村学堂拥有的农田耕地面积不求太大，但求地域农作物景观丰富多样，能让学员尽可能体验到更多的农业生产场景，包括各种种植业与养殖业场景，主要是种植业场景。现代农业生产从单一品种生产规模上来分有两种类型，一种是大规模的特色商品型农业，形成的是生产性的大田农作物景观；另一种是小规模的多样自给型农业，形成的是多样化的花园景观。乡村学堂的农田耕地景观设计主要是针对环绕村落开展多样自给型农业生产的土地进行设计，总体设计目标是要打造一个农业项目多样、四季景观变化丰富、可供学习的实景独特、好游可赏且便于教学体验的花园景观，它与一般的农业生产环境之区别就是布置了具有特别学习价值的各种农业生产项目，既有传统的，也有现代的，更有尚在研究之中的未来农业科学研究项目，目的是要让学员更好地了解农业的过去、现在和未来，以激发学员对农业的兴趣。农田耕地多样化的景观营造，首先取决于农田耕地具有多样立地环境，具备农业生物多样性的生境形成的基础条件，现在有的则直接加以利用；现在没有的则通过微地形改造创造条件进行生产建设。农田耕地景观不仅仅是形式讲究艺术构图与色彩的搭配，更重要的是要创造具有特别主题内容的农业生产活态场景，保持农田耕地的农业生产功能，最终使农田耕地景观作为传授农耕文化的主要载体。

3.3 村落景观

村落景观包括村落建筑与村落邻近区域环境，村落建筑也就是学堂的校舍，是乡村学堂的核心部分，需要重点建设，主要是对现有民居按学堂教学与生活功能要求进行改造，功能用房主要有学员居住、教师办公、教学活动、餐厅客厅、作坊厨房、网络图书、交流会务、医务商务和康体健身等，村落民居在改造之前虽然是相对集中的，但又是独立分布的，彼此之间联系不够紧密，改造时可根据办学的需要采用轻钢结构的形式在民居之间或周边适当位置新建公共建筑，也可以新建风雨走廊使民居建筑相连接，整体改造建设思路是让村落形成一座大型的组合大院落。现在的村落民居建筑风格各异，外观形态上很难统一，也没必要在外形风格改造上投资过大，重在内部结构和设施完善上进行改造建设，以满足实用功能要求为原则，建筑材料尽可能就地取材，突出地域特色。学堂建筑有一部分用于畜禽养殖、蘑菇种植与农产品加工，这些建筑应与过去不同，必须考虑用于教学的需要，生产场所必须要能够容纳一定数量的学员体验学习。村落邻近环境建设主要是营造学堂室外交流活动空间，根据学堂需要增加必要的场地和设施，如停车场地和健身运动场地等，村落邻近环境通常与农田耕地紧密相连，景观设计时与多样自给型农业生产相结合，统筹考虑，统一建设，使村落室外环境农田耕地景观融为一体。老年养生学堂景观和青少年自然与农耕学堂景观在实用功能上存在一定的差异，前者主要是注重美好生活场景的创造，讲究环境与设施的实用功能；后者则是注重景观学习价值的创造，均以活态实景的形式呈现，目的是便于学员体验学习。

4 结语

中国乡村在旅游思维主导下发展第三产业，全国各地乡村兴建了大量的旅游目的地，也曾经出现了良好的发展势头，有的甚至取得可观的经济效益。然而，最近几年纷纷报道乡村旅游项目出现难以维持的困境局面，究其原因不仅仅是乡村同质化的旅游资源过剩；也并非完全受新冠疫情的影响；还与现代发达的可视化信息技术的普及存在着必然的联系；更是当初过高地估计了人们对乡村美景的旅游需求，这些因素决定着传统旅游思维主导下发展的乡村旅游业必将走向衰落。针对这一状况本文提出的采用办学思维来主导中国乡村第三产业的发展，挖掘与创造具有学习价值的乡村景观，在广大乡村中选择现有资源优势明显的区域兴建自然与农耕学堂和养生学堂，同时利用上述两种学堂开展中年人的创业与就业培训，利用中国社会对人才培养的刚需发展乡村教育服务业，以此开创中国乡村发展第三产业的新局面。

中国乡村按办学思维发展第三产业的建设构想

摘要：产业振兴是乡村振兴的根本，大力发展乡村第三产业是提高农民收入的有效途径，这已是中国乡村形成的广泛共识。近年来，全国各地正在大力发展乡村旅游服务业，发展模式与方式很多，采用的多为一般的旅游思维，然而取得好的效益的却不多，有的甚至作为建设投资开发项目仍处于亏损状态。本文针对目前乡村旅游产业发展的状况和功能定位存在的问题，提出了中国乡村按办学思维发展第三产业的建设构想，即选择具有较优越的自然与文人资源条件的区域乡村，按兴办学校的目标要求进行建设，营造可供学习的景观与环境，主要依据青少年素质教育和老年人康养两大稳定需求兴办两类学堂：一是针对青少年兴办自然与农耕学堂；二是针对老年人兴办养生学堂。按此办学思维制定中国乡村第三产业的发展规划，以此扭转目前中国乡村第三产业主要按传统旅游业的发展思路，经营上通过充分挖掘乡村景观的学习价值而提高经济效益，并且引导中国乡村第三产业走上可持续发展的轨道。

关键词：中国乡村，办学思维，第三产业，建设构想

近年来，中国在美丽乡村建设背景下积极倡导发展全域旅游产业，全国各地以发展旅游业为建设目的的乡村大量涌现，社会上有一种认识就是认为只要乡村变美丽了就会有人来旅游，旅游产业就会兴旺发达。其实不然，现实的结果并不是人们所预想的，很多乡村投资建设的旅游项目却是出现了严重亏损的局面，究其主要原因是开发建设者高估了人们对美景的需求，普遍存在景观建设认识上错误，以致对开发项目的功能定位并不准确，多以让顾客来游一游、看一看、玩一玩、乐一乐为目的，却不知游看玩乐仅是一种游客短暂的旅游行为和需求，游客游了、看了、玩了、乐了之后多数人是不会再来了，实际上也没有太多的必要再来了，尤其是现在处于高度发达的信息化时代，好的景点影响通过很多途径在传播，有部分人看了之后就没有到现场旅游的愿望了，这也是乡村旅游难以持续的一个原因。再好的景观也是难以长时间满足人

们求新、求异、求奇和求乐等心理需求的，世上很少或几乎不存在让人百看不厌的景观，因此，仅从好游、好看、好玩的角度考虑景观与环境建设是不够的，以致乡村景观营造片面追求视觉上的形式美而忽视对景观核心价值的创造与挖掘，即学习价值的创造与挖掘利用。实施传统的旅游模式想要获得稳定的经济效益是很难实现的，只有创造具有学习价值的乡村景观才能具备持久的吸引力，这样的景观所形成的环境就是学堂，也可以称之为学校。自古以来人们进学校学习是一种主要的学习方式，也几乎是每一个人都少不了的成长过程，尤其是现在处在知识与技术暴增的时代，人们讲究终身学习，俗话说活到老，学到老，终身学习对于每一个人来说都是必要的，社会在进步，时代在发展，人人都需要通过各种学习不断提高知识与技术水平，因此，现在只要是办得好的学校一般是不愁生源的。乡村建设作为项目投资都是要有效益的，最重要的是经济效益，经济效益的好坏是评价项目投资成败的重要依据，本文针对目前乡村旅游建设项目投资普遍存在效益低而难以维持的问题，提出了一种按学堂建设与发展的建设构想，旨在引导乡村第三产业走出困境并朝着一个可持续的方向发展。

1　乡村学堂选址

乡村兴建学堂不是什么地方都是适宜的，办学作为一种项目经营投资行为必须选择现有条件相对较优越的区域作校址，以便取得事半功倍的效果。乡村学堂依据其学员对象与教学内容的不同分为自然与农耕学堂和养生学堂两种类型，学堂选址的具体要求如下：

1.1 自然与农耕学堂选址

中国基础教育向城市集中是城市化进程中的一个必然趋势，农民进城后其子女也跟着进城就读于城市学校，结果是：一方面原来的村级学校因缺少生源不得不合并办学，学校数量不断减少，以致原来的很多乡村学校现在处于闲置状态；另一方面城市学校又难以增加，城市学生增加太多，现有学校人满为患，扩建又有难度，以致教学条件难以达到要求，尤其是缺乏对学生开展素质教育的基地，国家也发现了现在城市基础教育存在的问题，明文规定城市中小学生每学期不得少于 4 天到校外开展素质教育的要求。目前的状况是城市及周边的素质教育基地还十分有限，根本满足不了城市学生开展素质教育的需要，这一状况正好为城市近郊的乡村发展第三产业带来了机遇，因此，兴办自然与农耕学堂选址的地理位置最好是选择城市近郊，以满足可达性和便捷性的要求。再就是考虑基址内的现有办学条件是否优越，包括自然与人文资源条件，具体表现在以下几个方面：一是山水资源条件是否优越，基址内要有可被利用的良好森林生态环境和较完整的天然或人工水系景观，已经形成了生境多样的区域更佳，或者是基地内地形类型多样，具有创建生物多样景观的基础条件，且有一定的起伏变化；二是具有良好的农业生产条件，包括种植业与养殖业的条件，农田土壤深厚肥沃，灌排条件良好，基础设施先进；三是有可供改造利用的村落或闲置的公用建筑，且有较充足的建筑扩建空间与场地，此外，具有纪念性与地域文化价值的景观地点更佳。

1.2 养生学堂选址

养生学堂服务的对象主要为城市老年人，他们进学堂学习的目的就是为了享受美好生活，学堂建设就是为了满足老年人享受美好生活的需要营造能够开展各种养生活动的场地、场所与设施。因此，学堂选址必须以老年人享受美好生活需要为依据，选址时必须从以下几个方面考虑：一是基地内最好是有山有水，自然山水条件优越，具有良好的森林生态环境，水景有天然的湖泊、河流和溪流，或有人工的水库和山塘。基地范围内生态环境良好，具有特别新鲜的空气，基地范围内不会受大气污染和各种污染源对环境的影响；二是基地范围内有可供发展多样自给型农业生产的优越条件，农田土壤深厚肥沃，灌排条件与基础设施良好，有适于种植和养殖的土地；三是有可供养生学堂利用的村落建筑与良好的村落环境，村落小范围内地势较平缓的为佳，也可有一定的高低起伏变化，但主要游道要求较平缓，且高低变化小，村落小范围内有适宜于修建老年人开展各种养生活动的场地和场所。

2　乡村学堂建设要求

2.1 教学场所、场地与设施

办学离不开教学场所、场地与设施等硬件建设，乡村兴建自然与农耕学堂和养生学堂的建设要求有共同之处，也要不同之处，依据教学对象、目的、内容、方式和方法的不同，必须有针对性地开展教学场所、场地与设施建设，建设要求按学校类型分述如下：

（1）自然与农耕学堂

①校舍　是办学最基本的建筑设施，主要包括教室、宿舍、办公用房、报告厅、大厨房与大餐厅等，依据办学规模，确定好建筑面积。如果利用现有村落民居和公用建筑改造也是可以的，但必须是相对集中，尤其是各功能区建筑最好是相对集中，以便于管理。自然与农耕教育大部分教学内容是在实地现场进行的，多采用活态实景体验式教学方式，教室仅仅是作为配套用房或实景教学场所，需按教学项目内容进行设计，如农产品加工用房要考虑加工设施的摆放，不同于普通的标准教室，不仅要求理论教学上的实用，更是要求实践操作与展示上的实用。教室可按教学项目的不同一般呈分散布局的状态，但为了教学组织的方便教室最好是相对集中或呈线带型布置，之间有风雨走廊连通最佳。学生宿舍与教师办公用房与普通学校要求相同，以便于学生生活与教师工作为原则，最好是靠近厨房与餐厅。大厨房对于农耕学堂是极其重要的建筑设施，学习厨艺是必需的，大厨房最好是考虑开展厨艺教学的需要进行建设。学生宿舍要求不高，主要是满足学生集体居住生活的需要，有带卫生间的寝室，还需要建有公共卫生间，关键是要考虑好学生聚散方便与使用安全。

②教学场地　主要指学堂计划安排的室外学习项目的教学场地，自然与农耕学堂

大部分项目采取的是实地活态实景教学的方式，不仅需要建造用于教学的实景，而且需要建造用于教学的场地，场地大小以一次性容纳 100 人左右为宜，可以建造硬质铺装场地，也可搭建简易的遮阳遮雨棚，以便于集中讲授。

③教学设施　主要包括教学所能用到的仪器与设备等设施，当然也包括生产用设施和多媒体教学的音响设备等，如开展自然教育所需的环境指标测定的仪器与设备；开展农耕教育的农产品传统加工的设备与设施，要求能够保障各种教学项目的正常实施。

（2）养生学堂

①校舍　养生学堂的校舍与一般学校有较大的差别，主要是修建供老年人享受美好生活用的建筑，包括居住生活用建筑和开展各种养生活动用建筑，建筑规模按办学规模与养生活动项目的多少确定，建设时以实用为原则，以方便舒适为目的。养生学堂主要服务对象为 60 岁以上的城市老年人，所有的校舍建筑都必须按照养老机构建筑的标准进行修建，应充分考虑老年人健康生活的需求，突出建筑与乡村自然环境融为一体的特点，让城市老年人过上与城市截然不同的田园美好生活。

②教学场所　养生学堂的教学场所指的是用于开展各种养生活动的教学场馆，主要有中医药膳、农耕体验、国学悟道、图书阅览、花艺茶道、网络交流、琴棋书画、康体健身、学歌习舞等养生活动场馆，这些场馆都分别有其特别的要求，建设前分别按照各场馆的具体要求进行设计，规模面积按实际需求进行建造，讲究实用、舒适与美观，能与自然环境融为一体的更佳。教学场馆在布局上最好是相对集中，或有风雨走廊将它们连接成一个有机的整体，形成一个或几个特大型的组合大院落更佳，以方便老人有组织地开展各种养生活动，且相互之间又不至于互相干扰。养生学堂也需要室外的教学与生活体验场所，如与生活配套的果园、花园、药园、菜园、草地和茶园，这些专类园建设规模不必求大，但求园内种类品种丰富，能让老年人在丰富多样的农业景观中体验农耕文化。

③教学设施　养生学堂的教学设施主要指的是开展各种养生活动所要用到的设备和设施，如文化娱乐活动用的音响设备、茶艺活动用的沏茶设备、康体健身用的体育健身设施和琴棋书画用的乐器与书画用具等。

2.2 师资队伍与管理人才培养

乡村兴建学堂发展第三产业急需培养专门的师资与管理人才，这也是乡村振兴必须解决的人才振兴问题，无论是自然与农耕学堂，还是养生学堂要正常地运营，都必须培养自己的师资队伍与管理专业人才，用专业的人去做专业的事，并且要求教师和管理人员都必须具有较高的专业水平。关于师资和管理人才，一是可以通过相关专业的学校直接引进；二是可以选定有一定相关专业基础的人员进行专门培训，对于乡村学堂的师资要求不同于现有的普通学校，不仅需要教师具有一定的理论水平，而且更需要教师具有较强的实践操作水平，活态实景体验式教学需要教师动手示范，学生实地进行体验，要求教师必须对所教项目内容和过程十分熟练，才能达到良好的教学效果。养生学堂的师资来源有所不同，老年人中有很多人本身具有不同的特长，完全可以激励有特长的老人作为教师，学校预先对学员可以进行摸底，了解清楚学员各自的特长，然后有组织地开展各种养生活动，能者为师，让他们互相学习，共同提高，学会了的老人又可充当后期学员的老师。

2.3 制定教学计划

制定教学计划是乡村学堂建设的一项重要内容，在明确教学目的之后，主要是确定教学项目与内容，各学堂之间尤其是同一区域相邻学堂之间必须异质化发展，在教学项目和内容安排上必须有所体现，具有自己的特色，避免学堂之间的同质竞争。针对青少年开办自然与农耕学堂的目的就是要提高青少年的综合素质，以弥补现在课堂教学上的不足，其教学计划围绕自然规律认识和农耕文化学习进行制定，自然知识和农耕文化是丰富多彩的，各个学堂可以依据自身所具有或者已经形成了的优势选择学习项目和内容，不必求全，但求有特色，能够让学生实地学习自然知识，实景感受自然过程，活态体验农耕文化，教师现场传授，学生亲临其境，通过学习能够让学生永远忘不了参加学习的项目和内容。如地貌学上的自然山水形成规律和生物学上的生物多样性形成规律等；作物栽培技术和地域特色农耕文化等项目和内容的选择。

主要针对老年人开办的乡村养生学堂教学计划制定，主要是选择有利于老年人健康长寿的养生活动项目，依据老年人不同的兴趣爱好组织活动，项目内容尽可能丰富多彩，养生活动开展灵活多样，让老年人在轻松、愉快和舒适的环境中体验健康生活，身心完全放松，尤其是思想境界能够跃上一个新的台阶。如通过药膳学习，学会中医养生的基本方法；通过花道学习，学会养花和制作艺术插花；通过国学讲堂学习，能悟出最佳的为人之道；通过茶道学习，学会品茶等。

3　乡村学堂运营

乡村学堂建成后，成败的关键在于运营。学员招进来之后，主要是有计划有组织地开展教学活动。乡村学堂学习内容丰富，运营需要专业团队，很多工作需要专业人员才能完成，因此，运营时必须有一个严密的计划和安排，各个教学环节只有做到有条不紊地实施，才能保障正常运营。

3.1 招生

城郊自然与农耕学堂招生对象就是在校的中小学生，只要是学堂的教学项目与内容符合要求，并有自己的特色，就可以直接与现有的城市中小学校联系，按计划分期分批招收学生，开展教学活动，最好是学堂的教学计划与对口中小学的教学计划相衔接，实行统筹安排，一个乡村学堂可以对接多所学校，或根据教学项目内容对接不同的年级，以保障乡村学堂有足够的学员。

乡村养生学堂招生对象主要是城市老年人，他们有愿望到乡村去享受田园美好生活的易成为养生学堂的学员，招生首先是要做好相关的宣传发动工作，在乡村按养生学堂的服务模式发展第三产业还是一种新型的乡村产业发展模式，要让城市部分老年人转变观念很快接受该项服务，最重要的是要让他们知道去乡村养生学堂能过上他们想要的与城市完全不同的生活，不仅是在基本生活与医疗上有保障，而且在生活方式上有改变，更重要的是有很多能让他们参加的养生活动，大家一起活动不存在孤独与寂寞，能够让他们在乡村养生学堂生活得更加愉快，并且还有机会进一步发光发热，在学堂里还能更好地体现他们存在的价值，以此来激发城市老年人成为乡村养生学堂的学员。

3.2 教学

乡村学堂教学都是按预先准备好的教学项目和内容进行的，完全不同于过去一般的乡村旅游和休闲，不只是来游一游、看一看、玩一玩，而是专门来学堂学习居住和生活，组织安排上具有鲜明的计划性和目的性，对学员的要求更加明确。学堂聘用的任课教师完全不同于导游，专业知识与技能要求更高，所有的学习项目采用实景现场教学方式，学员亲临其境，体验其中。学堂组织学员一批一批地来，学会后又一批一批地走，接连不断。同一个学习项目能做到极致且能形成优势和特色的，可以让不同期的学员学习，反复利用，有利于办学效益实现最大化。

4 结语

中国正在实施乡村振兴战略，积极倡导乡村走一二三产业融合发展的道路，鼓励乡村发展全域旅游产业，全国各地正在积极探索乡村第三产业发展的路径与模式，很多乡村按传统旅游业发展思维发展乡村旅游业，结果是现在很多乡村旅游项目处于难以维持的亏损状态。针对这一现实情况，本文提出了按办学思维发展乡村第三产业的建设构想，建议针对青少年兴办自然与农耕学堂；针对老年人兴办养生学堂，目的是引导乡村旅游业走出目前遇到的困境，从而走上可持续发展的轨道。

中国乡村按办学思维发展第三产业的必要性与前景探析

摘要： 中国开展美丽乡村建设的一个重要目的就是要发展乡村全域旅游产业，当初，美丽乡村建设走在前面的乡村发展旅游业确实出现了良好的发展势头。于是，全国各地普遍仿效，大力发展乡村旅游，大多按照传统的旅游发展思维建设乡村旅游目的地，无论是家庭农场，还是田园综合体，甚至是特色小镇都在按发展旅游业的目标与要求进行建设，主要是满足游客好看、好玩、好游、好吃和好乐的短期旅游行为，通过建设的美丽乡村也确实变美了，有的也从文化内涵和景观特色上进行了打造，可是业界过高地估计人们对美景的需求，经营上多数是被动等待游客来消费，结果却并不令人满意，很多乡村旅游项目出现严重亏损，甚至陷入很难维持的困境。面对这一残酷的现实，应该如何走出困境？本文依据中国进入深度老龄化社会和城市中小学生素质教育稳定和永恒的需求，提出了乡村运用办学思维取代旅游思维发展第三产业的建设思路，即充分挖掘乡村景观的学习价值，有针对性、预见性和计划性地创造具有特别学习价值的乡村景观与环境，一是兴办自然与农耕学堂，目的是供城市中小学生定期开展素质教育；二是兴办养生学堂，以健康生活为主题创造适宜于老年人久居康养生活的理想境地，吸引城市老年人来乡村享受田园美好生活，达到健康长寿的目的，以此扭转乡村第三产业从传统旅游发展思维误区中走出来，并按办学思维走上可持续发展的轨道。

关键词： 中国乡村，办学思维，第三产业，发展前景

近年来，中国乡村一直在进行着产业结构调整，按照传统旅游发展思维，业界普遍认为中国乡村适宜发展全域旅游产业，不仅认为发展乡村旅游是发展乡村产业经济的一条重要途径，而且还认为是中国乡村发展第三产业的一种必然选择，因此，一方面国家积极倡导，大力支持；另一方面全国各地积极响应，大量的乡村旅游项目争先恐后进行立项建设，乡村旅游行业呈现出良好的发展态势，如四川成都的五朵金花、江西婺源的油菜花节和浙江安吉的白茶之乡等，他们开发的乡村旅游项目名扬千里。

然而，乡村旅游行业好景不长，全国各地不是所有的乡村旅游项目都红火，事实是很多乡村旅游项目并没有实现预期的目标，而且是普遍出现难以维持的亏损状态，这样的案例不胜枚举，究其主要原因：有的是新冠疫情的影响；有的是项目的景观未能达到游客的审美要求；还有的是项目尚处在投资建设之中，周期长，见效慢。不可否认这些因素是有一定的影响，但本文作者认为这些都不是主要原因，主要原因是总体发展思维上出了问题，即传统的旅游发展思维不宜成为乡村第三产业发展的主导思维，守株待兔式的乡村旅游产业不足以持续支撑乡村经济的发展，建议运用办学思维取而代之，以弥补旅游发展思维上的不足。事物发展总是不以人们的主观意志而转移的，不仅要受到外界环境因素的影响，而且也必须遵循内在的发展规律，乡村旅游服务业也不例外，突如其来的新冠疫情与当今高度发达的信息技术对传统旅游业的冲击是不可低估的，它们不仅仅是直接改变了旅游业态，而且还改变了人们求奇、求新、求古、求稀、求怪、求美和求乐的获取方式，以致可以不需要通过身临其境的传统旅游方式来实现自己的愿望，这一点从游客量的大大减少上得到了证明。针对这一现实情况，我们不得不重新思考中国乡村第三产业的发展思维，重新确立产业主题、形式、内容、目标与途径，彻底改变近年主要按旅游思维发展乡村第三产业的建设思路，建议运用办学思维，广泛兴建青少年的自然与农耕学堂和老年人的养生学堂，依据办学的需要充分挖掘乡村景观的学习价值，聚焦应对老年人享受美好生活和青少年素质教育的需要发展乡村第三产业，毫无疑问这两种市场需要是极其稳定与永恒的，对应的产业发展前景是极其广阔的，兴办学堂不仅有利于制定乡村第三产业更加明确的发展目标，而且也更加有利于针对相应的发展目标要求制定切实可行的建设方案，以此引导中国乡村第三产业走上可持续发展的轨道。

1　中国乡村第三产业发展概况与存在的问题分析

近年来，中国乡村一直在进行产业结构的调整，极其重视发展第三产业，在国家倡导发展全域旅游产业的大背景下，全国各地大力发展乡村旅游服务业，旅游服务业一跃而成为乡村第三产业的主导产业，现有业态主要有农家乐、家庭农场、民宿、田园综合体和特色小镇等，这些几乎都是按旅游发展思维进行建设的，目的主要是满足游客吃、喝、玩、乐、购、赏等旅游需求。这些年全国各地也不断涌现出乡村旅游业做得好的典范，并取得了较好的经济效益，尤其是最近几年在国家大力支持开展美丽乡村建设行动的带动下，乡村旅游业更是呈现出蓬勃发展的良好局面，广大乡村兴建了大量的旅游目的地，然而，好景不长，事物总是在不断变化和发展的，乡村旅游业也不例外，很多乡村旅游项目出现了难以维持的亏损状况。乡村景观与环境是按旅游发展思维进行建设的，建设者特别关注景观的形式美，当然也注重景观内在的意境美，通过建设的乡村也确实变美丽了，甚至还创造有特别的美景，然而经营的结果却不能令人满意，也就是说没有实现有稳定规模的游客而保障业主有稳定的收入，乡村旅游业发展到今天，大家不禁疑惑主要问题出在哪里？本文作者认为按传统旅游发展思维过高地估计了人们对美景的需求是问题产生的根源，现在只是在新冠疫情影响下表现得尤为突出而已，如果未来新冠疫情不能彻底消除，乡村旅游业受其影响的局面是不会改变的。其实，中国乡村旅游业也不完全是受新冠疫情的影响，还有另一方面的影响不可低估，尤其是加上新冠疫情的存在，其影响更加明显，那就是现代可视化信息技术的广泛应用，人们可以不再需要通过到实地旅游就能获得对景观身临其境的视觉感受，很多人因此而打消旅游的念头，这样专门为欣赏美景而来的游客肯定会大大减少，这是一个必然的规律，再就是任何美景几乎不存在百看不厌的，以致纯粹从观赏的角度而言，游客量是很难保障的，因此，中国乡村建设改变传统的旅游发展思维是很有必要的。

2　中国乡村第三产业按办学思维发展的必要性分析

近年来中国城市化进程得到了快速发展，农村经济与城市相比明显滞后，国家为了缩小城乡之间的差别，先后发动开展了社会主义新农村和美丽乡村建设，同时开展了举世瞩目的脱贫攻坚行动，积极倡导乡村发展全域旅游产业，于 2017 年 10 月提出了实施乡村振兴战略，明确了乡村振兴的总体目标和要求。其中产业振兴是发展乡村经济之根本，全国各地都在积极调整乡村产业结构，大家都非常看好发展乡村旅游业，旅游业的确也是社会经济发展到一定水平后就会兴旺起来的一个产业，人们有经济实力出去旅游以此来满足求新、求异、求奇、求乐等愿望，旅游界甚至整个社会都认为乡村发展旅游业可以优化农村产业结构，甚至国家在政策和项目建设经费上都给予了大力支持，于是，广大乡村一个一个的旅游目的地也建立起来了，很多乡村旅游开发项目也红火了一时，然后就逐渐走向萧条。究其原因看起来似乎是新冠疫情的影响，当然 2020 年后新冠疫情对乡村旅游业有较大的影响也是事实，此外还有一个重要影响因素却被掩盖了，那就是现在可视化的信息获取技术，原来必须通过旅游方式身临其境才能体验感受的景观与环境，现在通过网络就能实现了，无形之中降低了人们旅游的欲望，也许这才是游客量普遍减少的另一个重要原因。因此，乡村发展第三产业所采用的传统旅游思维必须用办学思维取而代之，其必要性有二：一是城市化后基础教育向城市集中，青少年离开乡村远离自然后弊病突显，不利于青少年的培养，国家已发文规定每学期中小学生不得少于四天走出校门开展素质教育活动，其中自然与农耕文化学习就是两个重要的素质教育内容，现在城市郊区也建有或正在兴建青少年的研学旅行基地，但是，其项目内容和形式还远远达不到素质教育的要求，在针对性、计划性、知识性、教育性等几个方面还做得很不够，必须按办学思维进行建设和发展，这主要是在城市近郊的乡村兴建自然与农耕学堂，办这类学堂的需求将是永恒和稳定的。二是远离城市的乡村具有良好的生态环境，尤其是新鲜空气，它是现代城市很难获得的养生资源，尤其是在有较严重生态环境问题的城市，空气质量已成为市民关注与健康生活相关的一个重要因素。中国进入深度老龄化社会之后，在养老机构严重不足的城市，居家养老又难以维持的情况下，城市老年人享受美好生活的理想境地无疑就是远离城市的乡村，当然按传统旅游思维兴建的乡村旅游目的地，如果仍然按旅游方式接待城市老年游客是难以满足养生需求的，在管理、建设和运营上必须运用办学思维，将旅游目的地改造成为主要服务于老年游客的养生学堂，并且有组织、有计划、有目的地开展一系列有益于老年人身心健康的养生活动，让老年人活到老学到老，真正能够过上他们梦寐以求的乡村田园生活，天天开心快乐，最终达到健康长寿的目的。

3　中国乡村第三产业按办学思维发展的前景预测

中国乡村按办学思维发展的第三产业实质上也还是可以纳入旅游服务业的范畴，只是在旅游的方式、内容、时间与运营管理上存在明显的差异，学堂服务的对象更加明确，也可以说是一种适应中国未来社会发展的现代旅游服务业，它突破了传统旅游发展思维。可以预计中国乡村受办学发展思维的影响将广泛兴办两种类型的学堂，一种是针对青少年的自然与农耕学堂；另一种是针对老年人的养生学堂，以办学为主题的现代旅游服务业仍将是中国乡村第三产业的主体，其发展前景分述如下：

3.1 自然与农耕学堂的兴起与发展前景预测

少年强，则国强，中华民族自古以来就极其重视教育，一直把对青少年的教育放在极其重要的位置，随着城市化水平的不断提高，城乡教育格局发生了较大的变化，基础教育向城市集中，学生远离自然与农耕环境，长此以往将不利于学生综合素质的培养，因此国家明文规定中小学生每学期必须安排四天时间走出校门参加素质教育活动，其中自然知识与农耕文化就是极其重要的教学内容，城市近郊乡村因此而获得了适宜开办自然与农耕学堂的良好机遇，前几年实际上也有部分农场开展了面对中小学生研学旅行的活动，只是没有兴建专门用于中小学生自然与农耕教育的学堂，尚未严格按办学思维开展学堂建设，因此，研学旅行仍然是按旅游方式进行，并没有达到理想的素质教育目的，尚处在开展自然与农耕教育的初级阶段，教学内容和教学形式都还具有巨大的发展空间。

自然与农耕学堂不同于过去兴办的基础教育学校，其教学内容丰富多彩，选择余地极大，各个学堂在教学场景、项目选择和教学内容的组织与安排上都可以办出自己的优势与特色，完全可以避免同质竞争而实现异质互补发展，不同年级的学生都可以选择自己感兴趣的学习内容，各个学堂准备的是自己最有条件最擅长的优势特色项目，全年设置不同项目来迎接不同学校和不同年级的学生前来学习，让学生在轻松愉快的环境中学习，从而使社会认可，政府支持，家长乐意，学生学有所获。只要学堂办得好，不愁没有学生来，况且，中小学生的校外素质教育活动是教育部硬性规定的，这种教育需求也是稳定的，现在城市周边的素质教育基地实在是太少了，还有大量的发展空间，就全国来说，每年都有约 2 亿青少年需要接受自然与农耕学堂举办的素质教育，由此所形成的产业规模是巨大的。

3.2 养生学堂的兴起与发展前景预测

乡村养生学堂主要是针对老年人兴办的，中国进入深度老龄化社会后，60岁以上的老年人大约有3.5亿，过去中国主要采用的是居家养老模式。现在城乡现有的养老机构很少，且多为公办的，多属公益性的，营利性的社会养老机构很少。由于现在进入老年的城市老年人绝大多数仅生育了一个孩子，原来的居家养老模式实施起来将遇到很多难以解决的现实问题，也是大家必须面对的一个突出的社会问题。敬老尊贤，关爱老人是中华民族的优良传统，社会一直极其重视老年康养问题，鼓励城乡兴建养老机构，国家在政策和建设经费上都有相应的支持，近年在乡村也有很多老年康养项目在立项建设，但是，专门按办学思维兴建老年养生学堂的项目尚未见公开报道，最多是在原有的养老机构中举办了类似于老年大学的有关活动，或是兴建了医养结合的养老机构，或是在有条件的养老机构中增加了农业生产的内容，现在的城市养老机构的一个主要缺陷就是缺乏土地，要扩建难度极大，再加上现在很多城市生态环境问题较突出，尤其是影响老年人健康的空气质量问题在短期内是很难解决的。因此，面对老龄化社会巨大的养老需求，很多有远见卓识的投资建设者也看好这一投资热点，正在乡村立项投资兴建康养产业基地，养生学堂这一概念的提出，他们如获至宝，将乡村第三产业过去的旅游发展思维转变为办学发展思维，让他们投资建设的目标更加清晰，功能定位更加准确，经营管理的思路更加明确，将养生学堂建成为理想的生活境地，老年人在乡村养生学堂里都能有选择性地参加各种各样的养生活动，在学堂里享受与城市完全不同的美好田园生活，最重要的是有利于实现健康长寿的梦想。中国乡村兴办老年学堂的发展潜力是巨大的，也是适应全国各地都可以发展的一个产业，在乡村按办学思维发展老年康养产业，克服了过去乡村按旅游思维发展老年康养产业的弊端，经营上变被动为主动，按教学的方式进行组织、运营与管理，其计划性、目的性、针对性和组织性更强，老年人更愿意接受乡村养生学堂提供的服务，市场发展前景一片光明。

4　结语

中国实施乡村振兴战略，一个重要的目标就是要实现乡村产业振兴而发展经济，这些年来，中国乡村其实一直在为发展经济进行产业结构的调整，大家普遍看好旅游服务业，并且国家也积极倡导发展全域旅游产业，广大乡村按旅游发展思维兴建了大量的旅游目的地，也促进了乡村第三产业的发展，从目前的发展状况来看明显存在游客量不足且不稳定和淡旺季明显等问题，出现严重亏损的不在少数。为了破解这一难题，本文认为转换发展思维至关重要，提出按办学思维发展乡村第三产业的建设与发展思路，在乡村择地大量兴建服务于中小学生的自然与农耕学堂和服务于老年人的养生学堂，从而化被动旅游为主动办学，以此引导中国乡村第三产业走上可持续发展的轨道。

中国不同区域乡村发展第三产业的路径与方法

摘要： 产业振兴是中国实施乡村振兴战略的主要目标和要求，直接关系到区域乡村社会经济发展水平，不同区域乡村其产业发展的基础与条件各不相同，尤其是远离城市的乡村怎样发展具地域特色和优势的第三产业，并且能够形成特别的市场竞争力，这是从事乡村产业规划者正在积极探索的一个重要课题，本文依据中国乡村的地形与地貌特点将其分为山地型、丘陵型和平原型三种类型，针对不同类型的区域乡村分别提出了发展第三产业的路径与方法，(1) 山地型乡村，主要利用其夏秋季较凉爽的高山气候优势和森林生态环境发展旅居康养服务业，并以此为主导产业，且对原有的种植业和养殖业进行适当调整，主要围绕夏秋季游客的旅居康养生活对新鲜农产品的需要进行生产，产品尽可能多样化。(2) 丘陵型乡村，是中国乡村分布区域最广和数量最多的类型，因地理纬度的不同气候上南北存在较大的差异，发展第三产业在季节上略有不同，特别是南方在冬季发展第三产业优势明显。依据各地的气候特点，重点发展兼双休日休闲在内的旅居康养服务业，产业基地结合多样自给型农业生产进行配套花园建设，以创造各具地域特色的第三产业环境，避免同质化竞争。(3) 平原型乡村，具有地势平坦、水资源丰富和土壤深厚肥沃等优势，尤其是南方平原，适宜创建具水乡特色和四季鲜花盛开的人居环境，第三产业主要选择滨水位置发展老年康养服务业。中国乡村发展第三产业的建设重点都是需要改善对外接待服务用的居住生活条件；同时还需要创造和挖掘具特别学习价值且可供不同年龄层次游客体验的乡村景观与环境，在城市近郊的乡村适宜发展针对青少年的自然与农耕文化教育服务业。

关键词： 中国乡村，第三产业

一提起中国乡村发展第三产业大家就会想到旅游服务业，实际上国家也在积极倡导乡村发展全域旅游产业，近年来，全国各地乡村按旅游发展思维先后大量兴建了不同类型的旅游目的地，如特色小镇、家庭农场、田园综合体、农家乐、民宿和研学旅行基地等，也在按旅游的模式进行运营，一度十分红火，曾产生了一些有借鉴和影响力的典范。然而，好景不长，自2019年以来，受新冠疫情影响乡村旅游服务业年产值显著下降，有的甚至出现了难以维持的局面，业主们都在期望早日解除新冠疫情。事实上，新冠疫情仅是一个重要的影响因素，还有一个无形的影响因素并没有引起经营者足够的重视，那就是现在发达的可视化信息技术的广泛应用所提供的对未知景观身临其境的体验感受而导致人们消除了旅游愿望，现在旅游业的低迷状况仅是在新冠疫情影响下表现得尤为突出而已。中国不同区域乡村的第三产业怎样走出现在发展的困境？本文认为首先是要用办学发展思维取代过去的旅游发展思维，然后针对不同类型的区域乡村挖掘和创造具学习价值的乡村景观与环境，按办学要求进行配套设施建设，将游客转变为学员，依据年龄层次上的差别安排不同的教学项目与内容，做到因材施教，达到不同的教学目的，让青少年学习自然与农耕文化知识，增长知识与技能；让中年人不仅获得身心再生，而且还能为有意愿到乡村创业与就业的人员传授技术与方法；让老年人参与养生活动，学习养生知识，在乡村田园环境中享受美好生活，实现健康长寿的愿望。不同类型的区域乡村发展第三产业所采用的办学发展思维相同，只是主要服务对象的选择上有差别，按此发展思路旨在引导乡村第三产业走上可持续发展的道路。

1　山地型乡村

山地型乡村就是所在地海拔高度高于500 m以上的乡村，该类乡村相对于低海拔城市来说夏秋季凉爽的气候优势明显，山越高优势越明显，在夏秋季适宜于发展旅居康养产业，如湖南桂东县海拔1000 m以上的山地乡村就成了避暑的好去处，近几年旅居康养产业在夏季十分兴旺。据当地人介绍，到桂东的游客以老年人为主，也有一部分中青年人和儿童，居住时间多为一星期左右，也有1～2个月的。在桂东重点发展夏秋季旅居康养产业已经成为当地居民的共识，绝大部分家庭都在经营该产业，都尝到了甜头，当地居民收入来源主要靠夏秋季发展的旅居康养产业。桂东县的山地乡村已经形成了良好的旅居康养产业发展氛围，正在不断改善条件，期望将该产业发展得更好。然而在高山区域山地型乡村怎样才能将该产业做得更好呢，还有很多问题值得探讨，如居住条件与环境质量的提升、当地农业生产的配套、旅居接待服务水平的提高和不同山地型乡村的异质化发展，以及对游客有针对性地开展各种活动，这些对提高游客的满意度有着直接的影响，毕竟游客来高山避暑时也不能整天地待在室内闲着，吃好住好玩好是最基本的要求。据调查很多游客也希望参加一些有意义的活动，避免虚度光阴，当然最好是按老中青年龄层次的不同组织不同类型的学习与养生活动，在当地乡村中挖掘和创造有学习价值的景观与环境至关重要，因此，按办学思维来经营旅居康养产业是促进产业升级的重要举措。从现在山地型乡村发展的旅居康养产业来看，主要是以家庭为单位进行经营的，处于各自为政的状态，服务水平上良莠不齐，要靠互相协商合作才能形成一定的接待规模，只能分散接待组团的游客，接待上缺乏统一的标准，也不宜有组织地开展各种活动，这种状况亟待改变，改变的办法是采用股份制合作经营的模式，由企业牵头发动村民参与组建股份制公司，选择适宜的村落将其改造建设成为具有一定规模的旅居康养接待服务中心，以大众化的养生学堂要求进行建设，同时也配套修建部分高端的民宿，一个村的建设也不是遍地开花，而是要有选择性地进行重点建设，以点带面，其他区域围绕主导产业发展的需要进行配套生产，将本地农产品直接就地摆上餐桌，由此实现农业生产效益的最大化。山地型乡村大范围一般为山地森林生态环境，一般不需要做大的建设，最好是能够维持其自然状态，发挥其生态服务功能，重点建设的村落最好是选择地势相对较平坦的，尤其是村落附近室外活动区域较平坦的为佳，主要是为了开展适宜老年游客的活动。高山区域的水景观是极其珍贵的，如有天然湖泊、河流、山泉、瀑布、溪流和水库等，这些都是难得的水景资源，仁者乐山，智者乐水，建设时尽可能修建亲水设施，让游客能够开展各种类型的亲水活动。高山区域的大环境一般是生态自然的，村落多与农田相伴，小环境美感的提升宜结合农业生产适当种植夏秋季开花的植物，且以木本为主，适当种植草花，以降低运营成本。

2　丘陵型乡村

丘陵型乡村是中国分布最广和数量最多的乡村，海拔高度在 500 m 以下，相对于高山区域的乡村具有较好的农业生产条件，但不如湖区平原。丘陵山地中一般具有茂密的森林，形成了良好的森林生态系统，与城市相比主要是空气特别新鲜，因此，丘陵型乡村主要适宜发展包括双休日休闲在内的旅居康养产业。这些年来在国家积极倡导乡村发展全域旅游产业的大背景下，先后建立了大量的旅游目的地，也建有老年康养产业基地和研学旅行基地，这些都是按旅游发展思维建设和经营管理的，从现在的运营状况来看，明显受到了新冠疫情和可视化信息技术普及的影响，以致很多乡村旅游业处于低迷状态，如何改变这一状态是值得行业探讨的一个重要课题。中国从南到北丘陵区域的乡村外观形态上差别不大，大多是在民居建筑上稍有差异，主要是冬季气候上的差异明显，南方在冬季对于发展旅居康养产业具有明显的优势。再就是地理位置上距城市较近的乡村适宜发展以青少年为主要服务对象的自然与农耕文化教育服务业，因此乡村最好是按办学思维进行学堂建设，设立有利于青少年综合素质提高的教学项目与内容，让青少年增长自然知识和提高基本生活技能，按办学思维发展乡村第三产业，就必须按教学要求举办研学旅行活动，并且同一区域范围内各个学堂的主要教学项目和内容最好是具有明显的差异，避免产生同质化竞争的现象。对于地理位置距城市较远的丘陵型乡村，主要是利用其良好的森林生态和山水田园环境发展以老年人为主要服务对象的旅居康养产业，最好是按办学思维兴建养生学堂，将游客按学员对待，有计划有组织地开展一系列养生活动，让老年人在参加各种养生活动中开心快乐，不仅使其物质生活得到满足，更使其精神生活得到全面提升，尤其是让老年人的思想境界达到更加理想的高度。丘陵区乡村的养生学堂也不是哪里都能开办，选择地点很重要，毕竟兴建养生学堂发展旅居康养服务业完全是一种投资建设经营行为，投资者是要追求经济效益的，基地现有的基础条件是否优越很重要，越优越建设投资越少，效益越好，效益好坏是决定可持续发展程度高低的重要因素。丘陵型乡村不管是开展青少年的自然与农耕文化教育，还是发展老年人的旅居康养服务业，对于中年人来说不仅是能够满足他们休闲的需要，而且对于有意愿到乡村创业或者正在乡村创业的中年人来说还能提供良好的学习培训机会，采用现场教学的方式，让他们学以致用，对促进乡村第三产业的发展将发挥极其重要的示范和带动作用。

3　平原型乡村

平原型乡村就是较大范围内相对较平坦的区域乡村，这类乡村非常适合现代农业生产，中国有几大平原一直都是以农业生产为主，也都是国家重要的商品粮生产基地，过去为国家粮食安全作出了重要的贡献。如洞庭湖冲积平原素来就有鱼米之乡的美称，土壤深厚肥沃，地表与地下水资源极其丰富，气候温和，非常适合开展大田农作物生产，在过去农业时代平原区域乡村相对是较富裕的，但是随着人口增长和工业化水平的不断提高，农业在国民经济中所占比重逐步减小，平原区域乡村仅靠农业来维持居民收入是远远不够的，因此，发展第三产业就成了当今产业结构调整的必然选择。近年来，平原区域的乡村旅游目的地也建了不少，有特色小镇、田园综合体、家庭农场、农家乐和民宿等类型，也都在经营旅游服务业，同样遇到了乡村旅游业发展所遇到的问题。湖区水资源极其丰富，尤其是拥有天然湖泊、河流和其他湿地资源的区域，具有得天独厚的滨水条件，非常适宜打造具水乡特色的人居环境，此外，其土壤深厚肥沃非常适宜种植多种多样作物与鲜花，有利于打造充满鲜花的美丽世界，能够更好地满足人们对自然美的追求。平原区域乡村的旅居康养产业基地可以按养生学堂和研学旅行基地的规划思路进行建设，其具体要求如下：一是要突出平原湿地特色，做足水文化景观；二是要利用平原地势平坦视野开阔的优势，不仅在大范围内创造令人心情舒畅的生产性大地景观，而且在小范围居住点内创造更适宜于老年人康养生活的园林化环境，同时依据乡村办学的需要有目的、有针对性地创造具平原湿地特色且有学习价值的景观与环境，为在平原区域发展乡村特色教育服务业创造条件。

4　结语

中国乡村发展第三产业过去一直是采用旅游思维发展旅游服务业，如今在新冠疫情和发达的可视化信息技术影响下处于困境状态是必然的结果，要想走出困境，首先必须改变发展思维，教育既是立国之本，更是强国之路，人才培养是永恒的需求，尤其是科学与技术发展日新月异的新时代，乡村也必将成为重要的教育阵地，采用办学思维替代旅游思维发展乡村教育服务业，即依据青少年素质教育需要兴办自然与农耕学堂；依据老年人康养生活需要兴办养生学堂，同时依据中年人到乡村创业与就业的需要开展技术培训，中国乡村按照上述路径与方法发展第三产业对于促进乡村振兴具有极其重要的意义。

基于物质文明的中国乡村实现地域文化振兴的途径与方法

摘要： 文化振兴是实现中国乡村振兴提出的重要目标和要求，从文化传承积累过程和创新创造能力来看，一个国家和地区的文化水平高低是衡量社会文明程度的一个重要依据。中国是一个农业大国，拥有5000多年悠久的历史，中华民族创造了辉煌灿烂的农耕文化，不同地域乡村拥有的地域特色文化存在着较大的差异，在推进乡村振兴的过程中，如何挖掘和弘扬地域文化并使之形成独特的地域文化氛围而形成发展地域特色产业的核心竞争力，从而将地域文化优势转化为经济发展优势，这是摆在乡村建设工作者面前的一项重要课题。本文依据人们对美好生活的追求与向往，从发展乡村旅居康养产业所需物质文明的角度提出了中国乡村实现地域文化振兴的三条途径与方法：一是做强土特产品生产产业，即依据当地的自然地理条件、气候特点、地形地貌特征、土壤、水文、动物与植物等资源状况，选择最适宜生产的特色农业项目，适度规模化循环生产当地具特别竞争力的特色农产品，也就是通常所说的土特产品，以此形成具地域特色和市场竞争优势的主导产业；二是严格保护乡村生态环境，即尊重当地千百年来所形成的自然山水格局，按照保持生态平衡的要求保护良好的自然生态系统，依据当地气候条件与环境景观特色创造的要求，仅从美化的角度主要对植物景观进行提质，选择适宜于当地种植的并可形成特色植物景观的名贵花木打造特色植物景观，以增强自然环境景观的吸引力；再就是修复好因人类非理性的生活与生产活动而受损的生态环境，采用已成熟生态与环保治理技术从源头上进行治理，精准施策，以维持良好的乡村生态系统；三是大力改善居住生活条件，即依据人们到乡村享受美好田园生活的需要，以发展旅居康养产业为目标，主要对村落民居进行宜居性改造，将开发村落改造成满足多功能使用要求的特大型组合大院落，住房改造建设以提升内质为重点；再就是对村落周边田园环境进行园林化改善建设，为满足旅居游客室外活动的需要，力求环绕村落创造室外供人们游憩使用的良好空间境域。

关键词： 中国乡村，物质文明，文化振兴物质与精神文明的总和称之为文化，来源上包括人类创造和自然形成的两大部分，文化所涉及的领域和范围极其广泛，其存在的内容和形式丰富多样，因此，可以说文化就是人与自然所能呈现出来的所有文明。中华民族之所以能屹立于世界民族之林，是因为拥有5000年辉煌灿烂的传统文化，如今在科学知识与技术爆炸的时代又创造了丰富多彩的现代文明，让中华民族的文化水平又登上了一个新的台阶，中华儿女为生活在一个充满文化自信的国度而感到骄傲和自豪。中国正在实施乡村振兴战略，提出了产业振兴、生态振兴、文化振兴、组织振兴和人才振兴的建设目标和要求，其中文化振兴既是发展根基，又是其他振兴的综合表现。中国地大物博，人口众多，地域文化丰富多彩，乡村实现文化振兴对推进乡村振兴意义重大，加强乡村物质文明建设是实现乡村文化振兴的一项重要行动，挖掘乡村地域文化且形成具显著特色的地域文化氛围，作为增强区域乡村吸引力的重要行动是促进和实现区域经济可持续和高效发展的重要保障。地域文化是要讲究特色的，这是在特定的物质条件和精神信仰下才能形成的，特色是地域文化的核心竞争力，对促进经济社会的可持续发展具有重要作用。文化兴国是中国发展的一项重要战略，加强地域文化建设对促进乡村振兴具有极其重要的意义。本文依据中国社会的实际以及人们对乡村美好田园生活的渴望与需求，按照生态、生产与生活相统一的发展思路，探讨基于物质文明的中国乡村实现文化振兴的途径与方法，旨在加快推进乡村地域文化的继承、创新和发展，最终达到将地域文化优势转变为经济发展优势的目的。

1　做强土特产品生产产业

中国地域辽阔，纵跨几个气候带，地形与地貌变化多样，民族众多，风俗习惯差异明显，地域文化丰富多样。中华民族是一个拥有5000年农耕文明的民族，自古以来就创造了辉煌灿烂的民族文化，从物质文明方面来看，不同区域乡村除生产主粮维持基本生活外，一般都还有自己的土特产品，包括多样化的民族手工艺品和加工农产品，一直以来用以满足多样化的市场需求。中国属于一个农业大国，近几十年处于快速城市化的发展时期，平均城市化率从不到20%上升到已超过60%，如今，虽然农业在国民经济中所占的比重越来越小，但是农产品的商品化率却在不断提高，包括大宗的粮食产品也一样，原来以自给自足为主的传统农业已转变为外向型的商品农业，所有农村生产的农产品都必须参与激烈的市场竞争，甚至是国际市场竞争，因此，区域乡村必须做强具地域特色的土特产品生产，并使之形成主导产业，具体做法：一是要选择适宜的农业生产项目，区域乡村在生产条件上必须相对于其他区域乡村具有特别的比较优势，并且在这一点上是已经自然形成并改变不了的客观事实；再就是在生产技术上要求不断改进创新，实现生产过程和产品质量上的标准化；此外，任何产品在新的市场开拓之前，必须依据现有市场需求确定生产规模，再依据市场需求逐步扩大，这对于保障土特产品产业可持续高效发展至关重要。因此，选择适宜的农业生产项目发展特色农业并且建立特色农产品商品化生产基地就成了区域乡村都必须考虑解决的重要问题，项目选择正确与否决定经营的成败。现在国家为了鼓励发展特色农业，在确保主粮生产数量安全的前提下调整农业生产结构，专门对特色农产品商品化基地建设制定了相应的支持政策，这样给区域乡村土特产品生产带来了良好发展机遇，也为特色农业实现高产优质高效带来了生机和活力，原来区域乡村小规模的土特产品生产可以转变为较大规模的特色商品化生产，每一个区域乡村都需要建立包括商业物流在内的特色农产品商品化生产体系，让原来的土特产品生产形成当地具有地域特色的主导产业，乡村产业环境打造重点突出土特产品推介的物质文化内容，并以此为主题创建独特的物质文明形式而形成区域乡村浓郁的物质文化氛围，让物质文化更好地为发展区域经济服务，这正是中国乡村推进物质文化振兴的重要途径与方法。

2 严格保护乡村生态环境

区域乡村的整体生态系统是一个开放的系统，但从社会组织管理与产业经济发展上来看又存在一定范围内的相对独立性，区域乡村作为一个一个的产业单元，其基本结构一般分为自然山水环境、农田和村落三大部分，分别对应的主要功能为自然生态、农业生产与居民生活，人作为最活跃的要素无疑在该系统中起决定性作用，系统的优劣主要取决于区域乡村居民的生产与生活方式。区域乡村拥有良好的生态环境也是体现物质文明水平的一个重要方面，要维持良好的生态环境，一是要严格保护好自然山水环境，如天然的河流、湖泊与山林等，做到敬畏自然，尊重自然生态过程，爱护好一草一木，严格管控人类对自然的干预，禁止非理性的生产活动与生活方式，让自然山水环境尽可能保持其自然状态，始终维持自然生态平衡，做到人与自然和谐共处，将自然山水环境作为一种重要的自然资源进行理性利用，如开展生态旅游活动，仅在生态承载力允许的范围内适当增设旅游设施，如修建游道、凉亭、观景台等设施。为了增强区域乡村自然山水环境景观的吸引力，提升其美景度，仅选择可改造的局部环境适当增植名贵花木，如杜鹃、梅花、茶花、樱花、海棠、紫薇、碧桃、红枫、红桎木、紫荆、芍药、菊花等；也可播种一二年生草本花卉，通过人工种植景观植物的方式打造特色植物景观，决不大兴土木进行大的开发与建设，以免造成大量的水土流失而严重影响自然生态过程，永远保持区域乡村具有良好的自然生态系统。二是维持农田范围内具有良好的农业生态系统，设法改变目前农田面污染较严重的状况，农业是人类社会赖以生存和发展的基础产业，中国作为一个农业大国，拥有几千年的农耕文明，创造了辉煌灿烂的农耕文化，但是在近几十年内，中国农业在由传统农业向现代农业逐步过渡的过程中，部分生产与经营者受利益驱使盲目追求生产的高产与高效，采用了非理性的生产方式，如过量施用农药、除草剂与化肥，很少施用有机绿肥，同时带来严重的白色污染，结果导致农田生物多样性水平下降和耕作层土壤结构变差，很多乡村出现农田生态系统恶化的现象，严重影响了农业的可持续发展，农田面污染问题已经成为中国社会发展的一个重要问题，直接关系到人类的生存与发展，农业领域已经上升为生态文明建设的重要领域，面对目前农田出现的生态安全问题，痛定思痛，人们已形成广泛共识，生态农业才是未来中国农业发展的一个必然方向，最近几年，各种种养结合的生态农业模式得以广泛推广与应用，全国各地乡村呈现出现代农耕文明的良好景象。三是严格管控居民生活对生态环境的影响，村落是乡村的主要生活区域，生活污水直排和生活垃圾乱弃是影响乡村人居生态环境的主要原因，久久为功，很有必要针对生活污水和垃圾进行严格处理，这正是与居民生活息息相关的重要建设行动，属于乡村生态文明建设的重要内容，关系到乡村的空气新鲜和水质洁净，应用成熟的生态环保技术有针对性地进行系统治理，以保障乡村都有一个良好的人居生态环境。

3　大力改善居住生活条件

中国社会的主要矛盾已经转变为人们对美好生活的追求与发展不平衡不充分之间的矛盾，发展不平衡是城乡之间的发展不平衡；发展不充分是乡村的发展不充分。中国近几十年来社会经济不断发展，人们对美好生活追求的愿望越来越强烈，尤其是经济较发达的地区更加突出，城市已经不再是人们享受美好生活的唯一选择，尤其是在热岛效应显著、灰霾频发和 PM2.5 经常超标的时期，城市环境明显给市民的生活带来了严重的影响，于是，生态环境与生活条件良好的乡村就成了市民旅居康养的理想目的地，这一点已从近几年中国乡村旅居康养产业得到蓬勃发展的局面得到了验证。中国乡村旅居康养产业虽然具有较大的发展空间，同时也可以普遍借鉴和广泛推广，但并不是所有乡村和每一个村庄都适宜发展旅居康养产业的，一个具体的乡村能否发展旅居康养产业，首先要看当地是不是具有良好的生态环境和适宜的小气候，具有特别适宜的温度和新鲜的空气，能达到让城市人避霾、避暑和避寒的要求；再就是具有美好的生活条件，具体来说就是具有适于对外开展旅居康养接待服务用的精致建筑及品质较好的环境与设施，能够让游客居住感到生活舒适、安全与方便，这些就是区域乡村发展旅居康养产业的前提条件和重要的物质基础，再加上良好的配套服务，发展旅居康养产业就有了基本保障。然而，中国乡村的民居大多数是处于单家独户的分散分布状态，虽有相对集中分布形成村落的，但民居建筑之间缺乏有机联系，使用上不便于统一管理，区域乡村为了更好地对外开展旅居接待服务，对村落进行宜居性提质改造是必须的，重点是对民居建筑进行内质提升，同时通过修建连廊和拉通游道增强民居建筑之间的联系，最好是使改造后的村落能够形成特大型的组合大院落，具有居住、餐饮、健身、娱乐、会务、医务和商务等功能用建筑，能够更好地实现规模接待游客，让经营者获得良好的规模效益。此外，乡村旅居生活条件改善还包括对村落内外环境进行园林化提质改造，营造良好的适于顾客活动的空间和场地，并设置齐全的健身与活动设施，以满足不同兴趣与爱好的顾客需要。环境美化上主要采用增植景观植物的方法，特别倡导选用名花打造特色植物景观，创造有吸引力的环境景观特色，使旅居康养产业开发的村落形成山清水秀的空间境域，以此彰显区域乡村在宜居生活环境上的物质文明。

4 结语

中国乡村实现文化振兴，一是要继承和发扬传统的优良文化，主要是与美好生活息息相关的农耕文化，并使之代代相传；二是要强化创新与发展，即不断利用现代的科学与技术创造现代文明，不断丰富文化内容与形式，以满足广大人民对美好生活的特别追求，让中华大地处处呈现出文化繁荣的新局面。人类的生存和发展离不开物质文明，尤其对我们这样一个有着 14 亿人口的大国来说，农业的基础地位不可动摇，农耕物质文明是生存之本，显得尤为重要。中国在推进乡村振兴的过程中，文化振兴不是口号，它关系到生产、生活和生态的方方面面，包括所有的物质与精神文明，对于具体的区域乡村要实现文化振兴，具特色的地域文化挖掘是促进乡村振兴的重要抓手，只有具特色的地域文化才有其特别的生命力，才有可能作为一种特色资源进行开发与利用，也才能将地域文化优势转变为经济发展优势，最终才能实现区域自然生态与社会经济的可持续发展。

办学思维主导下的中国乡村产业景观建设构想

摘要：针对中国乡村近年按旅游思维发展第三产业普遍出现困境的现实，依据中国进入深度老龄化社会康养产业发展的需要和解决快速城市化后基础教育向城市集中的素质教育问题，本文提出了在乡村按办学思维部分取代旅游思维发展第三产业的景观建设构想，即针对青少年兴建自然与农耕学堂；针对老年人兴建养生学堂，以此大力发展乡村新型的教育服务业，旨在引导乡村过去按旅游思维开发的旅游项目建设转换发展思维，即按办学思维进行景观改造建设，将重点转向经营教育服务业，从而走出现在的困境并走上可持续发展的轨道。本文还针对乡村学堂建设满足学员综合素质培养提高的需要，提出了按中国自然山水式园林的形式建设美丽田园与村落环境的建设要求，按两型社会发展理念明确强调坚持实用、经济与美观基本原则，特别讲究景观功能实用，朴实素雅，利用田园环境育人，让青少年能够形成正确的价值观，让老年人能够享受梦寐以求的乡村田园生活，期望采用办学思维发展乡村第三产业出现欣欣向荣的新面貌。

关键词：中国乡村，办学思维，景观建设

乡村产业景观实质上就是与乡村发展产业密切相关的乡村景观，区域乡村一个产业单元的基本景观构成一般包括自然山水、农田耕地和村落三个部分，也就是国家划定的三条红线范围。乡村的自然山水环境是必须严格保护的，就是开发也是有严格规定的，主要发挥其自然生态功能；农田耕地国土资源管理部门划定了一般农田和基本农田，基本农田保护是十分严格的，主要发挥其农业生产功能；村落主要属于乡村居住生活环境，其形态随着社会经济的发展和人们生活水平的提高一直处在不断建设、变化和发展之中，其建设用地边界是不允许随意突破的，在管理上有严格规定，有的村落也包含了原有的乡村学校、村部政务和生产性用房，因此，乡村景观的主要建设项目和内容集中在村落和农田耕地，自然山水环境仅是在开发利用时适当增加必要的设施，如游道、聚散场地与景观建筑等。乡村按办学思维替代旅游思维发展第三产业，

乡村景观建设的目的也将随着改变，首先要考虑的是其学习价值，其次才是要考虑审美价值。乡村按办学思维发展乡村第三产业，主要是兴建两种类型的学堂，一是针对青少年素质教育的自然与农耕学堂；二是主要针对老年人康养需求的养生学堂，按学堂要求进行建设，目的是要兴办适宜于乡村发展的教育服务业和康养产业，因为乡村学堂采用的都是活态实景体验式教学方式，所以具学习价值的实景及环境创造至关重要。区域乡村兴建学堂也不是什么地方都是适宜的，办学作为一个产业经营项目，从经济的角度上考虑，拟选校址范围内可供利用的资源多且是重要的，则可作为首选，学堂如果需要全部新建则受政策影响较大，一般可能性不大，因此，兴建乡村学堂主要以改造建设为主，建设的重点和核心是村落及其相邻的农田耕地环境，两类学堂在建设前分别按其办学要求确立建设项目和内容，并做好建设规划，然后有针对性地开展建设，这是办好学堂的前提与条件。本文将主要阐述乡村学堂选址、兴办学堂景观建设项目及内容与景观建设要求，旨在促进中国乡村第三产业的有序发展。

1　乡村学堂选址

乡村兴建学堂不是什么地方都是适宜的，也不需要每个村庄都把发展第三产业确定为办学，一个行政村有1～3处学堂就足够了。办学作为一种项目经营投资行为必须选择现有条件相对较优越的区域作校址，以便取得事半功倍的效果。乡村学堂依据其学员对象与教学内容的不同分为自然与农耕学堂和养生学堂两种类型，学堂选址的具体要求如下：

1.1 自然与农耕学堂选址

兴办自然与农耕学堂选址地理位置上最好是选择城市近郊，以满足城市中小学生可达性和便捷性的要求。再就是考虑基址内的现有办学资源条件是否优越，包括自然与人文资源条件，具体表现在以下几个方面：一是山水资源条件是否优越，基址内有可被利用的良好森林生态环境和较完整的天然或人工水系景观，已经形成了生境多样的区域最佳，或者是基地内的地形地貌多样，已经具备生物多样性景观形成的基础条件；二是具有良好的农业生产条件，包括种植业与养殖业的条件，农田土壤深厚肥沃，排灌条件良好，基础设施先进；三是有可供改造利用的村落或闲置的公用建筑，且有较充足的建筑扩建空间与场地，此外，还具有纪念性与地域文化价值的景观地点更佳。

1.2 养生学堂选址

养生学堂服务的对象主要为城市老年人，他们进学堂学习的目的就是为了享受美好生活，学堂建设就是为了满足老年人享受美好生活的需要，营造能够开展各种养生活动的场地、场所与设施。因此，学堂选址必须以老年人享受美好生活需要为依据，选址时必须从以下几个方面考虑：一是基地内最好是有山有水，自然山水条件优越，具有良好的森林生态环境，水景有天然的湖泊、河流和溪流，或有人工的水库和山塘。基地范围内生态环境良好，具有特别新鲜的空气，基地所处位置不会受大气污染和各种污染源对基地环境的影响；二是基地范围内有可供发展多样自给型农业生产的优越条件，农田土壤深厚肥沃，排灌条件与基础设施良好，有适于种植和养殖的土地；三是有可供养生学堂利用的村落建筑与良好的村落环境，村落区域小范围内地势较平缓的为佳，也可有一定的高低起伏变化，但主要游道要求较平缓，且高低变化小，村落小范围内有足够可供修建老年人开展各种养生活动的场地和场所。

2　乡村学堂景观建设项目及教学内容

乡村学堂可以看作是以教育为主导功能的产业单元，其景观建设项目及内容的确定与否是经营成败的关键。纯自然山水环境可供直接利用的以保护为主，一般仅修建游道和添置用于教学的设施与场地，包括必要的景观与实用功能建筑，两种类型学堂都是如此。学堂内重点需要建设的项目主要是在村落及邻近农田耕地环境，作为学堂建设范围不宜过大，规模上只要能够满足示范性体验教学就行，教学内容不是博物馆形式上的实物与图片展览，而是活态的实景，能够让学生身临其境在现场进行体验学习，最好是能够亲自动手操作，因此，用于教学的实景建设项目各学堂需要依据自身条件与办学要求进行选择，并且分别按项目确定教学内容。

2.1 自然山水环境景观建设项目及教学内容

自然山水环境是乡村开展自然教育的主要场所，区域乡村的自然山水环境一般具有相对较稳定的结构和生态服务功能，不管过去是天然形成的，还是人工辅助形成的区域生态系统都有可供学习的价值，即学习价值，就看我们怎样去发现和挖掘，依据不同层次与年龄段的学员深入浅出地传授生物学、生态学、地质学、植物学等自然科学知识，实景实地传授效果肯定比室内课堂效果好得多。在自然山水环境中配套景观建设项目主要是修建游道、教学聚散场地和避雨遮阳的功能建筑，适当修建可成景或用于赏景的景观建筑，教学的目的对于青少年是培养他们对大自然的兴趣，懂得热爱自然、保护自然、利用自然、尊重自然和敬畏自然的科学道理而增长自然知识；对于老年人则是让他们亲近自然享受自然的美好，深入到自然山水环境中开展各种养生活动，以愉悦身心，达到健康长寿的目的。自然山水环境绝大部分保持其自然状态，也可以对局部自然环境景观进行改造，如择地适当种植观赏价值较高的观赏植物，以提高当地植物景观的美景度，前提是避免对当地自然生态系统造成不利的影响。

2.2 农田耕地生产环境景观建设项目及教学内容

农田耕地是发展农业的基本生产资料，是人类社会赖以生存和发展的基础，国家极其重视基本农田保护和高标准农田建设，并制定了基本农田保护法，大范围大面积的高标准基本农田建设是以改善农业生产基础设施为目的，农田决不允许改变农业生产的性质，在现在的社会发展水平下主要发展特色商品型农业生产项目，大片农田一般形成的是生产性的大地景观，虽然属于区域农业产业，可以不作为学堂的专门建设项目，但也可以用作农耕学堂的教学内容，对于农田耕地生产环境景观建设项目主要是在邻近村落农田耕地开展的多样自给型农业生产，依据当地的气候、土壤、水文等生产条件，安排各种合适的农业生产项目，并以园林化的形式呈现，内容上重在农业生产性景观学习价值的创造，景观造型和色彩搭配上尽可能符合艺术要求，创造有美感的景观。学堂内周年都有可供实景体验学习的农业生产项目，包括种植与养殖项目，种植包括果、菜、花、药、茶、草等园艺植物和水稻、棉花、红薯、荞麦、马铃薯、大豆、花生、油菜、玉米、小麦等大田农作物；养殖包括畜、禽动物养殖与水产养殖，养殖项目设置以不影响学员居住生活为前提。学堂所经营的农业生产项目不求规模面积，但求精、求特、求全、求多，项目丰富多样，能够做到学员随到随学，无淡旺季之分，不同季节与时期只是教学项目上有区别，具体建设时依据教学和养生体验的需求进行配套设施建设，如游道、聚散场地和避阳避雨等设施。

2.3 村落居住生活环境景观建设项目及教学内容

村落主要是用于居住生活的，主要包括民居及其邻近的室外环境，村落中也分布有生产性用房和村部政务用房或闲置的原有学校，以办学为目的的村落环境景观建设，主要依据学堂的使用要求确定景观建设项目，首先是民居与现有其他建筑按学堂功能要求进行改造，学堂的主要建筑类型有：学员居住、教职工办公、教学、会务、商务、文娱活动、网络、餐厅、厨房、图书阅览、生产与农产品冷冻贮藏用房等，这些用房作为乡村学堂必不可少，只是自然与农耕学堂和养生学堂在面积规模与质量要求上略有差异，前者是要满足自然与农耕教学活动上的要求；后者是要满足养生活动上的要求。自然与农耕学堂有很多农产品加工项目需要在室内进行，不仅是用房要满足加工生产的需要，而且还要满足现场教学的需要，要求能够容纳一定数量的学员观摩与操作实训。村落建筑外观上一般难以协调统一，但室内必须按规范要求进行改造，内质必须提升，设施配套必须齐全。此外，村落室外非耕地环境也需要进行改造，不仅是环境景观美景度上需要提升，而且要满足其他实用功能要求，如停车场地和学员室外交流活动场地的建设，更是要增加村落建筑之间的有机联系，使原来分散分布的村落建筑形成一个有机联系的整体，在进行村落环境景观建设时最好是与农田耕地多样型农业景观园林化环境统一建设，使生产与生活环境尽可能融为一体，以便充分发挥农田耕地环境的生活功能。

3　乡村学堂产业景观建设要求

乡村学堂有两种类型，一种是自然与农耕学堂；另一种是养生学堂，前者是为了青少年学习自然与农耕文化知识而建；后者是为了老年人康养生活而建，建设的目的十分明确，学堂景观建设达到办学的要求。兴建学堂办学是乡村发展三产服务业的一种投资建设行为，必须遵循经济、实用和美观的基本原则，经济原则不仅要考虑降低建设成本，做到少花钱多办事，节约开支，也要考虑投资回报，要注重所花的钱能够创造学堂的优势与特色，形成与同类学堂的竞争力。乡村开办两类学堂的硬件设施建设不同于星级宾馆，档次不在宾馆的星级水平要求上，只要能满足实用功能要求，且符合相关规范就行，学堂内的学生居住生活用房建设，必须消除等级观念，主要满足学员大众化的生活需求，不设档次，同学之间只是学习时间上有先有后，有年级高低的层次差别，进学堂学习身份均为学生，同学之间，能者为师，取长补短，互相学习，共同进步，一视同仁，不搞特殊化，一律平等对待，以便形成良好的学习与生活氛围。学堂教学、生活与文娱活动等公共用房，面积规模依学员数量确定，讲究满足实用功能要求，分布上宜相对集中，建筑外观上不求高贵华丽，但求朴实素雅，力求做到与周围环境协调统一，建设时践行两型社会的发展理念，充分体现高尚的人文精神，节约办事，让环境育人，潜移默化，诱导学员形成正确的价值观。学堂室外生活交流环境和教学场所的配套设施建设统筹考虑，在充分考虑场地实用功能与生产要求的前提下，尽可能做到园林化，建议按中国自然山水式园林风尚进行建设，力求生态自然，充满美感，让学员在优美的乡村园林环境中学习与生活，接受美的熏陶，尤其是老年养生学堂，更是要让老年人享受美好的田园生活，能够在优美的田园环境中开展一系列的养生活动，达到健康长寿的目的。

4　结语

中国乡村旅游业是随着社会经济的发展和城市化水平的不断提高而发展起来的一种新型产业，前些年确实呈现出了良好的发展势头，全国各地乡村兴建了大量的旅游目的地，有的曾经也十分红火，但是随着新冠疫情的出现，整个旅游业受到了严重影响，然而，还有一个重要的影响因素，那就是近年可视化信息技术的快速发展与广泛应用，让人们很容易获得曾经需要通过外出旅游才能获得的对景观与环境身临其境的体验感受，以致很多人打消外出旅游的愿望，这一现实也验证了客观事物发展总是不以人们主观意识而转移的，必须遵循其内在的发展规律，按办学思维兴建乡村自然与农耕学堂是基础教育向城市集中培养高素质人才的必然要求；兴建乡村养生学堂也是中国深度老龄化社会的到来后，人口与城市生态环境问题迫使城市老年人渴望回归自然享受田园美好生活的必然要求，今天完全可以预测中国乡村按办学思维兴建上述两种类型的学堂都具有广阔的发展前景。

洞庭湖平原区域乡村产业发展及建设总体规划构想

摘要： 洞庭湖平原区域乡村是一种较特别的乡村类型，主导产业一直是以水稻生产为主，同时也利用水资源丰富的优势开展以养鱼为主的水产养殖，自古以来就享有鱼米之乡的美誉。国家实施乡村振兴战略，现在正在朝着实现全民生活富裕的总体目标而奋斗，湖区乡村仅靠现有的种植与养殖业收入是很难达到小康富裕水平的，拓展开发新的产业势在必行。洞庭湖平原区域乡村究竟适宜发展哪些产业并围绕产业发展制定切实可行的建设方案是值得业界探索的一项重要研究课题，本文依据洞庭湖平原区域乡村产业发展现状及资源与环境特点，以确保国家粮食安全为重点，针对中国社会发展的两大刚需，提出了洞庭湖平原区域乡村产业发展及建设总体规划构想：一是农业发展重点是整体优化平原湖区农业生产结构，充分利用平原湖区鱼米生产的田地与水资源优势，统筹发展鱼米商品化生产，生产与经营管理上组建一个鱼米集团公司或成立洞庭鱼米产业联盟，统一流转农田，以镇域生产规模为单元成立分公司，尽快实现鱼米生产的专业化、自动化、智能化和标准化，共同创建稻鱼商品化生产加工、仓储物流与经营管理智能化服务体系，实行统一经营管理，共同打造洞庭鱼米品牌，以此方式发展特色商品型农业生产，达到降低水稻生产成本和提高水稻生产效益的目的。二是三产服务业发展主要是面对中国社会发展的两大刚需，即中小学生学习自然与农耕文化知识的需要和老年人乡村旅居康养的需要，主要按办学思维在平原湖区发展三产服务业，同时开展湖区岗前职业农民的创业就业培训，规划提出在村域范围内选择发展三产服务业基础条件较好的区域兴建青少年的自然与农耕学堂和老年人的养生学堂，并结合多样自给型农业生产营造多样农作物花园，永远保障农村耕地不失去农业生产功能。乡村建设提出村中建城的建设构想，即在村中兴建不同特色和主题内容的青少年素质教育基地和老年人康养基地，或称之为乡村带花园的教育之城和康养之城，逐步引导湖区村民集中居住，以此规划思路创建洞庭湖平原区域乡村一二三产业融合发展新体系。

关键词： 洞庭湖平原，产业规划，建设构想洞庭湖平原区域是国家重要的商品粮生产基地之一，一直享有鱼米之乡的美誉，可是自从中国城市化水平大幅度提高以后，主要靠农业收入支撑的湖区经济也表现出相对落后的状况，在农业生产发展经济提升空间十分有限的情况下，整个湖区乡村不得不谋划通过优化农业生产结构与改变农业生产经营方式以及拓展其他产业来发展区域社会经济，规划先行，规划引领，首先必须编制好洞庭湖平原区域乡村产业发展及建设总体规划，本文依据洞庭湖平原区域乡村在生产、生活和生态环境资源上存在相似的特点，提出洞庭湖平原区域乡村产业发展及建设总体规划构想供大家参考。

1　洞庭湖平原区域乡村产业发展及建设的必要性分析

洞庭湖平原属典型的冲积平原，处于亚热带内陆季风气候区，土层深厚，土壤肥沃，水资源丰富，是国家重要的商品粮生产基地，一直享有鱼米之乡的美誉，种植的主要农作物有水稻、棉花、苎麻、甘蔗和油菜等，水稻生产一直是湖区农业的支柱产业，从国家粮食安全保障上考虑永远也不会改变。洞庭湖平原总国土面积 18780 km^2，其中湖南省占 15200 km^2，湖北省占 3580 km^2，平原区域海拔多在 50 m 以下，湖面海拔 34.5 m，洞庭湖平原区域有大量的由人工围湖造田形成的大垸，故平原区域的国土有垸内与垸外之分，由大堤分隔，大堤多形成了湖区的交通道路，垸外属自然保护区域，江河纵横交错，大小湖泊众多，洲滩地遍布，国家已将垸外核心区域划定为洞庭湖湿地保护区，并制订有退耕还湖的规划；垸内国土类型主要为天然水系（湖泊与哑河）、农田、灌排沟渠、道路、村落等，垸内水系由多个泵站调控。洞庭湖平原除分布有多个国营农场所形成的城镇外，大面积仍然是以农业生产为主的乡村，虽然平原湖区乡村人均耕地超出国家平均水平的 2 倍，但是社会经济单靠农业生产收入不足以达到全民小康水平，在国家全面推进乡村振兴的大背景下，湖区通过农业生产结构调整而实现整体收入水平提高的空间是有限的，尤其是在确保国家主粮供应安全的大前提下大幅度提高农业收入的可能性也是很小的，近几年湖区在生产结构调整上推广实行了种养结合的生态农业模式，稻+鱼、虾、鳖等模式也确实增加了农业收入，但是市场需求还是有限的，以致生产规模不可能无限量扩大，因此，湖区乡村同样需要发展除农业以外的乡村其他产业。

洞庭湖平原在四季气候上并没有突出的优势，但是在水环境上优势明显，大面积的湖泊与农田所形成的大地景观令人心旷神怡，再加上土壤肥沃和土层深厚的优越条件在小范围园林景观打造上比较优势明显，湖区一般都拥有大量的滨水宜居环境，相比之下较容易打造理想的山水园林式的美好生活环境，对于发展候鸟式的乡村旅居康养产业显然具有特别环境优势。但是平原湖区的村落民居建筑多是沿道路两旁或一旁呈直线分布的形式，过去村民主要考虑的是生产与生活的方便，滨水集中分布的村落较少，在短期内进行大的改变也是不可能的，因此，对于规划建设相对集中的三产业服务中心需要进行较大的改造建设，开展平原湖区为发展三产服务业进行民居改造规划是目前乡村建设的一项重要工作。

2 洞庭湖平原区域乡村农业发展规划构想

洞庭湖平原的农业生产依其经营性质的不同也同样可分为两种类型的农业，一种是特色商品型农业；另一种是多样自给型农业。洞庭湖平原一直是国家重要的商品粮生产基地，自古以来就享有鱼米之乡的美誉，为了确保国家粮食安全，种植业中的水稻生产无疑是洞庭湖平原必须发展的主要农业生产项目，养殖业中的鱼则是优势明显的农业生产项目，从高效和可持续发展的要求上考虑洞庭湖区的鱼和米都必须按现代农业的模式发展，同时也必须创建品牌。

2.1 特色商品型农业发展构想

洞庭湖平原生产的主要农产品无疑是大米，水稻生产永远是洞庭湖平原发展的主要农业生产项目。过去洞庭湖平原国家设立了多个国营农场开展农业生产，采用的是下设分场的生产组织形式，所有农场在农垦局的领导下建立了专门的农业生产管理体系，村民作为国家职工从事农业生产工作，湖区整个国营农场在2000年先后进行了改制，分田到户，实行了家庭联产承包责任制，以户为单位开展农业生产，农场职员主要靠经营农业获得收入，农业生产处于各自为政的状态，很显然平原湖区仅靠农业收入要达到小康富裕水平几乎是不可能的。湖区要实现乡村振兴，农业生产必须顺应时代的发展而改变生产和经营的方式，首先必须改变目前以家庭为单位的分散经营状态。水稻作为湖区的主要农业生产项目在生产经营上很有必要统一实行专业化、自动化和标准化，这无疑是水稻生产发展的必然趋势，较理想的是组建一个洞庭鱼米集团公司来统一流转田地，统筹水稻生产与经营，将水稻生产作为湖区的特色商品型农业进行统一经营与管理，整体构建稻鱼商品化生产加工、仓储物流与经营管理智能化服务体系。水稻生产以镇域规模大小组建分公司，在集团公司的组织、领导、协调与指挥下共同打造洞庭鱼米品牌，彻底改变目前分散经营和各自为政的状态。

洞庭湖平原区域乡村的其他商品型农业主要还有渔业和牲畜等养殖业，除此之外的果、菜、花、药、茶等种植业在无特别优势的情况下建议不纳于湖区作为规模化的商品化生产项目。渔业历来就是湖区的优势产业，规模上仅次于水稻，也是目前生产结构和生产方式必须优化的一个重要产业，近年来稻+鱼、鳖、虾、鸭、鸡等种养结合的生态农业模式已经在湖区得到了广泛的推广应用，并形成了较大的生产规模，以稻+渔业最大积累了丰富的实践经验，建议纳入集团公司进行配套生产，使之形成以大米为主的系列配套产品，经营管理上共同利用集团公司创建的智能化产业服务体系，以此开创湖区商品农业发展的新局面。

2.2 多样自给型农业发展构想

洞庭湖平原居住有超过1500万人口，农业生产除为城市供应农产品外，本身也需要大量各种类型的农产品，除大力发展以水稻为主的特色商品型农业外，还必须为本身的需要发展多样自给型农业，现在的湖区种植业包括各种水果、蔬菜、茶叶、花卉、药材等园艺作物；还有红薯、大豆、油菜、苎麻、玉米、棉花、荞麦、甘蔗、花生等大田农作物。养殖业包括鸡、鸭、鹅等禽类和猪、牛、羊、兔等畜类，这些生产项目在湖区除个别有特别优势的外，一般不作特色商品型农业项目发展，仅作自给型农业发展，产品种类多样，实行就地生产就地消费。湖区多样自给型农业生产用地规模一般不超过现有耕地的20%，这一部分耕地在兼顾多样化农业生产的同时还用于创造湖区发展三产服务业相配套的产业环境，美丽田园历来就是人们享受美好生活所追求的理想境地，也是中国打造美丽乡村的集中体现，如果把大面积的湖区稻田景观称之为大地景观，那么配套花园景观则是园林化的精致乡村景观，因此，规划将多样农作物配套花园纳入乡村产业环境建设对于促进三产服务业的发展具有重要的意义。

3　洞庭湖平原区域乡村三产服务业发展规划构想

洞庭湖平原作为内陆平原在自然地理与气候上发展以乡村旅游服务业为主的第三产业并没有明显的资源优势，自古以来依山傍水区域就被人们推崇为理想的居住环境，湖区大小湖泊众多，有水却无山，水显然是可供直接利用的一种良好环境资源要素，尤其是大湖之滨更显珍贵，如今农业机械化技术发展日趋成熟，在平原湖区人工创造依山傍山的居住环境并非难事，清挖淤泥是国家支持湖区生态建设的一项重要工程，可正好用于湖区改善居住环境堆山，故本规划建议在现有滨水村落采用清淤堆山的方式改造现有的居住环境，以此形成依山傍水的宜居小气候区域，创造湖区发展三产服务业的最佳地点，并依据发展三产业服务业的项目要求进行改造建设，同时包括民居建筑和村落环境的改造。中国社会发展存在两大刚需，正好是适于乡村发展三产服务业的主题，一是青少年的综合素质培养，离不开自然与农耕文化知识的教育，国家在中小学生的素质教育上已有明文规定，每学期必须开展四天的校外素质教育，其中自然与农耕文化知识就是重要的教学内容。湖区各地乡村都分别形成有自己独特的地域农耕文化，正是开展青少年素质教育选择的重要题材，基地建设严格按教学要求确定建设项目，选择适宜的农业生产内容，村庄采用园林化的建设形式，兴建具有乡村地域特色的素质教育基地，实行实景实训培养学生，按办学思维发展乡村第三产业。二是老年人的乡村田园康养，中国已进入深度老龄化社会，不管是城市还是乡村都面临较严峻的养老问题，过去中国一直是采用居家养老模式，但是中国社会发展到今天正处于一个较特别的时段，因过去近四十年国家严格实行了计划生育政策，城市老人绝大多数是一对夫妻只生育了一个孩子，居家养老将面临一系列的现实问题，现有的城市养老机构存在严重不足且遇到了发展空间十分有限的困境，同时中国城市生态环境问题突出与老年康养的需求不适应也较明显，这些因素正好给乡村兴办主要针对城市老人的康养服务业带来了机遇，湖区也不例外，经改善的湖区康养生活环境相对于山区来说有很多明显的优势，关键在于平原湖区怎样去改造。平原湖区在发展康养产业规模上也不是越大越好，也不鼓励村民各自为政发展民宿，本文作者认为民宿不宜作为中国乡村发展三产服务业的大的发展方向，一个村规划建 1～2 个旅居康养产业园就足够了，接待规模以一次性对外接待 300～500 人为度，面积规模以 200～300 亩为宜。湖区村域旅居康养产业园建设规划不仅要考虑发展老年康养产业，以此促进村域经济的发展，更是要从长远着想逐步吸纳当地村民到康养产业园中居住生活，因此，建议将康养产业园打造成为一处带花园的理想聚居地，集中财力与人力将产业园区建设成为一座景观特色鲜明、地域文化突出和生态环境良好的田园微城市，以此作为区域乡村未来建设的重点和核心，让村民都能过上幸福美好的田园生活。

4 结语

本文构想在洞庭湖平原区域乡村组建集团公司，统一经营以水稻生产为主体的现代农业，采用稻+种养结合的生态农业模式兼顾渔业生产，生产过程尽快实现专业化、自动化、标准化、智能化和全程机械化，整体构建生产加工、仓储物流和经营管理智能化服务体系，经营管理上实行公司化运作，共同打造洞庭鱼米品牌，以此用来彻底改变洞庭湖区水稻生产水平良莠不齐和各自为政的经营状态，从而达到提高洞庭湖平原区域乡村发展特色商品型农业生产效益的目的。在发展三产业上提出了结合湖区多样自给型农业生产开展青少年综合素质教育和老年人乡村旅居康养产业环境建设的构想，并明确提出采用滨水造山的方法改善湖区集中居住环境，重点打造康养之城与教育之城的建设思路。该总体规划构想是洞庭湖平原区域乡村产业发展及建设的一种理想状态，绝不是凭空想象的，而是具有较充分的理论与实践依据的，期望得到社会的关注，规划构想的采用对于推进洞庭湖平原区域乡村产业振兴具有重要的参考与应用价值。

美丽乡村景观异质化建设构想

摘要：美丽乡村建设出现了较普遍的同质化现象，尤其是很多乡村按照城市园林的模式进行建设，看上去也确实变美了，然而很多乡村却失去了自己原有的地域特色，更是很难看到具有特别吸引力的乡村景观了，因此，很多美丽乡村建设并没有对当地旅游产业的发展发挥预想的作用。本文依据区域乡村发展旅居康养产业对高品质生活环境的需要和人们对视觉景观求新求异求奇的心理需求，提出了乡村景观异质化建设构想：一是让乡村景观有别于城市景观，突出乡村景观在风貌上与城市景观的差异；二是让区域乡村景观之间有差别，力求创造有地域特色的乡村景观。同时还提出了中国美丽乡村建设并不需要全面开花，而是要进行点上突破，尤其是乡村的基础设施建设达到现有水平之后更是要强化建设的重点，按照以点带面的建设与发展思路，以发展旅居康养和青少年自然教育等产业为目的，为产业发展的需要而建设，并明确提出了选择适宜的村落以主要生活环境和建筑设施提质改造建设为重点，采用带配套花园的组合大院落形式，按照乡村生态大酒店的目标和要求，将区域乡村分别建设成为各具特色的理想生活境地。

关键词：美丽乡村，异质化，建设构想

近几年来，全国各地广泛开展了美丽乡村建设，基本上消除了脏、乱、差的状况，乡村变美丽了，水、电、路、气、通信、网络、冷链物流等基础设施得到了大的改善，取得了举世瞩目的成就，但是离乡村振兴的目标要求还相差较远，主要表现在很多乡村具地域特色的产业环境尚未形成，还难以满足发展旅居康养和青少年自然教育等主要产业发展的具体要求，尤其乡村建筑设施还是处于分散分离和单家独户的分布状态，产业利用上存在明显的缺陷。再就是区域乡村景观缺乏特别的吸引力，居住生活环境具有鲜明特色并不多，这也是制约中国乡村产业发展的一个重要因素。中国未来乡村必须坚持城乡统筹走一二三产业融合发展的道路，主导主业必须利用乡村的环境资源优势满足未来中国社会大而稳定的需求，这是已形成了的广泛共识，那么美丽乡村建设必须围绕当地产业发展的需要进行，且以改善生产与生活环境建设为重点，并以打

造融合产业平台为核心，以满足人们对美好生活的高标准要求为导向，最终以发展区域乡村经济为目的，因此，区域乡村特色景观营造至关重要，特色景观才能产生特别的吸引力，特别吸引力就是乡村产业发展的生命力。乡村发展产业是一种经营投资行为，虽然中国具有巨大的市场需求，但是全国各地乡村都在投资经营旅居康养和自然教育产业，大家都必须参与激烈的市场竞争，为了满足以市民为主体的消费者求新求异求奇的特别需求，因此，创造特色鲜明的地域景观是决定当地产业可持续发展的根本保障，尤其是相邻区域乡村景观具有明显差异是景观建设的最根本要求。

1 乡村景观类型及其主要功能作用

乡村景观包括耕地、村落和自然山水环境三大部分，其中自然山水环境属保护的对象，是国家生态红线划定的保护区域，青山与绿水是其主要的形态，景观类型有天然的森林、河流、溪流、瀑布、湖泊、溶洞、草甸与草原等，还有人造的风景与经济林，除按林业生产要求定期进行砍伐外，一般维持其自然状态，主要发挥其自然生态功能，如水土保持、碳汇和动物栖息等，美丽乡村建设仅是对与被选村落邻近区域的自然山水环境进行适当的提质改造，改造时必须坚持在保护中开发利用的原则，尊重现有自然山水格局是改造的前提，尤其是对现有的较美的自然山水环境更是应该强调保护，仅是选择适宜地点选择种植可形成特色植物景观的适宜植物和修建必要的生态旅游设施，如游道和景观亭台等。全国各地有很多乡村的自然山水环境极其优美，且特色鲜明，如有一望无垠的海洋、宽阔的湖泊、大型的水库、辽阔的草原、神奇的溶洞和奇特的山峰等，这些都是优良的自然山水资源，所在区域乡村大多开发形成了著名的风景名胜区，也多被国家列为自然保护区，或国家级森林公园和湿地公园，或省级森林公园或湿地公园，国家制定了一系列的保护措施，并立了相应的保护法，主要是为了维持其自然生态功能，除适当开展生态旅游外，严禁非理性建设与开发。因此，中国美丽乡村景观异质化建设主要是针对耕地和村落环境，两者正是乡村的生产与生活环境，与人类社会的生存和发展息息相关，一个好的改造建设方案将决定它的特别吸引力的形成，同时也将决定区域乡村发展产业的竞争力，因此营造特色鲜明和具特别吸引力的地域乡村景观对于促进乡村振兴具有极其重要的意义。耕地范围内主要是各种农作物景观，如水稻、油菜、小麦、高粱、甘蔗、玉米、大豆、棉花等，这些大田农作物主要发挥农业生产功能，当然对当地的生态也有较大的影响，尤其是非理性的农业生产活动对农田生态环境的影响是极明显的，危及农田的可持续利用和农业生产的可持续发展，出现大问题不得不引起重视。耕地景观因循环种植多样的农作物而形成景观的多样性，且有随季节而更替变化的特征，区域乡村农作物景观异质化建设可创造特色植物景观，如荷花、油菜、薰衣草、桃花、梨花、杏花、黄花菜等都可形成具有特别吸引力的特色植物景观，这些景观属于生产性大地景观，还有成片的果园、茶园、药园和草园也是生产性大地景观，草原和草原上的牛羊也属于大众喜爱的农业景观之一。基本农田属乡村的主要耕地类型，国家为了确保粮食安全，鼓励种植主粮作物，制定了基本农田保护法，严禁改变耕地性质。耕地也是区域乡村生产性大地景观营造的区域，大地性景观也可以通过作物的搭配而改变色彩和形态，创造具有特别主题与内涵的景观，在发挥农业生产功能的同时创造更具吸引力的生产性大地景观。

村落及其邻近环境是美丽乡村异质化建设的重要环境，是人们集中生活的区域，民居建筑是村落的主要生活设施，乡村面向城市居民发展旅居康养和自然教育等三产服务业都离不开具一定接待规模的民居建筑，然而，现在乡村的民居建筑多处于分散分离和单家独户的分布状态，对于集中对外接待利用上存在明显的不便，民宿虽是乡村民居产业化利用的一种新方式，但实践证明它不是未来乡村三产服务业发展的一个主导方向，满足不了大众化的市场需求，因此，带花园的园林化村落才是未来人们向往的理想生活境地，选择适宜的村落并对其进行改造建设是发展乡村旅居康养和自然教育等三产服务业的重要行动，按照异质化的建设思路和要求对村落民居及其邻近环境进行提质改造是中国美丽乡村建设的核心，对于促进乡村振兴具有极其重要的意义。

2　耕地环境景观异质化建设构想

耕地泛指用于农业生产的土地，属于重要的保护对象，中国设立了18亿亩耕地保护红线，严禁耕地非农化。耕地是农业生产最基本的生产资料，国家将耕地划分为基本农田和一般农田两种类型，极其重视高标准农田建设。耕地主要用于种植业的生产，种植的农作物主要分为大田农作物、园艺植物、中药材植物、饲草和能源等类型，其中大田农作物又分主粮作物和经济作物，主粮作物主要有水稻、小麦、玉米、马铃薯和红薯；经济作物主要有大豆、棉花、苎麻、甘蔗、高粱、花生、荞麦、莲藕和青稞等。园艺植物主要分为果树、蔬菜、茶叶、花卉四大类，园艺植物种类与品种繁多，其分布有明显的地方特色，主要是受气候影响，温度是决定农作物分布的重要影响因素，人很难改变其分布状况。果树主要为木本植物，蔬菜主要为草本植物，广义的花卉包括木本和草本的观赏植物。耕地利用上国家为了确保主粮生产量的安全，大力支持商品粮基地建设，一直奉行果树上山不与粮棉争地的耕作政策，充分利用高标准基本农田种植粮油作物，如水稻、小麦、玉米、大豆、油菜、马铃薯和红薯等；利用山地旱土种植油茶和橄榄等，实施耕种补贴政策以保障经营者的利益，尤其是现在严令禁止在基本农田中种植深根性的树木，包括深根性的果树和中药材植物，这样的规定给耕地种植大田农作物和园艺植物的选择提出了具体的要求，也是必须遵循的规定和原则。区域乡村选择适宜的大田农作物和园艺植物是乡村景观异质化建设的第一步，因地制宜是选择大田农作物最基本的原则，中国随着城市化水平的不断提高和区域乡村经济发展的需要，依据城乡人口的变化必须调整原有的农业生产结构，必须按照商品型和自给型两种类型的农业进行生产，并以发展商品型农业为主体，商品型农业首选主粮作物，不仅是因为国内有足够的消费市场，而且是因为主粮可以通过其他途径进行产品的转化，如用于养殖转化为畜禽产品。至于其他商品型农作物的选择，必须坚持因地制宜的原则，因优势而形成特色，走特色农业发展的道路，生产有市场特别竞争力的农产品，至于如何选择特色商品型农作物的种类，则必须依据当地具有的自然气候、土壤、水、地理区位等资源条件确定，可以为大田农作物，也可以为果树、蔬菜、茶叶、花卉与中药材中的某个优良品种，依市场需求量确定生产规模，避免跟风盲目发展，更不提倡大规模兴建保护地设施发展特色商品型农业，即通过大的投入修建设施改变区域生产条件而增加生产成本的做法，提倡顺应自然进行特色农业生产。国家大力支持特色农产品商品化生产基地建设，有利于让特色农作物形成区域乡村生产性大地景观。近年来，中国的交通运输业十分发达，给全国各地特色农产品流通销售创造了良好的条件，再加上冷链物流业的蓬勃发展，全国各地城市的各种农产品供应几乎不受时空的限制，质量优良的农产品再也不愁找不到销售市场，这样更加有利于区域乡村特色商品型农业的发展，区域乡村完全可以依据自己的特色农产品打造当地农耕物质文化景观和氛围，因此而形成自己独特的地域文化。

区域乡村除发展商品型农业外，还必须发展多样自给型农业，商品型农业讲究市场需求和特色，如果说市场需求是商品型农业发展的前提，那么特色就是商品型农业发展的生命力，多样则是自给型农业发展的必然要求。商品型农业主要是为城市生产的，自给型农业主要是满足就地消费的需求，自给型农业因种植多样的农作物无疑将呈现出多样的景观形态，一年四季处于不断变化之中，这正好为区域乡村打造可供观赏和体验的多样农作物花园提供了有利的条件，然而，如何使各地所建的多样农作物花园实现异质呢？多样农作物花园在相邻的区域乡村所形成的景观肯定是相似的，最多只是地形与作物种植方式上存在一定的差异，要实现景观的异质化必须结合村落外环境景观建设，按季节不同分别选择1～2种名花作主景植物，按专类园植物景观设计的要求营造特色植物景观，有目的地创造地域景观特色，地域特色植物景观打造如果能够结合当地的自然山水景观提质建设则效果更佳，让村落、耕地与自然山水景观三者融为一体，不仅可降低建设成本，而且还能够实现自然生态系统和社会经济系统协调发展。

3 村落环境景观异质化建设构想

村落环境景观即是指村落民居建筑和民居建筑邻近环境所形成的乡村景观，异质化建设包括两个方面的内容，一是对民居进行改扩建；二是对村落内外邻近环境进行提质改造，目的是创造区域乡村生态宜居的良好生活环境与设施，以便更好地发展乡村产业。中国乡村地域辽阔，村庄约有70万个，现在的民居建筑多呈分散分离和单家独户的分布状态，多为2～4层的小楼房，建筑面积一般在200～400m^2不等，除边远经济不发达地区外，很少有一层的平房，原来破旧的危房也通过国家扶贫行动改造好了，并且大部分民居都是在近30年内新建的，从满足村民自己居住生活上来说已经达到了较高的水平，从乡村发展旅居康养和自然教育产业对建筑设施的要求来看，现有的民居建筑形式是不太适宜的，村落相对来说是比较适宜的，然而现有民居的集中分布形成村落的并不多，但是为了更好地适应产业化利用的要求，对现有村落民居进行改造和扩建是必需的。随着中国城市化水平的提高，未来乡村人口还将进一步减少，这是人类经济社会发展的必然趋势，如果听之任之，乡村民居闲置现象将会更加严重，因此而导致乡村衰落将是必然的结果，因此，中国政府在积极推进城市化的同时不忘乡村振兴，极其重视乡村振兴工作，大力支持乡村发展旅居康养和自然教育产业，这两大产业不仅关系到人们对美好生活的追求，更是关系到对青少年的培养及中国未来发展的需要，给中国未来乡村发展经济带来了良好的机遇。识时务者为俊杰，广大乡村乘势而为抓住两大产业发展的机遇，分别按照旅居康养与自然教育产业对村落民居建筑及生活环境的要求进行改造建设，但是并不需要对所有的村落民居建筑进行改扩建，一个村庄选择几个村落就足够了，按照从点上突破和以点带面的建设与发展思路，强化区域乡村宜居村落特色生活环境的建设，建筑改造上突出内质提升和公共活动建筑空间的营造，增强民居建筑之间的有机联系，整体上采用特大型组合大院落的形式，按照乡村生态大酒店的要求进行改扩建，不刻意采用某种建筑风格和形式，尊重现有格局，讲究经济实用，色彩上追求与周边环境协调统一。

被选改造村落内外邻近环境提质改造是美丽乡村异质化建设的主要内容，外环境可结合多样自给型农业生产进行建设，创造多样农作物为基底的花园景观，按季节选用名花打造花园特色，实现异质要求，建议采用自然山水式园林的造园艺术风格，力求做到花园四季有花可赏，季季有特色，尤其是重点打造区域乡村旅游旺季的特色植物景观；村落内环境建设按照庭院的艺术与各种活动功能要求进行打造，突出地域文化景观，创造独特的文化氛围和生活气息，不仅追求物质空间与环境上的享受，而且更注重对顾客精神上的熏陶，让所有的消费者都能有不一样的美好感受。

4　结语

中国正在实施乡村振兴战略，极其重视乡村的发展，过去先后开展了社会主义新农村建设和美丽乡村建设，脱贫攻坚也取得了举世瞩目的伟大成就，时至今日，中国乡村发展遇到了大家普遍感到困惑的问题，就是乡村具地域特色和市场竞争优势的产业并不多，很多乡村出现了同质化建设的现象，且建设的目标并不十分明确，尤其是为发展旅居康养和自然教育等产业的建设目标欠明确，地域乡村的建设重点不突出，甚至有的乡村出现重外表轻内质的形象建设工程，再加上村民受传统私有观念的影响，倾尽财力建私房，根本没考虑家庭的实际需求，盲目跟风建设，更没有考虑发展乡村产业的需要，以致中国广大乡村民居建筑资源闲置的现象十分严重，闲置就等于浪费，很有必要依据中国未来社会对乡村旅居康养与自然教育产业的巨大需求来改造建设，以提高闲置民居建筑资源的利用率，让广大村民也能获得一份资产性的收入。在进行民居建筑改扩建的同时，重点对村落内外邻近环境进行园林化改造，按季节选用名花创造区域乡村的植物景观特色，打造异质化的景观与环境，最终实现区域乡村的自然生态与社会经济的可持续发展。

编制村庄产业发展及建设规划的几点建议

摘要： 中国正在实施乡村振兴战略，规划先行，规划引领，推进乡村振兴的首要工作是要做好村庄规划，国家于2018年初就发布了“关于统筹推进村庄规划的指导意见”，明确提出了不规划不投入和不规划不建设的具体要求，全国约有70万个村庄需要编制规划，业界先后完成了大量的村庄规划，同时也制订了相关的村庄规划编制技术指南，然而对于编制一个村庄产业发展及建设规划尚缺乏系统的理论指导，本文作者带领团队在完成几个不同类型的村庄产业发展及建设规划之后，提出了几点关于编制村庄规划的建议，供大家参考。一是突出村庄建设为促进主导产业发展的重要目的，明确将村庄规划定为“村庄产业发展及建设规划”，规划编制时始终把产业振兴作为实现乡村振兴的重点和核心；二是选定村庄最适宜发展的主导产业，通过开展实地和市场调研进行综合分析，充分利用村庄所具有的自然与人文资源比较优势，选定最适宜发展的主导产业；三是围绕主导产业发展的迫切需要制定相应的建设方案，抓住村庄建设的核心，突出建设的重点，创建特色鲜明的乡村产业体系，规划设定的最终目标是将村庄建设成为一种可持续发展的状态，让村民都能过上美好幸福的生活。

关键词： 村庄规划，主导产业，村庄建设

中国实施乡村振兴战略的一项重要的工作就是要编制多规合一的村庄规划，国家强调不规划不建设和不规划不投入的总体要求，过去所编制的村庄规划常见的有几种，如村庄环境整治、生态环境保护、道路交通、美丽乡村建设、农业发展、乡村旅游等规划，这些规划一般都是通过国家立项进行建设的，资金主要来源于国家财政拨款，不可否认这些规划的实施对于改变乡村落后面貌发挥了重要作用，可以说现在全国各地到处都是美丽乡村了，尤其是浙江、江苏和广东经济较发达的省域乡村面貌真是焕然一新，但是从现在建设好了的美丽乡村来看普遍存在一个较突出的问题，就是区域乡村的主导产业并没有形成，或者是已经形成但没有得到较好的发展，很多村庄的产

业发展状况依然如故，绝大部分村民仍然不得不靠到城市去打工获得收入，乡村并没有进入一种可持续发展的状态，城乡在产业发展上不均衡的矛盾依然很突出。据实地调查，现在很多村民都有在本地就业的愿望，只是本地难以找到就业岗位才被迫外出打工的，在本地打工哪怕是收入比现在进城打工少一点他们都表示愿意，都认为能在本地就业会比现在背井离乡生活得更加幸福，这一调查结果值得我们业界反思。当前乡村建设要重点解决的问题是什么？或者说乡村建设的重要目的什么？很显然是要发展区域乡村的主导产业，并且是能够吸纳更多村民就业的产业，该产业能让村民获得较稳定收入，这正是本文将村庄规划具体确定为“村庄产业发展及建设规划”的一个重要原因，本文为了引导大家编制好中国乡村村庄产业发展及建设规划特提出如下几点建议，旨在供同行参考应用。

1　突出为发展主导产业而开展村庄建设的重要目的

自2005年以来，中国乡村经历了社会主义新农村、脱贫攻坚、美丽乡村建设等几个不同的发展与建设阶段，取得的建设成果也是大家有目共睹的。乡村发展产业一直是社会广泛关注的一个重要问题，中国乡村发展到今天，这个问题显得尤为突出。中国社会存在的主要矛盾已经转化为人们对美好生活的追求与发展不平衡不充分的矛盾，不平衡主要是城乡产业经济发展的不平衡；不充分主要是乡村产业发展的不充分。中国从农业在国民经济中所占的比重来看，单一靠发展农业来支撑乡村经济的总量是永远不够的，中国农业的整体增值空间不大，发展农业重点是优化和调整区域农业生产结构，让不同的农业生产项目找到最适宜开展规模化的商品化生产区域，即国家现在大力支持建设的特色农产品商品化生产基地，以提高农业生产效益，这正是现代农业发展的一个大的趋势。村庄所在的区域乡村可以选择最适宜本地发展的农业生产项目，但是前提是要具有天时和地利的资源比较优势，开展的商品化生产才可能取得好的效益，不然的话，一个村庄决不能将农业作为发展经济的主导产业。反思过去开展村庄建设的目的也不能说是错了，社会不同发展阶段的需求是在不断变化的，建设是为了解决当时的突出问题，现在社会的主要矛盾实质上集中体现在乡村产业发展不充分的矛盾，人们的美好生活尤其是村民的美好生活如果没有主导产业支撑区域经济发展是不可能实现的，因此，每一个村庄都必须拥有自己的主导产业，并且能够吸纳更多的村民就地就业而获得较稳定的收入，这就是村庄建设最重要的目的，编制村庄产业发展及建设规划对于促进乡村产业振兴意义重大，村庄建设应重点围绕主导产业发展的迫切需要进行建设，以此突出村庄建设的重要目的，把有限的建设资金主要投入到发展当地主导产业上来。

2　依据自然与人文资源比较优势选定村庄最适宜发展的主导产业

中国约有70万个村庄，农业社会时代中国乡村的主导产业主要是农业，随着城市化水平的提高，农产品的商品化率也在同步提高，现在几乎所有的乡村都必须考虑自己生产的农产品销往城市。农产品进入市场就有竞争，就得遵循市场规律，相比之下能做到质优价廉的就能在市场竞争中获胜，生产者才能获得良好的经济效益，于是这些年各地乡村都在根据市场的需求不断优化和调整农业生产结构，现在也有很多区域乡村在调整中确立了自己的主导产业，正在朝着特色农产品商品化生产基地不断进行建设，当然也有的区域乡村原来就早已形成了具优势的特色农产品生产基地，现在只是在产业体系建设上做进一步的完善，或者只是在产业融合上作多功能效益拓展。各地乡村自然与人文资源条件千差万别，如果将某种农业项目作为主导产业发展，包括种植业和养殖业，可供选择的项目很多，关键是要选择最适宜的项目，规划编制工作者必须做好翔实的市场与实地调研后再做决定。原则上是充分利用比较优势选择最适宜的农业生产项目，确定某一生产项目前必须请求相关技术专家参加决策。近些年全国各地乡村也在积极开展产业结构调整，乡村服务业在发展全域旅游产业的理念驱动下开发了大量的乡村旅游目的地，在发展过程中积累了较丰富的经验。2020 年以来乡村旅游业虽然受新冠疫情和高度发达的可视化信息技术的影响，但是中国乡村的三产服务业仍然还是存在巨大的发展空间，尤其是在生活环境上与城市相比优势特别明显，青少年的自然知识、农耕文化素质教育和老年人的乡村旅居康养永远是中国社会发展的两大刚需，具备形成中国乡村发展三产服务业的市场潜力。关键是业界必须积极探索适宜的乡村服务业开发和建设模式，按照社会发展的市场刚需，更新发展思维，将有限的乡村建设资金用到急需建设的村庄主导产业发展上来。

3　围绕村庄主导产业发展的迫切需要制定建设方案

现在中国社会的主要矛盾已经转变为人们对美好生活的追求与发展不均衡不充分的矛盾，所谓的发展不均衡是城乡发展的不均衡，不充分是乡村发展的不充分，主要是体现在乡村产业经济发展上的不充分，乡村产业尚有巨大的发展潜力可挖。乡村在近年的产业结构调整中取得了可喜的成果，很多乡村已经确定好了适宜发展的主导产业，还有很多乡村正在探索之中，尚未确定好适宜发展的主导产业，不管现在乡村产业发展状况怎样，在科技发展日新月异的新时代，不仅是要确定好村庄适宜发展的主导产业，更要建设适应未来社会发展需求的乡村现代产业体系，需要不断开展产业体系建设。编制村庄产业发展及建设规划时必须制定切实可行的建设方案，首先是要确定好主导产业发展迫切需要建设的项目及内容，把村庄建设的重点转移到打造主导产业体系建设上来。现在中国乡村普遍存在产业发展核心不突出的问题，一个村庄范围内可能规划为一个或几个特色产业单元，不管是开展农业生产，还是三产服务业，都必须建设一个产业发展的核心，这个核心不仅是作为职员的生活聚居地，同时也是村庄产业智能化管理与物流服务中心，尤其是现在产业体系建设的智能化对该核心的建设要求更高，这就是村庄产业发展建设的核心，目前像这样的产业核心很多村庄尚未形成，其主要构成是相对集中的各种功能性建筑，现在的村落建筑一般难以满足产业发展的功能要求，必须进行适当的改造和扩建，但是国家在乡村建设用地上管控也是相当严格的，只能在允许的范围内进行建设。村庄产业发展的核心是规划建设的重点，也是引导村民未来集中生活的聚居地，还是与主导产业相配套的多功能效益融合拓展的核心区域，其配套环境建设也必须纳入规划建设的项目。制定建设方案时必须充分考虑村民对美好生活的要求，在邻近或环绕中心的区域规划兴建一个以多样农作物为主体的配套花园，以满足村民户外休闲与康体健身活动的需要，将乡村打造成为人们享受美好田园生活的理想境地。

4 结语

中国实施乡村振兴战略最重要的目标就是要实现产业振兴，从目前全国各地乡村产业发展及建设的状况来看，特色农产品商品化生产基地经过多年的建设和发展正在逐步形成，现在的建设重点主要是完善智能化的产、供、销一体化产业体系和拓展与主导产业发展相配套的融合产业；中国乡村发展的三产服务业过去在全域旅游发展思维的主导下，全国范围内结合美丽乡村建设兴建了大量的乡村旅游目的地，现在从整体经营状况来看并没有达到预期的效果，究其原因并不是完全受新冠疫情的影响，在发展思维上确实也存在一定的问题，业界正在不断尝试调整业态，更新服务内容，积极探索产业发展的新模式，已开始认识到面对社会发展的市场刚需，亟待重点发展针对青少年的自然知识与农耕文化素质教育和老年人的乡村旅居康养产业，相应的产业基地建设将成为村庄建设的重点，选定好村庄发展的主导产业，并针对产业发展的迫切需要开展村庄建设，制定切实可行的建设方案对于促进村域经济发展将发挥极其重要的作用。

编制乡村产业发展及建设规划的几种主导思维探析

摘要：运用不同的发展思维制定出的区域乡村规划，其建设方案与产业发展思路的差异是明显的，实施之后的效果也是截然不同的。反思有问题的规划便不难发现主要是主导思维存在问题，确定好主导思维是制定切实可行的区域乡村规划的重要保障。本文针对目前乡村产业发展及建设中普遍存在的盲目性问题，提出制定区域乡村产业发展及建设规划确定发展思维的步骤与方法：一是实地调研，主要是全面了解影响区域乡村与产业发展的重要因素，包括地理气候特点、自然与人文资源优势、区位与交通条件和现有产业发展状况等；二是市场调研，主要是针对区域乡村未来可能发展的主导产业所能提供的主要产品，调查市场供需状况，是否存在市场开拓的潜力，确定主要服务区域范围与消费对象；三是思维筛选，对实地与市场调研的结果进行总结归纳和比较分析，确定区域乡村具有明显优势且能可持续发展的主导产业，依据主导产业制定切实可行的建设方案。乡村建设的目的主要是为了发展产业，发展产业的目的则是为了发展社会经济，发展经济的最终目的是让人们过上美好的生活。编制乡村产业发展及建设规划首先必须运用体系化主导思维，即系统思维，思考怎样构建区域乡村产、供、销一体化的产业体系。区域乡村产业发展的资源优势与基础条件千差万别，可选择的生产对象很多，首先是要根据区域乡村资源的比较优势确定主导产业，产品必须具有明显的比较优势和市场竞争潜力，然后依据主导产业发展的需要制定切实可行的建设方案。乡村产业发展除运用系统发展思维外，同时还可叠加运用规模、品牌、特色、融合等配套发展思维，这些思维的运用必须以确定的主导产业为前提。编制区域乡村三产服务业发展及建设规划运用的主导思维主要有办学、旅游和康养等，对应发展的产业是乡村教育、乡村旅游和乡村康养等服务业。

关键词：乡村规划，主导思维

2017年10月国家正式提出了实施乡村振兴战略，2018年元月国务院办公厅发布了《关于统筹推进村庄规划的指导意见》的文件，明确指出不规划不投入，不规划不建设，规划先行，规划引领，全国各地积极响应，各级政府组织完成了大量的村庄规划，编制规划的人员也是按照中国乡村振兴战略提出的总体目标和要求进行规划编制的，大家也都清楚产业振兴是乡村振兴的重点和核心，近三年也在积极组织开展相关的建设工作，乡村建设取得了较明显的效果。然而，从目前按规划实施的状况来看，很多村庄产业发展没有达到预期的结果，普遍存在盲目建设的问题，尤其是政府投资建设的村庄，各项基础设施建设明显改善了，从外表上可以说全国各地到处都是美丽乡村了，但是对推进区域乡村产业发展的效果并不明显，当地村民仍然主要靠外出打工获得收入，仍然不能让大部分村民就地就业。这些年来乡村的民居主要是村民自主修建的，普遍在闲置，利用率很低，这也是乡村建设的一个重要问题，主要与国民对私人资产拥有的传统观念有关，未来必须引导村民改变观念，现在的村庄规划大多也没有考虑这份资源怎么应对产业发展的需要提高利用率的问题，村民为发展区域乡村产业需要而建设的目的并不明确，造成中国乡村建设和产业发展普遍较盲目的原因不得不引起人们对现有村庄规划的反思，很多村庄规划确实存在不切合实际难以着地的问题，也难怪很多村民并不认可现在所编制的村庄规划，虽然村民对政府出资建设村庄表示感激，但是对促进当地产业的发展并不满意，有的甚至认为有的建设项目是一种没必要的浪费，至少作用不大。人类社会的进步和事物的发展总是需要一个实践和认识的过程，这一过程有的甚至很长，做好中国乡村规划也不例外，值得规划与设计专业工作者去探索。对于怎样做好中国乡村产业发展及建设规划，本文作者认为编制乡村规划所运用的主导思维起决定性的作用，也就是说如果区域乡村规划的主导思维选择对了，那么规划所确定的产业发展思路和相应的建设方案也就不会出现大的问题，最多只是技术上的小问题。区域乡村发展的产业具体选择哪一产业作为主导产业，然后依据确定了的主导产业又怎样去发展配套产业，这些都是本文将要涉及的重要内容。

1　编制乡村产业发展及建设规划主导思维的运用状况及问题分析

中国自从开展社会主义新农村建设与美丽乡村建设以及宣布实施乡村振兴战略以来，全国各地自上而下编制了不少的乡村规划，从大区域的总体规划到小区域的村庄规划都有，有环境整治、美丽乡村建设、产业发展、生态环保等多种类型的规划，这些规划对于促进乡村发展确实发挥了积极作用，也体现了社会某一发展阶段对促进乡村发展的认识水平，虽然我们无权指责过去乡村建设因规划的不科学而导致建设的成效未能达到人们的预期，但我们必须反思当初规划存在的问题，特别是在发展思维上运用的问题，以便为未来乡村发展做出相对科学的规划，尤其是在中国正在全面推进乡村振兴的起始阶段，制定好乡村规划的意义更加重大。过去编制区域乡村规划时大家都知道乡村发展最重要的是要发展产业，但是由于确定主导产业前并没有做详细的市场和实地调研，仅凭主观而定的较多，通常确定以农业生产和加工等一二产业为主导产业，其主导思维主要是没有运用好系统思维，忽视了产、供、销各个环节的同等重要性，多出现重生产轻销售的状况，同时也出现规模意识强和品牌特色意识弱的现象，结果可想而知。主导产业在全域旅游思维主导下确定为旅游服务业的区域乡村规划较多，其次是康养服务业，也有做研学旅行的，有的乡村甚至还像城市一样兴办了游乐园，全国各地可谓是乡村旅游一拥而上，当初乡村旅游作为一种新鲜事物也确实红火了一段时期，结果是好景不长，现在很多乡村旅游项目相继出现难以维持的局面，尤其是建设投资较大的乡村旅游项目更是出现严重亏损的局面，业界与很多经营者把乡村旅游业普遍出现的困境归结于新冠疫情的影响，也有归结为乡村旅游资源过剩。新冠疫情影响确实是十分明显，但只是一个重要的方面。近几年在美丽乡村建设行动中，全国各地兴建了大量的乡村旅游目的地，普遍认为只要乡村变美了就会有游客来欣赏，乡村旅游业就能够兴旺起来，实际结果并非想象，随着现代发达的可视化信息技术的普及，单纯从人们视觉上的感受需求发展旅游业无疑会受到冲击，这个影响因素却被业界和经营者所忽视，因此，我们不得不反思过去编制乡村三产服务业发展及建设规划所运用的旅游主导思维存在的缺陷，以及忽视现代可视化信息技术给乡村以视觉感受为主的旅游项目带来的影响，以致提出改变区域乡村三产服务业发展及建设规划编制所运用的主导思维，虽然不能完全否认乡村三产服务业发展及建设规划编制运用的旅游发展思维，但是必须明确旅游需求受影响的因素太多，不确定性大，尤其是从视觉感观上游一游、看一看、乐一乐的旅游方式并不是现代社会的刚需，因此，改变编制区域乡村三产服务业发展及建设规划运用的主导思维迫在眉睫。再说，过去编制乡村田园综合体与特色小镇规划所运用的主导发展思维，分别是融合发展思维和特色发展思维，这两种思维的运用本身并没有错，也必须是要运用的思维，关键是编制规划运用这两种思维的前提存在问题，也就是说项目主导产业未能确定好而出现的喧宾夺主问题。从现在国内兴建的很多田园综合体和特色小镇的发展情况来看并不理想，田园综合体多出现贪大求全和特色小镇缺乏特色的普遍现象，都是存在主导产业不突出的主要问题，因此而导致今天的发展结果不理想就是必然的。

2　编制乡村产业发展及建设规划确定主导思维的步骤与方法

编制乡村产业发展及建设规划就是要厘清区域乡村产业发展的思路，以及围绕产业发展的迫切需要制定相应的建设方案，因此，首先必须确定好区域乡村将要发展的主导产业，然后才是制定切实可行的建设方案，建设的目的很清楚主要就是为了发展主导产业，也就是编制区域乡村产业发展及建设规划最基本的要求。选择和运用好主导思维是编制好区域乡村产业发展及建设规划的重要保障，本文认为确定主导思维的步骤与方法离不开实地调研、市场调研和思维筛选三个环节。

2.1 实地调研

中国地域辽阔，自然地理气候与地形地貌变化多样，各地乡村影响产业发展的因素各不相同。中国乡村在农业社会时代城市化水平低，商品经济不发达，农业既是农村发展的主导产业又是基础产业，全国各地农村产业结构和农业生产结构一直变化不大，只是自然形成的主粮作物与主要经济植物在种植区域上的明显差异，然而，近四十年来，伴随着工业化与城市化水平的不断提高，中国广大农村为促进商品农业和社会经济的发展不断进行着农业生产结构和农村产业结构的调整，区域乡村不得不选择适合自己发展的主导产业，包括一二三产业，因此，区域乡村现在不得不都在把产业发展及建设规划提到议事日程上来，尤其是国家提出实施乡村振兴战略以来，大力支持特色农产品商品化生产基地的建设，整个社会极其重视制订乡村产业发展及建设规划，各地乡村都希望找到最适于自己发展的主导产业，在编制规划时进行实地调研既是第一步，也是最重要的一步，首先是要找出区域乡村产业发展的比较优势，当然是分别针对发展一二三产业的比较优势，主要包括地理气候特点、自然与人文资源优势、区位与交通条件和现有产业发展状况等，这些要素与区域乡村发展主导产业密切相关，是主导产业确定的重要依据。区域乡村最适宜做什么就做什么，各种产业发展优势的形成必定依赖于当地产业发展的优势资源和基础条件，很多要素是自然形成的，是人工难以改变的，必须强调充分利用，最好是直接利用。当地的农业能做什么和最适宜做什么，当地的农民一般都是很清楚的，尤其是受气候影响的种植业，农业如果仅作为基础产业，那么只是在生产技术上提高和品种上进行更新就行了；如果将农业作为主导产业，那么地理气候特点与自然资源优势就成了决定性的因素。区域乡村一般很少选择将农产品加工业作主导产业的，就是有也是建立在当地有农产品原料规模化生产的区域乡村，发展农产品加工业的优势一般都不如城镇，尤其是交通运输业发达的今天乡村更是没有优势。现在中国乡村产业结构调整多选择发展三产服务业作主导产业，选择最多的是休闲旅游业，当然也有以农业生产为主导产业的乡村为了拓展产业发展的需要而发展第三产业的，所经营的三产服务业仅是作为配套产业进行适度发展。区域乡村发展的主导产业一旦确定好了，那么编制规划的主导思维就好选择了。

2.2 市场调研

编制区域乡村产业发展及建设规划做市场调研也是必需的，乡村发展任何产业都离不开市场，可以说市场决定乡村产业的发展，当然市场也可以人为开拓，但是一定要有开拓的潜力。乡村发展产业的主要市场是城市，尤其是与区域乡村相距最近的城市，乡村发展产业首先考虑的就是为市民提供迫切需求的产品，不仅是农产品，还包括乡村的景观与环境。市民的需求随着社会经济和城市发展到不同阶段是有变化的，市场调研必须深入到城市，广泛听取市民的诉求和了解其对美好生活的愿望，不仅是对各种特色农产品需求量的增加，而且有观赏、康养和学习价值的环境与景观也是随着城市化水平的提高而产生的新的市场需求，面对新的市场需求区域乡村的主导产业和农业生产结构可以因市场需求而改变，在进行市场调研的同时也必须了解周边乡村他们正在发展的产业及其现在的发展状况与水平，目的是避免产品供应上的同质化竞争，并进行比较分析，做到知己知彼，找出区域乡村发展产业的比较优势，充分利用现有资源的比较优势发展主导产业。过去的规划和建设投资者普遍存在一种错误的认识，即将融合发展理念理解为多样化，发展产业贪大求全，平分秋色，在项目建设与经营管理上往往表现为主次不分和特色不鲜明，最终因主导产业不突出而导致经营失败，这样的实例很多，这也正是编制区域乡村产业发展及建设规划必须避免的一个明显误区。

2.3 思维筛选

确定发展思维对于编制区域乡村产业发展及建设规划极其重要，直接关系到能否为将要发展的主导产业制定出切实可行的建设方案。乡村发展的主导产业若是一二产业的，一般都是区域特色农产品商品化生产基地，那么都必须建立产、供、销的一体化体系，编制区域乡村产业发展及建设规划首先必须运用的是系统思维，规划必须明确和重视产业体系的每一个环节的建设，系统思维就是一二产业发展的主导思维，此外，还需要运用规模、融合、品牌和特色等配套发展思维，运用这几种思维在编制规划时必须在主导思维的正确统领下才能更好地体现它们的价值，至于选择何种配套思维，主要决定于主导产业发展的状况和计划进一步发展的需求，配套思维决定于配套产业的发展，必须依附于主导产业，可以适度发挥主导产业的多功能效益，任何时候都不能喧宾夺主。

乡村发展三产服务业是调整农村产业结构的普遍选择，很多区域乡村将三产服务业定为主导产业，除必须运用系统发展思维外，配套发展思维有旅游、康养和办学等，过去编制乡村规划运用最多的是旅游发展思维，因此，近些年全国各地兴建了大量的旅游目的地，乡村旅游业成了城市化进程中发展起来的一项新型产业，得到了快速发展，甚至出现了超出实际市场需求而发展的局面。旅游是随着人们生活水平提高而产生的一种普遍的社会需求，但毕竟不是一个社会可持续发展的刚需，旅游行业受影响的因素很多，如突如其来的新冠疫情和发达的可视化信息技术对旅游业的影响就十分明显，实际旅游需求并没有人们预想的那么大，这一点已由现在乡村旅游资源出现过剩得以证明，那么中国未来社会对于乡村发展三产业的刚需又有哪些呢？本文认为有两个，一是主要针对城市中小学生开展自然与农耕文化知识教育；二是主要针对城市老年人康养生活需求兴办乡村旅居康养基地，以此为依据在乡村发展青少年教育和老年康养服务业，因此，中国区域乡村如果具有发展上述两项服务业的比较优势，在编制区域乡村产业发展及建设规划时运用的主导思维就分别可选用办学和康养思维。

3　编制乡村产业发展及建设规划的几点建议

乡村产业发展及建设规划直接决定着区域乡村社会经济的发展和乡村产业能否振兴，不同于美丽乡村建设、村庄整治和环境保护等规划，规划实施虽然具有公益性，但不属于公益性事业，属于一种经营性的建设行为，需要有投资建设和经营者，必须具有投资的效益，尤其是经济效益，规划目标非常明确，就是要发展产业，建设的目的也很明确就是要为发展主导产业而建设。现针对编制区域乡村产业发展及建设规划提出如下建议：

3.1 充分利用资源优势选择主导产业

区域乡村选择主导产业的重要依据就是本地的资源比较优势，是选择发展一二产业，还是发展三产服务业，完全取决于本地的资源比较优势，具有开展特色农业生产所需的土地土壤、水资源和气候等基础条件优势的适宜选择特色农业作主导产业；具有特别自然山水与森林生态优势的区域乡村选择康养产业作主导产业；紧邻城市的乡村具有地理区位优势，又具有多样的立地生态环境的区域乡村适宜选择自然与农耕文化教育作主导产业，这些资源与环境所形成的比较优势不是人为可以轻易改变的，充分利用资源比较优势发展主导产业是最明智的选择，有利于取得良好的经济效益。

3.2 围绕主导产业发展需要制定建设方案

区域乡村发展主导产业不管是原有的产业，还是新确定发展的主导产业都需要紧紧围绕主导产业的发展开展各项建设，以形成顺应时代发展和市场需求且具竞争力的产业体系，在规划编制时就必须制定一个切实可行的建设方案，一切为了主导产业发展保特色、补短板、强优势和创品牌的需要进行建设，依据现有的产业发展条件分期分轻重缓急确定建设项目及建设内容，目的是创建完整的产业体系。

3.3 突出产业核心建设引导村民集中居住

编制区域乡村产业发展及建设规划无疑是要发展区域经济，其实发展经济并不是最终目的，最终目的还是要让国民都能够过上美好的生活，无论是发展一二产业还是三产业都将规划建设一个产业核心，不仅需要安排村民在那里工作，而且还要拥有市民集聚功能，立足长远，建议将产业核心建成为一座田园微城市，即带多样农作物花园的田园微城市，在乡村中实现产城融合发展，积极引导村民到微城市中来工作和生活，让村中之城真正成为区域乡村主导产业发展的核心，从而创造一种中国乡村可持续发展的新模式，即田园微城市的产城融合发展新模式。

4　结语

规划先行，规划引领，中国实施乡村振兴战略的第一步就是要编制好区域乡村产业发展及建设规划，不同的区域乡村具有不同的产业发展条件和资源优势，各地拥有的资源比较优势是决定某一个区域乡村确定主导产业发展的重要依据，编制区域乡村产业发展及建设规划时首先是要通过实地与市场调研明确将要发展的主导产业，然后再运用系统思维构建完整的产业体系。区域乡村通过发展主导产业而发展经济作为规划目标，但并非最终目标，最终目标是要让国民都能过上幸福美好的生活，因此，区域乡村产业发展及建设规划不仅是为了发展主导产业，更要立足长远，将区域乡村建设成为一座带多样农作物花园的田园微城市。

湖南高山区域推进夏秋季旅游产业环境建设的构想

摘要：湖南高山区域具有良好的山林生态环境，社会经济却相对落后，大部分为湖南省确定的重点扶贫区域，探索山区脱贫致富模式对于和谐社会的建立意义重大。本文通过分析湖南高山区域的自然气候和环境资源特点，以及现有的产业发展状况，提出了充分利用高山夏秋季凉爽的气候优势发展生态旅游产业建设构想，明确了以改善旅游接待用建筑和打造耕地环境景观为重点，开展旅游产业环境建设。建议采用政府扶贫资金支持、政策吸引业主投资和引导村民积极参与的股份制经营模式，旨在为山区社会经济和自然生态的可持续发展树立典范。

关键词：高山区域，旅游产业，环境建设，春夏季

中国自改革开放以来，社会经济得到了快速发展，城市化水平不断提高，城市居民生活得到了大的改善，可是城乡差别却在不断拉大，部分地区农民收入较低，仍处于贫困状态。为了缩小城乡差别，党中央于2005年提出了建设社会主义新农村的伟大号召，各级政府积极响应，开展了一系列的建设工作，各地农村建设成效显著。然而，尚有许多乡村仍然较为贫困，一部分村民尚未脱贫，于是政府制定了一系列的扶贫政策，许多部门也开展了对口扶贫工作，但是成效不显著，尤其是偏远山区如何通过产业脱贫，一直是摆在大家面前的一道难题。实践已经证明：山地农村在人均耕地较少情况下，依靠传统林业和农业生产难以增加村民收入，急需发展新的产业。在政府倡导农村一二三产业融合发展的背景下，湖南提出了发展乡村全域旅游产业的思路，各地农村都在积极响应，竞相发展乡村旅游业，先后建立了大量旅游产业平台——休闲农庄，出现了同质化发展现象，许多农庄毫无特色，普遍感到经营困难。本文针对湖南高山区域的自然气候和环境特点，提出了推进夏秋季生态旅游产业的建设构想，旨在探索高山区域农村产业发展的新模式。

1 湖南高山区域自然气候与环境特点

湖南属亚热带季风湿润气候区，夏季酷热、冬季寒冷、春季多湿、秋季凉爽，气候四季分明。然而在湖南高山区域的夏季却十分凉爽、昼夜温差较大，夜间温度一般在20℃左右，空气清新，非常适合疗养。根据陶建军等人以衡山和雪峰山为例，通过对其气象资料的整理分析证明，湖南高山等地气温是避暑的好场所，丰富的气候景观资源和动植物资源使乡村旅游具有开发的条件。湖南高山区域多为边远的乡村，人口稀少，多以林业为主。村民在山地旱土上以种玉米、红薯为主，水稻田较少，种植面积不大，无任何工业污染，具有良好的农田和森林生态环境。村民生活用水多为山泉水，一般采用打井取水或引水的方式，生产用水采用山塘或小型水库供应，已修建有完整的灌溉系统，农业生产普遍采用的是传统的生态农业模式，很少使用农药和化肥，农田生态环境良好，高山区域山谷溪流终年流水潺潺，山间云雾缭绕，山上森林植被茂密，春季山花烂漫，夏季绿树成荫，秋季色彩纷呈，冬季苍翠欲滴，霜降之后多有雾凇美景，高山动植物资源极其丰富，群山之中分布有大量的珍稀植物和多种野生动物，村寨依山傍水而建，在青山绿水之中村民过着清贫而简朴的生活，一年四季田园千虫竞唱、百鸟争鸣，到处是一派充满生机的自然景象。

2 湖南高山区域农村产业发展现状

湖南高山区域一直以来以林业为主，兼顾部分传统农业生产，人工经济林以杉树、松树、楠竹和油茶为主，有少量的果树种植，村民以砍伐树木获得经济收入；高山区域的山地坡度一般较大，适宜发展经济林的山地十分有限，随着人口的增长，人均林地面积相对减少，林农年均可支配收入大多在国家划定的贫困线以下。山区农业用地相对较少，山地梯田耕作人工成本较高，难以获得收入，村民开展农业商品性生产积极性不高，主要追求自给自足。年轻人耐不住山中的寂寞和清贫，大多乐意外出打工获得工资收入，务农的村民越来越少，近年山地农田抛荒严重。中国林业与农业一直以来的比较效益较低，高山区域林农的收入一直处于相对较低的水平，因此，湖南高山区域多为国家重点扶贫的对象。湖南高山区人均耕地十分有限，也有利用耕地种植果树、药材与高山蔬菜的，但因受市场和交通运输影响较大，无明显的竞争优势，且难以实现规模化，靠商品农业脱贫致富几乎是不大可能的，尤其是要使山区全体村民脱贫致富难度更大，这已是经过实践证明了的事实。山区可供开发的生产用地十分有限，国家制定的生态环境保护政策也不允许开发坡度在25°以上的山地，15～25°之间的山地也规定为限制开发区域。因此，高山区域发展农业和林业生产受限制的因素十分明显，必须打破传统的发展思路，大胆尝试生态旅游产业发展的新模式，山区林业和农业转变发展观念、改变生产方式和调整生产目的势在必行，一切为生态旅游产业服务，才是山区经济发展的根本出路。

3　湖南高山区域推进夏秋季旅游产业的背景和条件

连续十四年中央一号文件的内容都是关于中国农村、农业和农民的发展问题，即制定和提出的“三农”问题的相关政策和措施，国家极其关注和重视“三农”问题的解决。2016年2月，国务院办公厅下发了《关于农村一二三产业融合发展的指导意见》，明确提出了一二三产业融合发展和城乡经济统筹一体化发展的思路，全国上下全面响应，湖南力推农村发展全域旅游产业，并制定了相关的鼓励政策和措施。湖南各地竞相发展农旅结合的生态旅游产业，如湘西自治州把山区发展生态旅游产业作为精准扶贫的重要行动，提出规划先行，重点支持贫困山区发展生态旅游产业，并配备重要领导进行协调、组织和统一指挥，领导干部深入基层调查研究，找到了山区贫困的原因，明确了山区发展生态旅游产业的优势，并以产业环境及配套设施建设为抓手，工作重点突出，发展思路清晰，正在满怀信心推进山区旅游产业平台的建设。

中国社会经济随着城市化水平的不断提高而进入一个新的历史发展阶段，国力不断增强，城市建设不断加快，人民生活水平不断提高，尤其是城市居民对美好生活的愿望和追求越来越强烈，然而，城市生态环境和农村农田污染问题却相当严重，城市雾霾频繁、PM2.5超标、城市热岛效应明显、农产品安全问题突出等影响着城市居民的健康生活，尤其是随着中国老龄化社会的到来，城市老年人更渴望能够找到一处健康养生的好去处，都有一种返璞归真，回归自然的迫切要求，到哪里去呢？既然我们已经看到了身边的人一批一批地到海南去过冬，享受海南气候的温暖，我们完全可预测，在夏天湖南高山地区将成为城市居民享受清凉的好地方。

4　湖南高山区域夏秋季旅游产业环境建设总体目标

充分利用湖南高山区域得天独厚的夏秋季凉爽气候条件，以热岛效应明显的城市居民为主要服务对象，严格保护高山现有的良好山林生态环境，以着力改善高山居住条件和打造农耕环境景观为重点，根据旅游度假、休闲养生等需要配备相应的服务设施，以满足夏秋季旅游消费需求为导向，调整山区农业生产结构，大力发展多样自足型农业，突出当地优质农产品生产，以自然村落或流域段为单元，打造内涵主题突出与环境特色鲜明的山区生态旅游产业平台，让湖南高山区域的农民走上共同致富的道路，稳步实现高山区域经济可持续发展。

5　湖南高山区域夏秋季旅游产业建设主要建设内容与方法

湖南高山区域属于亚热带特定的高山气候，人工与天然植被茂盛，已经形成了良好的山林生态环境，森林之中只要开辟游道就可以欣赏山水环境的自然之美，在夏秋季游客主要是感受森林的绿色清凉，聆听蝉噪与鸟鸣。山地旅游环境建设除建造森林旅游配套设施外，居住接待用建筑与农耕生产环境也是重点建设的对象。

5.1 植物景观营造

5.1.1 植物种类选择

山区的人均耕地是极其有限的，过去主要是用于生产粮食作物，如玉米、高粱、红薯与水稻，这些作物的观赏价值不高，而要进行旅游产业建设，必须改变一直以来以生产为目的的品种选择，要进行种类上的调整，以增强农庄产业景观功能，带动旅游产业的发展。在基本保持耕地和林地不动的情况下，依据景观化的建设思路，考虑游客观赏和体验的要求调整农业生产结构，主要选择夏秋季能开花或采收的农作物和观赏植物，利用其较高的观赏特性提高夏秋季农业景观丰富度，增加景观看点和农业体验项目。如合欢、木槿、木芙蓉、芍药、菊花、药牡丹、杭白菊、紫薇、绣线菊、大丽花、射干、白三叶、荷花（见表1）等夏秋盛花，与山林绿色背景有强烈的颜色对比，这些植物中有些具有食用功能，有的还具有药用价值，可以满足农庄食用及健康养生的需要。这些植物不仅丰富了农庄植物种类，更拓展植物各方面用途，也为农庄提供了多样化利用的选择。有些果树如梨、黄桃、石榴、葡萄、柚子、柑橘、杨梅等，树形优美，本身具有好的观赏特点，其果实集中于夏秋季节成熟，可以吸引游客采摘，观赏性和生产性兼顾，一举多得，也保证了农庄生产功能的最大限度发挥。

5.1.2 植物配置方式及景观类型

在种植方式上，农业生产成条成块的种植方式不利于特色景观的形成，而应以绿色的高山森林环境为背景，并尽量不影响农业生产功能的同时，在旅游景观点、线、面上采用艺术化植物配置方式，即根据观赏地块特点、周围环境、植物的观赏特性、景观效果等进行植物空间、时间、色彩的搭配，形成花海、花境、花溪、花林、花丛、花带、花群等景观类型，营造出色彩多变、层次丰富、类型多样的夏秋季高山旅游环境空间，塑造出景观丰富的农业生产环境。如以池杉、桂花为背景，布置蜀葵、鸡冠花、波斯菊、百日草、千日红、白三叶等植物组成高低错落色彩丰富的多层次花镜，适合布置于主园路两侧或主景点上；凤眼莲、千屈菜、美人蕉、黄菖蒲、梭鱼草、溪荪、莼菜等可以形成花溪景观，适合沿水体、溪流布置；向日葵、波斯菊、荷花适合于面积稍大的地块，可以形成花海景观等。大力发展多样自足型生态农业、景观农业和有机农业，让游客享用当地生产的优质农产品，同时观赏多样的植物景观，尽情享受和体验高山农耕文化。

表1　夏秋季节观花及药用植物

序号	名称	拉丁名	特征特性	观赏期	观赏特点	其他
1	向日葵	*Helianthusannuus*	一年生草本	6—9月	花大，黄色	可食用
2	波斯菊	*Cosmosbipinnata*	一年生草本	6—8月	花紫红、粉红、白色	
3	鸡冠花	*Celosiacristata*	一年生草本	8—11月	花红、紫、黄、橙等多色	
4	牵牛花	*Pharbitisnil*	一年生藤本	6—8月	花白、紫、红多色	

续表 1

序号	名称	拉丁名	特征特性	观赏期	观赏特点	其他
5	凤眼莲	*Eichhorniacrassipes*	浮水草本	7—10 月	花紫色	
6	半支莲	*Portulacagrandiflora*	一年生草本	5—10 月	花黄、白、红、赤斑等色	
7	三色堇	*Violatricolor*	二年生草本	4—7 月	花紫、白、黄色	
8	百日草	*Zinniaelegans*	一年生草本	6—9 月	花红、紫、白、黄色	
9	凤仙花	*Impatiensbalsamina*	一年生草本	5—7 月	花赤红、淡红、紫斑、粉红，大红，紫色，粉紫等色	
10	万寿菊	*Tageteserecta*	一年生草本	6—8 月	花黄色	
11	虞美人	*Papaverrhoeas*	一年生草本	3—8 月	花红、白、粉色	
12	蜀葵	*Althaearosea*	二年生草本	3—6 月	花红、淡红色	
13	紫茉莉	*Mirabilisjalapa*	一年生草本	6—8 月	花紫红、黄、白或杂色	可药用
14	合欢	*Albiziajulibrissin*	落叶乔木	6—7 月	树形舒展，花粉红色	可药用
15	栾树	*Koelreuteria paniculata*	落叶乔木	6—8 月	树形优美，花黄色	
16	荷花	*Cynanchumriparium*	水生植物	6—9 月	花大，花白、粉红色	可食用、药用
17	大花萱草	*Hemerocalliscitrina*	宿根草本	5—9 月	花大、花黄、粉红、红等多色	可食用
18	菊芋	*Helianthustuberosus*	宿根草本	8—9 月	花黄色	可食用、药用
19	紫薇	*Lagerstroemiaindica*	落叶灌木	5—9 月	花红，白、紫、粉色	
20	美人蕉	*Cannaindica*	宿根草本	3—12 月	花红、黄色及复色	
21	木芙蓉	*Hibiscusmutabilis*	落叶灌木	8—10 月	花大，花粉红、白、紫色	可药用
22	凌霄	*Campsisgrandiflora*	木质藤本	5—8 月	花内红外黄	可药用
23	八仙花	*Hydrangeamacrophylla*	宿根草本	6—8 月	花色碧蓝、紫红、粉红、粉白	
24	木槿	*Hibiscussyriacus*	落叶灌木	7—10 月	花纯白、淡粉红、淡紫、紫红等	
25	栀子	*Gardenia jasminoides*	常绿灌木	3—7 月	花白色	可药用
26	百合	*Lilium brownii var. viridulum*	宿根草本	6—7 月	花白色	可食用、药用
27	桔梗	*Platycodon grandiflorus*	宿根草本	7—9 月	花紫、蓝色	可药用
28	菊花	*Dendranthema morifolium*	宿根草本	10—12 月	花黄、白、紫等多色	可药用

续表 2

序号	名称	拉丁名	特征特性	观赏期	观赏特点	其他
29	千屈菜	*Lythrum salicaria*	水生宿根	7—8 月	花紫	
30	睡莲	*Nymphaea tetragona*	水生	6—10 月	花红、粉红、蓝、紫、白	
31	芡实	*Euryale ferox*	水生草本	7—8 月	花紫红	可药用
32	芍药	*Paeonia lactiflora*	宿根草本	5—6 月	花白、粉、红、紫、黄、绿、黑和复色等	可药用
33	药牡丹	*Paeonia suffruticosa*	宿根草本	5	品种繁多，花玫瑰色、红紫色、粉红色至白色	可药用
34	绣线菊	*Spiraea salicifolia*	宿根草本	6—8 月	花粉红色	
35	大丽花	*Dahlia pinnata*	宿根草本	6—12 月	品种丰富，花有红、黄、橙、紫、淡红和白色等单色和复色，花型多样	可药用
36	射干	*Belamcandachinensis*	宿根草本	6—8 月	花橙红色	可药用
37	金鸡菊	*Coreopsisdrummondii*	宿根草本	5—8 月	花黄色	
38	黄菖蒲	*Irispseudacorus*	水生草本	5—6 月	花淡黄色	
39	雨久花	*Monochoriakorsakowii*	水生草本	7—8 月	花紫色	

5.2 旅游设施

主要包括交通和接待用建筑，交通分静态交通和动态交通设施，包括车行道、游道和停车场地的建设，车行道保障来往车辆会车方便，游道保障系统性和通达性，以好游为原则；停车场依据游客量进行配备。接待用建筑指的是接待游客餐饮和居住用，以及休闲娱乐用的各类建筑，现有的居民建筑不能满足旅游接待的要求，必须根据接待游客量的多少和游客的生活要求进行改造和新建，尽量做到经济、适用和美观，并与原有建筑风格协调统一。

6　湖南高山区域夏秋季旅游产业组织实施前景分析

6.1 组织实施

湖南高山区域多为贫困地区，管理人才、实用技术和开发资金普遍缺乏，村民的思想意识相对落后，开展旅游产业平台建设有一定的难度。一个好的发展思路和建设方案，必须有优秀的管理人才和实用的技术作支撑，以及有充足的开发配套资金才能实施。建设资金一是申报国家扶贫资金的支持；二是制定优惠政策引进投资主体；三是充分调动当地村民参与的积极性，采用多业主、多渠道和多方式筹措资金，实行共享股份制模式，公开招聘专业管理人才，采用经理负责制，实施目标管理，组建股份制公司，联合打造高山区域候鸟式生态旅游产业平台，保障旅游产业平台建设和经营管理工作的有序进行。

6.2 前景分析

湖南高山区域具有得天独厚的亚热带高山气候条件，具有发展旅游产业的资源优势，夏季凉爽，是城市居民远离炎热的城市度假养生的好地方。湖南高山区域发展旅游产业，游客来源广、基数大、发展前景广阔。村民生产的农产品实现就地消费，或成为旅游产品，克服销售难的困境，大大增加农、林产品收入，从而实现山地农村产业转型。发展旅游产业能够大量增加就业岗位，便于留住村民就地就业，能够明显增加村民劳务收入，保障村民脱贫致富。在当地农产品不够消费的情况下，还可以引进外地农产品，促进当地商品经济的发展。发展高山旅游业，能够充分利用高山的自然资源和气候优势，可额外增加除生产外的旅游接待收入，实现高山环境的多功能效益。发展高山旅游产业能够引导村民正确认识高山森林生态环境的经济价值，从而自觉维护森林植被的完整与健康生长，大大增强村民的环境保护意识，更加有利于森林生态效益的发挥。

7　结语

湖南高山区域具有得天独厚的高山气候条件和良好的山林生态环境，夏秋季十分凉爽，特色鲜明，是适宜发展夏秋季旅游的好地方。基于目前湖南高山地区多为贫困地区，地域经济发展水平相对较低，村民思想观念相对落后，发展意识不强，推进旅游产业平台建设尚存在一些困难，我们必须做大量的发动与宣传工作，充分调动广大村民的参与积极性，统一思想，统一行动，把湖南高山区域的自然资源优势和夏秋季特有的高山气候优势转变为经济优势，彻底改变依靠传统林业和农业取得收入的方式，大力发展农旅和林旅结合的生态旅游产业，以此促进社会经济和自然生态系统的可持续发展。

参考文献

[1] 陶建军，全斌，袁开国. 湖南省山地旅游气候资源的深度开发利用——以衡山和雪峰山为例[J]. 热带地理，2009 (2)：172-176.

[2] 陶建军，陈晶君. 湖南雪峰山旅游气候资源评价及农村旅游开发[J]. 安徽农业科学，2008 (19)：8277-8280.

[3] 许沁乔. 新农村建设视角下的乡村旅游发展因素及其评价[J]. 中国农业资源与区划，2017，38 (7)：221-225.

[4] 黄建强. 山区农村人力资源开发研究[D]. 西安：西北农林科技大学，2011.

[5] 麻宜志. 关于将旅游扶贫作为精准扶贫举措的思考[N]. 团结报，2015-08-15.

[6] 陈乐谓，龙岳林. 花垣县锦绣荷花园景观设计[J]. 山西科技，2016，31 (6)：166-169.

[7] 纪晟莹. 基于景观视角下的武陵山区乡村土地资源保护与利用[D]. 长沙：湖南农业大学，2016.
[8] 王译锴. 湖南乡村农作物景观设计研究[D]. 长沙：湖南农业大学，2014.
[9] 刘思颖. 武陵山区乡村季节性作物景观规划研究[D]. 长沙：湖南农业大学，2016.
[10] 安传艳. 基于无景点乡村旅游发展模式探析[J]. 中国农业资源与区划，2016，37（5）：223－227.
[11] 于静. 论乡村旅游对农村经济发展的意义[J]. 经济问题，2008（5）：91－93.
[12] 高宏鑫. 山地度假区旅游景观规划设计研究[D]. 重庆：重庆师范大学，2015.
[13] 焦方白. 关于山区农村原生态旅游经济的发展模式分析[J]. 现代经济信息，2017（24）：479－480.

湖南花卉苗木产业提质与转型发展的途径与方法

摘要：湖南花卉苗木产业已发展成为一个年产值超过200亿元的大产业，近几年随着城市绿化建设需求量的减少整体上呈现明显下滑的趋势，绿化苗木尤为突出，据初步估计现在70%以上的苗圃在经营上陷入困境，很有必要探讨花卉苗木行业提质与转型发展的途径与方法，这正是摆在行业工作者面前的一项重要研究课题。作者通过实地走访调查与对未来市场需求的综合分析后，提出了湖南花卉苗木产业生产上提质的方法与经营上转型的途径：一是生产上必须选择适宜湖南境内生长和市场需求量大的花卉苗木种类与品种，或是具有较大的市场开发潜力，花卉苗木的主要种类品种求优求特不求多，但是生产必须实现专业化、标准化、自动化、规模化和智能化，每一个生产单位必须拥有自己的产品特色，同时必须构建现代化的花卉苗木生产与营销体系，力求开创湖南花卉苗木产业高质量发展的新局面；二是经营上必须拓展生产环境的多功能效益，充分利用和融入现代智慧化的营销体系，按照多功能融合发展的要求和建设思路，以花卉苗木基地为核心着力打造特色鲜明的乡村产业环境，依据中国社会发展的刚需选定适宜的经营项目，做到市场定位准确，经营目标明确，实施方案切实可行，克服目前花卉苗木产业在生产和经营上普遍存在的盲目性，真正做到有的放矢，使一切生产与经营活动都在有计划的把控之中。

关键词：湖南，花卉苗木，提质，转型

湖南属内陆省份，从全国经济发展水平来看属较发达地区，这些年来伴随着城市绿化建设的需要和人们生活水平的普遍提高而催生了一个较兴旺的新型产业，那就是花卉苗木产业，实际上花卉苗木产业既包含了花卉产业又包含了绿化苗木产业，这两个产业既有紧密联系又有明显区别，花卉与苗木因部分产品可以通用，在环境美化和生产经营管理上存在很多共性，故把两者合并为一个产业。绿化苗木产业总体上属于一个非循环的产业，与城乡环境建设密切相关；花卉产业与绿化苗木产业有所不同，随着人们生活水平的提高其需求量将会不断增大，某些产品属于一次性消费产品具有

循环性，而绿化苗木产业则不具有循环性，随着城市绿化环境建设需求量的减少而逐渐减少，因此，绿化苗木生产在对市场需求量预测不足的情况下很多产品有价无市，出现过剩就成了必然的结果，尤其是不需要太多技术含量就能生产的普通绿化苗木表现得更加突出，以致湖南花卉苗木产业总体上呈现滞销的状态。花卉苗木的生产经营者对产业发展前途普遍感到困惑，湖南花卉苗木产业怎样提质和转型发展才能走出困境？这是业界共同关注的一个重要问题，为了引导湖南花卉苗木产业走出困境，走上可持续发展的轨道，本文作者与省内花卉苗木行业专家深入多个苗圃与花圃基地展开实地调查与访谈，进行了综合分析与讨论，提出了湖南花卉苗木产业提质与转型发展的途径与方法供大家参考应用，旨在开创湖南花卉苗木产业发展新局面。

1　湖南花卉苗木产业发展概况及存在问题分析

湖南花卉苗木产业是随着快速城市化建设的需要和人们生活水平的提高而逐步发展壮大的，此外，高速公路绿化也使用了一定量的苗木，据估计全省花卉苗木生产总规模近 200 万亩，产品年销售额超过 200 亿元，同时带动乡村旅游和城乡绿化工程建设等相关行业协同发展的效益也是巨大的，全产业链年产值超过 600 亿元。湖南各地州县市都有花卉苗木生产，有的已形成了自己的特色，以浏阳和长沙县的花卉苗木产业规模较大，浏阳柏加是全国著名的花卉苗木之乡，生产面积规模超过了 10 万亩，形成了年产值 10 亿元以上的产业。湖南花卉苗木分花卉和绿化苗木两大类产品，绿化苗木以木本植物为主，主要用于新建城区的绿化建设，也有用于荒山造林的；花卉以草本植物为主，也包括部分开花灌木和草坪植物，产品主要包括鲜切花、种子、盆景与盆花，主要用于装点居住生活环境，也有临时季节性用于节庆日摆放布置美化环境的。

湖南绿化苗木有大宗产品和高档精品之分，大宗苗木主要乔木有香樟、桂花、杜英、红叶石楠、栾树、广玉兰、杨梅、乐昌含笑、银杏、大叶女贞、红豆杉、红叶李、海棠、白玉兰、二乔玉兰、红花木莲、水杉、池杉、榆树、榉树、朴树、无患子、日本晚樱、湖南红樱、龙柏、圆柏、红栎、北美红枫、乌桕、垂柳、碧桃、梅花、紫薇和竹类等树种，生产数量上以桂花、香樟、红叶石楠、杜英、樱花等树种较多；主要灌木有春鹃、红檵木、茶花、小叶女贞、金叶女贞、紫荆、茶梅、红枫、海栀子、夏鹃、大叶黄杨、瓜子黄杨、大叶栀子、红叶南天竹、月季、含笑、映山红、紫叶小檗等树种，以杜鹃、红檵木、茶花为最多；草坪与地被植物主要是在苗圃内进行生产的，品种主要有马尼拉草、阔叶结缕草、杂交狗牙根、麦冬、鸢尾、蝴蝶花、藤本七里香、常春藤、六月雪、八角金盘、玉龙草、铺地柏、一叶兰、菲白竹和一二年生草本花卉与宿根花卉等植物，使用得较多的是草坪草和麦冬，草坪现在因国家有新规定不准占用基本农田，只好上山生产，现在草坪生产面积大大减少。湖南绿化苗木精品主要有罗汉松、红檵木、五针松、黑松、榆树、紫薇、金弹子、鱼鳞木、映山红等桩景，罗汉松与红檵木桩景生产量较大，因年销售量不大，圃存较多。近几年随着城市建设的总体速度减缓，绿化苗木需求量明显减少，很多苗圃存量较大，尤其是生产量大的几种大宗苗木产品更是难以销售，出现生产经营上难以维持的困境，这与绿化苗木产业的非循环性有着直接的联系，这一状况出现的主要原因是当初缺乏对市场实际需求量的准确预测，圃存量大完全是盲目发展生产的结果。

湖南花卉生产相对于绿化苗木来说规模较小，市场上销售的花卉产品主要来源于云南和广东，鲜切花和多肉植物主要来源于云南；盆花和盆景主要来源于广东，尤其是观叶的盆花几乎都是广东生产的，湖南自己生产的花卉仅有少数几种，如中国兰花和时令盆花，各地的生产规模也不大，花卉生产具有较大的开发潜力。湖南也有成片种植一二年生草本花卉的，目的是营造花海开发乡村旅游，品种主要是波斯菊、金光菊、千日红、金鸡菊与百日菊等；还有专门种植玫瑰的，主要是用于提炼玫瑰香精，仅兼观赏；还有专门种植荷花、药牡丹、芍药、金银花、铁皮石斛和百合的，主要目的是药用和食用，以荷花规模面积最大，观赏仅是次要功能。花卉销售市场主要集中分布在城市，以市民家庭消费为主，节庆日需要一定量的时令花卉装点重要环境。近年来随着乡村旅游目的地的建设也逐渐种植和消费一定量的花卉，乡村旅游产业环境建设对花卉的需求量将会不断增大，花卉应用具有较大的市场开发潜力。

湖南花卉苗木产业目前存在的五个突出问题：一是绿化苗木生产结构不合理，具体表现在几种大宗苗木明显出现过剩，如桂花、杜英、红叶石楠、香樟、樱花和紫薇等苗木的圃存量过大，很多苗圃销售困难，有的还是占用了基本农田进行生产的，租地费用较高，再加之国家现在已明文禁止使用基本农田进行苗木生产，怎样处理这一问题是现在绿化苗木产业所面临的一个重要问题。二是绿化苗木标准化生产水平低，大宗产品量虽然较多，但是要找到某一树种同一规格且符合高标准质量要求的却很少，湖南本地工程需要的苗木都不得不到外省去采购。湖南大多数苗圃的绿化苗木基本处于自然生长的状态，形态规格良莠不齐，这是普遍存在的一个突出问题。三是绿化苗木生产在种类品种选择与量的控制上存在很大的盲目性，主要表现在几种大宗产品的过量生产，导致圃存量大而出现销售难的困境，如桂花、杜英和红叶石楠等树种滞销很严重。有的生产者认为某种产品价值高就大量进行生产，但实际市场需求量却是十分有限的，从而导致销售困难，如罗汉松桩景具有较大的圃存量，每年销售量却很小，有价无市造成生产者难以维持。四是湖南的花卉苗木产业尚未形成具地域特别优势的特色产品，即使有优势也尚未突出优势进行大规模生产，如红檵木、金弹子和浏阳素心兰都未形成具较大生产规模的系列产品，湖南也没有针对有发展潜力地方特色产品专门立项开展科学研究，尚未探索出一套配套的商品化生产栽培技术，导致出现产品特而不特、特而不强和特而不优的状况。五是湖南城市名贵花卉展览活动开展不够，宣传力度不大，城市花卉大众消费的氛围不浓厚，同时对花卉从业者社会重视度不够，未能很好地体现从业者的社会价值和社会地位，以致生产者的工作积极性尚未很好地调动起来，如过去湖南多个城市每年都要举办的菊花展览和春花展览在近些年几乎都被取消了，这严重挫伤了花卉生产和爱好者的积极性，从而不利于花卉产业的健康发展。

2　湖南花卉苗木产业提质发展的途径与方法

湖南花卉苗木产业提质主要是产品质量上的提质，选择适宜的种类品种是提质的前提条件，湖南处于亚热带季风湿润气候区，属内陆省份，虽然植物资源极其丰富，但是观赏价值较高的且又适于作盆花、盆景和鲜切花栽培的种类品种却很少，红桎木、浏阳素心兰、春兰、剑兰、百合、大花萱草、金弹子等花卉植物在湖南都是原产，有的还野生分布较多，具有发展商品化生产的资源和气候优势，本土植物非常适宜于湖南生长，可以形成具地域优势的特色产业，关键是要重视栽培技术研究，解决商品化栽培中的关键技术问题，如兰花组培快繁、红桎木盆景小型化等，有针对性地开展研究，探索出一套适应湖南的商品化生产栽培技术，实现专业化、标准化和规模化栽培。湖南过去有单位和个人也曾尝试开展非洲菊、切花月季、红掌、切花菊和百合等花卉的商品化生产栽培，除百合较成功外，其他都是因气候条件不适宜不得不采用调控设施栽培，从而造成生产成本过高，导致比较优势不突出而以失败告终，或是仅适宜于季节性生产难以实现周年供应而陷入销售难的困境，这一点正好验证了选择适宜种类品种的重要性。花卉贸易是自由的，国家除对检疫性病虫害有严格控制外，各地的花卉市场都允许销售外地花卉，同时本地产品也允许销往外地，关键是产品是否具有竞争力，质量、价格和生产规模是竞争获胜的决定性因素，这些都取决于生产技术的先进性，因此，湖南花卉苗木行业提质发展的重点是要在技术上提升到一个新的高度和水平。湖南的浏阳素心兰、桂东的黑松小桩景、双峰的剑兰等商品化生产基地初具规模，在技术上还有待提高，在大众消费和销售方式上还有待探究新的途径，如家庭租摆、线上销售和专类园建造等。

湖南绿化苗木生产采用容器栽培的很少，绝大多数苗圃采用的仍是地栽，容器苗适宜全年进行施工，且种植时不需要剪除大量枝叶，绿化效果好，倍受使用者喜爱。湖南各地圃存了大量可以出圃的绿化苗木，完全可以在出圃前 1～2 年集中采用容器栽培，并同时结合进行修剪与整形，使其恢复树冠，等待随时出圃，这也是世界苗木生产提质普遍采用的一种有效方法。

3　湖南花卉苗木产业转型发展的途径与方法

湖南花卉苗木产业过去消费的主要市场在城市，乡村仅占很小的一部分，随着美丽乡村建设的展开和乡村产业发展的迫切需要，花卉苗木市场必然拓展到乡村，毫无疑问，未来乡村对花卉苗木的需求量预计在近年会不断增加，花卉苗木行业必须应对乡村市场的需求调整生产结构，选择生产适应于乡村美化的花卉苗木产品。现在分布在湖南各县市的花卉苗木基地大多距本地的城市不远，属近郊或远郊，分布在乡村较偏僻区域的很少，再加上近年国家在乡村道路交通建设上的投资很大，各地交通几乎不是社会经济发展主要问题，那么花圃或苗圃的转型发展关键是功能上的拓展，即需要改变过去苗圃单一靠生产销售花卉苗木获得效益的状况，设法拓展花圃或苗圃的旅居康养、研学教育、休闲运动、特色商务等功能，实现多功能融合发展，这几大功能可以说是中国社会发展的几大刚需，根据这些刚需在乡村发展三产服务业相对于城市来说具有明显的比较优势。花卉苗木基地一般具有优美的森林生态环境，这是拓展三产业服务功能具备的优越条件，关键是要针对不同主题的三产服务业改造建设相应的产业环境，有目的地开展配套基础设施建设，使新确定的主题功能能够得到充分发挥，那么花圃和苗圃的配套基础设施和环境的改造建设就极其重要，能否营造特色的产业环境是经营成功的关键，切忌环境建设上的同质化，这是一条花卉苗木产业转型而实现多功能融合发展的必由之路。

4　湖南花卉苗木产业发展前景预测

湖南在全面推进乡村振兴战略实施的大背景下，正在组织乡村规划设计团队全面开展村庄规划工作，加快制定各个乡村产业发展及建设的行动方案，在发展思路上已经形成了广泛共识，就是要坚持城乡统筹和一二三产业融合发展，结合每一个村庄所具有的资源与环境优势制定切实可行的村庄产业发展及建设规划，这无疑是推进乡村振兴工作的第一步。中国自古以来就崇尚自然山水式园林的美好生活环境，渴望生活在带花园的理想境地之中，其中的植物景观历来就是人们欣赏的重要景观之一，也是形成良好的乡村生态环境的重要元素，乡村花卉苗木基地具备了营造良好人居环境的基础条件，只是在布局和特色景观营造上稍加改造就能够形成优美的生活居住环境，从而作为带动区域乡村三产服务业发展的引擎而促进乡村产业振兴。以花卉苗木基地为核心开展乡村产业环境建设也是中国实现大地园林化和美丽乡村建设的重要举措，现有的花卉苗木基地在产品提质的基础上有目的有计划地拓展三产业服务功能，不仅能够继续销售圃存的苗木，而且新生产的花卉苗木在城乡美化环境建设上都可以应用，尤其是具湖南地域特色和优势的花卉苗木产品更具有广阔的发展前景。

5　结语

湖南花卉苗木产业发展到今天，在城市建设需求量减少的大背景下遇到暂时的困境是必然的，尤其是过去在几种大宗苗木产品生产规模未能控制好的情况下出现滞销也是必然的。绿化苗木产业服务于城市环境建设来说并非循环产业，总体需求量是有限度的，但是我们必须拓展市场，要看到美丽乡村建设仍然需要一定量的绿化苗木，依据市场对苗木种类品种的实际需求进行生产，积极采用容器苗的生产方式进行生产，努力提高花卉苗木的质量，重点发展具湖南地域特色和能形成市场竞争优势的花卉苗木产品，实行专业化、标准化和规模化栽培，同时建立智慧化的生产与营销体系，且充分利用花卉苗木基地所具有的良好森林生态环境发展中国未来社会刚需的三产服务业，完全可以预测湖南花卉苗木产业提质与转型发展后的前景是十分广阔的。

乡村振兴聚焦村中建城的建设构想

摘要：产业兴旺是中国实施乡村振兴战略的核心目标与要求，急需探讨适合不同区域乡村实现产业振兴的建设与发展模式，这些年也正在实践几种模式，如田园综合体、家庭农场、特色小镇、农家乐和民宿等，现在看来，尚未达到预期的效果，本文针对目前乡村建设和发展普遍存在盲目性的突出问题，提出了乡村振兴聚焦村中建城的建设构想，依主导功能不同将其分为四种类型的产业之城，即康养之城、教育之城、加工之城和特色产业之城等。村中城是依据区域乡村发展特色产业的迫切需要而兴建的，与现有城市在主题、形式、内容、规模和形态上都有着显著的差异，暂且称之为乡村田园微城市。明确指出了村中城作为区域乡村主导产业发展的核心具有广阔的发展前景，对于促进乡村产业振兴将发挥极其重要的作用。

关键词：中国乡村；村中城；建设构想

人类社会发展分为三个时段，即农业社会时代、工业社会时代和后工业与信息化社会时代，农业时代是一个求生存的时代，生产力水平低，人口与社会经济增长十分缓慢，直到工业革命后人类社会经济的发展才开始提速，其中城市化水平的提高是整个社会发展的明显标志，城市主要因工业发展的需要而得到不断拓展，进入工业化时代后城市成为社会经济发展的主体和核心。农业在工业化时代所占国民经济的比重逐渐降低，同时农业随着工业化水平的提高其生产效率也在不断提高，农业从业人员不断减少，从现在发达国家来看农业从业人员所占的比例不到5%，中国也不例外，自实行改革开放政策以来，工业化促进城市和社会经济快速发展的效果十分显著，中国从相对落后的发展中国家逐步走向较发达国家行列，更加验证了工业化对社会经济发展的巨大作用，城市无疑成了社会经济的主体。中国社会发展到今天的水平，城乡差别加大已经成为社会发展的重要问题，农村的相对衰落已经成为一个普遍的现象，于是国家为了实现城乡统筹与均衡发展提出了实施乡村振兴战略，明确了产业兴旺、生态宜居、乡风文明、治理有效与生活富裕的总体目标和要求，并且还发布了统筹推进村庄规划的指导意见，强调规划先行和规划引领，明确规定了不规划不建设和不规划不投入的具体要求。然而，针对不同类型的村庄怎样制订切实可行的规划方案呢？这正是值得从事乡村规划工作者探讨的一个重要课题。尤其是在乡村第三产业发展上出现了以旅游思维主导下的同质化建设与发展局面，全国各地一哄而上，大量的乡村旅游目的地相继建成，现在经营上并没有达到预期的效果，有很多还出现了难以维持的困境，针对这一状况，我们不得不反思旅游思维主导下的乡村规划项目的可行性，也不得不重新思考乡村产业发展定位和适应产业发展的村庄建设模式，虽然业界普遍认可特色小镇、田园综合体、家庭农场、农家乐和民宿等发展模式，但从目前普遍经营的状况来看都存在一些明显的问题，规模与结构上的问题更加突出，全球发展得较好的城镇，都是具有特色产业支撑而得到可持续发展的，这些城镇都成为区域社会经济发展的主体与核心，同时也带动着周边经济的发展，这就更加证实了工业化后城市在社会发展过程所起的重要作用。中国乡村是不是也可按城市发展思维模式进行建设呢？这值得行业相关者进行探究，作者在三年前就提出了在村中建田园微城市的构想，逐步得到业界的普遍认可，关键是要进一步明确建设的目的以及怎样规划设计与建造，现分述如下：

1　中国乡村建设与产业发展现状

中国实施乡村振兴战略，国家积极倡导城乡统筹和一二三产业融合发展，同时也倡导乡村发展全域旅游产业，全国各地积极行动，大力开展了美丽乡村建设，主要目的多数是发展乡村休闲与旅游产业，中国乡村在旅游思维主导下兴建了大量的旅游目的地，也开展了各种旅游服务，如亲子、垂钓休闲、采摘体验、运动和研学旅行等主题活动，人们不禁要问为什么乡村产业经济发展没有达到预期的效果？是新冠疫情的影响还是高度发达的可视化信息技术的影响？回答应该是两者都有，实际上从市场需求角度来看，最主要的原因是现在旅游已不是社会发展的刚需，决定了游客的不稳定性，即乡村旅游服务业在消费人群上没有保障，以致经营很大程度上存在不确定性，至于旅游设施和旅游服务未跟上也有一定的影响，难怪有不少报道，有很多乡村旅游项目处于困境的状态，这些已为实践证明。近 30 年中国乡村建设发生了巨大的变化，尤其是在政府发动和支持下开展了社会主义新农村建设、美丽乡村建设和脱贫攻坚战，乡村建设在水、电、路、气、民居、网络、环保和高标准农田等生产和生活基础设施上都得到了明显的改善，尤其是经济较发达地区的乡村已经可以说到处都是美丽乡村了，全国各地乡村面貌焕然一新，但是对于区域乡村产业的发展仍存在很多困惑，乡村看上去确实是建好了，乡村民居也可以说是别墅化了，当然民居主要是农民自己修建的，政府扶贫出资也只是改造或新建了一些安置用房，同时也有不少企业投资兴建了乡村旅游接待服务中心。然而，从目前乡村建筑利用状况来看绝大多数的民居仍然处于闲置状态，农民还是靠外出进城打工获得主要收入，乡村产业并没有得到大的发展，村民就地就业难的状况没有得到明显的改变。中国乡村一直实行一户一宅的用地制度，乡村宅基地所占建设用地大大超过了现在的城市建设用地，这么多年的乡村建设虽说是大大改善了乡村的基本生产与生活条件，但是对于促进乡村产业的发展并没有达到预期的效果，当然村民建房也很少考虑对外的产业化利用，仅是考虑自己家庭居住生活的需要，当然也有为生产而建造的房屋，民居分布主要呈分离与分散状态，也有少数村民利用自家的民居改造建成了民宿对外开展接待服务的，民宿在经济较发达地区也发展得较好，业界也很普遍看好乡村民宿的发展前景，民宿现在已成为乡村旅游产业发展的一种新模式。中国乡村旅游产业正在呈现出多业态发展的局面，主要有研学旅行、旅居康养、休闲农业、民宿、农家乐、亲子游等，这些仍然是按照旅游思维在发展乡村第三产业，大家在困境中正在积极探索乡村产业可持续发展的新模式，当然乡村产业除了第三产业外，还有第一产业和第二产业，第一产业主要是农业和林业；第二产业主要是农产品加工业，也包括传统的手工业。林业主要是国土生态安全的保障，林业很大程度上属公益事业的性质，兼顾生产木材，现在也在积极探索和鼓励支持发展林下经济，当然也保护和营造森林康养和湿地康养的环境，利用森林与湿地环境发展旅游服务业。农业是人类生存和发展的基础产业，中国农业经历了几千年的发展过程，创造了辉煌灿烂的农耕文化，农业科技成果为世界农业发展作出了巨大贡献，主要农作物水稻生产一直处于世界领先地位，各项农业生产正在按照特色农产品商品化生产基地的建设方向发展，国家极其重视基本农田保护，特别制定了基本农田保护法，以确保国家粮食安全和基本农产品供给，经不断调整后农业生产结构正在朝着一个稳定的方向发展，大宗农产品区域化生产基地已基本形成，这是中华民族智慧的结晶。中国乡村近年大力发展的主要是现代农产品加工业，加工业的发展是延长农业产业链和提高农产品附加值的重要方法，全国各地投资兴建各类农产品加工基地的很多，实践证明加工发展思维是极其正确的，只要产品市场需求量大和技术先进一般都取得了较好的经济效益，未来仍具有较大的发展空间。

2　中国乡村村中建城的步骤与方法

中国乡村村中建城与现有城市相比在本质上都是属于人类聚居地，但是它们在主导产业功能上却存在明显差异，尤其是在规模上差异显著，村中建的城甚至比现有的镇还要小。村中建城不是一个自发的过程，完全是按预先的设计构想建设的，主导产业功能确定后，其他建设项目都必须围绕主导功能进行配套，目的性和计划性更强，一切都按确定好了的设计进行建设，因此，做好村中建城的设计是经营成功的关键，村中建城的步骤与方法如下：

2.1 主题选择

村中建城的主题实质上就是投资建设者计划经营的主导产业，当然一二三产业都可以选择，必须依据区域乡村的地理区位、自然气候和自然与人文资源优势而定，建城的主要目的就是经营好选定的主导产业，主题确定了后建城的目的也就明确了，建城的要求就更加清楚了。从乡村第一产业上来看，区域乡村主要依据自然气候、土地与水资源优势确定，国家支持与鼓励特色农产品商品化生产基地建设，无疑是现代农业的必然选择和发展趋势，农业现代化主要体现在农业生产经营上的规模化、专业化、机械化、自动化和智能化，农产品市场竞争是激烈残酷的，经营特色农业都必须建立完整的产业体系，要想获得好的经济效益产供销各个环节缺一不可。近几十年，中国的农业科技水平大有提高，加上几千年农耕文明积累的实践经验，对于区域乡村选择合适的特色农业生产项目并不难，主要是要应用好现代的农业生产技术和把握好市场，同样为了建设好产业体系也需要建城，这无疑是特色农产品商品化生产基地的核心，也是现代物流、生产管理与智能化控制中心，最好还是生产与技术管理人员的集中生活居住地。对于选定以养殖为主导产业的区域乡村，除上述需要建设的功能建筑外，还需要兴建养殖用的生产性建筑，同样也需要建城，只是在功能要求上存在差异而已。中国乡村发展第二产业，从目前的发展状况来看，现代农产品加工基地多设于城市工业园区内，也有少数在村里或镇上兴建加工厂的，一个上了规模的加工厂就可以以此为中心形成一个加工之城，工厂具备人口的聚集能力，自然就会形成实质意义上的城市，同样必须按城市的要求进行规划设计与建设，加工项目即主题选择最好是与当地特色农产品商品化生产基地相配套，所建加工之城作为延长特色农产品产业链的重要建设项目，是区域乡村发展经济的新途径。中国乡村发展第三产业是调整农村产业结构的主要行动，近年得到了较大的发展，广大农村在旅游思维主导下兴建了大量的乡村旅游目的地，也有受一二三产业融合发展思路影响同时经营一二三产业的，乡村旅游几年前也呈现出了良好的发展势头，但好景似乎不长，很多开发项目并没有达到预想的效果，甚至出现亏损的困境，业界多认为受新冠疫情影响或是归结于旅游资源过剩，但有一点不难看出，与项目本身经营主题选择不明确和主次不分有着必然的联系，虽然一二三产业可以融合发展，但是主次必分，经营的主导产业必须突出，主从关系必须明确，尤其是经营第三产业，如果明确了主导产业为旅游服务业，那么服务的对象与主题内容必须明确，项目地范围内的其他产业就得服务于主导产业而存在，纯旅游思维主导下发展乡村旅游服务业在可视化信息技术特别发达的今天游客量达不到预期也是必然的结果，因此，面对未来社会发展的教育刚需改变思维发展乡村第三产业是当务之急，如老年养生、中小学生自然知识与农耕文化素质教育、中年创业与就业技术培训，这些正是不同区域乡村村中建城可供选择的主题。

2.2 城址选择

村中建城也不是所有村庄都适宜建城，必须依主导产业发展需要而定，现有的乡村建筑的分布方式、形态结构、空间位置、规模大小等一般都不适宜发展主导产业，一个村庄在主导产业确定好了之后建城的城址选择就至关重要，建城主要是兴建永久性建筑，属百年大计，既要讲究实用，更要讲究经济，还要讲究便于管理，村中城实质上就是由各种功能性建筑组成的，无论主导功能为生产性的，还是服务性的城址范围不宜分散，最好是相对集中，且具有一定的建设用地发展空间。国家对于乡村建设用地具有严格的限制，耕地禁止非农化，一般很难获批一块新的建设用地，村中建城几乎只能利用现有的村落和原有的村集体建设用地与设施进行改造建设，城址最好是依山傍水，具有良好的自然环境，城的周边可有一定的起伏变化，但是城址范围内最好是地势较平坦，以便于开展各项建设，建设时因山就势，因地制宜，无须大兴土木进行地形改造。城址交通位置也是必须考虑的一个重要因素，最好是靠近村域内的主干道。对于以发展三产服务业为主导产业的村庄，城址周边有可供直接利用的自然与人文景观资源的更佳。

2.3 城的设计与建造

村中建城依区域乡村计划经营的主导产业上的不同而有不同的要求，从而建造不同类型的乡村田园微城市，未来常见的主要类型有康养之城、教育之城、特色产业之城和加工之城等四类，所建之城将成为村域产业和经济发展的核心，也必将成为村域人口相对集中的聚居地，建设上不仅是要满足城本身各项产业功能要求，包括主导产业和各种配套产业，而且对城内部和外部环境都有要求，尤其是用于康养的村中之城对内外部环境的要求要明显优于现有城市环境，并且还要具有鲜明的地域特色，以免造成城与城之间环境的同质化建设。村中建城的设计主要是对有现有的民居与原有的公共建筑制定改造和利用方案，城中建筑不一定要求外形风格上的统一与美观，但求建筑室内空间上的合理与实用；建筑材料选择上不求高档，可以采用轻钢和纤维波形互等现代材料，但求经济与环保，尽可能做到就地取材，以创造地域特色。村中建城在主导产业确定之后，为了让主导产业得到较好的发展，其他配套产业也是必不可少的，村中建城实质上也是建造乡村景观综合体的核心，也就是区域融合产业单元发展的核心，其功能的发挥取决于合理的结构设计，村中建城的设计所涉及的要素有很多，是一个有机统一的整体，必须同时考虑各种配套设施建设。现在的乡村建筑多处于分散分离的状态，各项产业之间也多缺乏联系，村中建城必须加强它们之间的联系，使之能够形成一个以城为产业核心的统一系统。

3　中国乡村村中建城发展前景预测

中国乡村村中建城建的是产业之城，村中城是区域乡村产业发展的核心和引擎，乡村产业发展无论是发展一二产业，还是发展三产业都需要产业发展的核心和引擎，因此，中国乡村兴建不同类型的产业之城是促进区域乡村产业兴旺的一项重要行动，村中有了自己的产业之城，建设和发展将不再盲目。康养之城将面对中国老龄化社会的到来，主要针对城市老年人发展旅居康养产业，并运用办学思维于城中开办养生学堂，让老年人在乡村理想的生活境地中享受美好生活；教育之城将面对当今中小学生到校外开展素质教育的迫切需要，在邻近城市的乡村兴建自然与农耕学堂，传授自然与农耕文化知识，实景体验学习基本生活技能；特色产业之城针对区域乡村发展特色农产品商品化生产基地的需要，打造包括现代农产品贮藏、物流商务、技术培训、智能化管理等在内的特色产业体系；加工之城针对区域农产品延长产业链的迫切需要而建造，同时也将解决某些新鲜农产品集中销售难的后顾之忧，增值效果明显。中国乡村这四种类型村中城的兴建，无疑对于促进区域乡村主导产业的可持续发展将发挥极其重要的作用，同时也对于解决中国乡村建设重点不突出的问题指明了方向，四种类型村中城选择发展的主导产业都是依据中国社会经济发展的刚需而建，市场前景极其广阔。村中建城不同的区域乡村都可以依据适宜于本地发展主导产业进行兴建，且城与城之间具有可融合性，产业可选择余地大，建城适应范围广，同时所建之城作为当地产业发展的核心将发挥明显的带动作用，符合共享发展理念，能够吸引当地村民积极参与和得到政府的大力支持，无疑是促进乡村振兴的一项新的举措，属于乡村创新发展的重要行动，因此，村中建城在中国具有广阔的发展前景。

4　结语

中国正在实施乡村振兴战略，产业兴旺是乡村振兴的重点和核心，这些年来业界一直在探索乡村产业发展的模式与路径，曾提出与推广实施的有田园综合体、特色小镇、家庭农场、农家乐和民宿等，这些多是在旅游思维主导下提出来的乡村产业发展模式，建设重点并不明确，现在看来都明显存在一些问题，值得反思，基于此本文针对目前中国区域乡村建设和产业发展存在盲目性的问题，以区域乡村发展主导产业为目的而提出的聚焦村中建城的建设构想，对于促进中国乡村振兴战略的实施具有重要的现实意义。

美丽乡村实地调研后的几点感想与建议

桃江县域属于较典型的丘陵区，高山很少，森林覆盖率较高，80%以上为楠竹林，自然生态环境较好。县域交通发达，有直达的高速公路，镇、村公路也基本上都硬化了，行车方便。本文作者近期跟随桃江县的几个朋友一起走访了一个美丽乡村，听取了现任村主任真实的汇报，颇有感慨，与大家分享。

该村有2600余人，有耕地千余亩，过去主要是种植水稻，4年前改种了800多亩茶叶，200亩左右的黄桃、梨和猕猴桃等水果，种水稻地仅剩下10多亩，可以说对农业生产结构进行了大调整，整体上来说比过去种水稻的效益要好一点，但还是支撑不了村民的收入，村民的主要收入仍然靠到外地打工。当地村民都很纯朴，对美丽乡村建设非常支持，也特别期待发展产业后有一个较稳定的基本收入。村干部也很投入，想方设法争取建设资金，这几年共争取国家投入4000余万元，修好了村级公路，建好了村民文化活动中心、村部政务中心、茶叶加工厂、村红色教育广场、村民休闲场所、几座小型的风雨桥和村内的标识、标牌等，完成了不少看得见的建设工程项目，确实改变了原来落后的村容村貌。此外，还招商引资2000余万元，兴建了一个水上游乐园项目，村里占了少量股份，然而，游乐园项目这几年经营一直处于亏损状态，可以说是一项失败的投资项目。现在村里共负债300多万元，怎样偿还？村干部无能为力，这成了他们最头痛的事情。村里目前还没有一个能赚钱盈利的产业项目，只能再度企盼政府拨款偿还，否则村里工作寸步难行，巧妇难为无米之炊。

像这样的美丽乡村未来怎样建设和发展值得我们研究！

现提出几点建议与感想：

（1）利用政府的建设资金仅搞点基本建设项目是不够的，有限的资金必须用在刀刃上，也就是要用在最需要发展的产业项目上，修路是必需的，至于政务中心、村民活动中心、文化广场等在资金充足的前提下可考虑修建。

（2）村内的农业生产结构必须调整，但必须是围绕当地产业结构调整的需要进行，要发展商品农业，必须是利用村域的优势资源选择能形成绝对优势的农业生产项目，若无特别优势资源，建议暂维持现状，不要把发展村域经济放在农业项目上，农业可以说是一项公益性事业，真要赚钱盈利是非常不容易的。然而，农村又不能不开展农业生产，国家画了耕地保护红线，制定了基本农田保护法，种好地也是农民一份光荣的社会责任与义务，反过来社会也必须保障农民种地的基本收入，让农民能维持基本生活的需要。

（3）美丽乡村建设的目的是要为实现区域乡村产业兴旺创造条件，也就是要考虑乡村发展地域经济的迫切需要，建设美丽乡村仅停留在外表上的美丽是永远不够的，在建设资金极其有限的情况下，建议村域建设不要全面开花，要突出重点，必须满足已选定的产业环境与设施建设的资金需要，必须明确资金投入是以发展经济为目的。如果仅是实现乡村美丽了，村民收入仍然还是很低，这种美丽没有也罢！

（4）中国乡村目前的体制极不适合未来乡村的发展，不破不立，机制与体制改革迫在眉睫，单家独户经营不符合共享发展理念，小农意识是阻碍农村经济发展的重要思想障碍，要积极引导村民共谋发展，合作共建产业平台，建立股份制公司，打破单家独户的经营状态，人尽其才，各尽其能，实现利益共享。

乡村振兴要聚焦山水田园微城市建设

一、对中国农村发展相关建设行动的效果分析与评价

20 世纪 80 年代以前，由于整个社会生产力水平较低，农业科学与技术欠发达，农村整体变化和发展不大，全国各地很多农村连基本的温饱问题都没有解决，集体经济十分薄弱，农民收入普遍较低，城乡经济发展存在一定的差别。直到 1980 年中国农村分田到户，实行以家庭为单位的联产承包责任制，广大农村的温饱问题才得以基本解决。1980 年后，城市得益于改革开放政策得到了快速发展，然而，农村虽然有了一定的发展，但相对于城市来说普遍落后，城乡差别不断增大，广大农村脏、乱、差现象十分普遍，于是，2005 年 10 月党的十六届五中全会再一次发出了建设社会主义新农村的伟大号召，并确定总体建设目标为：生产发展、村容整洁、管理民主、生活宽裕、乡风文明。围绕建设目标，全国各地各级政府响应号召，广泛开展社会主义新农村建设，回顾这些年来的建设成果，不容否认，生产发展了，村容整洁了，管理民主了，可是截至 2017 年底，全国仍然存在 3046 万贫困人口，还有不少地区和家庭还没有达到生活宽裕的目标，至于乡风文明建设，还有很多乡村仍然存在较大的问题。

过去抓新农村建设重点是放在生产上，结果是对增加广大农民经济收入的效果并不明显，农业收入仅占农民收入的很小一部分，这已经成为大家的共识。针对过去和现在广大农村发展中存在的问题，为了不断推进农村建设和发展，近些年政府和业界又先后提出了发展家庭农场、兴建田园综合体、建设特色小镇和开展美丽乡村建设等行动，并积极倡导农村一、二三产业融合发展，大力推进乡村全域旅游产业，这些概念的提出对促进乡村发展均具有重要的指导意义，但具体实施起来并不容易，成效也不够显著，如果再在概念理解和具体操作实施上有偏差，那就更难收到良好的效果。

家庭农场这个概念主要是针对个体专业户发展农业生产提出来的，经营者很难走出小农经济的圈子，虽然结合应用了农村一、二、三产业融合发展的指导理论，也发展了农家乐模式的乡村旅游产业。实践已经证明，该产业发展模式不利于实现农业农村现代化，也不利于提高广大农民的经济收入，可持续发展更是受到制约，因此，以

家庭农场为单位发展农村经济模式，不值得推广。

再看兴建田园综合体这个概念，初看起来很不错，但是，它的建设内容多且综合，让人感到复杂和模糊，使投资者很难把握其建设重点，田园综合体在形态结构和功能特性上都较城市综合体复杂，影响因素很多，不仅是人的因素，还有难以把握的自然因素，实施起来很难把控，到目前为止真正成功的案例知多少？

又如特色小镇建设行动是在推进新型城镇化的背景下提出来的，许多地方政府在实施过程中普遍是对现有的古老小镇进行改造，采用的是“洗脸打粉”和“穿衣戴帽”的方法，虽然表面形象上焕然一新，但在实际功能上并没有多大的改善。大多建设目的是发展镇域旅游产业或其他特色产业，如果特色不特，可想而知，任何产业都是很难发展的。

美丽乡村建设这个概念很容易让人产生误解，把美丽当成目标，因此，许多乡村出现为表面美丽而建设的现象，如对公路两旁的建筑进行美化装潢就是明显的例子，只是为了在视觉上为当地树立一个形象，让路过的人感觉美一点，而对当地经济的发展没带来什么益处，因此美丽乡村建设还不如叫美好乡村建设，至少大众认为美好是多方面的。

2017 年 10 月召开的党的十九大，极其重视“三农”问题，关注农业农村现代化的实现，提出了实施乡村振兴战略，确立的目标为：产业兴旺、生态宜居、治理有效、乡风文明、生活富裕，比过去的社会主义新农村建设目标明显提高了，并且强调五个振兴，即乡村产业振兴、人才振兴、文化振兴、生态振兴和组织振兴，通过人才、文化、生态和组织振兴，实现乡村产业振兴，产业振兴是五大振兴的核心，是实现乡村社会经济可持续发展的重要保障。然而，中国各地乡村在自然资源、地理交通、经济水平、人力人文、风俗习惯等方面存在着较大的差异，导致现有的农村产业多种多样，发展水平参差不齐，在耕地十分有限的农村，通过发展农业商品生产实现农民增收空间是十分有限的，过去对农村生产结构的调整已经是进行了多年，农业生产一直是处于动态调整和变化之中，商品农业在缺乏特色的情况下竞争是残酷的，受市场影响增产不增收的现象经常发生，经营者为了获得稳定的收入向二三产业拓展是必然的。农产品加工业是农村发展的主要第二产业，但是受众多因素限制，也不是广大农村必然的选择，发展空间十分有限。那么向三产服务业拓展就是农村产业结构调整的必然选择。中国社会已经步入老龄化社会，城乡将有接近 20％的老人需要接受康养服务，既然城市环境不是老人理想的居住环境，生态宜居的乡村就成了老人康养的必然选择，关键是目前农村配套的生活居住设施和服务还跟不上，老年康养是中国未来社会大而稳定的需求，考虑各地农村均衡发展的需要，本文作者提出在乡村的村域范围以老年康养为主题兴建山水田园微城市的构想，使之成为广大农村产业发展的核心和新的动能。

二、山水田园微城市的概念与建设要求

山水田园微城市是指在乡村山水田园环境中兴建的小型城市，山水田园指的是所建微城市的外部环境，其中山水通常指的是自然的山和水，包括自然的山林和天然的水体，即是乡村良好的自然生态环境；田园中的“田”指的是农田，是农村主要的耕地类型，主要用于种植大田农作物；“园”指的是园地，多为旱土耕地类型，主要用于种植园艺作物，形成果园、菜园、茶园、药园，此外还包括油茶等经济林植物。微城市关键在“微”字上，微即小的概念，是对城市规模的特别限定，至于小到什么程度，还有待研究，暂定在村域范围内建微城市，其规模肯定比现有的小镇规模要小得多，根据中国过去自然村1000～3000人口规模按20%的比例考虑老年人口数量，暂定居住200～600人的规模进行微城市建设，将微城市建成为居住生活条件优越、生态环境优美、文化内涵深厚的山水城市和花园城市，最终成为让城市老人向往和农村老人愿意入住的城市。

三、为什么乡村振兴要以山水田园微城市建设为核心

（1）山水田园微城市是推进区域乡村新型城镇化的一种创新模式，其建设能够得到离开故乡的城市人的支持，可以增加融资的渠道。城镇化的很多实践证明，特色产业是支撑城市发展的重要保障，没有特色产业的城市是难以发展的，尤其是新建城市更需要具地域特色的特色产业来支撑，城镇同质化竞争的结果都是两败俱伤。然而，山水田园微城市虽然都是以老年康养为主题，但是大部分来微城市康养的老人都具有浓厚的家乡观念和情感，叶落归根是中国人传统的思想，故乡的土地永远是在外漂泊的游子魂牵梦绕的地方。

老年康养是微城市的主要功能，家乡的老人是微城市服务的主要对象，但是除了服务老人外，也不排除服务其他人。山水田园微城市不同于过去的小镇，它主要是为老年康养规划与设计的，无论是在城市结构和配套设施上都不同于现有的乡村小镇。

（2）山水田园微城市是当地一、三产业融合发展核心产业平台，是农民增收的重要保障。乡村振兴的主要目的就是要发展农村经济，过去农业生产收入是农村的主要收入，然而农业生产的市场风险很大，生产经营者难以控制，尤其是没有市场竞争力的农产品风险更大，通常出现增产不增收的经营结果。有了微城市之后，增加了当地农产品就地消费的数量，可以适当减少原外向型商品农业的规模，有效解决农产品销售难的后顾之忧，农民依托微城市就地销售农产品，减少农产品销售的中间环节，从而实现农民增收。

微城市还是当地农民一个新型的就业平台，可以让部分农民获得工资性收入，此外，微城市建设项目当地农民既可以利用承包的土地入股，也可以采用出资金的方式入股，通过股份获得红利收入，总之，山水田园微城市为当地农民增收增加了多条

渠道。

(3) 山水田园微城市的建设内容、规模、目标非常明确，经营可控性强，能够让投资者准确预测经营效果，并且在政策上可得到政府的支持，几乎无投资风险。山水田园微城市是一个非常有针对性的建设项目，建设目的就是满足中国老龄化社会的需求；服务对象可以确定，规模可以准确估计，建设费用可以准确预算，目标就是为属于该故乡的老年人创造良好的康养生活环境和提供优质的配套服务，几乎没有不可确定的因素。

下篇

乡村产业发展及建设规划实践

湖南涔澹农场绿色产业综合体项目规划 ▶

一、规划背景

1. 国家实施乡村振兴战略，全面推进农业农村现代化

中国社会发展到今天的主要矛盾是人们对美好生活的追求与发展不平衡不充分之间的矛盾，所谓的不平衡就是城乡发展的不平衡；不充分就是乡村发展的不充分，城乡差距突出，国家为了实现城乡协同发展于 2017 年 10 月提出实施乡村振兴战略，全面推进农业农村现代化，确定了乡村振兴的总体目标和要求就是要实现产业兴旺、生态宜居、治理有效、乡风文明和生活富裕，并明确指出产业振兴是核心。产业振兴也是实现农业农村现代化的一个基本要求，产业发展水平决定一个区域社会经济发展水平，是人们实现生活富裕和享受美好生活的基本条件。国家为了推进乡村振兴于 2021 年初专门成立了乡村振兴局，明确指出乡村振兴是全党和各级政府的工作重点，推进区域乡村实现产业振兴无疑就成了社会关注的焦点。农业是整个社会稳定的根基，是最基本的民生产业，也永远是农村的基础产业，乡村振兴农业必振兴，中国的农业大而不强，在现有的基础上提升农业，实现农业现代化对中国社会经济的可持续发展具有极其重要的意义。农村现代化必须建立在农业现代化的基础上，中国实现农业现代化之后最重要的任务是将乡村建成为生态宜居的环境，使乡村成为人们享受美好生活的理想境地，同时充分利用乡村生态宜居的山水田园环境与设施发展三产服务业，如发展乡村康养、农耕文化与自然教育等产业，以此为引擎发展农村经济，从而有效推进农业农村现代化的实现。

2. 国家极其重视粮食与食品安全，大力支持发展种养结合的生态农业

我国是一个拥有 14.3 亿人口的大国，人均耕地不到世界平均水平的 40%，人多地少，民以食为天，粮食安全一直是党和政府极其重视的重大问题，虽然我国实现了 90%以上的口粮自给，但是粮食和食品生产存在的问题依然还很突出，良种与良法永远是农业科技重要的研究课题，面对过去较长时间施用化肥、农药与除草剂给农田耕地带来的土壤板结与面污染问题，国家大力支持发展种养结合的生态农业，发展农业

的目标不仅是要让国民吃得饱，而且还要让国民吃得健康，因此，制定了一系列的相关法律和法规，确保粮食与食品安全。

3. 国家倡导发展全域旅游产业，鼓励农村一二三产业融合发展

中国实施乡村振兴战略，坚持以城带乡城乡统筹一体化发展，国家加大了乡村的基础设施建设投入，为了破除城乡二元结构增强城乡之间的有机联系和依存关系，制定了一系列有利于人口流动的相关政策，既允许农民工进城务工获得工资性收入，又鼓励市民下乡创业和享受田园美好生活，乡村必须依据城市的需要发展产业，在这一点上已形成了广泛的共识，因此国家倡导乡村发展全域旅游产业，鼓励农村一二三产业融合发展。近年来，虽然全国各地乡村都在旅游思维的主导下建设了大量的旅游目的地，正在积极发展以休闲康养和研学旅行为主要目的的三产服务业，也正在尝试各种类型的乡村产业发展模式，但是尚未完全形成可复制和可广泛推广应用的成功模式，这正是本项目探究的一项重要内容。

据统计中国现有 60 岁以上的老年人已超过 3.5 亿，中国社会已经进入深度老龄化社会，原来主要采用的居家养老模式已出现难以维持的困境，很多老人不得不采用机构养老模式，然而，实际情况是城乡养老机构都非常缺乏，并且难以满足众多老人对康养生活的高标准要求，很有必要大量兴建专门的老年康养基地，或构建城市社区养老服务体系，在城市生态环境问题较突出的情况下，相比之下选择乡村生态环境良好的区域规划建设老年康养产业基地就成了必然的选择。这些年来国家倡导乡村发展全域旅游产业，全国各地普遍响应，践行了农家乐、休闲农庄和民宿的旅游发展模式，正在从游一游、看一看、吃一吃的一般旅游模式向停一停、乐一乐、住一住的旅居康养模式转变，从国内经济较发达区域的乡村旅游业来看，民宿已呈现出良好的发展势头，乡村旅居康养模式正成为乡村旅游业发展的主要发展模式与方向标，发展前景十分广阔。

二、基地概况

1. 自然地理

项目地位于洞庭湖平原的津市涔澹农场，属亚热带季风湿润气候区，四季分明，雨量充沛，年平均积温 5000℃以上。基地占地约 1700 亩，其中基本农田 1500 亩；水塘 80 亩；建设用地（现有村落与办公管理用房用地）相对较少，约 120 亩，且分布较为集中。基地范围内属典型的平原湖区地貌类型，垸内地势平坦，平均海拔高度为 32～37 m，有大片方正农田，水利上沟渠齐全，可灌可排，农业生产条件优越；机耕道路通达，运输方便。基地南侧临江，终年江水不断，地表灌溉用水充足，地下水资源极其丰富，且水质良好。基地土壤为冲击壤土，土层深厚，土质肥沃，土壤结构良好，经抽样检验重金属与农药残留均符合绿色农产品生产标准。基地一直是洞庭湖区典型的商品粮生产基地，适宜种植水稻和多种农作物，现在主要种植水稻、油菜、玉米、大豆、莲藕、红薯、西瓜与棉花等大田农作物，也适宜种植多种蔬菜、果树、花卉等园艺植物。

2. 社会经济

津市涔澹农场生产经营主要包括种植业、畜牧养殖业、狱办工业、宾馆服务业、劳务加工等五大类。种植业包括粮、棉、油种植及水稻、蔬菜制繁种，年可创产值10000万元、增加值5000万元。畜牧养殖业以生猪养殖为主，共有11座规模化猪场，年出栏规模60万头。狱办工业以缸套、红砖生产为主，年生产激光缸套、等离子共渗缸套1000万只，其中激光淬火缸套获湖南省名牌产品称号；年产销红砖4.1亿块，狱办工业年销售收入5.5亿元、增加值1.6亿元。宾馆服务业包括位于津市市区的阳光宾馆和地处武陵源风景区的京溪国际大酒店，设施完善，已初步达到三星级宾馆标准。劳务加工包括毛编、宝石、电子元件等几个项目，从业劳动力25000人，年收入可过亿，增加值8000万元。

基地范围属涔澹农场的一部分国有土地，属农业用地性质，近年主要开展珍珠养殖，尚由农场统一管理，土地向外发包出租，有偿使用，使用者可直接与农场协商办理土地留转手续，基地所在农场所得的现有农业种养殖业收入仅为土地租金，暂无非农产业，基地生产水平尚处于一种较低的状态。涔澹农场属司法机构，经济水平并非完全依靠农业，农业收入仅是农场收入的一部分。基地农场范围内有2.7万亩农田，本项目仅为其中的一块农田，项目成功示范后还有巨大的拓展空间。本项目拟建设用地范围除一栋住宅楼现在还居住有农场职工及家属外，原有的办公大楼、招待所和车库等建筑设施都处于闲置状态，这些建筑均是本项目实施后有待激活的国有建筑资源。农场职工大部分为公安干警，主要从事监狱司法管理工作，工资收入由国有涔澹农场发放。农场范围内现有职工及家属等常住人口约50000人，场部已演变成一个小城镇，商业、医疗、教育、文化、体育、娱乐、金融、餐饮、酒店等业态齐全。

3. 地域文化

项目地属国有涔澹农场管辖范围，涔澹农场不仅是一般的农场，还是司法管理机构，虽从事农业生产，积累有较丰富的湖区农耕文化，但主要功能还是司法管理，场部居住的主要为农场职工，与外界交流不多，也不允许太多的外人进入，一直处于相对封闭状态。

三、SWOT分析

1. 机遇

为了全面推进乡村振兴，于2021年初成立了国家乡村振兴局，制定了乡村振兴促进法，正在全面实施乡村振兴战略，已出台了一系列支持乡村发展的有关政策。为了更有效推进乡村振兴，各地政府都希望树立可推广和可复制的乡村建设典范。洞庭湖平原发展产业经济急需创建具有本区域特色的乡村振兴模式，这给本项目带来了难得的发展机遇。

2. 优势

项目地紧临津市城区，属津市涔澹农场所有，为平坦方正成片的基本农田，适宜机械化操作，基地范围内水源充足，土壤肥沃，土层深厚，农业生产条件得天独厚，非常适宜种植水稻等多种农作物。项目开发拟建设用地南面临江，地势平坦，交通便利，发展空间充足，属理想的湖区滨水宜居环境，地上现建有办公楼、招待所、住宅楼等建筑，均可供开发利用，现基本处于闲置状态，且集中布局合理，便于改造成为人们理想的居住与生活环境。

3. 不足

项目选用的生产与生活用地之间相距有近 1 km 的距离，不便于游客就近观光休闲利用，现有的机耕道与观光游道等设施也难以共用，在生产管理上存在不便。此外，项目地属津市监狱所管辖，发展旅居康养三产服务业在心理上存在忌讳，也是项目开发必须面对的问题。再就是项目地现在的自然景色相对欠丰富，可直接利用的环境资源较少，尚需要投入较多的资金进行建设，这也是项目地开发三产服务业的一个明显不足之处。

4. 挑战

项目所在地洞庭湖区近些年已建成或在建的类似项目不少，如何避免同质化，这是本项目建设面临的严峻挑战，挑战不仅是农业生产需要创新发展，种养结合的生态农业也需要改进提高，而且居住生活环境更是要有特色，真正要把三产服务业环境建设成为能让人们向往的理想生活境地，但市场竞争是激烈的，拿什么特别要素来吸引消费者，这无疑是一个巨大的挑战。

四、规划依据

（1）国家制订的《基本农田保护法》

（2）《津市美丽乡村建设与产业发展规划》

（3）国家对农村发展制订的相关政策，如国务院办公厅倡导的农村一二三产业融合发展指导意见、十九大提出的实施乡村振兴战略的总体目标和要求、习近平总书记提出的绿水青山就是金山银山的理论等。

（4）《中华人民共和国乡村振兴促进法》

（5）《津市“十四五”发展规划纲要》

五、总体规划构思

1. 规划目标

充分利用项目地优越的农业生产条件，依据湖区发展现代农业和三产服务业的需要，按照一二三产业融合发展的思路，创新探索水稻+种养结合的生态农业模式，以此作为平原湖区推广发展的特色商品型农业，同时结合人居环境景观建设的需要发展多样自给型农业，突出以三产服务业环境建设为重点，力求创建洞庭湖区乡村产业振兴和现代农业发展的新模式，最终将项目打造成为平原湖区乡村振兴的典范。

2. 规划理念

（1）绿色发展理念　项目地属洞庭湖平原区域，具有典型的湖区特点，农业生产如果仍然按化学农业的方式发展，必将出现难以解决的农田生态安全问题，也不符合现代农业的发展方向，因此，本项目农业产业规划拟在当今湖区推广种养结合的稻+虾、蛙、蟹、鳖、鸭等生态农业的基础上进行创新，坚持绿色发展理念，突出农田生态保护和农产品质量提升，确保农业生产的可持续发展。

（2）共享发展理念　项目地属津市国有涔澹农场所有，拟作三产服务业发展的用地区域尚居住有农场的职工和家属，项目肯定要对现有建筑和居住环境进行改造建设，需要得到当地居民的同意和支持，更希望他们共同参与项目的开发和建设，项目拟采用股份制公司运营模式，欢迎当地居民以资金或实物入股的方式参与，实现风险共担和利益共享，充分体现项目开发的社会价值。

（3）创新发展理念　项目主要包括两大功能区块，即一块是种养结合的现代农业生产区，属特色商品型农业性质；另一块是景观农业生产区，属多样自给型农业性质，该区与生活居住区融为一体。本项目的两大功能区块都有明显创新的项目内容，带有研究性质，不仅在生产技术与方法上进行创新，而且还在三产服务业环境建设与农业生产相结合上进行创新，同时也在主导发展思维与经营模式上进行创新，项目创新研究成果将对促进农业农村发展具有重要的推广应用价值。

（4）特色发展理念　项目地属洞庭湖区，具有鲜明的湖区特点，项目可以说是一个湖区绿色产业综合体，既包含具地域特色的商品型农业生产，又包含三产服务业的产业环境建设，作为平原湖区的一个绿色产业综合体，创造特色的重点主要在于产业环境建设的内容与形式，尤其是相邻产业单元之间的异质化建设，规划拟将中国自然山水式园林的造园手法应用于产业环境的建设上，虽然形式上相同，但在主景植物选择上不同，以此创造鲜明的植物景观特优色。项目拟发展的三产服务业有两项，一是主要针对青少年的素质教育，传承农耕文化与自然知识；二是主要针对健康老年人的乡村旅居康养，开办老年大学，在教学环境建设与教学项目内容选择上尽可能创造特色。

3. 规划原则

（1）因地制宜原则　项目地属平原湖区，地势平坦，地上与地下水资源丰富，土层深厚，土质肥沃，具有鱼米生产的优势资源条件，坚持因地制宜原则，首先是充分利用湖区农业生产的资源优势开展水稻种植与水产养殖，以此作为项目的特色商品型农业生产；再就是对临近居民点区域的农田进行微地形改造，而不是大兴土木，微地形改造目的是创造生境多样的立地环境，以便种植丰富多样的农作物。选择适应本地气候与土壤条件的农作物开展多样自给型农业生产，主要采用露地栽培方式，而不是设施栽培方式。水稻+生产地的改造是在尊重现有地形格局的前提下进行，因高就低，做到点、线、面结合，即水稻种植面、养殖水面、田埂与鱼道沟在现有的基础上进行适当改造，就近就地平衡土方，同时满足水稻种植与水产养殖的要求，因地制宜，尽可能节约改造工程成本。

（2）以人为本原则　本项目拟建设的三产服务业环境，一是以青少年为服务对象的教育环境；二是以老年人为服务对象的养生环境，设施与环境建设都应以便于学习和养生为目的展开，使改造后的景观与环境具有学习价值和康养价值，以人为本，能够很好地开发三产服务业。景观形态结构和环境主题内容以满足服务对象为前提，消除一切隐患，让服务对象能够学习好和生活好。充分利用项目建成的良好物质环境与优越的生活设施，组织开展形式多样的文化娱乐活动，创造良好的精神文化生活氛围，让顾客在享受高品质物质生活的同时还享受高尚的精神生活。

（3）三生统一原则　三生即生产、生活与生态，在项目区域范围内开展一切建设与生产活动过程中协调好生产、生活和生态三者之间的关系，故三生统一既是原则，又是目的，统筹考虑好三者之间的关系。生产即开展水稻+种养结合的特色商品型农业生产，采用的是正在湖区广泛推广的生态农业模式，能够确保农田的可持续高效利用；再就是为了满足游客就地消费的需要，如获得多样新鲜农产品，利用微地形改造后的农田有选择性地开展多样化的农业生产，同时结合景观营造，建立良好的农业生态系统，让区域农业生态系统融入区域整体生态系统之中，反过来良好的区域生态环境又为生产与生活服务，从而实现三生统一。

六、规划定位

1. 功能定位

本项目为乡村绿色产业综合体建设项目，经营的产业包括一二三产业，一产业为稻+鱼、虾、鸭、鳖、蛙等种养结合的生态农业；二产业为农产品包装与粗加工业；三产业为自然与农耕教育以及康养服务业。建设目标就是将项目地建成为具有平原湖区特点的多功能融合产业基地。

（1）生产功能定位　本项目生产用地全部为基本农田，拟开展的农业生产项目一部分是大面积的特色商品型农业，即水稻+鱼、虾、蛙、鳖、鸭等种养结合的生态农业，其产品进入市场销售，追求获得高的生产效益；另一部分是小面积的多样自给型农业，即依据三产服务业就地消费新鲜农产品的需要开展多样化的农业生产，做到一年四季能均衡供应，特别是旅居接待旺季有足够丰富的农产品供应，能够完全满足顾客对新鲜农产品的消费需求。多样自给型农业不仅是种植业，还包括小规模的畜禽与水产养殖业，如开展果园或林地养鸡和湿地养鹅等，以及建小型养猪场养猪供自身消费。本项目拟开展的农产品贮藏与加工，主要是产品冷藏与包装，使产品达到入市销售的要求。

（2）服务功能定位　项目拟经营的三产服务业有两项，一是开展自然与农耕文化教育；二是开展田园旅居康养，服务对象分别是青少年与城市老年人。项目三产服务业环境与设施均按办学要求进行建设，即充分利用项目的农业生产环境开展自然与农耕文化教育，按自然与农耕学堂要求进行配套建设；利用多样农作物所形成的田园景观环境开展旅居康养，按养生学堂的要求进行配套建设。上述两种类型学堂均按 300 人的接待规模进行建设。

2. 形象定位

本项目拟营造水稻生产性大地景观和多样农作物花园景观两种植物景观类型；将村落居住地改造成可供观赏的田园微城市形象。项目基地不仅是农作物的生产基地，而且还是三产服务业的学堂环境，基地最终呈现的是一幅充满浓厚生活气息和平原湖区独特文化氛围的乡村田园风景画。

3. 市场定位

（1）农产品市场定位　本项目约有 1120 亩农田，拟采用稻＋鱼、虾、鳖、蛙、鸭等种养结合的生态农业模式进行生产，主要农产品为大米和鱼，市场暂定为本地城市，项目成功示范后将不断推广该模式进行生产，统一打造洞庭鱼米品牌，再开拓远地城市销售市场。

（2）服务业市场定位　本项目拟开展青少年自然与农耕教育和老年旅居康养，青少年主要为津市范围内的中小学生；老年人主要为津市范围内的城市老人，所提供的服务产品即是充分利用项目地平原湖区良好的农业生产环境和多样农作物营造的田园景观环境，着力打造自然与农耕学堂和养生学堂发展三产服务业，项目提供的服务包括自然教育、农耕体验、旅居康养、休闲娱乐、观光游览、康体健身、药膳保健、国学传授、茶道养生和餐饮接待等。

七、规划布局与分区

涔澹农场绿色产业综合体包括四大功能区，即稻＋特色商品型农业生产区、景观多样自给型农业生产区、三产业综合服务区和仓储加工物流区。

1. 稻＋特色商品型农业生产区

该区占地 1120 亩，全部为基本农田，规划开展水稻＋鱼、虾、鳖、蛙、鸭等种养结合的生态农业生产，充分发挥平原湖区田地平坦、土层深厚、土质肥沃和水资源丰富等优势，突出以水稻粮食生产为主，同时利用稻田发展水产养殖业，拟主要选种巨型稻和米质优良的品种，创新探索适应平原湖区广泛推广应用的生态农业模式。稻田改造工程建设上规划对现有稻田按 1∶9 的田水比进行改造，对现有农业生产管理用房和鸭棚等配套设施进行提质改造。

2. 景观多样自给型农业生产区

该区占地 320 亩，其中基本农田 240 亩，鱼塘 80 亩，位于拟利用的居民点北面，地形平坦，东、西、北面现修有机耕道。本区除开展稻+种养结合的生态农业模式外，还规划对该区靠近居民点的一部分农田（70～80 亩）进行微地形改造，采用挖堆相结合的方式，创造适宜于种植各种农作物生长的环境，结合多样化的农业生产进行景观营造，使之形成一个与综合服务中心相配套的具湿地形态特点的农作物花园，让居住生活环境形成平原湖区的水乡特色；让该区成为开展青少年自然知识学习和农耕文化体验基地，同时也成为老年人室外游览活动的养生环境。

3. 三产业综合服务区

该区为本项目投资建设的重点，占地约 120 亩，原为津市监狱的办公大楼、招待所和职工生活居住区，现在除住有少数职工家属外，大多数建筑处于闲置状态，规划将根据开展青少年素质教育和老年人康养居住的要求进行改造，包括适当增加部分特定功能建筑，除对现有建筑内部工作与生活设施进行现代化提质改造外，还将对建筑邻近环境进行美化和布置康体健身设施，完全按农耕文化学堂与养生学堂的要求进行改造建设。除这些功能要求外，该区还兴建本项目智慧化管理与服务中心。

4. 仓储加工物流区

该区拟租用闲置的原监狱用房，主要是用于农产品贮藏与加工，本项目生产的主要农产品，包括大米和水产品的包装、冷藏保鲜和粗加工。此外，该区在技术成熟的前提下还将建立水稻秸秆利用和其他农产品的加工生产线。

八、分项规划

1. 农业产业发展规划

（1）规划背景　国家正在实施乡村振兴战略，积极倡导农旅融合和发展全域旅游产业，鼓励以市场为导向调整和优化农业生产结构，极其重视特色农产品商品化生产基地建设，大力支持发展特色农业和种养结合的生态农业，中国农业迎来了转型发展的良好机遇。洞庭湖区是国家重要的商品粮生产基地，历来享有鱼米之乡的美誉，水稻与鱼类生产永远是主体，只是对品种和生产方式进行优化。近年来，乡村旅游业的蓬勃发展对地方农产品多样化的需求，不仅为调整农业生产结构提供了依据，而且也为农产品销售增加了一条新的渠道。乡村发展青少年的自然与农耕文化教育产业和老年人的旅居康养产业的市场前景广阔，洞庭湖区也不例外，农业生产环境必将成为发展三产服务业的重要环境，因此，增加农业生产环境的游览、观光、休闲和体验等功能势在必行。

（2）规划目标　充分利用平原湖区的耕地、水资源、土壤与气候资源等优越条件，以市场需求为导向，按照特色商品型农业和多样自给型农业的发展思路，以大面积种植良种水稻为主，采用种养结合的生态农业模式，着力创建洞庭鱼米品牌。此外，依据本项目经营三产服务业顾客就地消费农产品的需要开展多样自给型农业生产，同时结合生产营造青少年素质教育和老年人养生需要的景观与环境，确保农业生产的基础地位不动摇，农业发展总体目标是创建洞庭湖区现代农业生产的新模式。

（3）规划依据

a. 基本农田种植要求　项目地中 1480 亩为基本农田，国家不仅制订有基本农田保护法，而且只允许基本农田种植粮食和一二年生农作物，严禁耕地非农化，规定农田挖沟坑养鱼不超过农田面积的 10%，项目地严格按国家相关政策与法规进行农业生产。

b. 农业资源优势　依据项目地为平原湖区所具有的农业生产条件，包括土壤类型、水量水质、土壤肥力和局地小气候特点等具有明显的农业资源优势，因地制宜选择农业生产项目，确定开展水稻+鱼、蛙、鳖、虾、鸭等种养结合的生态农业生产。

c. 市场需求　洞庭湖区一直就是国家商品粮生产基地，享有鱼米之乡的美誉，生产的大米质量好，市场需求量大，从国内粮食需求来看不存在生产过剩的现象发生，再说大米不仅是直接消费，而且转化的途径多，生产不愁销售。水稻生产可以确定为洞庭湖平原的特色商品型农业生产项目，发展水稻生产市场竞争优势极其明显。

（4）发展思路

项目基地规划发展水稻+鱼、虾、蛙、鳖、鸭等种养结合的生态农业生产，以此形成平原湖区特色商品型农业生产模式，在现有的基础上进行研究创新，力求解决目前生产实践中存在的问题，改进稻+生态农业模式，成功示范之后再广泛推广应用，力求创建洞庭鱼米品牌，做大做强稻+产业。项目地规划利用约 20%的耕地发展多样自给型农业生产，即根据当地村民和游客的生活需要发展多样自给型农业，品种力求丰富多样，以种植时令蔬菜为主和种植小水果为辅，适度发展畜禽与水产养殖业，按照经营的三产服务业顾客就地消费的数量确定生产规模，坚持因地制宜原则，选择适宜的生产对象，并且采用种养结合的生态农业模式进行生产，同时结合生产打造游赏、休闲、体验的景观环境，始终确保项目地范围内具有良好的生态环境。

2. 建筑改扩建规划

（1）建筑概况　项目地拟作三产综合服务区利用的建筑有办公楼、招待所、职工住宅楼和几栋民房，分布较为集中，多为砖混结构，风格和样式差异较大，质量参差不齐，由于青壮年人外出打工的较多，留守常住人口较少，现有建筑大多数处于闲置状态。可改造利用的建筑面积约 10000 m^2，均需提质改造，尤其是内质的提升是改造的重点。

（2）建设目标

依据项目地发展素质教育与旅居康养等三产服务业的使用功能需要，以乡村素质教育和康养生活为主题，以满足农耕体验、餐饮居住、文化娱乐、观光游览、护理医疗、康体健身和休闲度假等功能要求为目的，按照以改造为主和新建为辅的建设思路，将现有建筑及环境建设成为适宜于开展三产服务业的环境与设施，使之成为理想的素质教育基地和美好的生活境地，最终形成一座以教育与康养为主题的乡村田园微城市。

（3）建设原则

a. 因地制宜原则　项目地属典型的平原湖区，地势平坦，地形起伏变化较小，建设时坚持因地制宜原则，地形改造上采用挖堆填相结合的方法，创造适宜于人居的小气候生活环境。

b. 经济实用原则　项目地现有可利用建筑尽可能改造利用，不求外表华丽，但求内在实用，改造建设以提升内质为主，新建建筑采用造价较低的轻钢结构，讲究经济实用，追求在生态宜居方面上档次。在建筑及环境宜居要求上突出乡村风味，追求建筑环境的生活美、生态美和文化美，讲究投资效益，在满足实用功能要求的前提下尽量控制建设成本，以获得良好的经济效益。

c. 协调统一原则　项目地范围内的建筑无论是新建，还是改造都尽可能统一风格，尤其是在一个视域范围内的建筑风格必须一致，彼此之间做到协调统一。项目的建筑拟采用简中式风格，外观形态与色彩追求简洁素雅，使所有建筑都能融入自然环境之中，建筑与自然环境形成一幅充满美感和生活气息的水乡风景画。

（4）建设思路

a. 择地新建　项目地现有建筑主要是原有的办公楼、招待所、职工住宅楼和几处民房，公用建筑集中分布，民房呈分散分布状态，为了满足发展素质教育和旅居康养产业的需要，本项目规划除对现有建筑进行改造建设外，还在现有建筑之间或择地新建必要的功能建筑，如大厨房、大餐厅和大客厅，以及公用的文化娱乐活动室等，不仅是满足对外接待的需要，更是要按农耕学堂和养生学堂的办学要求进行建设，创造具有学习价值的景观与环境。

b. 改造整合　项目地现有的建筑多处于闲置状态，是项目开发可改造利用的资源。本规划拟将对现有建筑全部按项目使用功能要求进行改造，主要是提升内质，完善室内生活与电信网络服务设施，建筑之间新建廊、轩、厅、堂等公用建筑以增强建筑与建筑之间的有机联系，最终使现有建筑形成一个有机统一的整体，同时对建筑邻近环境进行园林化改造，增加室外活动场地和康体健身设施，选用适宜的观赏植物美化环境，创造具乡村韵味的人居生活环境。

3. 旅居康养产业规划

（1）发展目标　充分利用项目地多样自给型农业所创造的田园景观环境和改造了的建筑设施发展旅居康养产业，按兴办老年大学的方式进行运营与管理，创建具平原湖区水乡特色且充满养生文化氛围的旅居康养产业基地。

（2）市场定位　涔澹农场绿色产业综合体旅居康养产业基地的主要服务对象为有意愿到乡村进行旅居康养的城市健康老人，顾客主要来源为常德和津市等邻近城市，此外，也接待有愿望到乡村进行短期休闲度假的游客。让游客在优美舒适的水乡环境中享受与城市完全不一样的乡村美好生活。

（3）发展思路

a. 确定建设项目　旅居康养产业基地建设项目分为两大部分，一是居住生活用建筑；二是室外游憩环境。居住生活用建筑是发展康养产业的必备设施，依据老年人生活居住的要求进行建设，突出安全、舒适与方便，完全按老年养生学堂的要求进行建设，重点建设好与现有养老机构不一般的老年公共活动场所，同时满足室内与室外活动高标准质量要求。室内主要是增加现代化的生活与服务设施；室外游憩环境是老年人进行康养活动必备的配套环境与设施，通过绿化与美化实现公园化，使之具有良好的游憩功能，便于老年人在空气新鲜、景色优美、方便舒适和充满美感的环境中开展各种健身与康体活动。

b. 设立康养项目　旅居康养基地突出养生文化主题，根据老年人对康养活动的需求，拟设立田园漫步、森林沐浴、江中泛舟、垂钓休闲、观花赏景、国学悟道、药膳养生、农事体验、书法绘画、歌舞文艺、盆栽技艺等一系康养项目，所设立的各种康养项目尽可能融趣味性、知识性、文化性和娱乐性于一体，做到能让游客各得其所，各行其乐，都能在平原湖区水乡环境中享受自己所渴望的美好生活。

c. 创新体制模式　旅居康养产业基地拟采用以企业投资为主体的股份制经营模式，坚持共投共建共营共享发展理念，广泛接纳入股加盟者，强化开拓进取与创新创业意识，加大对外宣传力度，制定优惠政策和充分利用国家推进乡村振兴相关政策向外招商引资，共建旅居康养产业平台，实现利益共享。

d. 创建运营团队　旅居康养产业基地创建和运营涉及多个专业，无论是平台建设还是运营管理都需要专门的专业技术人才，一是引进；二是培养，实行引进与培养相结合。项目运营优先使用农场职工子弟，但都要求通过专门的技术培训后才能上岗工作。规划确定后就必须着手引进和培养专业技术与管理人才，按需要设置岗位，组建本项目专门的旅居康养产业运营团队。

4. 素质教育产业规划

（1）发展目标　充分利用项目地发展多样自给型农业所创造的田园景观环境和改造了的建筑设施发展青少年的素质教育产业，以自然知识传授与农耕文化体验为主题，严格按办学的方式进行运营与管理，创建具平原湖区水乡特色的自然与农耕文化素质教育基地。

（2）市场定位　涔澹农场绿色产业综合体自然与农耕文化素质教育基地的主要服务对象为津市范围内的中小学生。

（3）发展思路

a. 确定建设项目　自然与农耕文化素质教育基地建设项目分为两大部分，一是教学与居住生活用建筑建设；二是自然知识传授与农耕文化体验环境营造。教学与居住生活用建筑是发展素质教育产业的必备设施，依据中小学生素质教学内容和生活居住要求进行建设，重点突出实用功能要求。自然知识传授与农耕文化体验环境营造包括两部分建设内容，一是创建自然知识的学习环境，以生物多样性理论作指导，室外营造丰富多样的自然生态环境，包括水、旱、湿的不同生境类型，展示良好自然生态系统的构成及其形成规律；二是创建地域农耕文化体验场景，采用实景活态传承的方式，实地再现丰富多样的地域农耕文化景观，让青少年到实地实景体验农耕文化，如营建各种作坊。

b. 设立学习项目　青少年素质学习教育项目包括自然与农耕文化两大部分，采用的都是活态实景的方式进行传承的，教学过程中重点是要挖掘景观与环境的学习价值，提炼教学内容，能够让中小学生学习自然知识和增长农事技能，包括农事体验和农产品传统加工，还有传统手工艺的学习，用于素质教育的学习与体验项目丰富多样，本项目从中选取能体现平原湖区地域特点的项目进行建设和展示，如米豆腐坊、冲糍粑、水车、榨油豆腐、撒网捕鱼、盆栽花艺、盆景制作、插花技艺、厨艺等系列项目，所设立的各种学习与体验项目尽可能融趣味性、知识性、文化性和娱乐性于一体，一年四季，均衡安排，做到能让学员随时有项目可学，能在轻松愉快中学习自然知识和掌握农事技能。

c. 创新体制模式　青少年素质教育基地服务对象主要为津市范围内的中小学生，自然与农耕文化教育是提高青少年综合素质的一个重要方面内容，鉴于现有市区学校很难创建该方面的学习条件，学校不得不安排学生走出校门集中学习和体验，然而目前尚缺乏专门的教学基地，本素质教育基地拟采用以企业投资为主体的股份制经营模式，坚持共投共建共营共享发展理念，强化开拓进取与创新创业意识，加大对外宣传力度，制定优惠政策和充分利用国家推进乡村振兴相关政策向外招商引资，积极邀请市区各学校入股加盟，共同探讨安排教学项目与内容，共同培养师资，共同参与经营管理，共建青少年自然与农耕文化素质教育基地，为国家培养高素质人才，实现利益共享。

d. 创建运营团队　青少年素质教育基地创建和运营涉及多个专业，无论是基地建设，还是运营管理都需要专门的专业技术人才，一是引进；二是培养，实行引进与培养相结合。项目运营优先雇用农场职工子弟，但都必须要求通过专门的技术与技能培训后才能上岗工作。规划确定后就必须着手引进和培养师资与管理人才，依据教学项目和教学内容按需要设置岗位，组建本项目专门的教学管理与师资队伍。

5. 产业配套基础设施建设规划

（1）水　包括项目基地生活用水、农业种植灌溉用水和养殖用水等设施建设。基地生活用水在原有的基础上将会大大增加，规划使用城市自来水，按需要更换供水管道及设施，统一安装自来水管道供水，确保水质水量，做到用水安全方便。农业种植灌溉用水在修缮确保现有供水设施沟渠和泵站的基础上，重点生产区域安装喷灌或滴灌设施，修建水肥一体化系统，做到节约用水；养殖用水主要是畜禽养殖用水，就近利用地下与地表雨水修建供水设施，严格避免养殖对生态环境的污染。项目地范围内的蓄水和排水设施主要是农田、鱼塘和沟渠，以及民居点的排水管道系统，最终纳入垸内电排排水系统，杜绝污水直排，居住生活与养殖区域专门设置污水净化系统，确保排出的水符合环保的要求。

（2）电　包括生产与生活用电，严格按照项目地未来用电的需要进行电网改造，为了不影响项目地产业环境美观，彻底消除乱搭乱接现象，重点区域将改为地下电缆供电，强电与弱电统筹规划。灯的安装主要是路灯，其次是庭院灯与广场灯，保障夜晚公共区域的灯光照明。生活用电将有大的增加，按实际需要进行扩容。

（3）道路交通　包括项目地范围内的车行道路、游览道路和停车场地，道路交通是区域经济发展的基础条件，必须满足基本要求，项目地现有外部交通状况较好，内部交通状况需要改善，尤其是居民点的静态交通尚不能满足项目发展的要求，急需新增 200 个以上的小车停车位，5～10 个大巴停车位。基地内部已形成较完整的机耕道系统，但需要新建田园游道系统，游道系统拟建于多样自给型农业生产区，田间游道与居民点的道路系统融为一体。

（4）通信网络与数字化智慧管理系统　基地范围内实现通信网络全覆盖，这也是互联网+产业发展的必要条件。项目经营管理实现现代化，建设本项目数字化智慧管理系统，包括安全监控与监测报警管理服务系统。

（5）环保设施　项目地范围内在环保方面可能出现的污染主要是新增顾客的生活垃圾，再就是农田废弃物秸秆和畜禽粪便，具体环保措施是：一是引进农田废弃物资源化处理技术与设备，实行就地资源化处理与循环利用；二是对项目地范围内的所有废弃物及时收集分类并集中进行无害化处理。为了达到环保要求，严格按标准配备环保设施，确保项目地永远保持具有良好的生态环境。

九、规划实施保障措施

1. 把握规划，分期实施

涔澹农场绿色产业综合体项目规划分四大功能区块建设，即稻+特色商品型农业生产区、景观多样自给型农业生产区、仓储加工物流区和三产业综合服务区，项目为一个融合产业单元，项目内容涉及多个方面，要全面实施不仅需要大量的资金，还需要较长的时间，实施该规划必须依据不同的建设项目明确轻重缓急内容，分期实施，稳步推进规划目标实现。

2. 分项建设，整体推进

本规划明确了建设项目及内容，对项目地建设进行了分区分块，设立了不同的功能单元，每个单元都有自己独立的建设方案和计划，然而，项目地内某些公共基础设施又是共用的，需要整体推进建设，如道路交通、水电、环保、通信网络等设施，这些公共基础设施必须争取由政府或大家共同出资提前立项进行建设，做到分项建设，整体推进。

3. 抓住核心，突出重点

涔澹农场绿色产业综合体项目发展及建设规划的实施，农业是基础产业，核心与重点是三产业综合服务区建设，结合多样自给型农业生产营造一个与居住区配套的大花园形或三产服务业的主要产业环境也是项目建设的重点工程，其他建设项目则是按实际需要有序推进，如作物秸秆资源化利用项目。

4. 创新体制，共建共享

做好宣传发动工作，充分调动农场职工参与项目建设的积极性，明确投资项目与建设内容，采用股份制经营模式，共建绿色产业综合体发展平台，强化共享发展理念，增强主人翁意识，广泛吸纳入股资金，按资定股，业主多元，企业控股，以农场职员为依托，同时积极吸纳外资，采用众筹方式筹措资金，加强组织与管理，创新体制与机制，集中力量，共谋发展，共同推进绿色产业综合体项目建设，实现利益共享，为洞庭湖平原区域树立一个乡村振兴典范。

十、项目分期实施计划

涔澹农场绿色产业综合体项目规划实施包括四大块：一是稻+特色商品型农业示范区；二是景观多样自给型农业生产区；三是三产业综合服务区；四是农产品仓储加工物流区，每一个功能区块都有不同的建设内容，计划建设项目及期限如下：

1. 稻+特色商品型农业生产区示范建设项目

该区建设项目主要是改善稻+鱼、蛙、虾、蟹、鳖、鸭等种养结合生态农业的生产条件，配置生产管理用房，稻田养鸭区块增建鸭棚，以经济实用为原则，根据不同项目生态种养对稻田环境的特别要求进行改造。

（1）新建六栋生产管理用房

2021 年 11 月至 2022 年 3 月，分别选择六块大田便于生产管理的位置修建六栋生产管理用房，采用板房结构，每栋面积为 100 m^2，共计 600 m^2，计划投资 60 万元。

（2）新建一栋鸭棚

2021 年 11 月至 2022 年 3 月，新建鸭棚一栋，面积为 1000 m^2，采用钢架与阳光板屋面结构，计划投资 20 万元。

2. 景观化多样自给型农业生产区建设项目

该区是发展三产服务业的重点建设区域，不仅是要发展多样自给型农业，而且还必须提供青少年自然与农耕教育与老年人室外康养环境，需要建设的项目内容较多，主要包括农田微地形改造；结合机耕道修筑游道与瓜果长廊；布置休闲景观设施；修建蔬菜与小水果生产用塑料大棚和水肥一体化系统等。

（1）农田微地形改造

对靠近居民点区域的部分农田进行微地形改造，创造水、旱、湿三种土地类型，目的是为营造生物多样性的植物景观创造立地条件，选择种植有代表性的农作物品种，

包括果树、蔬菜、花卉和中药材等，使之成为中小学生开展自然知识学习的教学环境

2021 年 12 月至 2022 年 4 月改造农田微地形 50 亩，计划投资 20 万元

（2）修建游道与瓜果长廊

景观多样自给型农业生产区实质上是一个具农业生产内容的园林化环境，在该区不仅是修筑机耕道，更是要结合机耕道修建便于游览的游道系统，为了保障游道有林荫，规划拟采用钢管结构在该区的游道上修建具生产性质的瓜果长廊。

2021 年 12 月至 2022 年 4 月修筑主游道 1000 m，次游道 1000 m，新修路面总计 2200 m^2，计划投资 66 万元。

2021 年 12 月至 2022 年 4 月修建钢管结构瓜果长廊 600 m，计划投资 40 万元。

（3）修建景观休闲设施

该区为康养田园环境，规划设置凉亭、水榭、轩、花架、亲水平台等景观休闲设施，于 2022 年 8 月至 2022 年 12 月修建，计划投资 50 万元。

（4）修建高档蔬菜与小水果生产塑料大棚

2022 年 10 月至 2022 年 12 月新建 10 亩塑料大棚，用于种植葡萄、草莓、礼品西瓜、樱桃番茄、水果黄瓜等高档蔬菜和小水果，计划投资 200 万元。

（5）修建水肥一体化系统

该区种植水果、蔬菜、花卉与中药材，均采用现代智慧农业的生产方式，规划于 2022 年 10 月至 2022 年 12 月修建水肥一体化系统 50 亩，计划投资 50 万元。

3. 三产业综合服务区建设项目

涔澹农场绿色产业综合体项目建设的重要功能区块就是三产业综合服务区，该区规划的服务功能有两个，一是青少年的素质教育；二是老年人的旅居康养，该区均按学堂要求进行建设，建设目标是创建一座具教育与康养功能的乡村田园微城市，即教育之城和康养之城。

（1）校舍改造与新建

素质教育与田园康养是本项目规划的两项服务内容，服务的主要设施为教学与生活用房，基地现有的闲置办公大楼、招待所、职工住宅楼和民房均不适宜直接利用，都需要投资改造，现有闲置可改造利用用房约为 5000 m^2，规划新建用房 5000 m^2，共计项目总建筑用房面积 10000 m^2。2022 年 5 月至 2023 年 12 月改造用房 5000 m^2，计划投资 500 万元。2022 年 10 月至 2023 年 12 月新建用房 5000 m^2，计划投资 1500 万元。

（2）配套基础设施改造建设

配套基础设施改造建设项目包括水、电、路、场地、环保、通信网络等基础设施，这些设施主要由当地政府出资建设，但也有少部分设施需要企业出资建设，如停车与健身活动场地、居住环境景观改造、休闲健身场地与设施建设、入口标识景观建筑等。2022 年 10 月至 2023 年 12 月配套基础设施建设，计划投资 2000 万元。

4. 农产品仓储加工物流区建设项目

该项目规划租用正闲置的监狱场所进行改造利用，建设项目内容主要是兴建农产品冷藏库、购置包装设备、引进秸秆资源化利用生产线和建立物流及销售体系。

2022 年 5 月至 2022 年 12 月改造修建冷藏库，计划投资 100 万元。

2022 年 5 月至 2022 年 9 月购置农产品包装设备，计划投资 80 万元。

2023 年 1 月至 2023 年 12 月引进秸秆资源化利用生产线，计划投资 500 万元。

2022 年 5 月至 2022 年 10 月建立物流及销售体系，计划投资 100 万元。

南岳区枫木桥村美丽乡村建设及融合产业发展规划

一、规划背景

（1）国家正在实施乡村振兴战略，明确指出规划先行。2019 年 1 月 4 日国家五部委联合下文《关于统筹推进村庄规划的指导意见》明确指出村庄不规划不建设和不规划不投入，强调规划必须先行，对村庄规划提出了明确的要求，号召各级政府重视村庄规划工作，切实理清各类村庄的保护、建设与发展的思路，并实行多规合一，制定切实可行的村庄建设与发展规划。

（2）广大农村正在积极推进一二三产业融合发展，发展成效显著。中国农村产业结构调整经历多年的实践证明：区域农村经济发展仅依靠农业生产是远远不够的，加之人均耕地极其有限，对于大幅度提高农民家庭收入可能性与潜力空间不大，很有必要推进一二三产业融合发展，产业兴旺是乡村振兴的核心和重点，这已在中国农村形成了广泛的共识。

（3）广大农村正在开展美丽乡村建设，大力推进全域旅游产业发展，发展势头良好。中国社会的主要矛盾已上升为广大人民对美好生活的需求与发展不平衡不充分之间的矛盾，农村经济相对落后急需发展新型产业，城市居民渴望田园生活，尤其是在城市生态环境问题日益突出的今天返璞归真的愿望更加强烈，这给大环境明显优于城市的乡村来说带来了发展旅游和康养产业的难得机遇，且市场潜力巨大，发展前景十分广阔，全国各地发展旅游与康养产业出现了蓬勃发展的好势头，开展美丽乡村建设是推进乡村发展旅游产业的重要行动。

二、枫木桥村概况

（1）自然地理　包括地理区位、自然气候、村域面积、地形地貌、土地类型及比例、水资源状况、动植物资源状况、地下矿产资源状况等。村域面积、地形地貌、土地类型及比例、水资源状况、动植物资源状况、地下矿产资源状况等。

（2）社会经济　包括人口及人均收入水平、贫困人口数量、收入来源、人均耕地及耕地状况、水利灌溉条件、主营产业状况、内外部道路交通状况、村民居住生活条件（包括用水、用电、住房、卫生等设施）、通信网络、学校教育、文化娱乐、运动康体、商业银行等配套服务设施。

3. 地域文化　包括风俗习惯、社会风尚、宗教信仰、民族特点、民间传说、民间工艺、传统产品、历史人物、名胜古迹等物质与精神文明内容。

三、SWOT 分析

（1）机遇　国家正在实施乡村振兴战略，极其重视乡村规划与建设工作，已出台了一系列支持乡村发展的有关政策。为了更有效推进乡村振兴建设工作，各级政府都希望树立可推广、可示范和可复制的乡村建设典范，包括美丽乡村建设和融合产业可持续发展的典范，这给枫木村带来了良好的发展机遇。

（2）优势　枫木桥村紧邻南岳风景区的水帘洞景点，且与道学院相依，每年来南岳旅游的游客达 1400 万人次，从村中经过的游客具有可观的数量，为枫木桥村发展旅游服务业创造了良好的条件。村域范围内山、水、林、田、路、村等基本要素齐全，且状态良好，农业生产与居住生活条件优越，几乎无自然灾害，贫困人口极少，社会经济与自然条件相对较好。枫木桥村村干部思想开放，开拓与创新意识较强，创业积极性较高，具有一定的创业经验，愿意带领村民共同致富。枫木桥村属典型的适于人类居住和生产的山麓之地，具有生物多样性形成的天然立地条件，有成片农田，石子江蜿蜒穿过，上方有大的山地水库，水源充足，灌排沟渠通畅，常年水旱无忧；境内山体平缓，村庄依山傍水森林覆盖率高，村庄靠山傍水依田，自然地理优势十分明显；村民长期受南岳道教与寿文化思想影响，地域文化特色明显，为发展以旅居康养为核心的旅游服务业具有良好的文化基础。

（3）不足　枫木桥村人均耕地面积相对较少，人均水田加旱土不足 1 亩，未能达到全国平均水平，过去一直以种植水稻为主，其他经济作物特色不明显，且没有形成规模，同时小作坊式农产品加工业也不发达，一二产业都相对落后，农产品无品牌可言，农业生产与加工业不足以支撑村域经济，村民收入主要靠外出打工。枫木桥村虽紧临南岳风景区，但与南岳风景区相配套的旅游服务接待设施与环境几乎没有，就是小规模的农家接待游客的也没有几家，村内旅游接待服务业尚未形成，仅处于小规模的萌芽状态。枫木桥村几乎每户现在都建有 2～3 层的小楼房，但是处于闲置状态的占绝大多数，作为旅游产业开发利用用房却不适宜，且处于各自为政的分离分散分布状态，各民居建筑之间缺乏有机的联系，急需改造和扩建。枫木桥村山、水、林、田、村等要素的基本条件虽然较好，但是缺乏具有吸引力的特色景观和标志性景观。

（4）挑战　枫木桥村开展美丽乡村建设目的是营造村域融合产业发展的环境和设施，积极推进融合产业平台建设，最终目的是要保障地方经济的可持续发展，该村在地理位置、土地和气候资源上均无明显的优势可言，并且邻近各村都在积极开展美丽乡村建设行动，都在发展相应的产业，村与村之间竞争不可避免，如何打造枫木桥村具竞争优势的特色产业平台，是实施产业规划建设时将会遇到严峻的挑战。

四、规划依据

（1）南岳镇太平片区美丽乡村建设规划（2017～2030）。

（2）国家对农村发展制订的相关政策，如国务院办公厅倡导的农村一二三产业融合发展指导意见、十九大提出的实施乡村振兴战略的目标要求、习近平总书记提出的绿水青山就是金山银山的理论等。

（3）城乡建设的相关规范和条文。

（4）南岳区全域旅游发展总体规划。

五、总体规划构思

1. 规划目标

充分利用枫木桥村紧临南岳风景名胜区的地理位置优势，按照一二三产业融合发展的思路，积极引导村民合作构建以旅游服务业为核心和主体的融合产业平台，坚持共投共建共产共营共享发展理念，采用股份制经营模式，以美丽乡村建设和农业生产结构调整为抓手，以村域建筑产业化利用改扩建为重点，力求把枫木桥村建设成为生态环境良好、农业特色鲜明、地域文化突出、田园景观优美、村民收入稳定、基础设施先进和居民生活舒适的乡村振兴典范。

2. 规划理念

（1）绿色发展理念　南岳枫木桥村属典型的丘陵地区，生态环境良好，坚持在区域自然承载力的范围内开展农业生产活动，拒绝对村域生态环境有影响的开发项目，坚持采用绿色有机的生产方式进行农业生产，尽可能减少化肥、农药和除草剂的使用量，大力发展种养结合的生态农业。加强对现有良好的森林生态环境的保护，始终维持青山绿水的良好状态，在保护好村域生态环境的前提下开展生产和建设，做到因地制宜，因山就势建造发展旅游产业所需的建筑和配套设施，决不大兴土木开展建设活动。

（2）共享发展理念　枫木桥村有村民1453人，353户，村域内产业不发达，外出打工的人员较多，人均收入增长受到限制，仍有少数村民相对较为贫困。枫木桥村开展融合产业平台建设，动员激励村民以承包的耕地、现有的住房、宅基地使用权和资金等方式入股，充分调动广大村民参与的积极性，坚持共投共建共产共营共享的发展理念，拟采用股份制经营模式，共同打造以旅游服务为核心的融合产业平台，为当地村民提供更多的就业机会，发展成果让广大村民成为受益的主体，实现利益共享。

（3）创新发展理念　枫木桥村村民主要通过外出打工获得收入，收入来源较单一，人均收入相对较低，要改变这一状况，仅靠现有的农业生产项目增收，难度相当大，几乎是不可能的，因此，开辟新的创收渠道很有必要。枫木桥村在优化农业生产结构的基础上，充分利用该村地理位置优势，着力打造以旅游接待服务为主体的融合产业平台，把握国家对乡村振兴的优惠政策，因地制宜发展具地域特色的乡村产业，创造更多更好的就业机会，彻底改变目前以家庭为单位分散分离互不相干的生产经营状态，共同打造一二三产业融合发展平台，采用股份制的经营模式，创建利益共同体，使之成为村民收入的主要来源。

(4) 特色发展理念　一是充分利用枫木桥村的自然地理与气候条件，因地制宜发展稻+水产养殖业，彻底改变单一种植水稻的状态；二是根据旅游餐饮接待对多样化农产品的需求，并结合旅游产业环境的打造，选用村庄临近的农田发展多样化花园式的景观农业，分区分块创造主题鲜明且各具特色的美丽田园景观，强化多样农作物花园的特色营造，实行异质互补，避免同质竞争，力求形成枫木桥村在南岳风景区内新增的几处特色植物景观附属景点。

3. 规划原则

(1) 因地制宜原则　依据村域山、水、林、田、土、路、村等资源与气候条件，确定适宜的农业生产项目，包括种植与养殖项目，重点发展多样自给型的景观农业。

(2) 以农为本原则　农村的一项重要的社会功能就是生产农产品，也是农村发展之根本，国家制定了基本农田保护法，明确规定基本农田不允许改变用途，必须保持耕地的农业生产功能，不管未来农村怎样发展变化，农业作为枫木桥村的基础产业地位永远不变。

(3) 三生统一原则　三生即生产、生活和生态，在农村一定的区域范围内开展建设活动，必须统筹考虑三生之间的关系，生产是为了生活的需要获得农产品，人类生活离不开农业生产，同时美好的生活又离不开良好的区域生态环境，而农业生产又必须考虑农田生态环境的自然承载力，让区域农田生态系统融入区域整体生态系统之中，反过来良好的区域生态环境又为生产与生活服务，从而实现三生统一，我们必须坚持按三生统一的原则和要求开展一切建设活动，协调好生产、生活和生态三者之间的关系，故三生统一既是原则，又是目的。

六、规划定位

1. 功能定位

枫木桥村现有产业功能主要是农业生产，地处丘陵区，耕地约1000亩，其中水田780亩，受人均耕地不足的影响，农业生产除种植水稻外，还有少量的水果种植，人工经济林缺乏，山地多为天然风景林地，商品农业不发达，生产力水平较低，农业生产基本处于自给自足的状态，村民收入来源依靠现有农业生产不足以致富，主要靠外出务工，随着中国社会经济的不断发展，社会需求发生了大的变化，乡村旅游业蓬勃发展，在国家倡导农村一二三产业融合发展和推进全域旅游产业发展的大背景下，各地农村调整农业生产结构和拓展农村产业功能势在必行，枫木桥村也不例外，必须优化和改变传统农业的生产功能，重点拓展旅游服务功能。

(1) 生产功能定位　枫木桥村现有生产功能除传统的农业生产外，还有几家工艺品和农产品加工小企业，农业生产特色和优势不明显，企业生产规模又受到了市场的限制，均不足以支撑村域经济，必须创新产业发展思路，规划充分利用枫木桥村的农业资源条件调整和优化农业生产结构，发展稻+种养结合的生态农业产业，再利用美化了的田园特色景观与村落环境发展旅游服务业。枫木桥村的农业生产主要面向游客就地消费需求，重点发展多样自给型农业，生产的农产品不仅是满足当地居民生活的需要，同时还满足游客对新鲜农产品的需求，并结合农业生产打造丰富多彩的田园植物景观，或营造适于游客体验的生产场景，同时适度发展当地农产品传统加工业，创造传统的农耕文化氛围。特色商品型农业根据当地耕地资源与小气候条件选择适宜的农业生产项目，如特色水果和中药材等种植，或优质稻加特种水产与动物养殖，实行种养结合，使之形成具地域特色和特别竞争力的农产品，推向外地市场销售或在本地进行消费。

枫木桥村发展多样自给型农业生产围绕当地村民与顾客生活消费的需要进行生产，品种力求丰富多样，果、菜、花、药、茶全种，鸡、鸭、鹅、猪、鱼、虾、蛙都养，品种丰富多样，按需求合理搭配，严格控制数量和规模，力求保障品质优良，主要是满足就地消费，并且结合生产打造顾客游览观赏、农事体验、文化传承、科普教育和康体养生的景观化田园环境。

(2) 服务功能定位　枫木桥村具有良好山地森林生态环境，公益林面积较大，空气质量好，民居建筑依山傍水伴田，非常适宜于人居，适当对村域环境在点和线上进行提升，创造具丘陵地域特色的绿色宜居环境，形成南岳风景区境内几处新的附属景点，重点突出绿色宜居村庄旅游产业环境与配套设施的建设，面向来南岳旅游的游客，重点发展乡村餐饮接待服务业。

2. 形象定位

枫木桥村拥有的山、水、林、田、湖、路、村等景观资源要素，在形象上尚无特别的吸引力，山上森林植被茂密，但缺乏特色；田分布于南岳山麓，较集中成片，但不宜实施机械化生产；水虽有蜿蜒曲折的石子江从村中穿过，但难形成壮丽景色，村中还分布有多口山塘，山塘面积却不大，不足以形成水乡特色；村级交通道路虽已拉通，但还是较狭窄，且村域游道系统尚未形成；村即村落，主要是农民住宅，大多分散分布，仅有几个相对集中的村落，呈现出一般农村所具有自然山水田园村庄的形态风貌，且村民住宅建筑风格不一，缺乏地域特色。

枫木桥村基于旅游产业环境建设的需要，以现有景观资源为依托，统筹规划，分区块进行设计，以旅游配套设施建设为重点，结合生产突出美丽田园建设，充分利用现有的山水田园环境，着力打造多个旅游休闲服务接待点，使枫木桥村呈现多个被改造后的村落镶嵌于山水田园环境之中的美丽形象。

3. 市场定位

（1）农产品市场定位　枫木桥村现有外销农产品不多，且尚未形成一定规模的商品化生产，除已种植有少量的果树外，尚无其他有规模的经济作物，主要种植的还是水稻。枫木桥村未来农业生产结构调整的思路是：旱土以发展水果与药材为主，采用多样化的发展思路，主要用于游客采摘体验；水田主要种植优质稻，实行种养结合，稻田产品主要用于就地消费。此外，还根据本地对蔬菜的实际需求量，利用水田适量种植各种时令蔬菜；利用村内现有鱼塘和水田发展特种水产养殖，主要满足当地村民与游客消费的需要。枫木桥村的林产品主要为观赏性树木和花卉，主要用于打造当地旅游产业环境，同时还利用部分林地环境依据当地居民与游客的需要进行林下养殖，如林地圈养鸡和养猪或其他特种经济动物等，按需调控生产规模。

（2）旅游产品市场定位　枫木桥村充分利用良好的大森林生态环境和美丽田园环境发展乡村旅游服务业，其旅游产品包括餐饮接待、旅居康养、休闲娱乐、观光体验等，主要服务对象为来南岳旅游的游客。

七、规划布局

枫木桥村美丽乡村建设及融合产业发展总体规划是按融合产业功能单元进行分区分块布局的，各产业功能单元之间由主要交通道路连接形成一个有机的整体，各产业单元在形态结构与服务功能上相似，但在景观环境、建设规模和文化氛围上存在差异，讲究异质互补，避免同质化竞争。

枫木桥村农业产业结构优化规划思路：旱地确定以种植水果为主，适当发展中药材与时令蔬菜，选择果林适当区域开展林下养鸡，选择适当位置修建小型猪场与牛场；水田主要种植优质稻，总面积达600亩以上，同时配套养殖鱼、虾、鸭、蛙、蟹和甲鱼等，实行种养结合，建立良好的农田生态与生产系统，形成大田生态农业生产区，即生产性大地景观；选用邻近村舍的农田（含部分水田和旱土）主要种植小水果、时令蔬菜和花卉，结合农业生产营造生物多样性的景观环境，以多样农作物花园的形态呈现，一年四季花开不断，游客可深入其中开展观赏与各种体验活动，且季节性农产品丰富多样，形成体验性花园景观。

枫木桥村村落与民居建筑改扩建规划思路：对现有村落和分散分布的民居建筑进行改造利用，规划建8～10个游客餐饮接待服务点和15～20处民宿，游客接待规模分别为100人和10人以上，完善枫木桥村对外开展游客餐饮接待服务的场地和设施，这些场地和设施最好是实行统筹规划建设，实行统一经营和管理。相对集中的村落民居建筑按组合大院落的方式进行改扩建，形成较大规模游客接待服务点；选择单独分布且周边环境资源较好的民居改造成民宿，接待20人以内的小团体游客，包括餐饮与旅居生活服务。

枫木桥村的自然山水环境开发与利用，原则上以保护为主，尤其是境内自然山林纯属保护对象，主要是突出自然生态功能的发挥，禁止干预。石子江是穿过村庄农田区域的一条蜿蜒曲折的小河流，呈自然状态，在维持其自然生态功能的前提下进行景观提质，主要在河流沿岸添植紫薇与红桎木，使之形成村中的一条彩带，选一座石子江上的主要桥打造枫木桥村古枫树标志性景桥，即古枫木桥，以增强村域景观的视觉感染力，同时该河流与新建多样农作物花园相接的区段亦可供游客近距离观赏体验。

八、分项规划

1. 农业产业发展规划

（1）规划背景

国家正在实施乡村振兴战略，积极倡导农村一二三产业融合发展，大力支持区域农村特色农产品商品化生产基地建设，鼓励以市场为导向调整和优化农业生产结构，农业迎来了产业转型发展的良好时机。国家正在推进乡村全域旅游产业的发展，乡村田园生活已成为一种时尚，乡村旅游业的蓬勃发展对地方农产品多样化的需求又为调整农业生产结构提供了依据，乡村旅游业的发展为农产品销售增加了一条新的渠道。乡村发展旅游产业，农业生产环境成为旅游产业环境，对农业生产与种植方式提出了新的要求，上述背景迫使我们必须制定枫木桥村农业产业发展规划。

（2）发展目标

依据枫木桥村耕地资源、水资源与气候资源条件，以就地消费需求为导向，水田突出水稻生产的主导地位，面积保持在600亩以上，采用稻+鸭、鱼、蛙、虾等种养结合的生态农业模式，使基本农田形成生产性大地景观；临近村舍部分农田以时令蔬菜种植为主，规划面积150～200亩，分区块实施，适当配植花卉与中药材，采用景观农业模式，营造多样农作物花园景观，以此作为美丽田园建设的重点，不仅生产就地消费的新鲜农产品，而且还为游客提供农耕体验场景；旱土主要种植当地适宜的果树，建园面积200亩以上，品种力求丰富多样，果园尽可能做到四季有水果可供采摘，部分果园林下配套养鸡，并建几处小型猪舍、牛棚配套养猪、养牛，种养结合配套，以便建立循环农业体系，严格管控生产过程，确保各种农产品质量。

（3）规划依据

a. 市场需求　枫木桥村的农业生产主要分为三大区块，一是大田生态农业种养区，以水稻种植为主，配套养殖鸭、鱼、虾、蛙等，面积大于600亩；二是多样农作物花园区，主要种植时令蔬菜，面积为150～200亩；三是旱地百果园区，面积200亩以上，配套养猪、牛、鸡等，上述农产品主要供游客与村民就地消费，或作为旅游产品销售。游客量决定市场需求量，规划实施过程中可依据就地消费农产品种类和数量对枫木桥村农业生产结构进行动态调整。

b. 生产条件　枫木桥村所具有的农业生产条件，包括土壤类型、水量水质、土壤肥力和局地小气候特点等，做到因地制宜选择农业生产项目。

c. 生产效益　枫木桥村的农业生产项目以生产效益为规划依据，效益高的优先选择，效益一般和差的一般情况下不选择，本地消费所需要的农产品不强求本地生产，可以从市场购买，但是维持本地景观与生态功能的农业生产项目除外。

（4）发展思路

a. 结合农业生产打造美丽田园景观

枫木桥村农田耕地约 1000 亩，其中水田 780 亩，集中连片成块，整体呈依山和田伴村分布格局，少量梯田分布于山林与村舍之间。规划对农业生产结构进行调整，选用 600 亩以上的水田种植优质稻，同时在稻田中养殖鸭、鱼、蛙、虾等，部分田埂适当加宽形成田园观光体验游道，利用彩色水稻创作主题图案，让大田形成生产性大地景观；选用 150～200 亩临村舍农田种植时令蔬菜，同时配植花卉与药材，分区分块营造主题与特色鲜明的多样农作物花园景观，即异质性特色植物专类园景观，以此作为枫木桥村吸引南岳景区游客的亮点，在美丽田园建设上突出美丽乡村建设，规划建约 10 个专类花园，如不老松园、菊花园、枫树杜鹃园、玫瑰园、王香园、百草园、梅花园、海棠园、湿地农园、紫薇园、樱花园等，使接待服务点不仅成为带特色专类花园的乡村酒店，而且成为南岳风景区新增的附属景点；选用山间梯田与旱土约 200 亩种植适宜的果树，主要供游客采摘体验，品种力求多样，再配植观赏树木与花卉，营造观光果园景观，结合农业生产打造美丽田园景观，一年四季呈现风景如画的田园效果。

b. 重点发展多样自给型农业生产

现代农业生产有两种类型，一种是特色商品型农业生产；另一种是多样自给型农业生产，前者靠批量出售特色农产品获得效益，后者靠就地消费农产品获得效益。枫木桥村规划发展的产业主要为旅游接待服务业，来村消费的游客将会大大增加，仅靠本村约 1000 亩农田生产的农产品不可能满足游客消费需求，因此，本村土地上生产的农产品只要是质量上满足要求，就地消费一点问题也没有，完全没必要考虑外销，故枫木桥村重点发展多样自给型农业，具有广阔的发展前景。

枫木桥村根据村民生活和游客餐饮接待的需要发展多样自给型农业，新种植的多年生果树将选定旱土或山地梯田进行布置，品种力求丰富多样，果品主要采用就地消费的方式，部分作旅游产品供应，如梨、桃、李、枣、柑橘、脐橙、柚、板栗、柿、猕猴桃、杨梅、石榴、枇杷等均可种植；一二年生农作物与园艺植物按照划定的产业单元分区分块布置，采用轮作、套作与间作的耕作方式进行生产，如常见的玉米、红薯、大豆、油菜、花生、蔬菜、花卉、药材等，一般不固定某种作物农田种植区域，分年度按需求选择合适的种类和品种以及确定相应的种植面积，按多种农作物花园的花境、花带、花篱、花架等植物景观配置模式进行种植，并且在产业单元的小区域范围内依季节按年度进行更替。

枫木桥村村域范围开展林牧渔业生产，因缺乏特别的优势资源和条件，暂未形成具特别优势的林牧渔业项目，因此，规划开展多样自给型林牧渔业生产，林业主要是种植观花观叶可成景植物，如紫薇、樱花、杜鹃、茶花、茶梅、梅花、二乔玉兰、北美红枫、菊花、药牡丹、月季、紫荆、大花萱草等观赏植物，以提升村域旅游产业环境植物景观为目的，主要是在景观节点和游道线上进行造景；牧业以养猪、牛、鸡、鸭、鹅等畜禽为主，选择发展特种经济动物养殖，如野猪、海狸鼠、驼鸟、果子狸等，并且尽可能采用种养结合的生态农业模式，如林地养鸡、稻田养鸭等，生产用建筑设施选择适当位置修建，如猪舍、鸡舍与鸭棚，以减轻对居民生活影响为原则；渔业主要是利用山塘和水稻田养鱼、虾、蛙、泥鳅、黄鳝等，分别在产业单元的区域范围内安排林牧渔业生产。

2. 建筑改扩建规划

（1）村域建筑概况

枫木桥村现有的村域建筑主要是村民住宅，属私有性质，现在分布的状态有相对集中形成村落的，数量有几栋到几十栋不等，也有分散独栋分布的，住宅主要为2～3层新建的楼房，风格和样式差异较大，质量参差不齐，档次有高有低，由于青壮年人外出打工的多，留守常住人口较少，村民建筑大多数处于闲置状态。公用建筑就是村办学校校舍和村部用房。枫木桥村生产用建筑主要为分散的猪舍，尚无专门的养殖用房，私人养殖用房大多与住宅合建或靠近住宅修建，不能适应现代养殖业发展的要求。

（2）建设目标

针对枫木桥村以旅游接待服务业为主体发展融合产业的需要，以乡村康养生活为主题，同时兼顾亲子和科普教育，突出与产业配套的建筑与环境建设，以满足餐饮居住、观光体验、文化娱乐、自然教育、护理医疗、康体运动、休闲度假和特色商务等功能要求为目的，采用新建与改造相结合的建造方法，在村域范围内打造多个生活条件优越、生态环境优美、文化内涵深厚和服务功能齐全的乡村旅游休闲接待服务点。

（3）建设原则

乡村旅游休闲接待服务点作为融合产业发展的核心平台，其建设原则如下：

a. 因地制宜原则　枫木桥村属典型的丘陵区农村，地形有一定的起伏变化，平坦的地块较少，民居建筑多依山傍田而建，建筑改扩建时尽可能不改变已形成的自然山水格局，不大兴土木，因山就势布局，永远将居住建筑嵌入到自然山水环境之中。

b. 经济实用原则　枫木桥村的接待服务点或民宿都是为了发展融合产业的需要所改扩建的，追求经济实费，不追求富丽豪华，力求在生态宜居上上档次，追求乡村风味，力求建筑环境的生活美、生态美和文化美。接待服务点就是乡村融合产业发展的建设重点和产业单元建设的核心，其建设成本作为主要投资项目必须讲究投资效益，在满足实用功能要求的前提下尽量控制建设成本，以获得良好的经济效益。新建建筑建议采用轻钢结构。

c. 改造为主原则　枫木桥村现有建筑尚无特别的风格可言，一般是近年新建的2～

3层小楼房，多为砖混结构和坡屋顶形式，为了使改扩建后的接待服务点建筑便于经营与管理，规划将拟按特大型组合院落的建筑形式进行改扩建，能利用的建筑尽可能改造利用，一般不新建，创造一种外形构造简洁的简中式大型院落建筑风格，注重讲究内质提升，以满足对外开展接待服务的功能要求。

（4）建设思路

a. 择地选点　枫木桥村现有建筑主要是村民住宅，大多呈分散分布状态，集中分布形成村落的较少，处于闲置状态的民居不少。选择作接待中心、接待点和民宿建设的地点，宜具备良好的自然条件和便于改造利用的建筑，交通便利，不需要大兴土木就可以开展建设，现有的建筑所在地自然环境优美，最好是有可直接利用的山、水和森林植被，基地只需稍加修饰改造就能形成美丽的山水田园环境，尽可能用于改造建设的投资小，见效快，能达到事半功倍的效果。

b. 改造整合　枫木桥村有多个村落的民居建筑相对集中，我们可以从中选择几个村落按对外开展旅游接待服务的功能要求进行改造，同时优化村落环境，改善对外接待居住生活条件，设法增加大餐厅和大客厅等公共服务用建筑，并增加建筑之间的连通设施，如走廊与花架等，使现有的村落通过改建后成为一个有机的整体，最好是能创建一个具特定文化内涵和配套功能设施齐全的组合型特大院落，同时也是一个充满活力的旅游产业核心平台。在现有村落民居建筑改造的过程中对于原有用作猪舍、牛棚和鸡舍等生产用建筑一律拆除或改造，转变使用功能。同时为了满足生产的需要，建议在耕地生产环境中择地建猪舍、鸡舍、鸭棚与牛棚，集中发展畜禽养殖，使畜禽生产与居住地保持一定的距离。

3. 旅游产业规划

（1）发展目标　按照衡阳市制定的全面推进生态旅游产业发展规划，充分利用枫木桥村现有的山、水、林、田、湖、路、村等资源条件和南岳风景区的旅游文化资源，以改善对外接待用建筑等居住设施为重点，突出各接待点山水田园环境的特色植物景观营造，完善旅游配套设施建设，分区块结合发展现代农业生产，按单元打造各具特色的旅游产业环境，使枫木桥村最终形成拥有多个特色景点的乡村旅游景区。

（2）市场定位　枫木桥村建成为一个新的旅游景区后，主要靠特色植物景观环境和生态宜居的生活条件，再加上优质的配套服务吸引游客。主要游客来源：一是服务南岳风景区的游客；二是服务衡阳市的市民，双休日到枫木桥村来开展休闲、度假、体验、娱乐、自然教育等活动。

（3）发展思路

a. 确定建设项目　一是打造旅游景点，主要是结合枫木桥村发展现代农业生产分区块按单元营造特色植物景观，使之成为枫木桥村村域范围内各具特色的旅游景点，让来枫木桥村休闲和旅游的顾客一饱眼福；二是建设旅游配套设施，除村内道路、水电、环保和通信网络等基础设施外，主要是采用新建或改造建设的方法，建设8～10个接待服务点和10～15处民宿，它们各具景观和文化特色，要求异质互补，避免同质竞争，使之成为枫木桥村发展旅游产业的核心平台。以满足顾客餐饮居住、休闲娱乐、康体健身、亲子体验和自然教育等功能要求。

b. 设立旅游项目　枫木桥村旅游项目主要是在美丽山水田园环境之中让游客观花赏景和体验农耕文化生活，结合现代农业生产重点打造美丽如画的花卉植物景观，突出寿文化、道教文化与佛教文化氛围营造以及旅游环境特色的形成，所设立的旅游体验项目尽可能融趣味性、知识性、文化性和娱乐性于一体，能够让不同年龄层次和不同兴趣爱好的游客各得其所，各行其乐。

c. 创新体制模式　枫木桥村发展旅游产业项目拟采用股份制经营模式，生产经营上打破以家庭为单位各自为政的状态，彻底改变个体经营的体制与模式，宣传共投共建共产共营共享（五共）发展理念，引导村民转变思想观念，突破小农经济传统落后思想的束缚，强化联合创业意识，坚持创新、协调、绿色、开放、共享发展理念，充分调动当地村民参与旅游产业项目建设的积极性，同时加大对外宣传力度，制定优惠政策和充分利用国家产业扶贫相关政策向外招商引资，共建旅游产业平台，实现利益共享。

d. 创建运营团队　枫木桥村要发展以乡村生态旅游服务业为主体和核心的融合产业，在运营和管理上需要各个方面的专业人才，当地的村民通过专门的培训后才能胜任技术和管理工作，规划确定后就必须着手引进和培养专业人才，按需要设置岗位，组建枫木桥村旅游产业项目运营团队。

4. 产业配套基础设施建设规划

（1）水　包括村民生活用水、农田灌溉用水和养殖用水设施，以及蓄水和排水设施。村民生活用水采用打水井、修水塔和安装自来水管道的方式统一供水，确保水质水量，让村民用水方便。农田灌溉用水在修缮确保现有供水设施沟渠和泵站的基础上，重点生产区域安装喷灌或滴灌设施，修建水肥一体化系统，做到节约用水和精准施肥。村域范围内的蓄水和排水设施主要包括山塘和自然溪流，以及农田中的沟渠和村落区域的排水管道系统，对山塘进行定期清淤和开展加固塘堤等工作，定期对溪流和沟渠进行疏通，确保排水通畅和顺利供水。

（2）电　包括生产与生活用电，严格按枫木桥村未来用电的需要进行电网改造，为了不影响村域旅游环境美观，彻底消除乱搭乱接现象，重点区域将改为地下电缆供电，强电与弱电统筹规划。

（3）道路交通　包括枫木桥村范围内的车行道路、游览道路和停车场地，道路交通是产业发展的基础条件，必须满足基本要求，村中主要交通道路一定要达到安全方便会车的宽度5 m以上，生产地中的机耕道3 m以上。各接待服务点一定要设置足够的停车位，并且要配备一定量的大巴停车位，以满足静态交通的要求。村域范围内将建造若干景点，各景点必须设置便利的游道，按游客量设计游道宽度，路面材料尽可能就地取材，采用生态的透水材料，整个村域的游道形成系统，以方便游客游览为目的。

（4）通信网络 属现代通信信息系统，是互联网+产业发展的必要条件，村内消灭通信盲区，做到通信网络全覆盖。

（5）环保设施 枫木桥村在环保方面可能出现的污染主要是农田废弃物秸秆和畜禽粪便，再就是人的生活垃圾，具体环保措施是：一是引进农田废弃物资源化处理技术与设备，实行就地资源化处理与循环利用；二是及时收集分类并集中进行无害化处理。为了达到环保要求，严格按标准配备环保设施，确保村域生态安全。

5. 村域自然环境资源保护规划

枫木桥村的自然环境资源主要有自然山林、山间溪流和石子江滨水环境，境内的森林植被繁茂，主要是天然次生林，人工林很少，公益林面积近 1000 亩，发挥了很好的水土保持作用，对维持当地生物多样性水平和良好的生态环境具有重要的价值。

枫木桥村在未来的建设过程中，必须尊重现有的自然山水格局，因山就势开展建设，决不大兴土木，严格封山育林，保护好森林生态系统服务功能的正常发挥。枫木桥村的林地总体上维持现有的形态，为了提高森林景观的观赏价值，仅是对局部点和线上进行提质改造，有目的地选择游道两旁或山头节点种植观花或观叶植物，创造具特别观赏价值的特色植物景观，尽量减少对原生植被的损害。

枫木桥村的山与山之间人工修筑了梯田，是村民基本的生产资料，此外，还有天然形成或人工修建的山间溪流，包括石子江，属自然排水设施，有的也用作农田灌溉和排水，是一种天然的生物廊道，溪流属于一种有活力的自然景观，通过人工适当改造，可创造很好的花溪景观，但必须保持其自然的属性。

九、规划实施保障措施

1. 把握规划，分期实施

枫木桥村美丽乡村建设及融合产业发展规划是推进枫木桥村社会经济向前发展的总体方案，是将枫木桥村作为一个有机整体进行统筹规划的。规划项目涉及多个方面，要全面实施不仅需要大量的资金，还需要较长的时间，我们在该规划的实施过程中必须依据不同的建设项目明确轻重缓急，分期实施，稳步推进规划目标实现。

2. 分区建设，整体推进

该规划对枫木桥村进行分区分块，规划构建了各具特色的产业单元，虽然各个单元在形态上具有较相似的结构，但在环境景观和文化内涵上各有特色，每个单元都将有自己独立的建设方案和计划。但是，枫木桥村内的一些公共基础设施必须整体推进建设，如道路交通、水电、环保、通信网络等设施。

3. 抓住核心，突出重点

枫木桥村美丽乡村建设及融合产业发展规划的实施，当然首先是公共基础设施建设，然后才是各个产业单元建设，每个单元都是一个相对独立的融合产业平台，既然已经明确发展旅游服务产业，那么，结合农业生产结构调整与优化，着力打造具特别吸引力的美丽田园景观环境是建设重点，为游客建设生态宜居的接待服务点则是核心，有了重点和核心有序建设就有了基本的保障。

4. 创新体制，共建共享

做好宣传发动工作，充分调动村民参与建设的积极性，明确投资项目与建设内容，采用股份制的经营模式，共建枫木桥村融合产业平台，强化共享发展理念，增强主人翁意识，引导人人都参与，争取户户是股东，按资定股，业主多元，以本地村民为依托，积极吸纳外资，采用众筹方式筹措资金，加强组织与管理，创新体制与机制，集中力量，共谋发展，共同推进融合产业平台建设，实现利益共享，为衡阳市乃至湖南省树立一个乡村振兴典范。

十、项目分期实施计划

枫木桥村美丽乡村建设及融合产业发展实行统筹规划，分期实施，实施的项目包括四大块：一是农业生产结构优化项目；二是水、电、路、气和通信网络等基础设施改造项目；三是接待服务用建筑改扩建项目；四是环绕或紧邻接待服务点并结合多样化农业生产的特色园地景观建设项目。上述项目计划在 3 年内完成。

1. 农业生产结构优化项目

（1）四季果园 200 亩

2020 年 10 月～2021 年 4 月实施，主要选种鲜食葡萄、新世纪梨、脆皮金橘、果桑、水蜜桃、杂柑、石榴、杨梅、枇杷、西柚、猕猴桃等果树品种，计划投资 200 万元。

（2）农田生态种养 600 亩

2020 年 5 月～2021 年 5 月，改造稻田 600 亩，开展稻＋鱼、鸭、虾、蛙、鳖等种养生产，计划投资 200 万元。

（3）多样农作物景观农园 150～200 亩

2020 年 10 月～2022 年 6 月建设多样农作物景观农园 8～10 个，以专类花园形式呈现，总用地面积 150～200 亩，单个专类花园面积约 20 亩，要求各个花园的主题与特色鲜明，该项目坚持多样化农业生产与环境建设相结合，既是枫木桥村美丽乡村建设的重点，又是融合产业环境建设的核心，也可考虑与四季果园建设相结合，计划投资 1800 万～2000 万元。

2. 配套基础设施改造建设项目

配套基础设施改造建设项目包括水、电、路、场地、环保、通信网络等基础设施，这些设施主要由当地政府出资建设，但也有少部分设施需要企业或村民出资建设，如水景工程（池塘美化）、停车与健身活动场地工程、园中游道工程、休闲健身设施及景观建筑工程等。

2020 年 10 月～2023 年 10 月完成配套基础设施建设，计划投资 500 万元，每年投资约 125 万元。

3. 接待服务用建筑改扩建项目

枫木桥村规划建设接待服务点 8～10 个，民宿 10～15 处，2020 年 10 月～2021 年 10 月建成 3 个接待服务点，计划投资 600 万元；建成 3 处民宿，计划投资 150 万元。2021 年 10 月～2023 年 10 月建成 5～7 个接待服务点，计划投资 1000 万元；建成 8～10 处民宿，计划投资 500 万元。

枫木桥美丽乡村建设及融合产业平台建设总投资约为 5150 万元。

十一、项目效益分析

枫木桥村美丽乡村建设及融合产业发展规划的完全实施需要投资 5150 万元，实质上是在开展枫木桥村的融合产业平台建设，包括农业生产结构调整与优化、村庄产业配套基础设施建设和接待服务用建筑的改扩建，建设的目的都是发展村域产业而开展的，实用、经济和美观是最基本的原则，生产和生活上讲究实用；投资建设上讲究经济；接待区域环境上讲究美观。充分利用村内几处特色植物专类花园所形成的景点吸引南岳风景区游客而开发旅游接待服务业，由此形成枫木桥村的主导产业，枫木桥村融合产业发展的效益仍然是体现在生态、经济和社会效益上。

1. 生态效益

枫木桥村紧临南岳风景区，境内山地林茂树盛，生态环境良好。农田地势平缓，有高差，但变化不大，便于开展多样化的农业生产，宜实施“稻+”和“林+”多样化的生态农业。村域范围内的农田生产灌溉用水充足，灌溉沟渠良好，水旱无忧，可以形成良好的农业生态系统。民居建筑多掩映于绿色环境之中，自然生态基础良好，再加上村庄接待服务区域进一步结合多样化的农业生产开展园地美化建设，森林覆盖率还将进一步提高，村域生态环境还会进一步提升，未来的枫木桥村将形成更加良好的人居环境，社会经济和自然生态的可持续发展更有保障，生态效益显著。

2. 经济效益

枫木桥村按照规划把融合产业平台建好并正常运营后可获得以下几个方面的经济效益：

一是农业生产效益，效益来源包括三大部分，第一部分是 200 亩的水果，预计年收入 100 万元；第二部分是稻+生态种养项目，全面实施后面积达 600 亩，预计年收入 300 万元；第三部分为多样自给型农业项目，含其他小水果、蔬菜、中药材、花、茶等的生产，生产面积为 200 亩，预计年收入 150 万元。三大部分预计年农业生产性纯收入为 450 万元。

二是三产服务业效益，枫木桥村美丽乡村环境与旅游配套基础设施建好之后，正常开展三产服务业，预计年接待游客 50 万人次，人均消费 100 元，三产服务业年收入将达 5000 万元，按 40%的纯收入计，年纯收入可达 2000 万元。

三是特色旅游产品销售获得的效益，枫木桥村所建的所有接待服务点都将设立特色农产品与其他旅游产品销售点，这也是获得收入的一大来源，农产品生产不仅满足游客就地消费的需要，还将给游客提供可以购买新鲜农产品或加工后的农产品，产品主要为本地生产，也可少量从外地调进，这项收入按游客人均 20 元计算，年收入可达 1000 万元，纯收入可达 200 万元。

以上三项年纯收入总计为 2650 万元，两年即可完全收回投入成本。

3. 社会效益

枫木桥村美丽乡村建设及融合产业发展规划实施后，一是将新增一个旅游接待服务业，年产值增加约 5000 万元，该服务业属劳动密集型产业，按年人均 20 万元产值计算，全年可新增 250 人就业。二是农业生产结构调整与优化，新增了种养殖业项目，农业收入增加 650 万元，至少新增农业收入 300 万元，可多安排 50 人以上就业，对于吸引外出务工人员返乡就业提供了更多的机会和岗位，当地村民多数可就地就业，能够更好地安居乐业，享受美好的乡村田园生活。

汨罗市川山云湖旅居康养产业基地建设与发展规划

一、规划背景

（1）中国已进入深度老龄化社会，老年康养已成为社会普遍关注的一个重要问题。据统计中国现在60岁以上的老年人已超过3.5亿，中国社会已经进入深度老龄化社会，原来主要采用的居家养老模式因过去中国实行的计划生育政策而带来难以维持的困境，很多老人不得不采用机构养老模式。然而，城乡养老机构非常缺乏，难以满足众多老人对康养生活的高标准要求，很有必要大量兴建专门的老年康养基地，或构建城市社区养老服务体系。在城市生态环境问题较突出的情况下，相比之下选择乡村生态环境良好的区域规划建设老年康养产业基地就成了必然的选择。

（2）国家倡导乡村发展全域旅游产业，旅居康养正成为乡村旅游业发展的一种新型模式。这些年来国家倡导乡村发展全域旅游产业，全国各地普遍响应，践行了农家乐、休闲农庄和民宿的旅游发展模式，即从游一游、看一看、吃一吃的一般旅游模式到停一停、乐一乐、住一住的旅居康养模式，现在从国内经济较发达区域的乡村旅游业来看，民宿已呈现出良好的发展势头，乡村旅居康养模式正成为乡村旅游业发展的主要发展模式与方向标，发展前景十分广阔。

（3）国家专门成立了乡村振兴局，继脱贫攻坚任务完成后正在全面实施乡村振兴战略。这些年来，国家为了解决乡村几千万人口的绝对贫困问题，各级政府都成立了扶贫办，于2020年底全国实现了贫困人口全部脱贫的目标，为了巩固脱贫攻坚成果并引导乡村走上全体人民共同富裕的道路，于2021年初专门成立了国家乡村振兴局，极其重视乡村产业振兴，除重视现代农业产业发展外，还积极引导乡村发展三产服务业，其中旅居康养产业作为乡村未来发展的一个重要产业已得到了投资者和社会的高度认可，已被国家列入未来重点支持发展的主要产业之一。

（4）快节奏城市生活与工作导致亚健康人群增多，迫切需要获得身心再生的休疗养基地。现代城市作为社会经济快速发展的重点区域，都有一个明显的特征，就是上班族几乎都在进行着不利于身心健康的快节奏生活和工作，从而导致近年城市亚健康人群呈现快速上升的趋势，大量的亚健康人群迫切需要到适宜休疗养基地去获得身心再生，恢复身心健康，以便更好地工作。目前在城市大环境不宜修建休疗养基地的情况下，乡村也就成了必然的选择，尤其是在全国范围内仅具有少量休疗养基地的情况下，乡村修建休疗养基地毫无疑问就成了重要补充，发展空间巨大。

二、项目基地概况

(1) 自然地理　基地区域占地1000亩，属丘陵山地，坡度陡缓变化自然，山腰较缓，区域内多由当地村民修建了民居，现有正在居住与利用的民居约20栋，基地范围内海拔高度为200～400 m，中央有一座面积约5 hm^2 的水库，水质良好，终年可保持较高水位，水库四周为山地，土壤为花岗岩风化的砂壤土，山上主要为天然次生林，仅有少量人工栽植的经济林，森林植被良好，生长繁茂，一年四季郁郁葱葱，分布的主要树种有马尾松、杉树、香樟、枫香、合欢、苦楝、栎木、毛栗、猕猴桃、树莓、桎木、楠竹、斑竹等，野生植物资源十分丰富。山谷之中均分布有小溪，终年流水潺潺。山间分布有少量梯田，耕地总面积约70亩，因近年很少耕种，大部分呈自然退耕还林的状态，项目区域整体自然生态环境良好，夏秋季凉爽为其较显著的山地小气候特点。基地范围内的矿产资源主要有麻石，可供本项目建设开采利用。

(2) 社会经济　基地范围内现有户籍人口不到100人，青壮年几乎都到外地打工，常居人口约40人，本地村民的主要经济收入靠到外地打工，适宜耕作的耕地很少，现在几乎无农业收入，也无任何可支撑当地经济的主导产业。基地区域已由当地政府划定为山地生态保护区范围，实行严格的生态保护政策，不再允许村民砍伐森林。基地内的贫困人口已由当地政府实行生态移民政策，已搬迁到城镇居住生活。基地仅有一条约3 m宽的盘山公路与省道210相通，山上村民居住点尚未全部通公路，处于相对较落后的交通状态。村民生活用水为山泉井水，尚未统一安装自来水。村民生活用电与通信网络基本上可以保障，尚需进一步提质改造。目前山上居住的常住人口很少，尚无任何文化娱乐、运动康体、旅游接待和商业等配套服务设施，社会经济处于相对落后的状态。

(3) 地域文化　项目基地地域文化较深厚，一直保持着积德行善的良好文化氛围，山上曾有一处传播佛教文化的寺庙，名曰“万善庵”，一度香火极其旺盛，为当地善良纯朴的民风与民俗奠定了基础。俗话说，“智者乐水，仁者乐山；智者乐，仁者寿”，项目地山水格局良好，山清水秀，民居镶嵌于山林环境之中，若隐若现，具备良好的社会文化与自然环境，依据康养对设施与环境的高品质要求，在此地打造特色鲜明的旅居康养产业基地，实为极佳的选择。

三、SWOT 分析

(1) 机遇　为了全面推进乡村振兴，中央于 2021 年初成立了国家乡村振兴局，制定了乡村振兴促进法，正在全面实施乡村振兴战略，已出台了一系列支持乡村发展的有关政策。为了更有效地推进乡村振兴建设工作，各级政府都希望树立可推广、可示范和可复制的乡村建设典范，这给具丘陵山地特点和小气候优势的项目地带来了难得的好机遇。

(2) 优势　项目地为一处较为特别的丘陵山地，山上修建有一座水位可保持稳定的水库，基地范围内森林植被生长茂盛，四季景色分明，鸟语花香，幽静的森林生态环境无任何人工干扰因素，空气新鲜，负氧离子浓度极高，且充满野趣，具有良好的丘陵山地小气候环境，尤其是夏秋季凉爽，与热岛效应明显的城市相比具有明显的优势。项目地距长沙市区不到 15 km，距已修建的高等级公路 S210 线仅 1.7 km，并已修建有一条盘山公路与项目地相通，此处完全可以说是长沙市邻近区域难得的一处天然宜居康养环境。

(3) 不足　项目基地一个明显的不足就是连接省道 S210 通往基地的盘山公路仅 3 m 宽，目前能够会车的点又很少，是急需拓宽的建设项目。再就是项目地自然景色虽然四季分明，且森林生态环境良好，但缺乏具有特别吸引力的视觉景观，这也是项目投资必须建设的重要内容。

(4) 挑战　项目地紧邻长沙市，长沙市周边正在建设众多的旅居康养项目，都在积极开展乡村产业振兴项目建设，其中就有很多的乡村旅居康养项目。川山云湖康养产业基地如何充分利用丘陵山地的气候和森林生态环境的资源优势，将项目建设成为一个特色鲜明的康养产业基地，并且配备一流的专业管理与服务团队，是项目面临的严峻挑战。

四、规划依据

(1)《川山坪镇美丽乡村建设与产业发展规划》

(2) 国家对农村发展制定的相关政策，如国务院办公厅倡导的农村一二三产业融合发展指导意见、十九大提出的实施乡村振兴战略的目标要求、习近平总书记提出的绿水青山就是金山银山的理论等。

(3)《中华人民共和国乡村振兴促进法》

(4)《汨罗市“十四五”发展规划纲要》

五、总体规划构思

1. 规划目标

充分利用项目地良好的森林生态与自然山水资源条件，依据中国进入老龄化社会对旅居康养的巨大市场需求，以营造美好生活为主题，力求把项目地建设成为生态环境良好、景观特色鲜明、养生文化突出和基础设施先进的山地滨水公园型旅居康养产业基地。

2. 规划理念

（1）绿色发展理念　项目地属典型的丘陵山区，开发建设时严格保护良好的森林生态环境，维持良好的自然山水格局，充分利用现有的自然山水资源，决不大兴土木开展建设，依山就势兴建旅居康养所必需的建筑、场地与配套基础设施，坚持绿色发展理念，爱护一草一木，保护青山绿水，力求为旅居游客打造享受美好生活的理想境地。

（2）共享发展理念　项目地现有户籍居民不到 100 人，现有产业不发达，外出打工的人员较多，收入增长受到限制，政府对贫困户实施了生态移民政策。旅居康养产业基地建设，不仅新建一个接待规模达 300 人以上的康养中心，而且还组织与动员当地村民积极参与，激励村民以土地、住房、宅基地使用权和资金等方式入股，充分调动广大村民参与的积极性，坚持共谋共投共建共营共享的发展理念，将现有民居改造为民宿，且实行统一规划建设，共建康养产业体系，采用股份制经营模式，力求为当地村民提供更多的就业机会，让广大村民成为受益的主体，实现利益共享。

（3）创新发展理念　项目地村民过去主要靠山地林业和农业维持基本收入，水平较低，现在大部分村民靠外出打工增加收入，收入增长缓慢且不稳定，要改变这一现状必须创新发展，开辟新的创收渠道，即充分利用好当地独特的山水环境资源，创建形成以旅居康养产业为主体的产业结构，创造更多更好的就业机会，彻底改变目前以家庭为单位分散分离互不相干的生产经营状态，共同打造康养产业平台，形成利益共同体，使之成为当地村民收入的主要来源。

（4）特色发展理念　充分利用项目地的自然地理与山地小气候条件，农业生产上因地制宜发展多样自给型农业，即利用现有山地梯田专门生产就地消费的新鲜蔬菜与中药材；环境建设上突出以水库为中心，环绕水库主要采用栈道形式修建游道，沿游道两旁重点打造几处特色植物景观，做到一年四季有景可赏；设施建设上突出以康养中心建设为重点，以民居改造成民宿为辅，一切为了发展旅居康养产业进行建设，力求把项目地建设成为一处特色鲜明的旅居康养产业基地；文化氛围打造上修复原有的万善庵，兴建两处养生文化圣地，名曰“养生学堂”，崇尚与传承积德行善与乐善好施的传统善德文化。智者乐水，仁者乐山；智者乐，仁者寿，以此为核心，创造独特的地域养生文化氛围，避免与其他康养基地之间的同质化竞争。

3. 规划原则

（1）因地制宜原则　项目地为丘陵山地，大部分山体坡度较大，山上几乎全部被森林覆盖，郁郁葱葱。山间修筑有几垄梯田，总面积约 70 亩，多处于退耕还林状态。山中央修筑了一座水库，占地面积约 80 亩，终年水位稳定。为了保持项目地现有良好的森林生态环境，坚持不大兴土木进行开发建设，仅环绕水库依山就势修筑游道，多采用桩基架空栈道形式，尽量少动山体土方，以免造成土壤流失。项目主体建筑选择适宜之处开挖地基，原则是不对大环境造成影响，尤其是确保水库水质洁净。此外，环水库修建景观与康养居住用建筑，原则上不开挖山体地基，尽可能采用桩基，选择合适之处布置。景观植物选择适合本地气候与土壤条件生长的树种，如梅花、山樱花、海棠、红栎、红樱、杜鹃、紫薇、银杏等，均采用自然式的种植方式，不对原地形进行改造，因地制宜布置于环水库游道两旁。农作物选择适宜于山谷梯田种植的蔬菜和药材，并结合体验式景观打造进行艺术配置。

（2）以人为本原则　项目建设目标已确定为山地滨水公园型旅居康养产业基地，主要服务人群为健康老人，基地一切为了他们健康生活的需要开展建设，尽可能满足他们的居住生活、康体健身、休闲娱乐、养性修身、游览体验等康养活动要求进行建设，力求把基地建设成为他们享受美好生活的理想境地。再就是基地室外康养活动主要是环水库进行，在存在安全隐患之处按高标准要求修建防护设施，确保游客安全。

（3）三生统一原则　三生即生产、生活与生态，在项目地区域范围内开展一切建设与生产活动的过程中协调好生产、生活和生态三者之间的关系，故“三生统一”既是原则，又是目的，必须统筹考虑三生之间的关系，生产就是为了满足游客就地消费的需要获得多样新鲜农产品，利用山地梯田有选择性地开展农业生产，建立山地良好的农业生态系统，同时又不影响已经形成的良好的森林生态环境，让区域农业生态系统融入区域整体生态系统之中，反过来良好的区域生态环境又为生产与生活服务，从而实现三生统一。

六、规划定位

1. 功能定位

项目建设目标已确定为旅居康养产业基地，其主要功能就是旅居康养，一切按照让游客享受美好生活的要求进行建设和开展农业与林业生产，农业与林业生产是为了保障旅居康养生活的需要进行的。

（1）生产功能定位　项目地过去主要是开展一般的林业和自给自足的农业生产，林业除向外销售少量的木材外，一直呈自然生产状态。项目地人均耕地极少，主要用于种植水稻，无特色农业产品出售。水库内也未进行人工水产养殖，仅放养适量鱼苗，完全处于自然生产状态，现有的农业与林业生产不足以支撑当地经济，必须创新产业发展思路，践行绿水青山就是金山银山的发展理念，充分利用项目地良好的山水与森林资源发展康养产业就成了必然的选择。因此，农业生产必须根据发展的需要调整生产结构，充分利用山地小气候优势重点发展适宜当地生产的新鲜水果与蔬菜，种类与品种选择力求多样化，如蓝莓、草莓、西瓜、葡萄、猕猴桃、黄花梨等水果和时令蔬菜；水生动物鱼类主要利用现有水库进行适度养殖，科学搭配各种鱼类品种；禽类生产选择适宜位置结合农业与林业生产综合开发，鸡、鸭、鹅、鸽齐全；畜类生产主要以小规模养猪为主，也养兔、羊、鹿等动物，目的是满足基地对多样化农产品的消费需求。上述生产均实行有机农业的生产方式，定点定量定单生产。

（2）服务功能定位　项目地具有良好的森林生态环境，青山环绕水库，空气质量优良，现有民居建筑分散分布于森林环境之中，非常适宜于人居，改造后可作民宿开发。此外，依山傍水新建一处康养中心，用于对外开展接待服务，规模为一次可接待约 300 人。康养环境建设以水库为中心修建滨水游道，并沿路布置休闲与景观建筑，同时选种几种能形成特色植物景观的花木，以提升环境的美景度，创造具山地滨水公园特色的康养胜地，主要经营旅居康养服务业。

2. 形象定位

川山云湖旅居康养产业基地就是一个以水库为核心的山地森林公园形象，亲水平台、景观亭、轩与榭等景观建筑滨水而建，游道若隐若现，给游客呈现的是一幅充满生活气息和美感的山水风景画。康养中心依山傍水而建，特色民宿与叠墅或滨水或镶嵌于森林环境之中。

3. 市场定位

（1）农产品市场定位　项目地仅有 70 亩山地梯田，不宜对外发展商品型农业，水库也不宜进行规模化的水产养殖，依据发展旅居康养产业对新鲜农产品的需要有选择性地进行生产，目的是满足当地村民与游客的就地消费需求。

（2）旅游产品市场定位　充分利用项目地良好的森林生态环境和环绕水库打造的滨水公园环境发展旅居康养产业，其旅游产品包括旅居康养、休闲娱乐、观光游览、康体健身、民宿养生、国学传授和茶道体验等，主要服务对象为城市健康老人。

七、规划布局与分区

汨罗市川山云湖康养产业基地建设与发展规划是按功能与景色不同进行分区与布局的，共分为七大区，即风景林地保护区、康养服务中心区、滨水公园游览区、分散民宿服务区、叠墅居住度假区、自给农业生产区和茶道国学体验区，各功能单元之间由通车游道连接形成一个有机的整体。

（1）风景林地保护区　项目地以大坝口水库为中心，四周环绕青山，山上森林植被茂盛，已经形成了良好的森林生态环境，现有森林多为自然生长的次生林，仅有一少部分人工用材林，人工用材林也处于自然生长状态，已经变成了自然与人工混交林，林相一年四季变化多样，其景观生态功能价值明显高于用材林定期砍伐的经济价值，尤其是现在利用项目地良好的森林生态环境发展旅居康养产业，将其作为风景林地进行保护显得尤为重要，项目地划定的风景林地保护区面积约 800 亩。

（2）康养服务中心区　该区位于康养产业园区的主入口区域，占地面积约 32 亩，主要包括康养中心建筑、入口停车与聚散广场、四季花园三个部分，其中康养中心建筑占地约 13 亩，入口停车与聚散广场占地约 9 亩，四季花园占地约 10 亩。

（3）滨水公园游览区　该区以水库为中心，沿水库周边多以栈道形式修建游道，宽度 3 m 以上，可通车，并沿游道周边新种植几种观花或观叶的景观树种，滨水布置赏景与休闲的凉亭、水榭、亲水平台、坐凳等景观建筑与设施，完全按照滨水公园的要求进行建设，使之成为游客开展室外康体活动的主要场地。

（4）分散民宿服务区　项目地现有民居 16 栋，可用于发展民宿，通过改造形成各具特色的民宿服务点，村民可自主开发，也可与公司合作开发，还可出租给公司统一开发。现有民居一般选择了项目地宜居的位置，便于改造建设成为高档民宿旅居点，建设上一并纳入本规划建设项目。

（5）叠墅居住度假区　项目地邻近水库尚有几处适宜修建高档叠墅的位置，规划建设几栋用于度假的叠墅，适于家庭度假使用。叠墅建造尽可能不损伤山体，基础采用桩基架空形式。

（6）自给农业生产区　项目地可用于农业生产的梯田仅有 70 亩，依据康养生活就地消费对新鲜农产品的需要选择适宜的农业生产项目，尽可能做到多样化，按照多样自给型农业生产的要求进行生产，主要是小水果与时令蔬菜，品种多样，一年四季保障有新鲜农产品供应。

（7）茶道国学体验区　项目地过去曾有一处佛教圣地万善庵，当地居民信奉行善积德，村民多保持有仁者寿的佛教信仰，一直以来就具有乐善好施的美德，本规划将新建两处茶道与国学体验馆，名曰“养生学堂”，建筑占地面积约 3 亩，该区占地面积约 8 亩，主要用于传承善德致寿的国学文化，同时对外接待游客，提供名茶饮品。

八、分项规划

1. 农业产业发展规划

（1）规划背景　国家正在实施乡村振兴战略，积极倡导农旅融合发展全域旅游产业，鼓励以市场为导向调整和优化农业生产结构，农业迎来了转型发展的良好机遇。近年来，乡村旅游业的蓬勃发展对地方农产品多样化的需求不仅为调整农业生产结构提供了依据，而且也为农产品销售增加了一条新的渠道。乡村发展旅游业，农业生产环境必将成为旅游产业环境，因此，必须重视农业生产环境的游览、观光、休闲和体验等功能的拓展。

（2）规划目标　依据项目地现有的耕地、水、土壤与气候资源条件，以游客就地消费需求为导向，按照多样自给型农业的发展思路，以种植时令蔬菜为主，适当开展特色小水果生产，同时采用种养结合的方式，选点小规模养殖鸡、鸭、鹅、兔、羊、牛等畜禽类，利用水库适度开展水产养殖，严格管控生产过程，确保各种农产品生产质量，生产数量均以不突破环境生态承载力为前提，以满足游客就地消费对新鲜农产品的需求为目标。

（3）规划依据

a. 市场需求 项目地确定发展旅居康养产业，耕地十分有限，农业生产是依据游客对新鲜农产品就地消费需求进行的，属多样自给型农业，为确保自然生态环境良好，农业生产按就地消费需求严格控制规模，定量计划生产，一般不对外销售农产品。

b. 生产条件 依据项目地所具有的农业生产条件，包括土壤类型、水量水质、土壤肥力和局地小气候特点等，做到因地制宜选择农业生产项目。

c. 生产效益 农业生产项目以生产效益为规划依据，效益高的优先选择，效益一般和差的一般情况下不选择，本地消费所需要的农产品不一定强求全部由本地生产，可以从外地市场购进，确保本地农业生产能获得高效益，但是兼顾维持本地植物景观与生态功能的农业生产项目除外。

（4）发展思路

基地规划发展多样自给型农业生产 即根据当地村民和游客的生活需要发展多样自给型农业，品种力求丰富多样，以种植时令蔬菜为主和种植小水果为辅，适度发展畜禽与水产养殖业，按照当地村民与游客就地消费的需求确定生产规模，坚持因地制宜原则，选择适宜的生产对象，并且采用种养结合的生态农业模式进行生产，始终确保项目地范围内具有良好的生态环境。

2. 建筑改扩建规划

（1）建筑概况 项目地现有建筑均为村民住宅，均属私有性质，无任何公有建筑，数量仅有十几栋，且呈分散分布状态，多为 2 层砖混结构的小楼房，建筑面积 200～300 m^2 不等，风格和样式差异较大，质量参差不齐，由于青壮年人外出打工的较多，留守常住人口较少，现有民居大多数处于闲置状态。

（2）建设目标

针对项目地发展旅居康养产业的需要，以乡村康养生活为主题，以满足餐饮居住、文化娱乐、观光游览、护理医疗、康体健身和休闲度假等功能要求为目的，采用新建与改造现有民居相结合的建造方法，计划在项目地范围内新建一个接待规模约 300 人的康养服务中心，将现有民居改造成各具特色的民宿，再沿水库周围新建 10 栋四户叠墅，此外，再根据公园化景观环境建设的需要布置与修建亭、台、水榭、轩、桥与茶楼等景观建筑。

（3）建设原则

a. 因地制宜原则 项目地属典型的丘陵山地，地形起伏变化较大，平坦的地块较少，适宜修建建筑的地基很少，新修建筑尽可能依山就势布置，决不大兴土木，维持和保护好现有的自然山水格局，依山就势布局。

b. 经济实用原则 项目地新建建筑与民居改民宿都是为了满足发展旅居康养产业的需要而建的，建设要求上不追求富丽豪华，而是追求在生态宜居上上档次，宜居要求上讲究乡村风味，追求建筑环境的生活美、生态美和文化美。其建设成本作为主要投资项目必须讲究投资效益，在满足实用功能要求的前提下尽量控制建设成本，以获得良好的经济效益。

c. 协调统一原则　项目地范围内的建筑无论是新建，还是改造都将统一风格，尤其是在一个视域范围内的建筑风格必须一致，彼此之间做到协调统一。项目地建筑拟采用简中式风格，外观形态与色彩追求简洁素雅，使所有建筑都能融入自然环境之中，建筑与青山绿水形成一幅充满美感和生活气息的山水风景画。

（4）建设思路

a. 择地新建　项目地现有建筑主要是村民住宅，大多呈分散分布状态，仅有3～4户集中分布形成山地小村落的，无公共建筑。为了满足发展旅居康养产业的需要，本项目规划择地新建1处康养接待中心、8栋叠墅和2栋养生学堂。康养接待中心选择水库的东北角面积约30亩且地势相对较平坦的区域作地基，确定采用组合大院落形式建造。8栋叠墅选择水库周边滨水靠山位置作地基，按集中与分散布局相结合的方式建造，均为四层小楼，每栋四户。2栋养生学堂分2处修建，其中一处选择水库东南角的小山头作地基；另一处选择水库西南角的小山头作基地，建设用地均约为5亩，建筑均采用组合小院落形式。

b. 改造整合　项目地现有十几栋民居，分散分布于山林环境之中，多为近年新建的两层小楼，由于村民多外出打工，民居多处于闲置状态，是项目开发可改造利用的资源。本规划拟将现有民居全部改造成特色民宿，依据不同类型的民宿要求分别进行改造，对集中分布的民居进行有机整合，形成特色各异和规模有大小区别的山地民宿，以满足不同类型游客对旅居康养建筑与环境的特别要求，在民居改造过程中对于原有的猪舍、牛棚和鸡舍等生产用建筑一律拆除或改造，转变使用功能。同时为了满足生产的需要，建议在耕地生产环境中择地建猪舍、鸡舍、鸭棚与牛棚，集中发展畜禽养殖，采用种养结合的生态农业模式，使畜禽生产与居住地保持一定的距离。

3. 旅居康养产业规划

（1）发展目标

充分利用项目地现有的森林生态与水库周边滨水环境资源，以新建康养中心为重点，环绕水库按滨水带状公园要求修建游道、景观建筑与配套基础设施，并沿游道种植观花植物，营造宜居、宜游、优美、舒适的旅游产业环境，并利用现有山地民居打造各具特色的民宿，最后形成具山地特色且充满善德文化氛围的旅居康养产业基地。

（2）市场定位

川山云湖康养产业基地的主要服务对象为有愿望到乡村进行旅居康养的城市健康老人，游客主要来源为长沙市，此外，也接待有愿望到乡村进行短期休闲度假的游客。让游客在优美舒适的森林生态与滨水环境中享受与城市完全不一样的乡村美好生活。

（3）发展思路

a. 确定建设项目　川山云湖康养产业基地建设项目分为两大部分，一是居住生活用建筑；二是室外游憩环境。居住生活用建筑是发展康养产业的必备设施，包括一个康养中心、两所养生学堂和多处民宿。室外游憩环境是游客进行康养活动必备的配套环境与设施，通过绿化与美化实现公园化，使之具有良好的游憩功能，便于开展各种健身与康体活动，基地空气新鲜、景色优美、方便舒适和亲切宜人，最重要的是要充满美感。

b. 设立康养项目　川山云湖康养产业基地突出善德寿文化养生主题，根据老年人对康养活动的需求，拟设立滨水漫步、森林沐浴、江中泛舟、垂钓休闲、观花赏景、品茶悟道、学堂养生、农事体验、书法绘画、歌舞文艺、盆栽技艺等一系列康养项目，所设立的各种康养项目尽可能融趣味性、知识性、文化性和娱乐性于一体，做到能让游客各得其所，各行其乐，都能在山地森林生态与滨水环境中享受自己所渴望的美好生活。

c. 创新体制模式　川山云湖康养产业基地拟采用以企业投资为主体的股份制经营模式，生产经营上打破以家庭为单位各自为政的状态，彻底改变个体经营的体制与模式，坚持共投共建共营共享发展理念，引导村民转变思想观念，突破小农经济传统落后思想的束缚，强化开拓进取与创新创业意识，充分调动当地村民参与旅居康养产业项目建设投资的积极性，同时加大对外宣传力度，制定优惠政策和充分利用国家推进乡村振兴相关政策向外招商引资，共建旅居康养产业平台，实现利益共享。

d. 创建运营团队　川山云湖康养产业基地创建和运营涉及多个专业，无论是平台建设还是运营管理都需要专门的专业技术人才，一是引进；二是培养，实行引进与培养相结合，优先使用当地的村民也要通过专门的培训后才能胜任技术和管理工作，规划确定后就必须着手引进和培养专业人才，按需要设置岗位，组建川山云湖旅居康养产业基地的运营团队。

4. 产业配套基础设施建设规划

（1）水　包括村民与游客生活用水、农业种植灌溉用水和养殖用水设施建设。村民与游客生活用水在原有的基础上将会大大增加，规划拟采用打水井或从水库取水净化的方式，修建贮水水塔，统一安装自来水管道供水，确保水质水量，做到用水安全方便。农业种植灌溉用水在修缮确保现有供水设施沟渠和泵站的基础上，重点生产区域安装喷灌或滴灌设施，修建水肥一体化系统，做到节约用水；养殖用水主要是畜禽养殖用水，就近利用山泉与地表雨水修建供水设施，严格避免养殖对生态环境的污染。项目地范围内的蓄水和排水设施主要是水库和自然溪流，以及农田中的沟渠和民居点的排水管道系统，对于自然的水域系统坚持维护其自然状态，杜绝污水直排，必须对排水进行专门的净化处理以满足环保要求。

（2）电　包括生产与生活用电，严格按照项目地未来用电的需要进行电网改造，为了不影响村域旅游产业环境美观，彻底消除乱搭乱接现象，重点区域将改为地下电缆供电，强电与弱电统筹规划。灯的安装主要是路灯，其次是庭院灯与广场灯，考虑到夜晚灯光对森林生态动物栖息的影响，灯光亮度的选择，尤其是高杆路灯与广场灯亮度不宜太强。

（3）道路交通　包括项目地范围内的车行道路、游览道路和停车场地，道路交通是产业发展的基础条件，必须满足基本要求，项目地主要入境道路目前为一条宽度仅3 m且会车点很少的盘山公路，长约2 km，急需增宽至5 m以上。项目地内现有通往各民居点的道路大部分路面尚未硬化，且宽度也有待加宽至5 m以上。规划环水库修建的游道，规划宽度为3 m以上，以人行为主，也可通小车与电屏车，尽可能多设几个会车点，考虑山体保护要求，尽量采用栈道形式。此外，在水库之中规划修建游览景观平桥或曲桥。山林与农田耕地之中利用田埂设方便游览体验的游道，宽度在1 m以内。在各接待服务民宿点，按接待规模设置停车位，以满足静态交通的要求。项目地在主入口位置即康养服务中心前坪广场设置规模约为能停50辆小车和5辆大巴的停车场，充分满足游客停车的需要。

（4）通信网络与数字化智慧管理系统　基地范围内通信尚有盲区，急需建设网络通信全覆盖系统，这也是互联网+产业发展的必要条件，项目地内消灭通信盲区，做到通信网络全覆盖。项目经营管理现代化离不开数字化智慧管理系统，包括安全监控与监测报警管理服务系统。

（5）环保设施　项目地范围内在环保方面可能出现的污染主要是新增游客的生活垃圾，再就是农田废弃物秸秆和畜禽粪便，具体环保措施是：一是引进农田废弃物资源化处理技术与设备，实行就地资源化处理与循环利用；二是对项目地范围内的所有废弃物及时收集分类并集中进行无害化处理。为了达到环保要求，严格按标准配备环保设施，确保项目地具有良好的森林生态系统。

5. 自然环境资源保护规划

项目地范围内的自然环境资源主要有自然山林、山间溪流和野生动物与鸟类资源，境内的森林植被繁茂，主要是天然次生林，人工林很少，公益林面积达800亩，发挥了很好的水土保持作用，对维持当地生物多样性水平和良好的生态环境具有重要的价值。

川山云湖康养产业基地在未来的建设过程中，必须尊重现有的自然山水格局，依山就势开展建设，决不大兴土木，严格封山育林，确保森林生态系统服务功能的正常发挥。项目地的林地总体上维持现有的面积和形态，为了提高森林景观的观赏价值，仅对局部点和线上进行提质改造，有目的地选择游道两旁山坡或山头节点种植观花或观叶植物，创造具特别观赏价值的特色植物景观，尽量减少对原生态植被的破坏。再就是基地内森林茂密，存在火灾风险，必须全方位修建山地森林防火与监控系统，避免发生森林火灾。

项目地的山与山之间人工修筑了梯田，是村民基本的生产资料，此外，还天然形成了或人工修建了山间溪流，属自然排水设施，有的也用作农田灌溉和排水，是一种天然的生物廊道，溪流属于一种有活力的自然景观，通过人工适当改造，可创造很好的花溪景观，但必须保持其自然属性。

项目地的山林中央有一座面积约80亩的小型水库，环绕水库规划建设滨水带状公园，沿岸适当修建滨水休闲设施与景观建筑，在水库水面上也可适当开展水上活动，项目地的康养接待服务中心规划依山傍水而建，并设亲水休闲平台，让游客于青山绿水环境中享受美好生活，中心与民宿的所有生活污水均利用中水处理技术进行净化处理，确保水库水质不受污染。

九、规划实施保障措施

1. 把握规划，分期实施

川山云湖康养产业基地建设与发展规划是推进项目地社会经济向前发展的总体方案，是将项目地作为一个有机整体进行统筹规划的，对于促进区域乡村产业振兴具有重要意义。本规划项目内容涉及多个方面，要全面实施不仅需要大量的资金，还需要较长的时间，我们在该规划的实施过程中必须依据不同的建设项目明确轻重缓急内容，分期实施，稳步推进规划目标实现。

2. 分项建设，整体推进

本规划明确了建设项目及内容，对项目地建设进行了分区分块，设立了不同的功能单元，每个单元都有自己独立的建设方案和计划，然而，项目地内某些公共基础设施又是共用的，需要整体推进建设，如道路交通、水电、环保、通信网络等设施，这些公共基础设施必须争取由政府或大家共同出资提前立项进行建设，做到分项建设，整体推进。

3. 抓住核心，突出重点

川山云湖康养产业基地建设与发展规划的实施，核心与重点是康养服务中心建设，环绕水库修建滨水带状公园是配套绿色基础建设的重要项目，其他建设项目则是按实际需要有序推进，如民宿与多样自给型农业项目。

4. 创新体制，共建共享

做好宣传发动工作，充分调动村民参与项目建设的积极性，明确投资项目与建设内容，采用股份制经营模式，共建旅居康养产业平台，强化共享发展理念，增强主人翁意识，引导人人都参与，争取户户是股东，按资定股，业主多元，企业控股，以本地村民为依托，积极吸纳外资，采用众筹方式筹措资金，加强组织与管理，创新体制与机制，集中力量，共谋发展，共同推进康养产业基地建设，实现利益共享，为汨罗市乃至湖南省树立一个乡村振兴典范。

十、项目分期实施计划

川山云湖康养产业基地建设与发展规划实施的项目包括四大块：一是农业生产结

构优化；二是水、电、路、气和通信网络等基础设施改造；三是接待服务用建筑的新建与改扩建；四是环绕水库修建滨水带状公园。上述项目计划在3年内完成。

1. 农业生产结构优化项目

（1）大棚蔬菜与水果5亩

2022年8月～2022年10月，修建连栋大棚5亩，开展草莓、樱桃番茄、水果黄瓜、礼品西瓜等高档蔬菜与小水果生产，计划投资150万元。

（2）生态种养20亩

2022年10月～2022年12月，改造稻田20亩，开展稻+鱼、鸭、虾、蛙、鳖等生产，计划投资50万元。

（3）果、药、花苗圃20亩

2022年1月～2022年6月，新建果、药、花苗圃20亩，计划投资40万元

（4）时令蔬菜25亩

2022年6月～2022年12月，新建时令蔬菜生产基地25亩，建立水肥一体化系统，种植露地时令蔬菜，计划投资25万元。

（5）林地养鸡5亩

2022年10月至2023年2月，选点修建林地养鸡场地5亩，计划投资10万元

2. 配套基础设施改造建设项目

配套基础设施改造建设项目包括水、电、路、场地、环保、通信网络等基础设施，这些设施主要由当地政府出资建设，但也有少部分设施需要企业或村民出资建设，如停车与健身活动场地工程、四季花园工程、休闲健身设施建设工程、人工标识景观建筑工程等。

2021年10月～2022年12月，完善配套基础设施建设，计划投资2000万元。

3. 接待服务用建筑改扩建项目

川山云湖康养产业基地接待服务用建筑改扩建项目主要包括1个康养服务中心、15处民宿、8栋叠墅和2栋养生学堂。

（1）2021年8月～2022年10月，新建1个康养服务中心，建筑面积10000 m^2，计划投资4000万元。

（2）2022年6月～2023年12月，改造扩建15处民宿，每处计划投资200万元，共计3000万元。

（3）2022年1月～2023年6月，新建2栋养生学堂，每栋计划投资800万元，共计1600万元。

（4）2022年10月～2023年12月，新建8栋叠墅，每栋建筑面积800 m^2，每栋计划投资400万元，共计3200万元。

4. 滨水带状公园建设项目

（1）2021年10月～2022年6月，特色植物景观营造，绿地面积80亩，计划投资

400 万元。

(2) 2021 年 10 月～2022 年 6 月，环水库游道与景观平桥修建，面积 5000 m^2，计划投资 500 万元。

(3) 2021 年 10 月～2022 年 10 月，聚散广场与停车场修建，面积 4000 m^2，计划投资 120 万元。

本项目概算总投资约 1.5 亿元。

村域微自然景观环境提质试点工程设计与建设方案

一、工程设计范围

微自然景观是指村域范围内分布于农业生产和人居生活用地之内或边缘的自然景观，包括房前屋后绿地、农田排灌沟渠、河流溪流堤岸、路堤路堑边坡、篱垣硬质墙体、池塘水体驳岸、田间地头荒地等区域，它们与人类生产和生命活动密切相关，如果要求现有微自然景观既具有较强的生态服务功能，又具有较高的审美价值，对其进行形态和结构上的优化很有必要，这就是本次实施的村域微自然景观提质改造试点工程的设计范围。

二、设计目标

将村域范围内的微自然景观改造建设成为形态结构稳定、生态服务功能较强、观赏效果较好且能达到自我维护状态和具有较高生物多样性水平的拟自然生态环境。

三、设计理论依据

（1）生态学理论　主要依据生物多样性原理作理论依据，即按照物种多样性、生境多样性、基因多样性和系统多样性的要求进行景观提质改造设计，根据改造地的环境特点，分别对待，优化立地环境，筛选适宜的植物种类品种，确定适宜的种植方式，让建成的植物景观充满生机和活力，能够达到自我维护的拟自然状态，最终目的是能够形成较稳定的植物群落结构而实现景观生态服务功能最大化。如形成良好动物栖息地和蜜源地，具有较强的空气与污水净化、水土保持和碳汇等功能。

（2）景观美学理论　微自然景观环境首先应突出自然美，主要是体现在改造提质后的微自然景观具有自然的形态和色彩，符合自然美的艺术要求，即景观的主次分明、层次丰富、疏密得当、形态自然、色彩协调等，改造后的景观具有较强艺术感染力，能够显著增加美丽乡村的美景度，为区域农村发展旅游产业创造优美的产业环境。

四、设计原则

（1）因地制宜原则　村域范围内所要改造的微自然景观环境类型较多，且各有其特点，同一类型的微自然景观环境之间也有一定的差异，尤其是对于自然非新建的环境更是如此，因此，在改造设计时应分别对待，拿出不同的实施方案。

（2）功能优先原则　设计时首先考虑不同微自然景观环境的基本功能，按基本功能要求进行设计，如主要突出碳汇生态功能的，采用乔灌草多层次结构植物配置模式；在水土保持方面，选用须根系发达的常绿植物片植模式；对于观赏为主的景观，选用开花繁茂适于作花境种植的植物，且耐粗放管理；对于污水净化而言，选用耐水湿且净化功能强的水生与湿生植物，始终把实用功能放在首位。

（3）经济美观原则　村域范围内需要改造提质的微自然景观环境较多，工程量较大，经济原则考虑两个方面，一是在现有的基础上仅是增加植物，并选择购买市场价格相对较低的植物，以降低建设工程造价；二是种植后耐粗放管理或不需要管理的多年生宿根或木本植物，以降低后期维护管理费用。美观原则即是要考虑选用植物种植后可以形成较美的植物景观，具彩叶和开花繁茂，具有群体的观赏效果，明显优于当地现有的大自然环境景观，让改造后的微自然景观环境与过去有一个鲜明的对比。

五、提质改造试点工程项目设计及建设内容与方法

1. 房前屋后绿地

（1）项目概况　乡村房前屋后绿地通常属于居家临近的室外生活与生产区域，除硬地用作停车与晒场地坪外，土地耕作条件好的部分通常用作私家菜园和果园，也有种茶叶和药材的，当然种绿化树木的也有不少，如果为了营造良好的居住小气候环境，在生境上尚还有一定缺陷的，建议进行绿化改造。

（2）功能定位　属于防护性绿地，主要以改良居住小气候环境为目的，兼一定的美化功能。

（3）地形改造　如果在居住建筑（民居）的西北方位地形较平坦，则建议堆土适当抬高地形，达到满足种植乔木的土层深度。东南方向则可取土，开挖成小池塘，形成西北面高东南面低且较开阔的地貌格局。

（4）土壤改良　绿化种植用土壤以肥沃疏松的为佳，若是黏性土可适当客一定量的粗砂；若土壤贫瘠肥力差，则适当增施有机肥改良土壤。

（5）植物选配　房前屋后的防护性绿地选择的植物种类以常绿大乔木为主，如香樟、楠木、红果冬青、柳杉、杜英、吊竹、乐昌含笑、桂花等；下层亚乔木或常绿灌木则选用冬青、茶花、含笑、石楠、四季桂等，边缘植物选用杜鹃、茶梅等；地被植物选用麦冬、鸢尾、蝴蝶花、藤本七里香、常春藤、一叶兰等。

（6）种植方式　常绿大乔木可孤植、丛植和列植，株距 5 m 以上，离建筑最小 5 m

以外；耐阴灌木间植于乔木之间，可成行成排栽植，也可丛植；地被植物则采用片植的方式，起固土作用，以防土壤流失。

2. 农田灌排沟渠

（1）项目概况　农田灌排沟渠为农田基本设施，依区域地形和农田区域面积大小不同而有一定的差异，有宽窄、主次或干支之分，沟渠内壁一般都进行了硬化，也有未硬化的土质沟渠，人工修筑的大型沟渠通常为灌渠，大部分灌渠有土质堤身或有土质坡面，可选种植物进行绿化美化。

（2）功能定位　农田灌排沟渠的主要功能就是供水和排水，也有作为区域生态廊道的。于渠外或渠内土质渠身坡面种植植物，主要功能是防护坡面，常见的是铺植草皮，如果给外渠身坡面景观提质，可选种多年生宿根草本花卉加以美化，以拓展观赏功能。

（3）地形改造　一般不能进行堤身改造，但可增加沟渠堤面种植土层，确保原有土质堤面不受影响，较宽阔的堤面也可适当建造微地形以丰富地形变化，但必须考虑堤身的安全。

（4）土壤改良　用于修筑农田灌排沟渠堤身的土壤一般土质较差，适当客种植土和有机肥很有必要。

（5）植物选择　用于农田灌排沟渠堤身坡面的美化植物通常不选用乔木，宜选用须根系灌木和宿根草本花卉，灌木可选用杜鹃、红花檵木、金丝桃、糯米条、云南黄馨、紫玉兰、矮紫薇、红叶南天竺和紫荆等；多年生宿根与球根草本花卉可选用美人蕉、大花萱草、黄花菜、野菊、金鸡菊、千里光、千屈菜、紫荆、鼠尾草、蒲苇和麦冬等。

（6）种植方式　农田灌排沟渠堤身坡面的植物可采用丛植、群植、片植、带植和混植等方式，可以营造花丛、花群、花带、花地、花境等景观，也可采用木本植物与草本植物按层次配植，形成立面层次变化较丰富的植物景观。

3. 河流溪流堤岸

（1）项目概况　村域天然河流与溪流堤岸一般处于自然形态，人工加固成堤的并不多，除大江大河外，很少有悬河，更无悬溪，一般分布于地势较低的低洼处，也有通过人工修筑改造的河流和溪流，甚至裁弯取直失去自然状态的。现有的河流堤岸进行了人工绿化，堤加宽成路，形成了林荫道路；有的仍处于自然状态，有景观提升的空间。

（2）功能定位　河流与溪流的主要功能是泄洪排水，通常是区域农村的天然生态廊道，具有重要的生态服务功能，是抵御洪水的安全保障，较大的河流与溪流多为公共绿道，属公有性质。

（3）地形改造　一般不进行地形改造，仅对堤岸进行必要加固，但对堤岸较宽广之处可适当进行微地形改造，以创造生境多样的立地环境，为生物多样性景观形成奠定基础。

（4）土壤改良　河流与溪流一般因所处位置相对较低，土层通常较深厚，土质优良肥沃，不需要改良。

（5）植物选择　河流与溪流堤岸一般是较有野趣的环境，植物选择主要是增加开花观赏植物，常水位以上的堤岸绿化可选用木本观花或观叶植物，如木本植物可选用的有樱花、碧桃、二乔玉兰、红枫、红桎木、鸡爪槭、山樱花、梅花、紫薇、紫叶李、紫荆、紫玉兰、石榴、杜鹃、金丝桃等；宿根草本花卉可选用美人蕉、紫堇、黄堇、千屈菜、金鸡菊、野菊、委菱菜、水烛、黄花菖蒲、水菖蒲、再力花、丽蚌草、花叶芦竹、黄花菜、大花萱草、鼠尾草、蝴蝶花、千里光、蒲苇等。

（6）种植方式　木本植物主要采用成带成行栽植，即通常所说的列植，以形成景观林带。草本植物主要采用片植、丛植、带植、群植等，主要形成花境、花丛、花带、花地等景观。溪流堤壁花卉则采用自然式的种植方式，主要形成花带或花溪景观。

4. 篱垣硬质墙体

（1）项目概况　村域内的篱垣硬质墙体有竹或木篱笆、通透式水泥构件、铁艺与钢丝围墙等篱垣；有砖砌实体围墙、房屋板墙、砖砌、石砌护坡或挡土墙等硬质墙体，如果各种篱垣和硬质墙体裸露，一是不生态；二是不美观。

（2）功能定位　篱垣硬质墙体本身属防护性景观，绿化之后可以形成一类独特的植物景观，已是植物绿墙或绿篱的除外，不仅可以改善视觉景观，供人观赏，还可以形良好的生态服务功能，甚至还可以增加一定的农业生产经济功能。

（3）地形改造　篱垣硬质墙体基本不需要地形改造，仅是沿篱垣一侧基部挖砌种植沟或池；仅沿硬质墙体基部或顶部砌挖种植沟或池，为种植藤蔓植物创造条件。

（4）土壤改良　用于篱垣硬质墙体种植的藤蔓植物多选用多年生植物，也可以种植一年生瓜果藤蔓植物，一般一经种植多年不动，且年生长量较大，因此种植土以结构良好的肥沃壤土为佳，并施足有机基肥。

（5）植物选择　主要选择多年生藤蔓植物，如藤本月季、凌霄、紫藤、常春藤、小叶薜荔、络石、金银花、藤本七里香、地锦、裂叶地锦、葡萄等，通透式篱垣也可少量选种扁豆、丝瓜、苦瓜等瓜果。

（6）种植方式　采用点植和列植，沿墙体与篱垣种植，引导藤蔓攀爬。

5. 路堤路堑边坡

（1）项目概况　村域道路的路堤路堑边坡主要有两种类型，一种是位于山地的路堑上边坡或下边坡；另一种是穿过并高出田地的路堤边坡，有土质的也有石质的，均呈斜坡状态，开展边坡绿化都存在垮塌地质安全问题，绿化时必须加强安全防护措施。

（2）功能定位　此类边坡绿地主要为防护性绿地，一般在修建时采取安全防护措施，提质改造的目的主要是美化，提高美景度；也可以通过丰富绿化植物层次适当提高生态服务功能。

（3）地形改造　一般不进行地形改造，但可通过砌体或置石局部改善种植条件。

（4）土壤改良　种植时通过增施有机肥改良土壤。

（5）植物选配　对已经种植了行道树的道路路堤边坡主要是选用耐阴的阴生植物，如杜鹃、茶梅、茶花、南天竺、栀子花、麦冬、蝴蝶花、鸢尾、常春藤、小叶薜荔、八仙花、海栀子等；不宜种植和未种植行道树的路堤边坡的绿化提质可选用开花灌木和宿根花卉，底层遍植耐阴地被植物，宜选用的绿化植物主要有杜鹃、樱花、山樱花、梅花、紫荆、紫玉兰、木槿、金丝桃、石榴、红桎木、糯米条、云南黄馨等开花亚乔木与灌木，宿根花卉可选用野菊花、美人菊、金鸡菊、千里光、黄花菜、大花萱草、美人蕉、美女樱、天蓝绣球、千屈菜等。此外，藤本七里香、凌霄、藤本月季、凤尾竹、孝顺竹等可用于路堑边坡绿化。

（6）种植方式　主要采用丛植、片植和列植。主要营造花丛、花境和开花林带等植物景观。

6. 池塘水体驳岸

（1）项目概况　村域池塘多为蓄水修筑的，丘陵山区的池塘称山塘，通常有塘堤，外侧塘堤一般有砌体加固，塘内驳岸有硬化了的，也有土质驳岸和打有松树木桩加固的，常水位以上的土质驳岸可适当种植水生湿生植物进行绿化美化。

（2）功能定位　属防护性绿地性质兼观赏功能。

（3）地形改造　创造水生湿生植物种植池槽，一般不进行任何形态改造。

（4）土壤改良　于种植池槽内填放种植土 20～30 cm 土层深度，以菜园土或田地熟土为佳。

（5）植物选择　通常选用的水生与湿生植物有千屈菜、再力花、丽蚌草、黄花菖蒲、水菖蒲、水烛、灯芯草、野芋、慈姑、水蜈蚣、荷花、睡莲、莼菜、花叶芦竹等。岸上可用观花宿根和球根类花卉，如大花萱草、美人蕉、天蓝绣球、野菊花、鼠尾草、美人菊、美女樱等。也可选用金丝桃、杜鹃、红花檵木、月月红、南迎春、榆叶梅、红叶南天竺等灌木。

（6）种植方式　采用丛植或成带种植，营造滨水花丛、花带、花境景观。

7. 田间地头荒地

（1）项目概况　村域田间地头通常有一些不宜耕作的荒地，面积有大有小，几平方米至几十平方米不等，通常为坡地地形，不宜耕作而呈荒芜状态，人类极少干预，多为田间野生动物和部分昆虫的栖息地。

（2）功能定位　为野生动物和昆虫营造良好的栖息环境，从提高生态服务功能的目的要求进行改造；也可以改造成树亭的景观形态以方便村民劳作之余小憩。

（3）地形改造　通过改造地形，增强一定的起伏变化，增加孔洞等设施与多样的立地环境，为创建生物多样性环境创造条件。

（4）土壤改良　一是增加土层厚度，达到能种植乔木的要求；二是客土改良土壤结构，增强土壤肥力。

（5）植物选择　常绿乔木可选用桂花、楠木、酸橙、杜英和红果冬青等树种；落叶乔木可选用银杏、朴树、枫香、复羽叶栾、臭椿、榆树等树种。开花花木可选用山樱花、紫薇、紫荆、梅花、海棠、紫叶李、二乔玉兰、紫玉兰、杜鹃、红花檵木、腊梅、金丝桃等。宿根类花卉可选用黄花菜、大花萱草、野菊花、国庆菊、美人蕉、麦冬等品种。

（6）种植方式　主要采用丛植与片植方式，乔、灌、草多层次立体搭配，创造具较高生物多样性水平植物群落景观，既具美感，又具较强的生态服务功能。

六、村域微自然景观环境提质改造试点工程单位造价标准控制范围

（1）房前屋后绿地绿化每平方米工程造价 200～300 元。

（2）农田灌排沟渠绿化每米工程造价 100～120 元。

（3）河流溪流堤岸绿化每平方米工程造价 80～100 元。

（4）路堤路堑边坡绿化每平方米工程造价 100～120 元。

（5）篱垣硬质墙体绿化每米工程造价 60～80 元。

（6）池塘水体驳岸绿化每米工程造价 130～150 元。

（7）田间地头荒地绿化每平方米工程造价 200～250 元。

花垣望高村建设与发展总体规划提纲 ▶

一、规划背景

（1）党和政府非常关心贫困人口，极其重视农村扶贫工作

（2）国家实施乡村振兴战略，积极推动农村建设和发展

（3）国家着力调整农村产业结构，积极倡导农村一二三产业融合发展

二、望高村概况

（1）自然地理　包括地理区位、自然气候、村域面积、地形地貌、土地类型及比例、水资源状况、动植物资源状况、地下矿产资源状况等。

（2）社会经济　包括人口及人均收入水平、贫困人口数量、收入来源、人均耕地及耕地状况、水利灌溉条件、主营产业状况、内外部道路交通状况、村民居住生活条件（包括用水、用电、住房、卫生等设施）、通信网络、学校教育、文化娱乐、运动康体、商业银行等配套服务设施。

（3）地域文化　包括风俗习惯、社会风尚、宗教信仰、民族特点、民间传说、民间工艺、传统产品、历史人物、名胜古迹等物质与精神文明内容。

三、SWOT 分析

（1）机遇　国家脱贫攻坚行动带来的重大机遇，党和政府为了帮助贫困乡村脱贫，实施对口扶贫政策，政策上有国家支持，可以获得国家扶贫项目经费支持。同时，湖南农业大学对口扶贫望高村，有人、财、物和技术上的支持，已经具备雄厚的外援条件。

2. 优势　自然地理优势（山地气候优势、生物多样性森林生态环境优势、发展农林牧产业优势）、地域人文优势、武陵山区国家重点扶贫政策优势、少数民族政策优势、现有产业优势。

（3）不足　农林牧业产业基础不雄厚，特色产业除中药材和玫瑰种植形成了一定

特色外，其他均无明显特色；林地生产尚无特别具较高价值的经济林，人工栽培的以湿地松为主，并有枫树、泡桐等杂木共生，所形成的森林景观形态较为单一，特色不明显，观赏利用价值不高；畜牧与水产仅为零星分布状态，尚无规模生产，村域农业经济发展水平较为落后。村域范围内的产业配套基础设施明显落后，具体表现在内部道路交通不发达，道路太窄、会车困难、大巴无法进入，再就是缺乏村民文化与康体公共活动场地和设施，缺乏对外能够开展休闲旅游餐饮接待服务和文化娱乐的设施与场所，村民住宅各自为政，有集中分布形成村落的，也有单家独户分布的，不宜对外开展休闲接待活动。

（4）挑战　武陵山区依托良好的山区森林生态环境大力推进发展全域旅游产业，各地乡村都在积极行动，在现有的基础上提升旅游环境，花垣望高村周边乡村也正在积极建设，怎样在共同建设和发展中创造望高村的环境景观特色和农村产业特色，在区域发展中形成竞争力，这是望高村打造可持续发展的产业平台时必将遇到的严峻挑战。

四、规划依据

（1）国家对农村发展制订的相关政策　如国务院办公厅倡导的农村一二三产业融合发展指导意见、十九大提出的实施乡村振兴战略的目标要求、习近平总书记提出的绿水青山就是金山银山的理论等

（2）城乡建设的相关规范和条文

（3）武陵山区旅游业发展总体规划和花垣县域经济发展与生态保护规划等。

五、总体规划构思

1. 规划目标

牢固把握国家实施乡村振兴战略和湘西武陵山区脱贫攻坚政策落实的良好机遇，充分调动当地居民和投资企业发展区域产业经济的积极性，在着力完成望高村水、电、路等生活与产业配套基础设施建设的基础上，面向未来中国社会大而稳定的需求，以城市老年人旅居康养为主题，积极融入大湘西全域旅游产业发展的轨道，以地域特色产业平台建设为抓手，以旅居生活配套设施建设和旅游环境植物景观建设为重点，分区分块分别打造望高村地域特色明显、生态环境优美、生活条件良好的核心产业平台，即山水田园微城市，创新出一种贫困山区一二三产业融合发展的新模式，同时建立一套防止村民贫困再发生的良好机制，让广大村民都能分享建设与发展的成果。

2. 规划理念

（1）绿色发展理念　花垣望高村属湘西较典型的丘陵山区，生态环境良好，坚持在区域自然承载力的范围内开展农业生产活动，拒绝对村域生态环境有影响的开发项目，坚持采用绿色有机的生产方式进行农业生产，尽可能减少化肥、农药和除草剂的

使用量，大力发展生态农业。加强对现有良好的森林生态环境的保护，始终维持青山绿水的良好状态，在保护好村域生态环境的前提下开展生产和建设，做到因地制宜，因山就势建造发展产业所需的建筑和配套设施，决不大兴土木开展建设活动。

（2）共享发展理念　大湘西的贫困山区也并非都是贫困人口，社会经济的发展不平衡非常明显，区域之间存在较大的差异。在一个村的范围内贫困户只有一部分，约20%，贫困原因绝大多数是客观的，主观原因致贫的很少，望高村也不例外。共享发展体现在两个方面，一是通过采用股份制的投资方式实现开发项目经营成果共享；二是建立一种防止再致贫的保障制度，对因客观原因致贫的贫困户有防贫保障，凡是入股村民都能共享，在实现利益共享的同时经营风险共担。

（3）创新发展理念　花垣望高村村域经济发展水平相对较落后，尚有20%左右的贫困人口，非贫困人口也大多是靠外出打工或创业摆脱贫困，本地现有的农业产业不足以让村民脱贫，创新发展势在必行，一是创新发展当地的特色农业产业，以增加就地务工村民的工资性收入；二是充分利用村域良好的生态环境创新发展乡村特色旅游业，新增村民的三产业收入。要通过调整望高村的农业生产结构和农村产业结构而彻底改变现状，达到发展社会经济的目的。

（4）特色发展理念　望高村的村域范围内将建立多个特色产业平台，新建的产业平台不是简单的复制，而是要根据不同区块的土地资源与环境特点创造特色，平台异质互补，避免同质竞争，以形成不同产业平台的核心竞争力。

3. 规划原则

（1）因地制宜原则　依据村域山、水、林、田、村等资源与气候条件，确定适宜的农业生产项目，包括种植与养殖项目，重点发展具有区域优势和特别竞争力的农产品生产。

（2）以农为本原则　农村的一项重要的社会功能就是生产农产品，也是农村发展之根本，国家制订了基本农田保护条例，基本农田不允许改变用途，必须保持耕地的农业生产功能，不管未来农村怎样发展变化，农业作为农村的基础地位永远不变。

（3）依市定产原则　按市场需求决定生产和服务项目，做到有的放矢，克服盲目生产和建设。望高村调整农业生产结构和农村产业结构，先找准市场，再根据市场需求量确定生产和建设规模，做到以销定产，并且根据市场变化及时调整生产项目和规模，永远在市场竞争中争取主动权。三产业服务项目依据市场需求逐步扩大产业规模，分期分批分项进行建设，循序渐进，有序发展。

（4）三生统一原则　三生即生产、生活和生态，在农村一定的区域范围内的建设和发展，必须统筹考虑三生之间的关系，生产是为了生活的需要获得农产品，人类生活离不开农业生产，同时美好的生活离不开良好的区域生态环境，而农业生产又必须考虑农田生态环境的自然承载力，让区域农田生态系统融入区域整体系统之中；反过来，良好的区域生态环境又为生产与生活服务，从而实现三生统一，我们必须坚持按三生统一的原则和要求开展一切建设活动，打造具区域农村特色的产业平台，故三生统一既是原则，又是目的。

六、规划定位

1. 功能定位

望高村现有产业功能主要是农业生产，地处山区，受人均耕地不足的影响，人工经济林缺乏，山地多为天然风景林地，商品农业不发达，生产力水平较低，农业生产基本处于自给自足的状态，村民收入来源依靠现有农业生产不足以脱贫，主要靠外出务工。随着中国社会经济的不断发展，社会需求发生了大的变化，乡村旅游业蓬勃发展，在国家倡导农村一二三产业融合发展和推进全域旅游产业发展的大背景下，各地农村调整农业生产结构和拓展农村产业功能势在必行，望高村也不例外，必须改变单一的农业生产功能，重点拓展旅游服务功能。

（1）生产功能定位　望高村现有生产功能主要是传统的农业生产，虽然近年新发展了700余亩玫瑰和1200余亩中药材生产，尚不足以支撑村域经济，仍需进一步调整农业生产结构，创新农业发展思路，依据望高村旅游服务业发展的需要而发展特色商品型农业和多样自足型农业，此外，适度发展当地农产品传统加工业。特色商品型农业根据当地耕地资源与小气候条件选择适宜的农业生产项目，如特色中药材、水果、花卉、茶叶等种植，特种水产与动物养殖，使之形成具地域特色和特别竞争力的农产品，推向外地市场或在本地进行销售。

望高村多样自足型农业生产围绕当地村民与顾客生活消费的需要进行生产，品种力求丰富多样，果、菜、花、药、茶全种，鸡、鸭、鹅、猪、鱼、虾、蛙都养，品种丰富多样，按需求合理搭配，严格控制数量和规模，力求保障品质优良，并且结合生产打造顾客游览观赏、文化体验、科普教育、康体养生的景观化环境。

（2）服务功能定位　望高村具有良好山地森林生态环境，空气质量好，非常适宜于人居，适当对村域环境在点和线上进行提升，创造具山地特色的旅游环境，形成武陵山区大旅游产业发展的一个新的景区，重点突出夏秋季旅游旺季旅居产业环境与配套设施的建设，主要发展山区旅居康养服务业。此外，面对花垣县城市居民的需要，发展休闲娱乐和农耕自然教育等服务业。

2. 形象定位

望高村拥有的山、水、林、田、湖、路、村等景观资源要素，在形象上尚无特别的吸引力，低矮的山上森林植被茂密，虽清秀但不险峻；水有山间溪流和泉水，但不丰富；林虽茂盛但缺特色；田分布于山林之间，多呈两坡夹一垄梯田的状态，不宜实施机械化生产；有紫霞湖相伴，村中分布有几口山塘，山塘面积不大，不足以形成水乡特色；路虽与各村落相通，但较狭窄，会车困难，交通运输极为不便，且村域游道系统尚未形成；村即村落，主要是农民住宅，既有分散分布的，也有集中布局的，自然形成了几个相对集中的村落，呈现出一般农村所具有自然山水田园村庄的形态风貌，且村民住宅建筑风格不一，缺乏地域特色。

望高村基于旅游产业环境建设的需要，以现有景观资源为依托，统筹规划，分项设计，以突出景观实用功能的提升项目为建设内容，充分利用现有的山水田园环境，着力打造以梓鑫玫瑰城为中心的乡村山水田园微城市群。使望高村呈现出多个微城市镶嵌于山水田园环境之中的美丽形象。

3. 市场定位

(1) 农产品市场定位　望高村现有外销农产品不多，且尚未形成大规模商品化生产，除中药材1200余亩和玫瑰700余亩外，还没有其他对外销售的产品，中药材和玫瑰系列产品销于国内市场，中药材由企业收购统一对外销售，已具有自己稳定的销售渠道；玫瑰系列产品已由一家化工上市企业负责销售，已建有全国性的营销网络，上述两项生产面积还可以进一步扩大，销售暂不存在问题。此外，准备利用山地发展茶叶生产，创建茶文化产业园，市场定位为当地旅游产品销售。除此之外，采用多样自足型农业生产的产品，绝大部分上当地餐桌消费，少部分作为旅游产品让游客购买。

望高村未来利用旱土耕地资源、林地资源、山塘与水稻田水资源等适度发展林牧渔业，林产品主要为观赏性树木和花卉，以打造当地旅游产业环境，基本不对外销售；畜产品主要依据当地居民与游客的需要进行养殖，如林地圈养鸡和养猪或其他特种经济动物等，按需调控规模；利用山塘养鱼或利用稻田养鱼养虾养青蛙等，实行就地消费，生产方式尽可能采用立体生态种养模式，严格控制生产规模，也不对外销售水产品。

(2) 旅游产品市场定位　望高村充分利用良好的森林生态环境和山水田园环境发展乡村旅游业，其旅游产品包括旅居康养、休闲娱乐、观光体验和科普教育等，并且明确以夏秋季旅居康养为主业，主要服务对象为夏秋季寻找凉爽气候环境进行康养的城市健康老年人。休闲娱乐、观光体验和科普教育等旅游产品主要就近服务花垣县城、保靖县城和自治州等城市居民，以及部分来武陵山区观光旅游的游客。

七、规划布局

望高村建设与发展总体规划布局的思路是按产业功能单元进行分区分块布局的，各单元之间由主要交通道路连接形成一个有机的整体，各产业单元在形态结构与服务功能上相似，但在景观环境和文化氛围上存在差异，各具特点，异质互补，避免同质化竞争。

望高村现有玫瑰种植面积700余亩，加上相邻村的玫瑰种植面积已达2700亩，具有一定的生产规模，现由企业经营，其玫瑰系列产品已打开了市场，具有较好的经济效益，发展前景广阔。并且发展中的梓鑫玫瑰园在当地产生了较大的影响，其产业发展规划符合大湘西旅游产业发展的大方向，也符合花垣县域旅游产业发展的方向，因此，望高村建设与发展总体规划确定以梓鑫玫瑰产业为龙头，以梓鑫玫瑰城建设为核心，同时在望高村村域范围内新建多个与之配套并异质化的微城市，从而形成望高村的融合产业体系——以老年旅居康养为主题的山水田园微城市群。

八、分项规划

1. 农业产业发展规划

（1）规划背景

一是政府加大了对湘西武陵山区的脱贫攻坚的力度，针对贫困村确立了对口扶贫单位，湖南农业大学为花垣望高村的对口扶贫单位，已选派三人组成常驻望高村的扶贫工作小组，正在积极开展扶贫工作。二是湘西武陵山区大力发展生态旅游业，当地农业作为旅游业的配套产业迎来了新的发展机遇，使农产品就地消费成为可能。三是农村发展生态旅游业，为农产品销售增加了一条新渠道，当地特色农产品可以成为旅游产品进行销售。四是农业生产环境亦将成为旅游产业环境，对农业生产与种植方式提出了新的要求，上述背景迫使我们必须制订望高村农业产业发展规划。

（2）发展目标

依据望高村耕地资源、水资源与气候资源条件，以市场需求为导向，按照特色商品型农业和多样自足型农业的发展思路，进一步扩大玫瑰和中药材商品化生产，建立望高村以玫瑰与中药材为生产对象的特色商品型农业生产体系。利用望高村山地资源条件适度发展茶叶生产，充分利用山区特色农产品的优势在市场竞争中获得高效。依据望高村发展生态旅游需要，并结合旅游产业环境建设分区分块发展多样自足型农业，选择适于本地种植的果树、蔬菜、花卉和药材，以及适于本地养殖的畜禽动物与鱼类进行生产，采用种养结合的生态农业模式，按顾客消费需求确定数量，依生态与造景要求搭配品种，严格管控生产过程，确保各种农产品质量，充分发挥土地的农业生产功能，让望高村的农产品主要通过就地消费的途径和方式实现高效生产和经营。

（3）规划依据

a. 市场需求　望高村的农业生产分为两种类型，即特色商品型和多样自足型，分别对应外地市场和本地市场，市场需求量永远是望高村规划农业生产的主要依据，同时还可以依据各种农产品的生产效益进行生产规模的动态调整。

b. 生产条件　望高村所具有的农业生产条件，包括土壤类型、水量水质、土壤肥力和山区小气候特点等，因地制宜选择农业生产项目。

c. 生产效益　望高村的农业生产项目以生产效益为规划依据，效益高的优先选择，效益一般和差的一般情况下不选择，本地消费所需要的农产品不强求本地生产，可以从市场购买，但是维持本地景观与生态功能的农业生产项目除外。

（3）发展思路

a. 特色商品型农业生产　望高村已种植有玫瑰和吴茱萸药材为特色商品型农业生

产项目，它们属多年生农作物，都已经种植了几年，分别占地700余亩与1200亩，布局相对集中，玫瑰已进行了系列产品加工，吴茱萸已有稳定的销售渠道，均取得了较好的经济效益。今后此两项商品化生产还可以依据市场对产品的需求在现有种植面积的基础上向周边发展，有计划地扩大生产规模。同时还可以通过试种试养不断探索适于望高村发展的新的商品型农业生产项目，以不断优化望高村的商品型农业生产结构，如野生蔬菜、中药材、特色水果和特种动物等。

b. 多样自足型农业生产　望高村根据村民和游客生活的需要发展多样自足型农业，新种植的多年生果树将选定旱土或山地梯田分散布置，品种力求丰富多样，果品主要采用就地消费的方式，部分作旅游产品供应，如梨、桃、李、枣、柑橘、脐橙、柚、板栗、柿、猕猴桃、杨梅、石榴、枇杷等；一二年生农作物与园艺植物按照划定的产业单元分区分块布置，采用轮作、套作与间作的耕作方式进行生产，如常见的水稻、玉米、红薯、大豆、油菜、花生、蔬菜、花卉、药材等，一般不固定某种作物农田种植区域，按年度按需求选择合适的种类和品种以及确定相应的种植面积，并且在产业单元的小区域范围内依季节按年度进行更替。

望高村村域范围开展林牧渔业生产，因缺乏特别的优势资源和条件，暂未形成具特别优势的林牧渔业项目，因此，规划开展多样自足型林牧渔业生产。林业主要是种植观花观叶可成景植物，如紫薇、樱花、杜鹃、茶花、梅花、二乔玉兰、北美红枫、大花萱草等观赏植物，以提升旅游产业环境植物景观为目的，主要是在景观节点和游道线上进行造景；牧业以养猪、牛、羊、鸡、鸭、鹅等畜禽为主，选择发展特种经济动物养殖，如野猪、海狸鼠、鸵鸟等，并且尽可能采用种养结合的生态农业模式，如林地养鸡、稻田养鸭等，生产用建筑设施选择适当位置修建，如猪舍、鸡舍与鸭棚，实行人兽分离，以减轻对居民生活影响为原则；渔业主要是利用山塘和水稻田养鱼、虾、蛙、泥鳅、黄鳝等，分别在产业单元的区域范围内安排林牧渔业生产。

3. 建筑建设规划

（1）村域建筑概况

望高村现有的村域建筑主要是村民住宅，属私有性质，现在分布的状态有相对集中形成村落的，数量有几栋到几十栋不等，也有分散独栋分布的，住宅有2～3层新建的楼房，也有老的1层木房与砖房，风格和样式差异较大，质量参差不齐，由于青壮年人外出打工的多，留守常住人口较少，村民建筑大多数处于闲置状态。公用建筑就是村办学校校舍和村部用房，教学楼为两层楼房，基本能满足教学要求，村部为平房，不能满足政务办公的要求。并且校舍和村部用房在一起，使用起来不便，村部急需择地新建。学校内部办学条件有待改善，教学楼教室质量有待提升，办学基础设施有待改良。望高村生产用建筑主要为村民过去所建的养殖用房，一般为养猪或养牛所用，大多与住宅合建或靠近住宅修建，再就是中药材基地和梓鑫玫瑰园的生产用房，尚不能很好地满足生产要求，急需扩建。

（2）建设目标

针对望高村发展融合产业的需要，以老年康养为主题，部分兼顾市民休闲和科普教育，突出与产业配套的建筑与环境建设，以满足餐饮居住、文化娱乐、护理医疗、康体运动、休闲度假和特色商务等功能为目的，采用新建与改造相结合的建造方法，在村域范围内打造8～10个生活条件优越、生态环境优美、文化内涵深厚和服务功能齐全的山水田园微城市。

（3）建设原则

乡村中的山水田园微城市作为融合产业发展的核心平台，其实就是一个以生活居住为主要功能的特大型的组合大院落，规模可大可小，一般居住人口按100～500人控制，建筑面积控制在3000～15000平方米的范围，发展乡村产业建设微城市必须坚持如下原则：

a. 因地制宜原则　望高村属典型的山区农村，地形起伏变化大，平坦的地块较少，微城市选址时尽可能选择地势较平坦的区域，尽可能不改变已形成的自然山水格局，不大兴土木，因山就势布局，将居住建筑嵌入到自然山水环境之中。

b. 经济实用原则　望高村建微城市是为了发展融合产业的，追求经济实惠，不追求富丽豪华，追求生态宜居上档次，追求乡村建筑环境的生活美、生态美和文化美，微城市就是乡村优美舒适的建筑设施与环境，其建设成本必须讲究投资效益，在满足实用功能要求的前提下尽量控制建设成本，以获得良好的经济效益。

c. 地域特色原则　湘西武陵山区形成了独特的地域文化，在建筑风格和构造上都有明显的表现，并且具有湘西山区少数民族的明显特色，如木结构的吊脚楼，具有山区建筑的明显特点，虽然我们在建微城市建筑上依据现代人居住的需要进行外部形态和内部结构上的改良，但必须在建筑风格上保持地域特色。

（4）建设思路

a. 择地新建　在望高村范围内选择几块地势较平坦的区域新建几座微城市，完全按设定的基本功能和规模进行规划与设计，整个城市是一个有机整体，如梓鑫玫瑰城和中医康养城。

b. 旧村改建　望高村内有10多个村民住宅建筑分布相对集中的村落，我们可以从中选择几个村落按微城市的建设要求进行改造，优化村落环境，改善对外接待居住生活条件，增加连廊和公共服务用建筑，使旧的村落改建后成为一个有机的整体，一个具特定文化内涵和配套功能设施齐全的组合型特大院落，即乡村微城市，同时也是一个充满活力的旅游产业平台。在旧村改造的过程中对于原有用作猪舍、牛棚和鸡舍等生产用建筑一律拆除或改造，转变使用功能。同时为了满足生产的需要，在耕地生产环境中择地建猪舍、鸡舍、鸭棚与牛棚，集中发展畜禽养殖，使畜禽生产与居住地保持一定的距离。

4. 旅游产业规划

（1）发展目标　按照湘西武陵山区域全面推进生态旅游产业发展的构想，以及花垣县发展县域旅游突出花的景色特点，充分利用望高村现有的山、水、林、田、湖、路、村等资源条件，结合发展农业生产营造具地域特色植物景观，旅游配套设施上以山水田园微城市建设为重点，分区块按单元打造各具特色的旅游产业环境，最终形成拥有多个特色景点的乡村旅游景区。

（2）市场定位　望高村建成为一个新的旅游景区后，主要靠特色植物景观环境和生态宜居的微城市建筑，再加上优质的配套服务吸引游客。主要游客来源：一是来张家界与凤凰古城的外地游客，目的是到花垣来赏花和旅居；二是本地附近的城市居民，目的是到望高村来开展休闲、度假、体验、娱乐等活动。

（3）发展思路

a. 确定建设项目　一是打造旅游景点，主要是结合望高村发展现代农业生产，分区块按单元营造特色植物景观，使之成为望高村村域范围内各具特色的旅游景点，让来望高村休闲和旅游的顾客一饱眼福；二是建设旅游配套设施，除村内道路、水电、环保和通信网络等基础设施外，主要是采用新建或改造建设的方法，建设8～10个各具景观和文化特色的山水田园微城市，要求异质互补，避免同质竞争，使之成为望高村发展旅游产业的核心平台。以满足顾客餐饮居住、休闲娱乐、康体健身等消费要求。

b. 设立旅游项目　望高村旅游项目主要是在山地自然山水环境之中让游客观花赏景，重点打造美丽如画的花卉植物景观，突出花垣看花的旅游特色，此外，望高村还设立休闲娱乐、农耕体验、旅居康养、苗寨购物和山林探幽等旅游项目，所设立的项目尽可能融趣味性、知识性、文化性和娱乐性于一体，并且具有地方特色，能够让不同年龄层次和不同兴趣爱好的游客各得其所，各行其乐。

c. 创新体制模式　望高村发展旅游产业项目拟采用股份制经营模式，生产经营上打破以家庭为单位各自为政的状态，彻底改变个体经营的体制与模式，通过科学分析望高村社会经济发展相对落后的原因和村民致贫的主要因素，引导村民转变思想观念，强化创业意识，坚持创新、协调、绿色、开放、共享发展理念，充分调动当地村民参与旅游产业项目建设的积极性，加大对外宣传力度，制定优惠政策和充分利用国家产业扶贫相关政策向外招商引资，共建旅游产业平台，实现利益共享。

d. 创建运营团队　望高村要发展以乡村生态旅游为主体和核心的融合产业，在运营和管理上需要各个方面的专业人才，当地的村民通过专门的培训后才能胜任技术和管理工作，规划确定后就必须着手引进和培养专业人才，按需要设置岗位，组建望高村旅游产业项目运营团队。

5. 产业配套基础设施建设规划

（1）水　包括村民生活用水、农田灌溉用水和养殖用水设施，以及蓄水和排水设施。村民生活用水采用打水井、修水塔和安装自来水管道的方式统一供水，确保水质水量，让村民用水方便。农田灌溉用水在修缮确保现有供水设施沟渠和泵站的基础上，在重点生产区域安装喷灌或滴灌设施，修建水肥一体化系统，精准施肥。村域范围内的蓄水和排水设施主要包括山塘和溪流，以及农田中的沟渠和村落区域的排水管道系统，对山塘进行定期清淤和开展加固塘堤等工作，定期对溪流和沟渠进行疏通，确保排水通畅和顺利供水。

(2) 电　包括生产与生活用电，严格按望高村未来用电的需要进行电网改造，为了不影响村域旅游环境美观，在重点区域将改为地下电缆供电，强电与弱电统筹规划。

(3) 道路交通　包括望高村范围内的车行道路、游览道路和停车场地，道路交通是产业发展的基础条件，必须满足基本要求，村中主要交通道路一定要达到安全方便会车的宽度 5 m 以上，生产地中的机耕道 3 m 以上。各居民点和新建的微城市接待中心区一定要设置足够的停车位，并且要配备一定量的大巴停车位，以满足静态交通的要求。村域范围内将建造若干景点，各景点必须设置便利的游道，按游客量设计游道宽度，路面材料尽可能就地取材，采用生态的透水材料，整个村域的游道形成系统，以方便游客游览为目的。

(4) 通信网络　属现代通信信息系统，是互联网+产业发展的必要条件，村内消灭通信盲区，做到通信网络全覆盖。

(5) 环保设施　望高村在环保方面可能出现的污染主要是农田废弃物和畜禽粪便，再就是人的生活垃圾，具体环保措施是：一是引进农田废弃物资源化处理技术；二是及时收集分类并集中进行无害化处理。为了达到环保要求，严格按标准配备环保设施，确保村域生态安全。

6. 村域自然环境资源保护规划

望高村的自然环境资源主要有自然山林、山间溪流和紫霞湖畔的滨水环境，境内的森林植被繁茂，主要是天然次生林，人工林很少，林地面积达 2258 亩，发挥了很好的水土保持作用，对维持当地生物多样性水平和良好的生态环境具有重要的价值。

望高村在未来的建设过程中，必须尊重现有的自然山水格局，因山就势开展建设，不大兴土木，封山育林，保护好森林生态环境系统功能的正常发挥。望高村的林地总体上维持现有的形态，为了提高森林景观的观赏价值，仅是对局部点和线上进行提质改造，有目的地选择游道两旁或山头节点种植观花或观叶植物，创造具特别观赏价值的特色植物景观，尽量减少对原生植被的损害

望高村的山与山之间人工修筑了梯田，是村民基本的生产资料，此外，还有天然形成或人工修建的山间溪流，属自然排水设施，有的也用作农田灌溉和排水，是一种天然的生物廊道，溪流属于一种有活力的自然景观，通过人工适当改造，可创造很好的花溪景观，但一定要保持其自然的属性。

紫霞湖属山地湖泊，望高村有一部分与紫霞湖相畔，属滨水环境，沿湖可适当修建滨水休闲设施，在湖中也可适当开展水上活动，梓鑫玫瑰城就可以滨湖而建，利用

湖光山色的基础环境建设更加优美的山水田园微城市。微城市中的生活污水利用中水处理技术进行集中净化处理，确保紫霞湖的水质不受污染。

九、规划实施保障措施

1. 把握规划，分期实施

望高村建设与发展规划是推进望高村社会经济向前发展的总体方案，是将望高村作为一个有机整体进行统筹规划的，规划项目内容涉及多个方面，要全部实施不仅需要大量的资金，还需要较长的时间，我们在该规划的实施过程中必须依据不同的建设项目明确轻重缓急内容，分期实施，稳步推进规划目标实现。

2. 分区建设，整体推进

该规划对望高村进行了分区分块，规划构建了各具特色的产业单元，虽然各个单元在形态上具有较相似的结构，但在环境景观和文化内涵上各有特色，各个单元都有自己特别的建设内容，并且归属不同的业主，每个单元都将有自己独立的建设方案和计划。然而，望高村内的某些公共基础设施是各个单元共用的，必须整体推进建设，如道路交通、水电、环保、通信网络等设施，这些公共基础设施必须争取由政府或大家共同出资提前立项进行建设。

3. 抓住核心，突出重点

对于望高村建设和发展规划实施，首先是公共基础设施建设，然后才是各个产业单元建设，每个单元都是一个相对独立的融合产业平台，既然已经明确发展生态旅游产业，那么，着力打造具特别吸引力的景观环境是建设重点，为游客建设生态宜居的微城市则是核心，有了重点和核心有序建设就有了基本的保障。

4. 创新体制，共建共享

做好宣传发动工作，充分调动村民参与建设的积极性，明确投资项目与建设内容，采用股份制的经营模式，共建旅游融合产业平台，强化共享发展理念，增强主人翁意识，引导人人都参与，争取户户是股东，按资定股，业主多元，以本地村民为依托，积极吸纳外资，采用众筹方式筹措资金，加强组织与管理，创新体制与机制，共同打造特色产业平台，实现利益共享。

临澧彭家河村融合产业发展与村庄建设总体规划

一、规划背景

1. 国家正在实施乡村振兴战略，明确指出规划先行

2019 年 1 月 4 日国家五部委联合下文《关于统筹推进村庄规划的指导意见》明确指出村庄不规划不建设和不规划不投入，强调规划必须先行，对村庄规划提出了明确的要求，号召各级政府重视村庄规划工作，切实理清各类村庄的保护、建设与发展的思路。

2. 广大农村正在推进一二三产业融合发展，发展成效显著

中国农村产业结构调整经历多年的实践证明：区域农村经济发展仅依靠农业生产是远远不够的，加之人均耕地极其有限，对于大幅度提高农民家庭收入可能性不大，很有必要推进一二三产业融合发展，这已在中国农村形成了广泛共识。

3. 广大农村正在推进全域旅游产业发展，发展势头良好

中国社会的主要矛盾已上升为广大人民对美好生活的需求与发展不平衡不充分之间的矛盾，农村经济相对落后急需发展新型产业，城市居民渴望田园生活，尤其是在城市生态环境问题日益突出的今天，返璞归真的愿望更加强烈，这给大环境明显优于城市的乡村来说带来了发展旅游和康养产业的难得机遇，且市场潜力巨大，发展前景十分广阔，全国各地发展旅游与康养产业出现了蓬勃发展的好势头。

二、彭家河村概况

（1）自然地理　包括地理区位、自然气候、村域面积、地形地貌、土地类型及比例、水资源状况、动植物资源状况、地下矿产资源状况等。

（2）社会经济　包括人口及人均收入水平、贫困人口数量、收入来源、人均耕地及耕地状况、水利灌溉条件、主营产业状况、内外部道路交通状况、村民居住生活条件（包括用水、用电、住房、卫生等设施）、通信网络、学校教育、文化娱乐、运动康体、商业银行等配套服务设施。

（3）地域文化　包括风俗习惯、社会风尚、宗教信仰、民族特点、民间传说、民间工艺、传统产品、历史人物、名胜古迹等物质与精神文明内容。

三、SWOT 分析

1. 机遇

国家正在实施乡村振兴战略，极其重视乡村规划与建设工作，已出台了一系列支持乡村发展的有关政策，为了更有效推进乡村振兴建设工作，各级政府都希望树立可推广、可示范和可复制的乡村建设典范，这给彭家河村带来了机遇。

2. 优势

彭家河村是由三个小村合并成的一个大村，村内曾兴办有几家厂矿企业，经营状况良好，社会经济基础相对较雄厚，村民的开放、开拓与创新意识较强，新组建的村级领导班子创业的积极性较高，已经引进一家经济实力较雄厚的企业作为投资主体，在建设资金上有了一定的保障。同时，彭家河村属典型的适于人类居住和生产的较平缓的丘陵山地，具有生物多样性形成的天然立地条件，北面紧依澧水，南面背靠铜山，森林覆盖率高，自然地理优势十分明显。农业生产水利设施齐全，灌溉水源充足，水旱无忧。交通条件优越，水陆交通发达，已建有高等级公路穿过村庄，物流运输通达方便。此外，在铜山上建有铜山古寺，已有几百年历史，传承佛教文化，远近闻名，香火十分旺盛，形成了独特的地域文化，为发展文化旅游业创造了良好的条件。

3. 不足

彭家河村虽兴办过几家厂矿企业，但规模有限，不足以支撑地方经济，尤其是砖厂、造纸厂、沙场和烟花鞭炮厂受环保政策限制难以持续发展，以致主打产业尚未形成。虽有耕地 3000 亩和水田 1200 亩，但仍以种植水稻为主，经济作物仅有柑橘等少量水果种植，且呈零星分布状态，农产品无品牌可言。民居建筑多呈分散分布状态，集中居住的村落较少，给产业化改造利用带来困难。村域范围内虽然植被良好，森林覆盖率较高，但缺乏较高观赏价值的植物景观，村域山水环境景观尚无特别之处。

4. 挑战

彭家河村开展一二三产业融合平台建设，主要目的是发展地方经济，在地理位置、土地和气候资源上均无明显的优势可言，并且全国各地都在积极开展乡村振兴建设行动，产业发展竞争不可避免，如何打造彭家河村具竞争优势的特色产业平台，是产业规划建设时将会遇到严峻的挑战。

四、规划依据

（1）临澧县产业发展与生态环境保护规划等

（2）国家对农村发展制订的相关政策　如国务院办公厅倡导的农村一二三产业融合发展指导意见、十九大提出的实施乡村振兴战略的目标要求、习近平总书记提出的

绿水青山就是金山银山的理论等

（3）城乡建设的相关规范和条文

（4）常德市旅游产业发展规划等

五、总体规划构思

1. 规划目标

充分利用彭家河村的自然与人文资源，按照一二三产业融合发展的思路，积极倡导企业与村民合作构建利益共同体，坚持共投共建共治共享发展理念，采用股份制经营模式，以农业生产结构调整为抓手，以村域建筑产业化利用改扩建为重点，力求把彭家河村建设成为生态环境良好、农业特色鲜明、地域文化突出、田园景观优美、村民收入稳定、基础设施先进和居民生活舒适的乡村振兴典范。

2. 规划理念

（1）绿色发展理念　临澧县彭家河村属典型的丘陵山区，生态环境良好，坚持在区域自然承载力的范围内开展农业生产活动，拒绝对村域生态环境有影响的开发项目，坚持采用绿色有机的生产方式进行农业生产，尽可能减少化肥、农药和除草剂的使用量，大力发展生态农业。加强对现有良好的森林生态环境的保护，始终维持青山绿水的良好状态，在保护好村域生态环境的前提下开展生产和建设，做到因地制宜，因山就势建造发展产业所需的建筑和配套设施，决不大兴土木开展建设活动。

（2）共享发展理念　彭家河村有村民 2600 余人，因村级产业不发达，外出打工的人员较多，收入增长受到限制，仍有少数村民处于贫困线以下。彭家河村融合产业平台建设，动员激励村民以土地、住房、宅基地使用权和资金等方式入股，充分调动广大村民参与的积极性，坚持共投共建共营共享的发展理念，拟采用股份制经营模式，共同打造融合产业平台，为当地村民提供更多的就业机会，发展成果让广大村民成为受益的主体，实现利益共享。

（3）创新发展理念　彭家河村除一部分村民通过外出打工、经商和办厂有较高收入外，还有很大一部分村民没有稳定的收入来源，且收入还相对较低，要改变这一状况，仅靠现有的农业生产项目增收，难度是相当大，几乎是不可能的，因此，开辟新的创收渠道很有必要。临澧县彭家河村在优化农业生产结构的基础上，充分利用村域现有的自然与人文资源，着力打造具地域特色的农村融合产业平台，把握国家对乡村振兴的优惠政策，因地制宜发展具地域特色的乡村产业，创造更多更好的就业机会，彻底改变目前以家庭为单位分散分离互不相干的生产经营状态，共同打造一二三产业融合发展平台，形成利益共同体，使之成为村民收入的主要来源。

一是创新发展当地的特色农业产业，以增加就地务工村民的工资性收入；二是充分利用村域良好的生态环境创新发展乡村特色旅游业，新增村民的三产业和资产性收入。通过调整彭家河村的农业生产结构和农村产业结构而彻底改变产业发展现状，从而达到发展当地经济的目的。

（4）特色发展理念　一是充分利用彭家河村自然地理与气候条件，农业生产上重点发展黄金西柚，种植面积1000亩以上，使之形成彭家河村具市场竞争力的特色商品型农业。二是利用来铜山古寺朝拜的香客发展旅游服务业，沿途选择合适位置建立一个以素食为主题的乡村酒店。三是利用现有的民居建筑或闲置的厂房改造成各具景观特色旅游、旅居、休闲的民宿或接待服务点，同时结合多样化的生态农业生产打造丰富多彩和特色鲜明的田园景观，避免各接待服务点之间的同质竞争。

3. 规划原则

（1）因地制宜原则　依据村域山、水、林、田、土、路、村等资源与气候条件，确定适宜的农业生产项目，包括种植与养殖项目，重点发展具有区域优势和特别竞争力的农产品生产。

（2）以农为本原则　农村的一项重要的社会功能就是生产农产品，也是农村发展之根本，国家制订了基本农田保护法，明确规定基本农田不允许改变用途，必须保持耕地的农业生产功能，不管未来农村怎样发展变化，农业作为彭家河村的基础产业地位永远不变。

（3）依市定产原则　按市场需求决定生产和服务项目，做到有的放矢，克服盲目生产和建设。彭家河村调整农业生产结构和农村产业结构，先找准市场，再根据市场需求量确定生产项目和生产规模，做到以销定产，并且根据市场变化及时调整生产计划，使开展的商品性特色农业生产项目在市场竞争中立于不败之地。对于三产服务业项目依据市场需求逐步扩大产业规模，分期分项进行投资建设，循序渐进，有序发展。

（4）三生统一原则　三生即生产、生活和生态，在农村一定的区域范围内开展建设活动，必须统筹考虑三生之间的关系，生产是为了生活的需要获得农产品，人类生活离不开农业生产，同时美好的生活又离不开良好的区域生态环境，而农业生产又必须考虑农田生态环境的自然承载力，让区域农田生态系统融入区域整体生态系统之中，反过来良好的区域生态环境又为生产与生活服务，从而实现三生统一，我们必须坚持按三生统一的原则和要求开展一切建设活动，协调好生产、生活和生态三者之间的关系，故三生统一既是原则，又是目的。

六、规划定位

1. 功能定位

彭家河村现有产业功能主要是农业生产，地处丘陵山区，耕地仅有3000亩，受人均耕地不足的影响，农业生产除种植水稻外，还有少量的柑橘类水果种植，人工经济林缺乏，山地多为天然风景林地，商品农业不发达，生产力水平较低，农业生产基本处于自给自足的状态，村民收入来源依靠现有农业生产不足以致富，主要靠外出务工。随着中国社会经济的不断发展，社会需求发生了大的变化，乡村旅游业蓬勃发展，在国家倡导农村一二三产业融合发展和推进全域旅游产业发展的大背景下，各地农村调整农业生产结构和拓展农村产业功能势在必行，彭家河村也不例外，必须优化和改变传统农业的生产功能，在保留现有厂矿企业的生产功能外，重点拓展旅游服务功能。

（1）生产功能定位　彭家河村现有生产功能除传统的农业生产外，还有几家厂矿生产企业，农业生产特色和优势不明显，工矿企业生产规模又受到了市场的限制，均不足以支撑村域经济，必须创新产业发展思路，充分利用彭家河村的农业资源条件调整和优化农业生产结构，发展现代农业产业，同时利用美化了的田园与村落环境发展旅游服务业。将彭家河村的农业分为特色商品型农业和多样自给型农业两种类型，多样自给型农业生产的农产品不仅是满足当地居民生活的需要，同时还提供给来村旅游的游客就地消费，并结合农业生产打造丰富多彩的田园植物景观，或营造适于游客体验的生产场景，此外还适度发展当地农产品传统加工业，创造传统的农耕文化氛围。特色商品型农业根据当地耕地资源与小气候条件选择适宜的农业生产项目，如特色水果和中药材等种植，或优质稻加特种水产与动物养殖，实行种养结合，使之形成具地域特色和特别竞争力的农产品，推向外地市场或在本地进行销售。

彭家河村发展多样自给型农业生产围绕当地村民与顾客生活消费的需要进行生产，品种力求丰富多样，果、菜、花、药、茶全种，鸡、鸭、鹅、猪、鱼、虾、蛙都养，品种丰富多样，按需求合理搭配，严格控制数量和规模，力求保障品质优良，并且结合生产打造顾客游览观赏、农事体验、文化传承、科普教育和康体养生的景观化田园环境。

（2）服务功能定位　彭家河村具有良好山地森林生态环境，公益林面积达 4800 亩，空气质量好，民居建筑多分布于林地环境和田园环境之中，非常适宜于人居，适当对村域环境在点和线上进行提升，创造具丘陵地域特色的绿色宜居环境，形成临澧县域乃至常德地区大旅游产业发展的一个新景区，重点突出绿色宜居村庄旅游产业环境与配套设施的建设，主要发展乡村旅居康养和休闲服务业。

2. 形象定位

彭家河村拥有的山、水、林、田、江、路、村等景观资源要素，在形象上尚无特别的吸引力，村内森林植被茂密，但缺乏特色；田分布于山林之间，多呈两坡夹一垄梯田的状态，不宜实施大型机械化生产；水有澧水相伴，村中还分布有多口山塘，山塘面积却不大，不足以形成水乡特色；村级交通道路虽已打通，但还是较狭窄，且村域游道系统尚未形成；村即村落，主要是农民住宅，大多分散分布，仅有几个相对集中的村落，呈现出一般农村所具有自然山水田园村庄的形态风貌，且村民住宅建筑风格不一，缺乏地域特色。

彭家河村基于旅游产业环境建设的需要，以现有景观资源为依托，统筹规划，分区块进行设计，以旅居配套设施建设为重点，结合生产突出美丽田园建设，充分利用现有的山水田园环境，着力打造多个旅居休闲服务接待点，使彭家河村呈现多个村落镶嵌于山水田园环境之中的美丽形象。

3. 市场定位

（1）农产品市场定位　彭家河村现有外销农产品不多，且尚未形成一定规模的商品化生产，除已种植有少量的柑橘类果树外，尚无其他有规模的经济作物种植，主要种植的还是水稻。彭家河村未来农业生产结构调整的思路是：旱土以发展黄金西柚为主，面积达1000亩以上，使之形成当地的地理标志产品，此外还少量种植其他水果10～15个品种，主要用于游客采摘体验；水田主要种植优质稻，实行种养结合，稻田产品主要用于就地消费，此外还根据本地对蔬菜的实际需求量，利用水田适量种植各种时令蔬菜；利用村内现有鱼塘和水田发展特种水产养殖，主要满足当地村民与游客消费的需要。彭家河村的林产品主要为观赏性树木和花卉，主要用于打造当地旅游产业环境，同时还利用部分林地环境依据当地居民与游客的需要进行林下养殖，如林地圈养鸡和养猪或其他特种经济动物等，按需调控生产规模。

（2）旅游产品市场定位　彭家河村充分利用良好的森林生态环境和美丽田园环境发展乡村旅游业，其旅游产品包括旅居康养、休闲娱乐、观光体验和科普教育等，主要服务对象为临澧县城的城市居民。

七、规划布局

彭家河村融合产业发展与村庄建设总体规划布局的思路是按产业功能单元进行分区分块布局的，各产业功能单元之间由主要交通道路连接形成一个有机的整体，各产业单元在形态结构与服务功能上相似，但在景观环境、建设规模和文化氛围上存在差异，讲究异质互补，避免同质化竞争。

彭家河村农业产业结构优化规划思路：旱地确定以种植黄金西柚为主，适当发展时令水果与蔬菜，选择果林适当区域开展林下养鸡，选择适当位置修建小型猪场与牛场；水田主要种植优质稻，配套养殖鱼、虾、鸭、蛙、蟹和甲鱼等，实行种养结合，建立良好的农田生态与生产系统。

彭家河村村落与民居建筑改扩建规划思路：对现有村落和分散分布的民居建筑进行改造利用，规划建1个接待服务中心、10个接待服务点和20处民宿，接待规模分别为300人、100人和10人以上，完善彭家河村对外开展旅游和休闲接待服务的场地和设施，这些场地和设施实行统筹规划建设，实行统一经营和管理。村内黄金西柚和水稻种植地占农田70%以上，形成生产性大地景观；与接待中心、接待服务点和民宿相邻的部分水田和旱地形成多样化和特色化的果、菜、花、药、茶等生产与观赏相结合的园地景观，约占农田的30%。

八、分项规划

1. 农业产业发展规划

（1）规划背景　国家正在实施乡村振兴战略，积极倡导农村一二三产业融合发展，大力支持区域农村特色农产品商品化生产基地建设，鼓励以市场为导向调整和优化农业生产结构，农业迎来了产业转型发展的良好时机。国家正在推进乡村全域旅游产业的发展，乡村田园生活已成为一种时尚，乡村旅游业的蓬勃发展对地方农产品多样化的需求又为调整农业生产结构提供了依据，乡村旅游业的发展为农产品销售增加了一条新的渠道。乡村发展旅游产业，农业生产环境成为旅游产业环境，对农业生产与种植方式提出了新的要求，上述背景迫使我们必须制订彭家河村农业产业发展规划。

（2）发展目标　依据彭家河村耕地资源、水资源与气候资源条件，以市场需求为导向，按照特色商品型农业和多样自给型农业的发展思路，旱地以发展黄金西柚为主，用地 1000 亩以上，部分果园林下配套养鸡等；水田以种植优质水稻为主，实行种养结合，配套养殖鱼、虾、蛙、鸭、甲鱼等。依据彭家河村发展生态旅游需要，并结合旅游配套设施和美丽田园产业环境建设分区分块发展多样自给型农业，选择适于本地种植的果树、蔬菜、花卉、茶叶和药材，以及适于本地养殖的畜禽动物与鱼类进行生产，采用种养结合的生态农业模式，按顾客消费需求确定生产规模，依生态与造景要求搭配品种，严格管控生产过程，确保各种农产品质量，充分发挥土地的农业生产功能，让彭家河村的农产品主要通过就地消费的途径和方式实现高效生产和经营。

（3）规划依据

a. 市场需求　彭家河村的农业生产分为两种类型，即特色商品型和多样自足型，分别对应的市场为外地市场和本地市场，市场需求量永远是彭家河村规划农业生产的主要依据，同时还可以依据各种农产品的生产效益进行生产规模的动态调整。

b. 生产条件　彭家河村所具有的农业生产条件，包括土壤类型、水量水质、土壤肥力和局地小气候特点等，因地制宜选择农业生产项目。

c. 生产效益　彭家河村的农业生产项目以生产效益为规划依据，效益高的优先选择，效益一般和差的一般情况下不选择，本地消费所需要的农产品不强求本地生产，可以从市场购买，但是维持本地景观与生态功能的农业生产项目除外。

（4）发展思路

a. 特色商品型农业生产　彭家河村已种植的果树有柑橘、橙、柚、梨、桃等，调查发现黄金西柚表现最佳，适于本地发展，规划旱地以种植黄金西柚为主，计划种植面积 1000 亩以上；水田以优质水稻种植为主，配套养殖鱼、虾、鸭、蛙、甲鱼等，实行种养结合，尽可能实现有机生态，上述两项商品化生产在形成品牌后还可以依据市场对产品的需求在现有种植面积的基础上向周边发展，有计划地扩大生产，同时还可以通过试种试养不断探索适于彭家河村发展的新的商品型农业生产项目，以不断优化彭家河村的商品型农业生产结构，如野生蔬菜、中药材、特色水果和特种动物等。

b. 多样自给型农业生产　彭家河村根据村民和游客生活的需要发展多样自给型农业，新种植的多年生果树将选定旱土或山地梯田分散布置，品种力求丰富多样，果品主要采用就地消费的方式，部分作旅游产品供应，如梨、桃、李、枣、柑橘、脐橙、柚、板栗、柿、猕猴桃、杨梅、石榴、枇杷等；一二年生农作物与园艺植物按照划定的产业单元分区分块布置，采用轮作、套作与间作的耕作方式进行生产，如常见的玉米、红薯、大豆、油菜、花生、蔬菜、花卉、药材等，一般不固定某种作物的农田种植区域，分年度按需求选择合适的种类和品种以及确定相应的种植面积，并且在产业单元的小区域范围内依季节按年度进行更替。

彭家河村村域范围开展林牧渔业生产，因缺乏特别的优势资源和条件，暂未形成具特别优势的林牧渔业项目，因此，规划开展多样自给型林牧渔业生产，林业主要是种植观花观叶可成景植物，如紫薇、樱花、杜鹃、茶花、茶梅、梅花、二乔玉兰、北美红枫、菊花、药牡丹、月季、紫荆、大花萱草等观赏植物，以提升村域旅游产业环境植物景观为目的，主要是在景观节点和游道线上进行造景；牧业以养猪、牛、羊、鸡、鸭、鹅等畜禽为主，选择发展特种经济动物养殖，如野猪、鸵鸟等，并且尽可能采用种养结合的生态农业模式，如林地养鸡、稻田养鸭等，生产用建筑设施选择适当位置修建，如猪舍、鸡舍与鸭棚，以减轻对居民生活影响为原则；渔业主要是利用山塘和水稻田养鱼、虾、蛙、泥鳅、黄鳝等，分别在产业单元的区域范围内安排林牧渔业生产。

2. 建筑改扩建规划

（1）村域建筑概况

彭家河村现有的村域建筑主要是村民住宅和几处停业的生产厂房，均属私有性质，现在分布的状态有相对集中形成村落的，数量有几栋到几十栋不等，也有分散独栋分布的，住宅主要为2～3层新建的楼房，风格和样式差异较大，质量参差不齐，由于青壮年人外出打工的多，留守常住人口较少，村民建筑大多数处于闲置状态。公用建筑就是村办学校校舍和村部用房。彭家河村生产用建筑主要为厂矿用房，尚无专门的养殖用房，私人养殖用房大多与住宅合建或靠近住宅修建，不能适应现代养殖业发展的要求。

（2）建设目标

针对彭家河村发展融合产业的需要，以乡村康养生活为主题，同时兼顾亲子和科普教育，突出与产业配套的建筑与环境建设，以满足餐饮居住、文化娱乐、自然教育、护理医疗、康体运动、休闲度假和特色商务等功能要求为目的，采用新建与改造相结合的建造方法，在村域范围内打造多个生活条件优越、生态环境优美、文化内涵深厚和服务功能齐全的乡村旅游休闲接待服务点。

（3）建设原则

乡村旅游休闲接待服务点作为融合产业发展的核心平台，其建设原则如下：

a. 因地制宜原则　彭家河村属典型的丘陵区农村，地形有一定的起伏变化，平坦的地块较少，建筑改扩建时尽可能不改变已形成的自然山水格局，不大兴土木，因山就势布局，将居住建筑嵌入到自然山水环境之中。

b. 经济实用原则　彭家河村建接待服务点或民宿都是为了发展融合产业的需要所改扩建的，追求经济实惠，不追求富丽豪华，追求在生态宜居上上档次，追求乡村风味，追求建筑环境的生活美、生态美和文化美，接待服务点就是乡村融合产业发展的建设重点和产业单元建设的核心，其建设成本作为主要投资项目必须讲究投资效益，在满足实用功能要求的前提下尽量控制建设成本，以获得良好的经济效益。

c. 改造为主原则　彭家河村现有建筑尚无特别的风格可言，一般是近年新建的 2～3 层小楼房，多为砖混结构和坡屋顶形式，为了使改扩建后的接待服务点建筑便于经营与管理，规划将拟按特大型组合院落的建筑形式进行改扩建，能利用的建筑尽可能改造利用，一般不新建，创造一种外形构造简洁的简中式大型院落建筑风格，讲究内质提升，以满足对外开展接待服务的功能要求。

（4）建设思路

a. 择地选点　彭家河村现有建筑主要是村民住宅，大多呈分散分布状态，集中分布形成村落的较少，此外还有几处闲置的厂房。选择作接待中心、接待点和民宿建设的地点，宜具备良好的自然条件和便于改造利用的建筑，交通便利，不需要大兴土木就可以开展建设，现有的建筑所在地自然环境优美，有可直接利用的山、水和森林植被，基地只需稍加修饰改造就能形成美丽的山水田园环境，用于改造建设的投资小，见效快，能达到事半功倍的效果。

b. 改造整合　彭家河村有多个村落，民居建筑相对集中，我们可以从中选择几个村落按对外开展旅游接待服务的功能要求进行改造，同时优化村落环境，改善对外接待居住生活条件，增加大餐厅、大厨房和大客厅等公共服务用建筑，并增加建筑之间的连通设施，如走廊与花架等，使旧的村落改建后成为一个有机的整体，最好是能创建一个具特定文化内涵和配套功能设施齐全的组合型特大院落，同时也是一个充满活力的旅游产业核心平台。在旧村改造的过程中对于原有用作猪舍、牛棚和鸡舍等生产用建筑一律拆除或改造，转变使用功能。同时为了满足生产的需要，建议在耕地生产环境中择地建猪舍、鸡舍、鸭棚与牛棚，集中发展畜禽养殖，使畜禽生产与居住地保持一定的距离。

3. 旅游产业规划

（1）发展目标

按照常德市制定的全面推进生态旅游产业发展规划，充分利用彭家河村现有的山、水、林、田、湖、路、村等资源条件和铜山古寺佛教文化资源，以改善对外接待用建筑等居住设施为重点，突出各接待点山水田园环境的特色植物景观营造，完善旅游配套设施建设，分区块结合发展现代农业生产，按单元打造各具特色的旅游产业环境，使彭家河村最终形成拥有多个特色景点的乡村旅游景区。

（2）市场定位

彭家河村建成为一个新的旅游景区后，主要靠特色植物景观环境和生态宜居的生活条件，再加上优质的配套服务吸引游客。主要游客来源：一是临澧县城的市民，双休日到彭家河村来开展休闲、度假、体验、娱乐等活动；二是临澧县境内的青少年来彭家河村开展自然教育活动，此项活动的开展必须凭借彭家河村具有丰富多彩的农耕文化景观和生物多样性水平较高的生产与生态环境。

（3）发展思路

a. 确定建设项目　一是打造旅游景点，主要是结合彭家河村发展现代农业生产，分区块按单元营造特色植物景观，使之成为彭家河村村域范围内各具特色的旅游景点，让来彭家河村休闲和旅游的顾客观赏饱眼福；二是建设旅游配套设施，除村内道路、水电、环保和通信网络等基础设施外，主要是采用新建或改造建设的方法，建设 1 个接待服务中心、10 个接待服务点和 20 处民宿，它们各具景观和文化特色，要求异质互补，避免同质竞争，使之成为彭家河村发展旅游产业的核心平台。以满足顾客餐饮居住、休闲娱乐、康体健身、亲子体验和自然教育等消费要求。

b. 设立旅游项目　彭家河村旅游项目主要是在美丽山水田园环境之中让游客观花赏景和体验农耕文化生活，结合现代农业生产重点打造美丽如画的花卉植物景观，突出乡村农耕与佛教文化旅游特色，此外彭家河村还设有垂钓休闲、亲子娱乐、农事体验、旅居康养、江中泛舟和山林探幽等旅游项目，所设立的项目尽可能融趣味性、知识性、文化性和娱乐性于一体，并且具有地方特色，能够让不同年龄层次和不同兴趣爱好的游客各得其所，各行其乐。

c. 创新体制模式　彭家河村发展旅游产业项目拟采用股份制经营模式，生产经营上打破以家庭为单位各自为政的状态，彻底改变个体经营的体制与模式，宣传共投共建共营共享发展理念，引导村民转变思想观念，突破小农经济传统落后思想的束缚，强化创业意识，坚持创新、协调、绿色、开放、共享发展理念，充分调动当地村民参与旅游产业项目开发建设的积极性，同时加大对外宣传力度，制定优惠政策和充分利用国家产业扶贫相关政策向外招商引资，共建旅游产业平台，实现利益共享。

d. 创建运营团队　彭家河村要发展以乡村生态旅游为主体和核心的融合产业，在运营和管理上需要各个方面的专业人才，当地的村民通过专门的培训后才能胜任技术和管理工作，规划确定后就必须着手引进和培养专业人才，按需要设置岗位，组建彭家河村旅游产业项目运营团队。

4. 产业配套基础设施建设规划

（1）水　包括村民生活用水、农田灌溉用水和养殖用水设施，以及蓄水和排水设施。村民生活用水采用打水井、修水塔和安装自来水管道的方式统一供水，确保水质水量，让村民用水方便。农田灌溉用水在修缮确保现有供水设施沟渠和泵站的基础上，重点生产区域安装喷灌或滴灌设施，修建水肥一体化系统，做到节约用水和精准施肥。村域范围内的蓄水和排水设施主要包括山塘和自然溪流，以及农田中的沟渠和村落区域的排水管道系统，对山塘进行定期清淤和开展加固塘堤等工作，定期对溪流和沟渠进行疏通，确保排水通畅和顺利供水。

（2）电　包括生产与生活用电，严格按彭家河村未来用电的需要进行电网改造，为了不影响村域旅游环境美观，彻底消除乱搭乱接现象，重点区域将改为地下电缆供电，强电与弱电统筹规划。

（3）道路交通　包括彭家河村范围内的车行道路、游览道路和停车场地，道路交通是产业发展的基础条件，必须满足基本要求，村中主要交通道路一定要达到安全方便会车的宽度 5 m 以上，生产地中的机耕道 3 m 以上。各接待服务点一定要设置足够的停车位，并且要有一定量的大巴停车位，以满足静态交通的要求。村域范围内将建造若干景点，各景点必须设置便利的游道，按游客量设计游道宽度，路面材料尽可能就地取材，采用生态的透水材料，整个村域的游道形成系统，以方便游客游览为目的。

（4）通信网络　属现代通信信息系统，是互联网+产业发展的必要条件，村内消灭通信盲区，做到通信网络全覆盖。

（5）环保设施　彭家河村在环保方面可能出现的污染主要是农田废弃物秸秆和畜禽粪便，再就是人的生活垃圾，具体环保措施是：一是引进农田废弃物资源化处理技术与设备，实行就地资源化处理与循环利用；二是及时收集分类并集中进行无害化处理。为了达到环保要求，严格按标准配备环保设施，确保村域生态安全。

5. 村域自然环境资源保护规划

彭家河村的自然环境资源主要有自然山林、山间溪流和澧水江畔的滨水环境，境内的森林植被繁茂，主要是天然次生林，人工林很少，公益林面积达 4800 亩，发挥了很好的水土保持作用，对维持当地生物多样性水平和良好的生态环境具有重要的价值。

彭家河村在未来的建设过程中，必须尊重现有的自然山水格局，因山就势开展建设，决不大兴土木，严格封山育林，保护好森林生态系统服务功能的正常发挥。彭家河村的林地总体上维持现有的形态，为了提高森林景观的观赏价值，仅是对局部点和线上进行提质改造，有目的地选择游道两旁或山头节点种植观花或观叶植物，创造具特别观赏价值的特色植物景观，尽量减少对原生植被的损害。

彭家河村的山与山之间人工修筑了梯田，是村民基本的生产资料，此外，还有天然形成或人工修建的山间溪流，属自然排水设施，有的也用作农田灌溉和排水，是一种天然的生物廊道，溪流属于一种有活力的自然景观，通过人工适当改造，可创造很好的花溪景观，但必须保持其自然属性。

彭家河村的北面有约 3 km 长与澧水相伴，属滨水环境，沿江可适当修建滨水休闲设施，在江中也可适当开展水上活动，彭家河村的旅游接待服务中心规划滨水而建，利用滨水环境使接待服务中心环境更加优美，中心的生活污水利用中水处理技术进行集中净化处理，确保澧水的水质不受污染。

九、规划实施保障措施

1. 把握规划，分期实施

彭家河村产业发展与村庄建设规划是推进彭家河村社会经济向前发展的总体方案，是将彭家河村作为一个有机整体进行统筹规划的，规划项目内容涉及多个方面，要全面实施不仅需要大量的资金，还需要较长的时间，我们在该规划的实施过程中必须依据不同的建设项目明确轻重缓急内容，分期实施，稳步推进规划目标实现。

2. 分区建设，整体推进

该规划对彭家河村进行了分区分块，规划构建了各具特色的产业单元，虽然各个单元在形态上具有较相似的结构，但在环境景观和文化内涵上各有特色，各个单元都有自己特别的建设内容，每个单元都将有自己独立的建设方案和计划。然而，彭家河村内的某些公共基础设施是各个单元共用的，必须整体推进建设，如道路交通、水电、环保、通信网络等设施，这些公共基础设施必须争取由政府或大家共同出资提前立项进行建设。

3. 抓住核心，突出重点

对于彭家河村产业发展和村庄建设规划的实施，当然首先是公共基础设施建设，然后才是各个产业单元建设，每个单元都是一个相对独立的融合产业平台，既然已经明确发展生态旅游产业，那么，结合农业生产结构调整与优化，着力打造具特别吸引力的景观环境是建设重点，为游客建设生态宜居的接待服务点则是核心，有了重点和核心有序建设就有了基本的保障。

4. 创新体制，共建共享

做好宣传发动工作，充分调动村民参与建设的积极性，明确投资项目与建设内容，采用股份制的经营模式，共建彭家河村融合产业平台，强化共享发展理念，增强主人翁意识，引导人人都参与，争取户户是股东，按资定股，业主多元，以本地村民为依托，积极吸纳外资，采用众筹方式筹措资金，加强组织与管理，创新体制与机制，集中力量，共谋发展，共同推进融合产业平台建设，实现利益共享，为临澧县乃至湖南省树立一个乡村振兴典范。

十、项目分期实施计划

彭家河村产业发展与村庄建设实行统筹规划，分期实施，实施的项目包括四大块：一是农业生产结构优化项目；二是水、电、路、气和通信网络等基础设施改造项目；三是接待服务用建筑改扩建项目；四是环绕或紧邻接待服务点并结合多样化农业生产的特色园地景观建设项目。上述项目计划在 5 年内完成。

1. 农业生产结构优化项目

（1）黄金西柚种植 1000 亩

2019 年 10 月～2020 年 5 月 500 亩，计划投资 400 万元。

2020 年 10 月～2021 年 5 月 500 亩，计划投资 400 万元。

（2）农田生态种养 700 亩

2019 年 10 月～2020 年 6 月，改造稻田 100 亩，开展稻＋鱼、鸭、虾、蛙、鳖等生产示范，计划投资 50 万元。

2020 年 6 月～2022 年 6 月，改造稻田 600 亩，开展稻＋鱼、鸭、虾、蛙、鳖等种养生产，计划投资 300 万元。

（3）果、药、花、观赏树木苗圃 60 亩

2019 年 10 月～2020 年 6 月，建果、药、花、观赏树木苗圃 60 亩，目的是为彭家河村发展多样化农业特色景观园地与接待服务点特色景观环境建设提供材料，该项目也属生产项目。计划投资 60 万元。

2. 配套基础设施改造建设项目

配套基础设施改造建设项目包括水、电、路、场地、环保、通信网络等基础设施，这些设施主要由当地政府出资建设，但也有少部分设施需要企业或村民出资建设，如水景工程（池塘美化）、停车与健身活动场地工程、园中游道工程、休闲健身设施及景观建筑工程等。

2019 年 10 月～2025 年 10 月，配套基础设施建设，计划投资 500 万元，每年投资约 80 万元。

3. 接待服务用建筑改扩建项目

彭家河村规划建设的接待服务用建筑主要包括 1 个接待服务中心、10 个接待服务点和 20 处民宿。

（1）2019 年 10 月～2020 年 10 月，建 3 个接待服务点，计划投资 1200 万元；建 3 处民宿，计划投资 300 万元。

（2）2020 年 10 月～2022 年 10 月，建接待服务中心，建筑面积 10000 平方米，计划投资 3000 万元。

（3）2022 年 10 月～2025 年 10 月，建 7 个接待服务点，计划投资 2100 万元；建 17 处民宿，计划投资 1700 万元。

4. 多样化农业生产及特色景观园地建设项目

2020 年 1 月～2025 年 6 月，建多样化农业特色景观园地 900 亩，包括各接待服务点园林化景观环境营造，同时发展和建设多样自给型农业之果、菜、花、药、茶园等，计划投资 3000 万元。

彭家河村产业发展与村庄建设总投资为 12850 万元。

十一、项目效益分析

彭家河村融合产业发展与村庄建设规划的完全实施需要投资 12850 万元，实质上

是在开展彭家河村融合产业平台建设，包括农业生产结构调整与优化、村庄产业配套基础设施建设和接待服务用建筑的改扩建，建设的目的都是发展村域产业而开展的，实用、经济和美观是最基本的原则，生产和生活上讲究实用；投资建设上讲究经济；接待区域环境上讲究美观。充分利用村内的多个特色植物形成的花园吸引临澧县城的市民来彭家河村开展观光休闲、农耕体验、科普教育和旅居康养等活动，以此发展三产服务业。彭家河村融合产业发展和村庄建设效益仍然是体现在生态、经济和社会效益上。

1. 生态效益

彭家河村背靠铜山，紧邻澧水，现在拥有4800亩公益林地，林茂树盛，具有良好的生态环境。农田地势平缓，有高差，但变化不大，便于开展多样化的农业生产，适宜实施“稻+”与“林+”多样化的生态农业。村域范围内的农田生产灌溉用水充足，灌溉沟渠良好，水旱无忧，可以形成良好的农业生态系统。民居建筑多掩映于绿色环境之中，自然生态基础良好，再加上村庄接待服务区域，进一步结合多样化的农业生产开展园地美化建设，森林覆盖率还将进一步提高，村域生态环境质量还会进一步提升，未来的彭家河村将形成更加良好的人居环境，社会经济和自然生态的可持续发展更有保障，生态效益显著。

2. 经济效益

彭家河村按照规划把融合产业平台建好并正常运营后可获得以下几个方面的经济效益：

一是农业生产效益，效益来源包括三大部分，第一部分是1000亩的黄金西柚，预计年收入800万元；第二部分是稻+生态种养项目，全面实施后面积达1100亩，预计年收入660万元；第三部分为多样自给型农业项目，含其他水果、蔬菜、中药材、花、茶等的生产，生产面积为900亩，预计年收入540万元。三大部分预计年生产收入为2000万元，扣除70%的生产成本，预计年农业生产纯收入为600万元。

二是三产服务业效益，彭家河村美丽乡村环境与旅游配套基础设施建好之后，正常开展三产服务业，预计年接待游客20万人次，人均消费100元，年三产服务业收入将达2000万元，按40%的纯收入计算，年纯收入可达800万元。

三是特色农产品销售获得的效益，彭家河村所建的所有接待服务点都将设立特色农产品销售点，这也是获得收入的一大来源，农产品生产不仅满足游客就地消费的需要，还将给游客提供可以购买新鲜农产品或加工后的农产品，产品主要为本地生产，也可少量从外地调进，这项收入按游客人均20元计算，年收入可达400万元，纯收入可达80万元。

以上三项年收入总计为4400万元，年纯收入总计为1480万元。

3. 社会效益

彭家河村融合产业发展与村庄建设规划实施后，一是将新增一个旅游接待服务业，预计产值可达 2400 万元，服务业属劳动密集型产业，按年人均 10 万元产值计算，全年可新增安排 240 人就业；二是农业生产结构调整与优化，新增了种养殖业项目，农业收入增加至 2000 万元，至少可多安排 300 人就业，对于吸引外出务工人员返乡就业提供了更多的机会和岗位，当地村民多数可就地就业，能够更好地安居乐业，享受美好的乡村田园生活。

惹巴拉土司颐园设计说明

一、基地分析

土司颐园基地坐落于湘西最大的古村落惹巴拉北面，占地面积约 1500 亩，属于龙山县惹巴拉风景区的一部分，距龙山县城约 50 km，有连接龙吉高速的洗里公路（011 县道）直达，距张家界与凤凰古城均在两小时车程以内，宽约 80 m 的洗车河由北至南从基地穿过，交通便捷。基地原土地类型主要为山地梯田、旱土与荒山，梯田约 300 亩，已种植蓝莓；旱土面积约 650 亩，其中洗车河东的 400 亩已开发种植了西门李和蟠桃，且间植了白及等药材，暂定朝着百果园和百草园方向发展；洗车河西的 150 亩旱土已退耕还林种植了樱花、楠木、茶花、红枫等绿化苗木，地形起伏在 12 m 以内，整体较为平坦，此外尚有约 100 亩旱土处于待定状态；基地南部紧邻古村落，与新修公路相连，且有一条山溪从低洼处流过，现已跨溪筑坝建桥，形成一面积约 5 亩的山塘，且紧邻山塘的公路旁已挖山推土形成了一块面积约 5000 m^2 的入口广场与建设用地；基地内荒山约 550 亩，地形起伏较大，山上除少量种植有杉树外，基本上为杂树杂草，仅开发新种植梅花约 40 亩，尚有 500 余亩山地处于自然状态。基地南面为古村落，东、西、北面均为大山，可谓是处于群山环抱之中。基地东部于荒山之中已开辟一条宽 4～5 m 的山路路基，且与基地临河新建的面积约 2000 m^2 的广场相通。基地蓝莓园与百果园内均修建有简易的机耕道，仅满足生产上的需要。基地内土壤为页岩风化形成的黏性土壤，除较陡的山地外，大多土层深厚，仅有几处土层较浅且含石砾较多的地点需要改良，整体上具有较好的植物生长条件。基地内供水水源充足，供电电力充分，已具备通水通电条件。

二、顾客分析

土司颐园是一座专门为开发湘西最大的土家族古村落而兴建的，充满土家民族风情、生产生活情趣和山区自然野趣的景观农业公园，是与惹巴拉风景区旅游开发相配套的一处新景区，同时也是作为大湘西乡村旅游开发的一处新景点，拟设置休闲观光、采摘体验、餐饮接待、拓展训练、产品展销、民宿康养、野外露营、康体游乐、自然教育、婚纱摄影等多种功能与服务，定期举办樱花节、梅花节、海棠节、红枫节、玫瑰节、杜鹃节等名花观赏节庆活动，尽可能满足老年人、年轻人和青少年对活动设施与环境的特别要求，让不同年龄层次和兴趣爱好的顾客各得其所，自然形成张家界－凤凰－惹巴拉－里耶旅游线和湘西龙山县域的游乐活动中心，因此，其客源一部分为外地游客，另一部分为惹巴拉风景区周边 200 km 范围内的本地游客，

三、总体设计构思

1. 设计目标

充分利用现有的地形与地貌，适当进行微地形改造，按照名花专类园特色植物景观与特色果园建设的思路，重点突出古树特色景观的打造，将土司颐园打造成充满湘西土家民族风情、地域生产生活情趣和乡村自然野趣特色的一个景观农业公园，并使之成为国内首个具土家族民族韵味的室外影视基地。

2. 设计理念

坚持保护自然生态优先；突出弘扬湘西地域土家文化；讲究景观环境的艺术造型，让游客充分享受土司颐园的生态美、文化美与艺术美。

3. 设计原则

（1）文化突出原则　湘西龙山惹巴拉风景区是一个以弘扬土家族地域文化为核心的旅游景区，土司颐园景观营造必须突出湘西地区独有的土家族文化，宣扬土家族崇尚自然的精神信仰，重点展示湘西土家族在长期发展过程中所创造的独有的物质与精神文明，使之为中华民族的伟大复兴贡献智慧和财富。

（2）生态优先原则　龙山惹巴拉风景区为湘西最大的土家族居住、生产与生活之地，自然生态环境良好，青山绿水迷人，具有良好的自然与人居生态系统，古村落的开发利用必须优先考虑对当地生态环境的影响，强化生态环保意识，始终把维持良好的生态系统放在首位，充分评估建设活动对当地生态环境的影响，有针对性地采取先进的生态工程技术，将对生态环境的影响降到最低程度。

（3）因地制宜原则　包括两个方面的含义：一是工程建设上决不大兴土木，因山就势布置必要的景观设施；二是选择适宜于项目地生长的农作物与观赏植物，尊重已形成的景观格局。

（4）艺术独创原则　龙山惹巴拉景区的核心部分为土家族的古村落，在靠近古村落处投资新建了一座具土家族风味的大型宫殿式影视城，形成了古村配古城的景观格局，土司颐园确定以古树为特色进行艺术造景，古树是通过艺术塑造古干而创造的，具有独创性，古干需要达到较高的艺术造型水平才能完成，每一株古树都有差别，力求创造宛自天成的艺术品。

4. 设计依据

（1）国家出台的土地利用的相关政策与法规

（2）武陵山片区旅游产业发展总体规划

（3）龙山惹巴拉风景区总体规划

5. 功能与景色分区

土司颐园依据功能与景色分为主入口服务区、次入口服务区、花圃区、枫叶林区、梅花杜鹃园、樱花山茶园、玫瑰园、海棠木兰园、蓝莓园、百果百草园等四区六园。

（1）主入口服务区　位于园区南面，紧邻新修的公路，与古村落北入口相连，占地约 15 亩，由入口广场、游客中心、电瓶车场等构成。游客中心建筑拟采用轻钢结构，面积约 2000 m^2，设置自选购物商场、餐饮接待、园务办公等功能区。

（2）次入口服务区　位于园区西面，紧邻县道 011，该区设生态停车场，面积约 2000 m^2；设置门卫与卫生间，均采用塑古树桩的方式建造；溪上建拦水坝，形成面积约 2000 m^2 的山塘景观，名为“水映青山”景点。西入口由坝堤入园，坝堤设泄水孔，水满外溢时形成叠水景观。

（3）花圃区　位于园区最南端，占地约 15 亩，花圃为一块相对独立的区域，地形较平坦，主要生产时令花卉供景观农业公园营造花坛、花境与花带景观之用。花圃内设塑料大棚、荫棚、自动化喷灌系统和盆栽场地。

（4）枫叶林区　为园区的主要游乐场地，位于园区的中部，洗车河的东岸，同心桥的东端，占地面积约 150 亩。该区地形起伏变化较大，除已修建的约 2000 m^2 的广场外，全部为山地，且坡度较大。山间有一块面积约 15 亩的台地，地势较平坦。该区主要种植秋色叶树种，以北美红枫为主，配种银杏、乌桕、枫香、红枫、鸡爪槭、羽毛枫、三角枫、栾树、无患子、黄连木、重阳木等树种，目的是打造秋季色彩纷呈的枫叶林景观，形成“枫叶知秋”景点。该区靠广场依山设置接待服务中心建筑，面积约 1000 m^2；设置烧烤用钢架大棚兼作茶轩用，面积约 500 m^2；山坡上设置七彩滑道，山坡下配套建造滑草缓坡草坪与拓展训练草地，草地上布置拓展训练设施，并且利用现有溪沟布置 5～6 座具挑战性的拓展训练桥；该区内新修一条通往山顶的游道，名曰“红韵大道”，道路两旁主要种植树状红叶檵木与红火箭紫薇；山顶设置观光台，供祭拜与登高俯瞰全园景色之用。此外，该区内还设置有恋秋亭和问泉亭两处景点；靠近山顶设置了滑索的起点。

（5）梅花杜鹃园　该园紧靠主入口服务区，占地约 60 亩，地形为山地，山坡地上主要种植梅花，沿游道种植高档造型梅花，一般梅花成片种植于山坡地上。该区设置有浮香阁、古梅遗韵、幽谷寻泉、秀峰探梅、溢香泉等景点，山谷之中沿溪两岸和梅花林下遍植杜鹃，同时使之在梅花山中形成杜鹃谷。梅花山下新修筑一口山塘，环绕山塘主要种植梅花与杜鹃，在桥头临水修建一座五角凉亭，起名为“丛中笑亭”。梅花杜鹃园依山就势沿路布置景石，刻上与梅有关的名人字画，以渲染梅文化氛围。

(6) 樱花山茶园　位于园区的西南部，占地约40亩，包括沿洗车河的樱花大道所形成的樱花春晓风景带，该区以种植樱花为主，樱花林缘种植茶花，所选用的樱花与茶花除利用园中现有的樱花与茶花外，还到外地引进其他品种，尽可能多品种建园，通过提高品种的丰富度而提高观赏效果，该园内滨河设置一座组合亭架，命名为“知春亭”；摇摆桥西端建一座四角凉亭，命名为“听涛亭”。

(7) 海棠木兰园　位于洗车河西岸，占地约40亩，包括园区西部的溪流两岸，该园主要种植多个品种海棠，形成以海棠为主景的木本花林花境景观，命名“海棠之恋”。选择木兰科的二乔玉兰、白玉兰、紫玉兰、红玉兰等作配景植物，林下种植耐阴药用地被植物，林缘配植以黄花菜与大花萱草为主的宿根花卉，并季节性地更换一二年生草本花卉，以丰富四季景观。该园内的花溪叠泉景观带，除点植海棠外，主要种植多品种紫薇，配置多样化的湿生花卉，结合溪流叠水形成百花溪景观带，一年四季，花开不断。

(8) 玫瑰园　位于园区的西北面，同心桥的西端，洗车河的西岸，紧靠西次入口服务区，占地约40亩，玫瑰园地形起伏变化大，高差约10 m，园南部地形较为平坦。该园主要种植不同类型的多品种现代月季，其中有一部分玫瑰。园内最高处设置藤本月季花架与园亭，作为该园的立面构图中心；此外，还设置了月季花篱、洞门、花坛、花境、花丛、花带等景观。在该园的平坦之处建造一块室外婚庆草坪，草坪周围布置以月季为主景的时花花带。玫瑰园内依山就势设置游道，游道建造就地取材，采用长度为20～30 cm的大卵石嵌草路，力求生态自然。

(9) 蓝莓园　位于园区东北部，占地400亩，已按采摘果园的要求进行了建设，园内用地全部种上了蓝莓，并已投产开园。

(10) 百果百草园　位于园区的东南部，占地约400亩，属山地旱土，已种植有蟠桃、西门李等果树和白及等中药材，力求打造游客采果体验与中药养生环境，该园内有一块地势较平坦的旱地，拟规划作露营地开发。

四、分项设计

1. 道路与广场设计

(1) 道路　土司颐园内的道路分两级，即一级为3 m宽的电动车道，兼作园内生产用机耕道；二级道为1.2～2 m宽的人行游道。该园分别在南入口区和西入口区设有较大型的停车场，不允许游客开车入园。园内道路根据生产与游览的需要因山就势设置，具通达性，以方便游客游览为目的，讲究实用、经济、安全和通畅。电动车道为宽3 m，厚20 cm的c20砼路面；山地游道采用厚10 cm的砾石路面防滑，确保游览安全，玫瑰园中游路采用大卵石嵌草路面，就地取材，力求生态自然。

(2) 广场　土司颐园内广场即指园内所有的硬质聚散之地，主要包括主入口处广场和电动车场、次入口处停车场和枫叶林区接待服务中心前坪广场，此外还有浮香阁和观光台前坪小广场，考虑广场需要承车碾压和美观要求，主入口广场设计拟采用厚20 cm的c20砼基层，再用厚30 mm的糙面麻石贴面。

2. 地形设计

土司颐园地形设计总体上维持现有的山水格局，只是对局部地形作微地形改造，重点是对西部园区进行微地形改造。微地形改造的方法是：结合园内游道路基整理和地表自然排水的需要进行，严格遵循自然山水的形成规律，因高就低顺势挖抬，水随山转，高低错落变化有致，使山成山系，水成水系，山水构成体系，力求形成山水相依和山环水抱的山水地貌格局，使地形起伏变化的脉络清晰。园区游道依山就势而设，园区地形分区分块形成雨水消纳自如的山水体系，达到虽由人作宛自天成的境界，创造变化多样的微地形是为园区生物多样性的形成创造条件，同时也为园区景观多样性的形成提供保障，从而在多样变化的地形上营造具自然美、艺术美与生态美的植物景观。

3. 供水设计

园区供水全部采用管道供水系统，人工浇灌与自动喷灌相结合，水源采用自来水，另外为保障园区供水需要，设计在洗车河边修建一个泵站抽水供水。花圃内为方便时花生产，修建安装水肥一体化系统。

4. 植物种植设计

土司颐园植物种植设计总体上按名花专类园景观营造的方法和要求进行，分区分块选择名花作主景，重点突出名花景观的观赏效果，园区设计有梅花杜鹃园、樱花山茶园、海棠木兰园、玫瑰园、枫叶林、蓝莓园、百果百草园等七大植物景观区。除此之外，还特别塑造了多株桂花、银杏、金弹子、梅花等树木的古树桩景，以形成该园的植物景观特色。名花景观严格按植物专类园的营造方法进行设计，在突出名花数量的基础上，讲究花色品种多样，同时选择适宜的配景植物来弥补名花在观赏季节与空间上的不足，使之相得益彰。植物配置时讲究景观视域大小空间的创造和空间层次的疏理，做到主次、大小、虚实、疏密、前后、远近、高低等关系处理得当。为了让土司颐园一年四季有花可赏，特别选择园区西南角的一块约15亩的旱地作花圃，终年生产供应园区内的花坛、花境、花带、花丛、花溪等景观布置所需的时令草本花卉。园区内设计有约25 000 m^2的草坪，采用结缕草与狗牙根混播的方式建造，维护管理上采取不断修剪的方法维持草坪整洁，且在草坪上撒播季节性的草花种子，使之形成缀花草地，以突出乡村草坪的自然野趣。园区内地被植物选用杜鹃、栀子花、小叶薜荔、金丝桃、红叶南天竹、麦冬、蝴蝶花、鸢尾、藤本七里香、金鸡菊、金丝皇菊、国庆菊、秋菊、黄花菜、大花萱草等，让观赏价值较高的花卉种类集中成片，打造季节性的花卉景观，尤其是具生产功能的花卉，实行规模化栽植，在实现观赏功能的同时，有目的地开展多样化农业生产。

5. 建筑方案设计

土司颐园内设计有游客中心、接待服务中心、浮香阁、红韵台、休闲轩、恋秋亭、知春亭、丛中笑亭（古梅亭）、问泉亭、听涛亭、古树卫生间等建筑，建筑外形上采用湘西土家族吊脚楼地方建筑风格，结构采用木砖混与轻钢等几种结构，力求做到实用、安全、经济、协调、美观。玫瑰园中的藤本月季亭廊采用纯钢架结构。园区紧靠枫叶林区与蓝莓园有一个古村落，拟通过民宿化改造，改善居住环境和提升室内品质，按照组合大院落的改造建设方式，对外开展民宿接待服务。拟在百果百草园中修建一处露营基地，按照露营地要求修建配套设施，开展野外露营接待服务。

6. 小品设计

土司颐园内的小品，主要包括导视标牌标识系统，文化景观小品和卫生设施等，选取提炼能代表湘西土家族文化的符号和元素，挖掘适宜的题材与文化主题，通过艺术形式布置于园区之中，突出具湘西土家族地域特色的文化氛围。特别是在名花专类园中结合中国传统的名花鉴赏文化设计浮雕、趣味雕塑等艺术小品。材料上尽可能就地取材，也可以采用最新的现代材料。

7. 供电及照明设计

土司颐园用电包括室内生活、园区生产和游道广场照明用电，园区用电已安装专门的变压器，依据建筑室内面积、园区生产与主游道照明的要求计算用电功率。

园区内建筑室内供电设计由建筑设计单位完成。园内主道路布置高 3.5 m 的路灯，每 25～30 m 安装一盏。园区广场均选择广场灯，因广场面积不大，以 2～4 盏为宜。此外在园区重要节点位置安装投射地灯，如古树树冠下面安装投射灯。

五、运营策划

1. 总策划构思

土司颐园是为湘西龙山县惹巴拉风景区项目开发而新建的一个综合性景观农业公园，集名花景观观赏、土特产品展销、康体游乐健身、农耕采摘体验、餐饮接待服务、民宿休闲康养、婚纱摄影庆典、野外拓展露营和青少年自然教育等多功能于一体，以名花专类园植物景观环境建设为重点，突出有震撼效果的古树桩特色景观营造。根据园区拟定的功能要求进行场地与配套设施建设，使园区具有乡村郊野公园形象、特色农业生产内容、湘西土家族地域文化、大众崇尚的景观环境、游客积极参与的游乐项目，最终让来土司颐园的游客各得其所，各行其乐。

2. 经营项目

土司颐园依据园区内建设的景观环境和配套的场地与设施以及拟开发的功能确定如下经营项目：

（1）游园观赏　土司颐园内设计建设有 5 个名花专类园可供顾客游览观赏，即梅花杜鹃园、樱花山茶园、海棠木兰园、枫叶林区和玫瑰园，此外还设计建设有湿地花溪和红韵大道可供游览观赏，这些名花植物景观具有较高的观赏价值，再配上季节性的时令花卉，专类园景观的观赏效果更好，价值更高，吸引力更大。园内植物景观春夏秋冬都有观赏价值，可完全做到一年四季有景可赏，游览观赏效益可通过收取门票取得。

（2）产品展销　土司颐园南主入口处设计建一栋游客服务中心，拟设置湘西土家族地域土特产品展销商场，产品主要来源于湘西土家族苗族自治州，由园区进行特别包装，形成特色旅游产品，供游客采购，以此获得销售收入。

（3）康体游乐　园区内设计有几个游乐性的康体项目，即滑索、滑草、摇摆桥、竞技游乐桥等，是年轻人喜爱的项目，这些游乐项目均具有一定的挑战性，可以组织开展竞赛，分项收取设施使用费用。

（4）采摘体验　园区耕地已种植有蓝莓、蟠桃、西门李等特色水果，蓝莓不仅可鲜食，还可加工酿酒，水果成熟季节均可供游客采摘体验，这不仅解决了水果销售问题，而且还增加园区一项农耕文化体验活动。

（5）餐饮接待　园区内设置两处餐饮接待服务点，即主入口的游客服务中心和枫叶林区的餐饮接待服务中心，都能达到承接喜庆餐饮接待的规模，主要用于接待游客就餐，同时也承接喜庆活动办酒。此外，在浮香阁楼上、红韵台下和烧烤棚内都可为游客提供咖啡、茶饮等服务。

（6）民宿康养　紧邻蓝莓园与枫叶林区的东边山脚下有一个古村落，自然生态环境良好，园区将其纳入开发地项目，设计对古村落进行民宿化改造，按照乡村组合大院落的改造建设方法，改良村落外环境，提升民居建筑内质，由园区统一经营管理，对外开展民宿康养接待服务。

（7）婚庆摄影　土司颐园内以爱情为主题特别设计建造一个玫瑰园，除部分种植玫瑰外，大量种植各种类型的现代月季，还特别为室外婚庆建造了一块鲜花环绕的草坪，面积超过 1000 m^2，一年四季都可以在此举办婚礼，可让婚庆活动充满浪漫色彩。此外，在园内多个草坪边缘布置时令花卉组合花境、花带与花丛，再加上季节性的有名花卉集中开放，形成充满鲜花的美丽环境，非常适合拍摄室外婚纱照，这也是一个具经营潜力的开发项目。

（8）拓展露营　龙山县城有多家企事业单位和多个学校，也有外地来惹巴拉旅游的团队，他们有拓展训练的需要，同时也有开展露营活动的需要，园区内选择可以开展拓展训练和露营的两块场地，安置必要的拓展与露营设施，开发拓展露营经营项目，以满足游客的需要。

（9）自然教育　园区自然教育活动主要是针对青少年课外活动开展的项目，土司颐园内有多样化的生态环境，同时也有丰富多样的植物品种，包括农作物药材与果树新品种，具有开展中小学生自然教育良好的条件，完全可以作为青少年自然教育基地进行开发与利用，此项目开发对于提高龙山县域教育质量具有重要作用。

（10）亲子娱乐　土司颐园内为儿童特别设置了烧烤设施与场地，在山坡上建有七彩滑道，在草坪上还布置有儿童活动设施，可以让父母与小孩一起开展室外活动，包括水果采摘和中药材、蔬菜等采挖，以此增进父母与孩子之间的感情，在野外开展的活动中彼此得到乐趣，这正是现代儿童早期教育的一种好方法。

3. 建设投资

土司颐园已由政府出资征地，投资主要园区工程建设费用，根据设计规划其建设工程包括绿化种植工程、建筑工程、道路广场工程、游乐设施安装工程、供水供电通信工程、建筑装潢工程、导视系统工程、智能化管理系统建设工程和土地征用与租用费用。

（1）绿化种植工程　总计投资 3882.7 万元。土司颐园绿化种植工程设计有五园一圃需要建设，包括蓝莓园和百果百草园，五园即梅花杜鹃园、樱花山茶园、海棠木兰园、枫林菊花园和玫瑰香花园；一圃即花圃。计划投资如下：

①梅花杜鹃园 486 万元

梅花：1500 株×1800 元/株＝270 万元；

梅花桩景：50 株×12000 元/株＝60 万元；

杜鹃：10000 株×60 元/株＝60 万元；

其他花灌木：3000 株×80 元/株＝24 万元；

麦冬草：5000 平方米×40 元/米^2＝20 万元；

时令花卉：500 平方米×80 元/米^2＝4 万元；

溢香泉与溪流建造景石：400 吨位×1200 元/吨＝48 万元。

②樱花山茶园 255 万元

樱花：1000 株×800 元/株＝80 万元；

大规格樱花：100 株×3000 元/株＝30 万元；

茶花：800 株×500 元/株＝40 万元；

其他花灌木：3000 株×80 元/株＝24 万元；

其他树木：800 株×500 元/株＝40 万元；

宿根地被：3000 平方米×50 元/米^2＝15 万元；

草坪：4000 平方米×35 元/米^2＝14 万元；

时令草花：1500 平方米×80 元/米^2＝12 万。

③海棠木兰园 171.5 万元

海棠：800 株×500 元/株＝40 万元；

木兰类树木：600 株×600 元/株＝36 万元；

其他树木：300 株×500 元/株＝15 万元；

花灌木：4000 株×80 元/株＝32 万元；

宿根地被：3000 平方米×50 元/米^2＝15 万元；

时令花卉：2000 平方米×80 元/米^2＝16 万元；

草坪：5000 平方米×35 元/米^2=17.5 万元。

④枫林菊花园 551 万元

北美红枫等枫树：2000 株×1500 元/株=300 万元；

红叶檵木：500 株×600 元/株=30 万元；

花灌木：10000 株×80 元/株=80 万元；

宿根地被：15000 平方米×50 元/米^2=75 万元；

草坪：8000 平方米×35 元/米^2=28 万元；

菊花：2000 平方米×150 元/米^2=30 万元；

时令花卉：100 平方米×80 元/米^2=8 万元。

⑤玫瑰香花园 78 万元

玫瑰（含月季）：25000 株×10 元/株=25 万元；

树状月季：500 株×300 元/株=15 万元；

其他香花植物：2000 株×80 元/株=16 万元；

时令花卉：1000 平方米×80 元/株=8 万元；

草坪：4000 平方米×35 元/米^2=14 万元。

⑥花圃 41.2 万元

塑料大棚：2 个×16000 元/个=3.2 万元；

盆栽场：2000 平方米×40 元/米^2=8 万元；

荫棚：3000 平方米×100 元/米^2=30 万元。

⑦蓝莓园：400 亩×2 万元/亩=800 万元。

⑧百果百草园：400 亩×2 万元/亩=800 万元。

⑨塑古树桩景：100 株×4 万元/株=400 万元。

⑩园区土方与地形改造：10 万平方米×30 元/米^2=300 万元。

（2）建筑工程 3504 万元

游客服务中心：1800 平方米×3000 元/米^2=540 万元；

接待服务中心：1000 平方米×3000 元/米^2=300 万元；

浮香阁：600 平方米×4000 元/米^2=240 万元；

烧烤钢架大棚：500 平方米×2000 元/米^2=100 万元；

知春亭：172 平方米×3000 元/米^2=51.6 万元；

玫瑰亭廊：120 平方米×2000 元/米^2=24 万元；

恋秋亭：60 平方米×4000 元/米^2=24 万元；

问泉亭：25 平方米×4000 元/米^2=10 万元；

古梅亭：30 平方米×4000 元/米^2=12 万元；

红韵台：180 平方米×4000 元/米^2=72 万元；

听涛亭：36 平方米×4000 元/米^2=14.4 万元；

古树桩型卫生间与门卫室：12 处×8 万元/处=96 万元

花圃管理用房：100 平方米×2000 元/米^2=20 万元；

民居改民宿：4000 平方米×3000 元/米^2=1200 万元；

露营地管理用房：2000 平方米×3000 元/米^2=600 万元（含青少年自然教育基地用房）。

民宿室外环境改造工程 200 万元。

（3）道路广场工程 1091 万元

园区内道路工程分车行道、游步道与路桥工程；广场包括主入口聚散广场、电动车场、西入口停车场和建筑前坪广场。

①车行道：18000 平方米×200 元/米^2=360 万元；

②游步道：8000 平方米×250 元/米^2=200 万元；

③路桥：3 座×15 万元/座=45 万元；

④水库坝桥：1 座×50 万元/座=50 万元

⑤钢索桥：1 座×80 万元/座=80 万元；

⑥同心桥：1 座×150 万元/座=150 万元；

⑦入口聚散广场：2500 平方米×300 元/米^2=75 万元；

⑧电屏车场：1000 平方米×200 元/米^2=20 万元；

⑨西入口停车场：2000 平方米×180 元/米^2=36 万元；

⑩建筑前坪广场：3000 平方米×250 元/米^2=75 万元。

（4）休闲与游乐设施安装工程 300 万元

①滑索安装与配套 120 万元；

②七彩滑道安装与配套 50 万元；

③拓展设施安装工程 80 万元；

④园区健身休闲设施 50 万元。

（5）供水供电通讯民宿改造工程 1100 万元

①园区生产供水系统：1200 亩×5000 元/亩=600 万元；

②园区建筑内生活用水安装工程 100 万元；

③园区供电工程含生产生活用电 200 万元；

④园区通信与网络工程 100 万元；

⑤民宿区供水供电改造工程 100 万元。

（6）建筑装潢与内部设备设施 2000 万元

（7）园区建设用地征地：30 亩×50 万元/亩=1500 万元

（8）园区耕地 10 年租金 400 万元

（9）园区导视系统建设费 300 万元

（10）园区智能化管理系统 200 万元

（11）园区规划与设计费 280 万元

4. 运营管理

土司颐园作为湘西龙山惹巴拉风景区的一个新建的景观农业公园，计划对外开放 10 个经营项目，园区建成后运营上实行统一管理，采用承包的方式，选定专业团队或专门培训不同项目的经营管理人才，按项目实行独立经营核算。根据项目经营的需要划定负责项目日常维护管理的区域，始终保持园区各个区域景观都具有良好的观赏效果，从而实现园区的可持续发展。

5. 效益预测

土司颐园是龙山惹巴拉风景区的一个重要的组成部分，将为景区开发发挥重要的作用，土司颐园作为惹巴拉风景区内的一个新建的景观农业公园，建成经营后将产生较大的社会、生态与经济效益，现分述如下：

（1）社会效益　土司颐园建成后计划开发 10 个经营项目，大约可新增 200 个就业岗位，可以让当地村民返乡就业，对于促进湘西龙山地区脱贫致富将发挥重要作用，尤其是土司颐园的建成促进了张家界－凤凰古城－惹巴拉－里耶旅游线的形成，同时对于武陵山片区生态旅游产业的开发具有十分重要的意义。

（2）生态效益　土司颐园是一个山地景观农业公园，坚持生物多样性保护的建设思路，尊重已形成的生物多样性格局，因地制宜和就地取材开展建设，不大兴土木，只是在地形营造上作微地形改造，以创造园区优美的立地地形，为保障园区良好的生态系统形成创造条件。依据园区内的立地环境选择适宜的观赏植物与农作物，实现农业生产与植物造景相结合，使农业生产环境景观化，实行间作、套作与轮作相结合，乔灌草立体搭配，目的是形成和保持园区具有良好的生态系统。园区内因生产、生活和游览开发所产生的垃圾，及时进行资源化利用和无害化处理，决不使之污染园区生态环境，以保障园区能够产生更好的生态效益。

（3）经济效益　土司颐园是湘西土家族苗族自治州第一个依托风景区配套建设的景观农业公园，采用名花观赏植物专类园造景与园艺生产相结合的方法，为游客提供具特别吸引力的游览观赏与湘西土家族地域文化体验环境，让入园参观的游客各得其所，各行其乐，从而得到美的享受。依据园区定位所确定的功能要求进行设计，尽可能在园区范围内营造满足多功能要求的景观与环境，并且有目的、有针对性地在适当位置布置实现各项功能的配套设施；依据园区建成后所具有的优越条件计划开发 10 个经营项目，即游园观赏、产品展销、康体游乐、采摘体验、餐饮接待、民宿康养、婚庆摄影、拓展露宿、自然教育和亲子娱乐，这些项目经过了市场调查，在土司颐园内经营具有可行性，开发这些项目可以获得较好的经济效益。

道林善山岭村产业发展及建设概念性规划

一、规划背景

1. 国家继脱贫攻坚后正在全面开展乡村振兴行动，明确指出规划先行

2019年1月4日国家五部委联合下文《关于统筹推进村庄规划的指导意见》明确指出村庄不规划不建设和不规划不投入，强调规划必须先行，对村庄规划提出了明确的要求，号召各级政府重视村庄规划工作，切实理清各类村庄的保护、建设与发展的思路，并实行多规合一，制定切实可行的村庄建设与发展规划。为了推进乡村振兴工作，于2021年1月决定成立国家乡村振兴局，并于2月25日正式挂牌，各级地方政府积极响应，先后成立了乡村振兴局或振兴办等行政机构，专门开展乡村振兴工作，把编制乡村规划作为一项首要工作来抓。2021年2月21日，中央一号文件公布乡村振兴正式替代脱贫攻坚而成为农村改革新的战略方针。

2. 广大农村正在积极推进一二三产业融合发展，发展成效显著

中国农村产业结构调整经历多年的实践证明：区域乡村发展社会经济仅仅依靠农业生产是远远不够的，再加之我国人均耕地偏少，要大幅度提高农民家庭收入的潜力空间有限，很有必要拓展其他产业，在优化农业生产结构的基础上，尽可能推进一二三产业融合发展，实现产业兴旺是乡村振兴的核心和重点，这已在中国农村形成了广泛的共识。

3. 广大农村正在以发展旅游产业为目的大力开展美丽乡村建设，发展势头良好

中国社会的主要矛盾已经转化为广大人民对美好生活的需求与发展不平衡不充分之间的矛盾，农村经济相对落后急需发展新型产业，城市居民渴望田园生活，尤其是在城市生态环境问题日益突出的今天，人们返璞归真的愿望更加强烈，这给大环境明显优于城市的乡村来说带来了发展旅游和康养产业的难得机遇，其市场潜力巨大。据估算，全国康养产业年产值超过10万亿元，发展前景十分广阔，全国各地发展旅游与康养产业出现了蓬勃发展的好势头，为产业发展需要开展美丽乡村建设是推进乡村产业振兴的重要行动。

二、善山岭村概况

1. 地理区位与交通

道林镇是一座有着1100多年历史的古镇，过去一直为商贾重镇，物阜民丰，历史人文底蕴深厚，素有“小南京”之称。位于湖南省宁乡市东南部，地理坐标介于东经112°39′～112°47′，北纬27°55′～28°06′。东及东南邻湘潭市雨湖区鹤岭镇、南接湘潭县云湖桥镇，西北与花明楼镇、西南与大屯营镇交界，北与岳麓区莲花镇、东北与岳麓区含浦街道干子村毗连。

镇域交通区位极为优越，道善、南东（道宗、道仙）、道桐、东烧、九部、宗准公路纵横交错，贯穿东西南北，G0421许广高速（原S61岳临高速）与S50长芷高速（原S50长娄高速）在此交汇，道林互通、南谷互通、花明楼互通均可便捷到达。

善山岭村位于道林镇东北部，北靠长沙市岳麓区，西邻鑫星村，南接龙泉湖村和石金村，东壤长沙市岳麓区和湘潭市的雨湖区，村域面积为21.90 km^2。

善山岭村四面群山环绕，森林资源丰富，中部是山谷平原，水塘沟渠遍布，土壤肥沃，属典型的丘陵地貌，已经形成了良好的自然生态环境。

2. 自然气候特点

道林镇属于中亚热带向北亚热带过渡的大陆性季风气候，受季风影响比较强烈，冷暖空气的交替比较明显。四季分明，水热充足，寒冷期短，炎热期长，寒潮频繁，春季回暖较早，秋季气温呈阶段性急降。年平均气温16.6℃，年平均无霜期275天，年平均降雨量1384.2 mm，平均相对湿度为81%。由于土、光、热、气、水等条件优越，有利于多种农作物生长，农业生产相对发达，粮食生产一直以水稻为主。

3. 社会经济状况

善山岭村是典型的农业大村，村内旱土、水田、山塘等农业资源丰富，种植的主要农作物有水稻、油菜、马蹄、莲藕、葡萄、花卉苗木和猕猴桃等，利用荷塘开展养虾和养鱼等。

善山岭村村域面积21.90 km^2，辖垅枫下茶园组、报恩寺组、干塘组、尺塘组、大冲组、大屋塘组、戴家冲组、戴家湾组、官冲组、荷塘组、荷叶塘组、胡山岭组、凌加坪组、官田山组、垅枫仓场湾组、垅枫曾家湾组、垅枫大瓦屋组、枫戴家冲组、垅枫道士塘组、垅枫董家岭组、垅枫娥塘冲组、垅枫方塘湾组、枫枫林坳组、垅枫荷叶塘组、垅枫上竹山组、垅枫文家组、垅枫下湾组、垅枫下竹山组、垅枫杨家屋组、垅枫摇钱冲组、垅枫永垅组、垅枫赵公塘组、垅枫竹家屋组等63个村民小组，总户数2000户，总人口8570人。

村内有两条高速穿过（S61岳临高速和长芷高速），在善山岭村有一处高速收费站，一条国道（G354）连接莲花镇和道林镇；一条连接道林镇区的主要道路（道善公路），其他地区村组道路大多为3.5～4.5 m宽的水泥路。

村内居民点主要沿道路和山脚分布，村民建房比较分散，一般为独家小院。现有房屋质量较好，建筑多以 2 层砖混结构楼房为主，近两年新建的房屋均为框架结构的楼房。

村内现有公共服务设施包括 1 处综合服务中心、1 所中学（善山岭中学）、1 所小学（善山岭完全小学）、3 所幼儿园（善山岭幼儿园）、2 个卫生室（善山岭村部卫生室和垅枫卫生室）、3 个广场（茶园文化广场、刘家湾文化广场和尹龙文化广场）、1 处垃圾分拣中心和 1 处污水处理设施。

村内目前发展起来的产业主要包括水稻种植、油菜种植、马蹄种植、葡萄种植、花卉苗木种植、猕猴桃种植和莲虾、鲢鱼共养等产业。马蹄种植由村委会组织成立的专业合作社统一管理，现有种植规模为 1000 亩左右，计划种植 3000 亩。

4. 公共基础设施状况

（1）给水排水设施

善山岭村至今未接通自来水，村民生活用水主要靠打井取水和利用山泉水，水质较好，能满足村民日常生活用水需求。

村内目前有一处污水处理设施，位于中学内，专门为学校服务。其余村户均采用三级化粪池处理生活污水。

（2）水利设施

善山岭村内没有大的河流，皆为小水系，山塘众多，沟渠遍布，村组道路两侧都修建了沟渠，形成了自流灌溉系统，基本能够满足农业灌溉需求。

（3）环卫设施

村内目前已建成一处垃圾分类收集分拣中心，每家每户都配发了可回收和不可回收两个垃圾桶，每隔一段时间由环卫工人上门收取统一运往垃圾转运站进行处理。

三、SWOT 分析

1. 机遇

国家正在实施乡村振兴战略，极其重视乡村产业发展及建设规划工作，已出台了一系列支持乡村发展的有关政策。为了更有效推进乡村振兴建设工作，中央于 2021 年初成立了国家乡村振兴局，各级政府也先后成立了乡村振兴机构，将推进乡村振兴工作作为最重要的工作来抓，希望树立可推广、可示范和可复制的乡村建设典范，包括美丽乡村建设和融合产业可持续发展的典范，这给道林镇善山岭村产业发展带来了良好的机遇。

2. 优势

善山岭村紧邻道林古镇，距长沙市区仅 15 分钟车程，道林古镇作为宁乡市重点旅游开发的项目，投入了大量的建设资金，古镇面貌焕然一新，每年来古镇旅游的游客达到了较大的数量，这为善山岭村发展旅居康养产业创造了良好的条件。村域范围内山、水、林、田、路、村等基本要素齐全，且状态良好，民居主要分布于山脚，依山傍田，农业生产与居住生活条件优越，几乎无自然灾害，贫困人口极少，社会经济与自然条件相对较好。善山岭村村干部思想开放，开拓与创新意识较强，创业积极性较高，已积累了一定的创业经验，愿意带领村民共同致富。再就是善山岭村属典型的丘陵山地，适于人类居住和生产，具有生物多样性形成的天然立地条件，有成片农田，溪港通达纵横，农田上方都有水库与山塘，具有较强的蓄水能力，雨水资源充足，灌排沟渠通畅，常年水旱无忧；境内山体平缓，境内约有两万亩林地，森林覆盖率高，村庄靠山伴水依田，自然地理优势十分明显。善山岭村村民文化素质普遍较高，耕读与善德文化特色突出，村民自古乐舍好施，十分讲究礼貌待人，屋舍俨然，人丁兴旺，到处是一派祥和的景象，为发展以旅居康养为核心的旅游服务业提供良好的文化基础。

3. 不足

善山岭村人均耕地面积相对较少，人均耕地不足 1 亩，未能达到全国平均水平，过去一直以种植水稻为主，其他经济作物特色不明显，且没有形成规模产业，同时农产品加工业也不发达，一二产业都相对落后，农产品暂无品牌可言，农业生产与加工业不足以支撑村域经济，村民收入主要靠外出打工。善山岭村虽紧邻道林古镇且与长沙市区较近，但与道林古镇相配套的旅游服务接待设施和特别建设的环境几乎没有，就是小规模接待游客的农家乐也仅仅只有几家，村内旅游接待服务业尚未形成，仅处于小规模的经营状态。善山岭村几乎每户现在都建有 2～3 层的小楼房，但是处于闲置状态的占绝大多数，不适宜作为旅居康养产业开发利用的用房，多处于各自为政的分离分散分布状态，各民居建筑之间缺乏有机的联系，急需改造和建设。善山岭村山、水、林、田、湖（山塘）、路、村等要素的基础条件虽然较好，但是缺乏可供直接利用的环境与设施，也不具有特别吸引力的特色景观和标志性景观。

4. 挑战

善山岭村全面开展乡村建设的目的是营造旅居康养产业发展的环境和设施，积极推进融合产业平台建设，最终目的是要保障地方经济的可持续发展，该村在地理位置、土地和气候资源上均无特别明显的优势可言，并且邻近各村都在积极开展乡村建设行动，也都在发展类似的产业，村与村之间竞争不可避免，这是在打造善山岭村具竞争优势的融合产业平台时将会遇到严峻的挑战。

四、规划依据

（1）道林古镇美丽乡村建设与产业发展总体规划。

（2）国家对农村发展制订的相关政策，如国务院办公厅倡导的农村一二三产业融合发展指导意见、十九大提出的实施乡村振兴战略的目标要求、习近平总书记提出的绿水青山就是金山银山的理论等。

（3）城乡建设的相关规范和条文。

（4）宁乡市乡村振兴产业发展总体规划。

五、总体规划构思

1. 规划目标

充分利用善山岭村紧临道林古镇和距长沙市区较近的地理区位优势以及充分挖掘善山岭村优越的自然与人文资源，按照一二三产业融合发展的思路，坚持共谋、共投、共建、共营和共享的发展理念，充分调动村民参与的积极性，采用公司+企业+农户的股份制经营模式，共同打造乡村融合产业体系，以发展田园康养产业为主，以发展自然与农耕文化教育产业为辅，选择环境基础条件较好的区域，以改造闲置民居及美化居住环境为抓手，以享受美好生活为主题，重点打造15～20个上规模的且具特色的田园康养接待点，2～3个青少年自然与农耕教育基地，20～25处高端民宿，主要依据善山岭村发展三产服务业对新鲜农产品与田园景观环境的需求调整农业生产结构和方式，大力发展稻+鱼、蛙、鸭、虾等种养结合的立体生态农业和供休闲体验的景观农业，力求把善山岭村建设成为生态环境良好、农业特色鲜明、养生文化突出、田园景观优美、基础设施先进、村民收入稳定和居民生活舒适的乡村振兴样板村。

2. 规划理念

（1）绿色发展理念　道林善山岭村属典型的丘陵地区，四面环山，生态环境良好，坚持在区域自然承载力的范围内开展农业生产活动，拒绝一切对村域生态环境有影响的开发项目，坚持采用绿色有机的生产方式进行农业生产，尽可能减少化肥、农药和除草剂的使用量，大力发展种养结合和多样化的立体生态农业。加强对现有良好的森林生态环境的保护，始终维持青山绿水的良好状态，在保护好村域生态环境的前提下开展生产和建设，做到因地制宜、因山就势建造发展田园康养产业所需的建筑和配套设施，坚持以改造为主，以新建为辅，决不大兴土木开展建设活动。

（2）共享发展理念　善山岭村有村民8570人，2000户，现有产业不发达，当地经济发展水平不高，外出打工的人员较多，人均收入增长受到限制，仍有少数村民收入水平相对较低。善山岭村开展融合产业体系建设，动员激励村民以承包的耕地、现有的住房、宅基地使用权和资金等方式入股，充分调动广大村民参与的积极性，坚持共谋共投共建共营共享的发展理念，拟采用股份制经营模式，共同打造以田园康养产业为核心的融合产业体系，为当地村民提供更多的就业机会，保障有稳定的经济收入，发展成果让广大村民成为受益的主体，实现利益共享。

（3）创新发展理念　善山岭村村民主要通过外出打工获得收入，收入来源较单一，人均收入相对较低，要改变这一状况，仅靠现有的农业生产项目增收，难度相当大，上升空间十分有限，因此，开辟新的产业创收渠道很有必要。善山岭村在优化农业生产结构的基础上，充分利用该村地理位置优势，着力打造以田园康养产业为主体的融合产业体系，把握国家对乡村振兴的优惠政策，因地制宜发展具地域特色的乡村产业，创造更多更好的就业机会，彻底改变目前以家庭为单位分散分离的生产经营状态，以村民为主体，共同打造一二三产业融合发展的田园康养产业平台，采用股份制的经营模式，创建利益共同体，使之成为村民收入的主要来源。

（4）特色发展理念　一是充分利用善山岭村的自然地理与气候条件，因地制宜发展稻+鱼、蛙、虾、鸭等种养结合的立体生态农业，扩大水田马蹄种植业，彻底改变过去主要种植水稻的状态；再根据田园康养生活对多样化农产品的需求，并结合宜居生活环境建设的需要，选用与接待服务点临近的农田发展多样化花园式的景观农业，分区分块创造主题鲜明且各具特色的美丽田园景观，强化多样农作物花园的景观特色营造，追求景色各异，讲究异质互补，突出主题鲜明，避免同质竞争，力求善山岭村每一个田养康养产业单元都具有特色鲜明的产业环境。

3. 规划原则

（1）因地制宜原则　依据村域山、水、林、田、土、路、村等资源与小气候条件，确定适宜的农业生产项目作为规模化重点发展的农业生产项目，以此作为善山岭村特色商品型农业生产项目，包括种植与养殖项目，再依据各产业单元的环境特色和生产条件发展多样化的自给型农业生产，同时结合田园康养环境的生态景观营造。

（2）以农为本原则　农村的一项重要的社会功能就是开展农业生产，为人类生存和永续发展不断提供市场所需的农产品，这也是农村发展之根本，国家制定了基本农田保护法，明确规定基本农田不允许改变用途，必须保持耕地的农业生产功能，甚至还强调部分农田非粮化，不管未来农村怎样发展变化，农业作为善山岭村的基础产业地位永远不变。

（3）三生统一原则　三生即生产、生活和生态，在农村一定的区域范围内开展建设活动，必须统筹考虑三生之间的关系，生产是为了生活的需要获得农产品，人类的生存和发展离不开农业生产，同时美好的生活又离不开良好的区域生态环境，而农业生产又必须考虑农田生态环境的自然承载力，确保农田生态安全，让区域农田生态系统融入区域整体生态系统之中，反过来，良好的区域生态环境又为生产与生活服务，从而实现三生统一，我们必须坚持按三生统一的原则和要求开展一切建设活动，协调好生产、生活和生态三者之间的关系，故三生统一既是原则，又是目的。

六、规划定位

1. 功能定位

善山岭村现有的主导产业主要是农业，农业生产功能是其主要功能。善山岭村属南方典型的丘陵区，耕地为较平缓的梯田，共有8000亩，其中80%以上为水田，受人均耕地不足的影响，农业生产一直是以种植水稻为主，少量的水果种植，人工经济林面积不大，山地多为天然风景林地，商品农业不发达，生产力水平较低，农业生产基本处于自给自足的状态，村民收入来源依靠现有农业生产不足以致富，主要靠外出务工。随着中国社会经济的不断发展和深度老龄化社会的到来，社会需求将发生了根本性的变化，乡村田园康养产业将迎蓬勃发展的良好机遇，在国家倡导农村一二三产业融合发展和推进大健康产业发展的大背景下，各地农村调整农业生产结构和拓展农村产业功能势在必行，善山岭村也不例外，必须优化和改变传统农业的生产功能，重点拓展乡村田园康养服务功能。

（1）生产功能定位　善山岭村现有生产功能除传统的农业生产外，还兴办了几家农产品加工小企业，农业生产特色和优势不明显，企业生产规模又受到了市场的限制，均不足以支撑村域经济，必须创新产业发展思路，规划充分利用善山岭村的农业生产资源条件调整和优化农业生产结构，推广发展稻+种养结合的生态农业，规模化发展马蹄种植业，再利用美化了的田园特色景观与村落环境发展田园康养服务业，适度发展青少年自然与农耕文化教育产业。善山岭村的农业生产主要面向顾客就地消费需求，广泛发展多样自给型农业，生产的农产品不仅是满足当地居民生活的需要，同时还满足顾客对新鲜农产品的需求，并结合农业生产打造丰富多彩的花园式的田园景观环境，或营造适于顾客体验的生产场景，此外，还适度发展当地农产品传统加工业，创造善山岭村的传统农耕文化氛围。善山岭村每一个田园康养产业单元发展特色商品型农业必须根据区域耕地资源与小气候条件选择适宜的农业生产项目，除已决定适宜发展的马蹄种植外，还选择适宜发展的特色商品型农业生产项目，如特色水果、特种蔬菜和道地中药材等种植，或选择优质稻+特种水产与动物养殖，实行种养结合，小规模化生产具地域特色和特别竞争力的农产品，以此推向外地市场或在本地进行直销。

善山岭村发展多样自给型农业生产围绕当地村民与顾客生活消费的实际需要进行生产，品种力求丰富多样，果、菜、花、药、茶、草全种，鸡、鸭、鹅、猪、鱼、虾、蛙都养，品种丰富多样，按本地需求量的多少合理搭配，严格把控数量和规模，力求保障品种丰富和品质优良，主要是满足就地消费，并且结合生产打造顾客游览观赏、农事体验、文化传承、科普教育和康体养生的景观化田园环境。

（2）服务功能定位　善山岭村具有良好丘陵山地森林生态环境，公益林面积较大，空气质量好，民居建筑依山傍水靠田，非常适宜于人居，适当对村域居住生活环境在点和线上进行提升，创造具丘陵地域特色的生态宜居环境，形成多处植物景观特色鲜明的田园康养产业环境，重点突出绿色宜居村庄田园康养产业环境与生活配套设施的建设，建设的主要目的是为发展田园康养服务业创造条件。

2. 形象定位

善山岭村拥有的山、水、林、田、湖（山塘与水库）、路、村等景观资源要素，在形象上尚无特别的吸引力，山上森林植被茂密，但缺乏特色；田分布于丘陵山地之间，多呈两坡山夹一垄田的状态，水田有集中成片分布的，单丘面积不大，且有一定的高差，一般不宜实施大型机械化生产；水由山塘与灌排沟渠形成体系，村内无过境河流，生产与生活用水完全靠天然降雨就地收集与利用，很难形成大的水景观，村中分散分布有多口山塘，山塘面积却不大，不足以形成水乡特色；村级交通道路设施较好，已全面拉通，且多为近年新修的道路，路况优良；村即村落，主要是农民住宅，大多分散分布，仅有几个相对集中的村落，呈现出一般农村所具有自然山水田园村庄的形态风貌，且村民住宅建筑风格不一，缺乏地域特色。

善山岭村基于田园康养产业环境建设的需要，以现有景观资源为依托，统筹规划，突出重点，分区块进行设计，以旅居康养配套设施建设为重点，结合多样化自给型农业生产突出美丽田园建设，充分利用现有的山水田园环境，着力打造具有独特环境景观特色的康养接待服务点，让善山岭村的每一个被改造后的村落呈现出镶嵌于山水田园环境之中的美丽形象。

3. 市场定位

（1）农产品市场定位　善山岭村有约 8000 亩耕地，现有外销农产品不多，且尚未形成一定规模的商品化生产，规划扩大种植马蹄到 3000 亩规模，除已种植有少量的果树外，尚无其他有规模的经济作物，农田主要种植的还是水稻。善山岭村未来农业生产结构调整的思路是：旱土以发展适宜于本地种植的水果与药材为主，采用多样化的发展思路，主要用于游客采摘体验；水田仍然以粮食生产为主，主要种植优质稻，实行种养结合，大米主要用于就地消费。此外，还根据本地对蔬菜的实际需求量，利用水田适量种植各种时令蔬菜；利用村内现有鱼塘和水田发展特种水产养殖，主要满足当地村民与游客消费的需要。善山岭村的林产品主要为观赏性树木和花卉，主要用于打造当地康养产业环境，此外，还利用部分林地环境开展林下养殖，如林地圈养鸡和养猪或其他特种经济动物等，按需调控生产规模。

（2）旅游产品市场定位　善山岭村以发展田园康养产业为主导，充分利用现有的丘陵良好的森林生态环境和将要打造的美丽田园环境发展乡村康养服务业，其旅游产品主要包括餐饮接待、旅居度假、康体健身、休闲娱乐、观光体验等，主要服务对象为长株潭市民。

七、规划布局

善山岭村融合产业发展及建设总体规划是按康养产业单元进行分区分块布局的，各单元之间由主要交通道路连接形成一个有机的整体，各产业单元在形态结构与康养服务功能上相似，但在景观环境、建设规模和文化氛围上存在差异，讲究异质互补，避免同质化竞争。

善山岭村农业产业结构优化规划思路：旱地确定以种植水果为主，适当发展中药材与时令蔬菜，选择果林适当区域开展林下养鸡，选择适当位置修建小型猪场与牛场；水田规划主要种植优质稻和马蹄，总面积分别达 3000 亩以上，同时水稻田配套养殖鱼、虾、鸭、蛙、蟹和甲鱼等，实行种养结合，建立良好的农田生态与生产系统，形成大田生态农业生产区，即生产性大地景观；选用邻近村舍的农田（含部分水田和旱土）主要种植小水果、时令蔬菜和花卉，结合农业生产营造生物多样性的景观环境，以多样农作物花园的形态呈现，一年四季花开不断，游客可深入其中开展观赏与各种农事体验活动，且季节性农产品丰富多样，形成体验性花园景观。

善山岭村村落与民居建筑改扩建规划思路：对现有村落和分散分布的民居建筑进行改造利用，规划建10～15个旅居康养接待服务基地和20～25处高端民宿，游客接待规模分别为200人和10人以上，形成善山岭村对外开展田园康养服务场地和设施，这些场地和设施最好是实行统筹规划建设，统一经营和管理。相对集中的村落民居建筑按组合大院落的方式进行改扩建，形成具有接待200人以上规模的游客接待服务点；选择单独分布且周边环境资源较好的民居改造成高端民宿，能够接待20人以内的小团体游客，提供包括餐饮与旅居生活服务。

善山岭村的自然山水环境开发与利用，原则上以保护为主，尤其是境内自然山林纯属保护对象，主要是突出自然生态功能的发挥，禁止人工干预。建设项目内容主要是针对选定的田园康养基地与民宿点进行民居建筑和邻近环境提质改造，在维持其区域自然生态功能的前提下进行建筑提质改造与特色环境景观营造，创造各具特色的美丽田园景观。

八、分项规划

1. 农业产业发展规划

（1）规划背景

国家正在实施乡村振兴战略，积极倡导农村一二三产业融合发展，大力支持区域农村特色农产品商品化生产基地建设，鼓励以市场为导向调整和优化农业生产结构，农业迎来了产业转型发展的良好时机。国家正在推进乡村全域大健康产业的发展，乡村田园生活已成为一种时尚，乡村田园康养产业的蓬勃发展对地方农产品多样化的需求又为调整农业生产结构提供了依据，乡村田园康养产业的发展又为农产品销售增加了一条新的渠道。乡村发展田园康养产业，农业生产环境成为康养产业环境，对农业生产与种植方式提出了新的要求，以农业为基础和康养产业为主导是未来农村产业发展的必然趋势，面向未来，顺应时代发展需求，做好善山岭村农业产业发展规划。

（2）发展目标

依据善山岭村的耕地资源、水资源与气候资源条件，以就地消费需求为导向，水田突出水稻生产的主导地位，种植面积保持在3000亩以上，采用稻＋鸭、鱼、蛙、虾等种养结合的生态农业模式，扩大发展马蹄种植面积至3000亩，使基本农田形成生产性大地景观；临近村舍的部分农田以时令蔬菜种植为主，规划面积400～500亩，分区块实施，适当配植花卉与中药材，采用景观农业模式，营造多样农作物花园景观，以此作为美丽田园建设的重点，不仅生产就地消费的新鲜农产品，而且还为游客提供农耕体验场景；旱土主要种植当地适宜的果树，建园面积800亩以上，品种力求丰富多样，果园尽可能做到四季有水果可供采摘，部分果园林下配套养鸡，并建几处小型猪舍、牛棚配套养猪、养牛，种养结合配套，以便建立循环农业体系，严格管控生产过程，确保各种农产品质量，充分发挥土地的农业生产功能，让善山岭村的农产品主要通过就地消费的途径和方式实现高效生产与经营。

（3）规划依据

a. 市场需求　善山岭村的农业生产主要分为三大区块，一是大田生态农业种养区，以水稻与马蹄种植为主，配套养殖鸭、鱼、虾、蛙等，面积分别达 3000 亩；二是多样农作物花园区，主要种植时令蔬菜，配套种植中药材与花卉，面积为 800～1000 亩；三是旱地百果园区，面积 800 亩以上，选择适宜本地种植的果树品种，在果园内配套养猪、牛、鸡等，上述农产品的生产主要供游客与村民就地消费，或作为旅游产品销售。游客量决定生产规模，规划实施过程中可依据就地消费农产品的种类和数量对善山岭村农业生产结构进行动态调整。

b. 生产条件　善山岭村所具有的农业生产条件，包括土壤类型、水量水质、土壤肥力、机耕道路、灌排沟渠和局地小气候特点等都比较优越，依据所具备的生产条件因地制宜选择农业生产项目。

c. 生产效益　善山岭村的农业生产项目以生产效益为规划依据，效益高的优先选择，效益一般和差的一般情况下不选择，本地消费所需要的农产品不必强求本地生产，可以从市场购买，但是维持本地景观特色与生态功能的农业生产项目除外。

（4）发展思路

a. 结合农业生产打造美丽田园景观

善山岭村农田耕地约 8000 亩，其中水田面积为 6000 亩，有集中连片成块的水田，多处呈两坡夹一垄田的分布格局，少量梯田分布于山林之中或村舍之间。规划对农业生产结构进行调整，选用 3000 亩以上的水田种植优质稻，同时在稻田中养殖鸭、鱼、蛙、虾等，部分田埂适当加宽形成田园观光体验游道，利用彩色水稻创作主题图案，让大田形成生产性大地景观；选用约 200 亩临村舍农田种植时令蔬菜，同时配套种植花卉与药材，分区分块营造主题与特色鲜明的多样农作物花园景观，即异质性特色植物专类园景观，以此作为善山岭村游客主要游赏体验环境，在美丽田园建设上突出善山岭村的美丽乡村建设，每个康养服务基地和民宿点都种植有自己独特的植物景观，如万松园、盆景园、菊花园、荷花园、枫树园、杜鹃园、玫瑰园、百香园、百草园、梅花园、海棠园、湿地农园、紫薇园、樱花园等观赏价值较高的植物专类园，将康养基地和民宿打造成为带特色专类花园的乡村酒店；选用山间梯田与旱土 600～800 亩种植适宜的果树，主要供游客采摘体验，品种力求多样，再配植观赏树木与花卉，营造园林化的果园，村域产业环境建设结合农业生产打造美丽田园景观，一年四季呈现风景如画的田园景观效果。

b. 重点发展多样自给型农业生产

善山岭村拟开展的现代农业生产分为两种类型，一种是特色商品型农业生产；另一种是多样自给型农业生产，前者靠批量出售特色农产品获得效益，后者靠就地消费农产品获得效益。善山岭村规划发展的产业主要为田园康养服务业，来村消费的游客将会大大增加，仅靠本村约8000亩农田生产的农产品不可能满足游客消费需求，因此，本村土地上生产的农产品只要是质量上满足要求，就地消费不成问题，完全没必要考虑外销，因此，善山岭村除规划种植水稻和马蹄各3000亩以外，重点发展多样自给型农业，具有广阔的发展前景。

善山岭村根据村民生活和游客餐饮接待的需要发展多样自给型农业，新种植的多年生果树将选定旱土或山地梯田进行布置，品种力求丰富多样，水果产品主要采用就地消费的方式，部分作旅游产品销售，如梨、桃、李、枣、柑橘、脐橙、柚、板栗、柿、猕猴桃、杨梅、石榴、枇杷等均可种植；一二年生农作物与园艺植物按照划定的产业单元分区分块布置，采用轮作、套作与间作的耕作方式进行生产，如常见的玉米、红薯、大豆、油菜、花生、蔬菜、花卉、中药材等，一般不固定某种作物农田种植区域，分年度按需求选择合适的种类和品种以及确定相应的种植面积，按多种农作物花园的花境、花带、花篱、花架等植物景观配置模式进行种植，并且在产业单元的小区域范围内依季节按年度进行更替。

善山岭村村域范围开展林牧渔业生产，因缺乏特别的优势资源和条件，暂未形成具特别优势的林牧渔业项目，因此，规划开展多样自给型林牧渔业生产，林业主要是种植观花观叶可成景植物，如紫薇、樱花、杜鹃、茶花、茶梅、梅花、二乔玉兰、北美红枫、菊花、药牡丹、月季、紫荆、大花萱草等观赏植物，以提升村域旅游产业环境植物景观为目的，主要是在景观节点和游道线上进行造景；畜牧业以养猪、牛、鸡、鸭、鹅等畜禽为主，选择发展特种经济动物养殖，如野猪、食用兔、鸵鸟、荷兰猪等，并且尽可能采用种养结合的生态农业模式，如林地养鸡、稻田养鸭等，生产用建筑设施选择适当位置修建，如猪舍、鸡舍与鸭棚，实行人兽分离，以减轻对居民生活影响为原则；渔业主要是利用山塘和水稻田养鱼、虾、蛙、泥鳅、黄鳝等，分别在产业单元的区域范围内安排林牧渔业生产。

2. 建筑改扩建规划

（1）村域建筑概况　善山岭村现有的村域建筑主要是村民住宅，属私有性质，现在分布的状态有相对集中形成村落的，数量有几栋到几十栋不等，也有分散独栋分布的，住宅主要为2～3层新建的楼房，风格和样式差异较大，质量参差不齐，档次有高有低，由于青壮年人外出打工的多，留守常住人口较少，民居建筑大多数处于闲置状态。公用建筑就是原村办学校和村部用房。善山岭村生产用建筑主要为分散的猪舍，尚无专门的养殖用房，私人养殖用房大多与住宅合建或靠近住宅修建，不能适应现代养殖业发展的要求。

（2）建设目标

善山岭村以发展康养产业为主导构建融合产业发展体系，以乡村田园康养生活为主题，同时兼顾亲子和科普教育，突出与产业配套的建筑与环境建设，以满足餐饮居住、观光体验、文化娱乐、自然教育、护理医疗、康体健身、休闲度假和特色商务等功能要求为目的，采用新建与改造相结合的建造方法，在村域范围内打造多个生活条件优越、人居环境优美、文化内涵深厚和服务功能齐全的乡村田园旅居康养接待服务基地和民宿。

（3）建设原则

乡村田园康养接待服务基地作为融合产业发展的核心平台，其建设原则如下：

a. 因地制宜原则　善山岭村属典型的丘陵区农村，地形有一定的高差起伏变化，民居建筑或依山或伴田而建，建筑改扩建尽可能不改变已形成的自然山水格局，不大兴土木，依山就势布局，永远保持居住建筑融入自然山水环境之中的状态。

b. 经济实用原则　善山岭村的康养接待服务点或民宿都是为发展融合产业的需要而改扩建的，追求功能实用和经济实惠，不追求富丽豪华，力求在生态宜居上上档次，追求乡村风味，力求创造建筑环境的生活美、生态美和文化美。康养接待服务基地就是乡村融合产业发展的建设重点和产业单元建设的核心，其建设成本作为主要投资项目必须讲究投资效益，在满足实用功能要求的前提下尽量控制建设成本，以获得良好的经济效益。

c. 改造为主原则　善山岭村现有建筑尚无特别的风格可言，一般是近年新建的 2～3 层小楼房，多为砖混结构和坡屋顶形式，为了使改扩建后的接待服务点建筑便于经营与管理，规划拟按特大型组合院落的建筑形式进行改扩建，能利用的建筑尽可能改造利用，一般不新建，新建建筑建议采用轻钢结构。创造一种外形构造简洁的简中式大型院落建筑风格，注重讲究内质提升，以满足对外开展接待服务的功能要求。

（4）建设思路

a. 择地选点　善山岭村现有建筑主要是村民住宅，大多呈分散分布状态，集中分布形成村落的较少，处于闲置状态的民居较多。选择作康养接待服务基地和民宿建设的区域，宜具备良好的自然条件和便于改造利用的建筑，交通便利，基地区域依山傍水，地势较平坦且稍有微地形起伏变化者为最佳，基地建设不需要大兴土木，现有的建筑所在地自然环境优美，最好是有可供直接利用的山、水和森林植被，基地区域只需稍加修饰改造就能形成优美的山水田园环境，改造建设尽可能投资小，见效快，能达到事半功倍的效果。

b. 改造整合　善山岭村有多个村落的民居建筑相对集中，我们可以从中选择几个村落按对外开展旅居康养接待服务的功能要求进行改造，同时优化村落环境，改善对外接待居住生活条件，设法增加大餐厅和大客厅等公共服务用建筑，并增加建筑之间的连通设施，如走廊与花架等，使现有的村落通过改建后成为一个有机的整体，最好是能创建一个具特定文化内涵和配套功能设施齐全的组合型特大院落，同时也是一个充满活力的旅居康养产业核心平台。在现有村落民居建筑改造的过程中对于原有用作猪舍、牛棚和鸡舍等生产用建筑一律拆除或改造，转变使用功能。同时为了满足生产的需要，建议在耕地生产环境中择地新建猪舍、鸡舍、鸭棚与牛棚，做到人畜禽分离，相对集中发展畜禽养殖，使畜禽生产与居住地保持一定的距离。

3. 旅居康养产业规划

（1）发展目标　按照宁乡市制订的乡村振兴产业发展与美丽乡村建设规划，充分利用善山岭村现有的山、水、林、田、湖、路、村等资源条件和紧邻长沙市区地理区位优势，以改造对外旅居康养接待用建筑等居住设施为重点，突出各接待服务区域山水田园环境的特色植物景观营造，完善旅居康养生活配套设施建设，分区块结合发展现代农业生产，按单元打造各具特色的旅居康养产业美丽田园环境，使善山岭村最终形成 10～15 个拥有美丽田园且景色各异的乡村旅居康养产业基地。

（2）市场定位　善山岭村建成为一个拥有 10～15 个旅居康养产业接待服务点的样板村后，主要靠特色植物景观和生态宜居的生活环境与设施，再加上优质的配套服务来吸引游客。主要游客来源：一是来旅居康养以健康老人为主体的长株潭市民；二是双休日来善山岭村开展观光休闲、农事体验等活动的长沙市民；三是来善山岭村开展自然与农耕文化教育活动的城市中小学生。

（3）发展思路

a. 确定建设项目　一是打造 10～15 个旅居康养接待服务点和 20～25 处民宿，主要是结合善山岭村发展现代农业生产分区块按单元营造特色植物景观，使之成为善山岭村范围内各具特色的旅居康养服务点，让来善山岭村休闲和旅居的顾客游览观赏饱眼福；二是建设旅居康养生活配套设施，除村内道路、水电、环保、通信和网络等基础设施外，主要是采用新建或改造建设的方法，建设的目的是使被改造后的建筑成为能够满足顾客高品质居住生活要求的主要设施，包括组合大院落和民宿，主要是让现有民居建筑在内部品质上有一个大的提升，并能形成各自的景观特色和文化氛围，彼此间实现异质互补，避免同质竞争，使之成为善山岭村发展旅居康养产业的核心平台，以满足顾客餐饮居住、休闲娱乐、康体健身、亲子体验和自然教育等消费要求。

b. 设立服务项目　善山岭村旅居康养产业服务项目主要是在美丽山水田园环境之中让游客观花赏景和体验理想的田园生活，结合现代农业生产重点打造美丽如画的田园植物景观，突出寿文化、道教文化与佛教文化氛围。营造以及旅游环境特色的形成，所设立的旅游体验项目尽可能融趣味性、知识性、文化性和娱乐性于一体，如学歌习舞、书法绘画、垂钓休闲、民俗娱乐、观光游览、康体健身、盆景制作、插花艺术、农耕体验、民宿养生、国学悟道和茶艺品鉴等体验活动，能够让不同年龄层次和不同兴趣爱好的游客各得其所，各行其乐。

c. 创新体制模式　善山岭村发展田园旅居康养产业项目拟采用股份制经营模式，生产经营上打破以家庭为单位各自为政的状态，彻底改变个体经营的体制与模式，积极倡导共谋共投共建产业平台，引导村民转变思想观念，突破小农经济传统落后思想的束缚，强化联合创业意识，坚持创新、协调、绿色、开放、共享发展理念，充分调动当地村民参与旅居康养产业项目建设的积极性，同时加大对外宣传力度，制定优惠政策和充分利用国家产业扶贫相关政策向外招商引资，共建旅居康养产业平台，形成以村民为主体的乡村产业发展模式，共同打造可持续发展的经济利益共同体，实现利益共享。

d. 创建运营团队　善山岭村要发展以乡村旅居康养产业为主体和核心的融合产业，在运营和管理上需要各个方面的专业人才，主要是通过直接引进的方式吸纳创新创业人才，再就是培养人才，当地的村民通过专门的职业培训后才能让其承担技术和管理工作，规划确定后首要任务就是要着手引进和培养专业人才，按需要设置工作岗位，组建善山岭村旅居康养产业项目运营团队。

善山岭村构建以田园旅居康养产业为主导的产业体系，除创建管理运营团队外，还必须创建农业技术研发团队，根据实际需要，采用以农业科研院所为依托的方式创建，以确保村域应用的现代农业技术永远处于领先地位；再就是必须创建一支乡村工程设计与施工队伍，以确保工程建设任务如期如质如量完成，并且有效节约建设资金。

4. 产业配套基础设施建设规划

(1) 水　包括村民生活用水、农田灌溉用水和养殖用水等设施，以及蓄水和排水设施。村民生活用水采用打水井、修水塔和安装自来水管道的方式逐步做到统一供水，确保水质水量，让村民用水方便。农田灌溉用水在修缮确保现有供水设施沟渠和泵站正常使用的基础上，在重点生产区域安装喷灌或滴灌设施，修建水肥一体化系统，做到节约用水和精准施肥。村域范围内的蓄水和排水设施主要包括山塘和自然溪流，以及农田中的沟渠和村落区域的排水管道系统，对山塘进行定期清淤和开展加固塘堤等工作，定期对溪流和沟渠进行疏通，确保排水通畅和顺利供水。

(2) 电　包括生产与生活用电，严格按善山岭村未来用电的需要进行电网改造，为了不影响村域旅游环境美观，彻底消除乱搭乱接现象，在重点区域将改为地下电缆供电，强电与弱电统筹规划。

(3) 道路交通　包括善山岭村范围内的车行道路、游览道路和停车场地，道路交通是产业发展的基础条件，必须满足基本要求，村中主要交通道路一定要达到安全方便会车的宽度 5 m 以上，生产地中的机耕道 3 m 以上。各接待服务点一定要设置足够的停车位，并且要配置一定量的大巴停车位，以满足静态交通的要求。村域范围内将建造若干景点，各景点必须设置便利的游道，按游客量设计游道宽度，路面材料尽可能就地取材，采用生态的透水材料，整个村域的游道形成系统，以方便游客游览为目的。

(4) 通信网络　信息化社会的通信网络建设至关重要，通信网络属现代通信信息系统，是互联网+产业发展的必要条件，村内消灭通信盲区，做到通信网络全覆盖。

(5) 环保设施　善山岭村在环保方面可能出现的污染主要是农田废弃物秸秆和畜禽

粪便，再就是人的生活垃圾，具体环保措施是：一是引进农田废弃物资源化处理技术与设备，实行就地资源化处理与循环利用；二是及时收集分类并集中进行无害化处理。为了达到环保要求，严格按标准配备环保设施，确保村域生态安全。

5. 村域自然环境资源保护规划

善山岭村的自然环境资源主要是自然山林和山间泉水溪流构成的水系，境内森林植被繁茂，主要是天然次生林，人工林很少，林地面积超过 20000 亩，很好地发挥了水土保持作用，对维持当地生物多样性水平和良好的生态环境具有重要的价值。

善山岭村在未来的开发建设过程中，必须尊重现有的自然山水格局，因山就势开展建设，决不大兴土木，严格封山育林，保护好森林生态系统服务功能的正常发挥。善山岭村的林地总体上保持现有的形态不改变，为了提高村域森林景观的观赏价值，仅是对局部点和线上进行提质改造，有目的地选择游道两旁或山头节点种植观花或观叶植物，创造具特别观赏价值的特色植物景观，尽量减少对原生植被的损害。

善山岭村的山与山之间人工修筑了梯田，是村民基本的生产资料，此外，还有天然形成或人工修建的山间溪流和农田灌排水利系统，千百年来已经形成了体系，是一种天然的生物廊道，山间溪流属于一种有活力的自然景观，通过人工适当改造，主要是引种适应能力强的观赏植物，可创造很好的花溪景观，但必须保持其自然的属性，严格防止外来物种入侵。

九、规划实施保障措施

1. 把握规划，分期实施

善山岭村产业发展及建设规划是推进善山岭村社会经济向前发展的总体方案，是将善山岭村作为一个有机整体进行统筹规划的，规划项目内容涉及多个方面，要全面实施不仅需要大量的资金，而且还需要较长的时间，我们在该规划的实施过程中必须依据不同的建设项目明确轻重缓急内容，分期实施，稳步推进规划目标实现。

2. 分区建设，整体推进

该规划对善山岭村进行了分区分块，规划构建了各具特色的产业单元，虽然各个单元在形态上具有较相似的结构，但在环境景观和文化内涵上各有特色，各个单元都有自己特别的建设内容，每个单元都将有自己独立的建设行动方案和计划。然而，善山岭村内的某些公共基础设施是各个单元共用的，又必须整体推进建设，如道路交通、水电、环保、通信网络等设施，这些公共基础设施必须争取由政府或大家共同出资提前立项进行建设。

3. 抓住核心，突出重点

对于善山岭村融合产业发展及建设规划的实施，首先是公共基础设施建设，然后才是各个产业单元建设，每个单元都是一个相对独立的融合产业平台，既然已经明确发展田园旅居康养服务业为主导产业，那么，除重点改造旅居康养生活用民居建筑外，结合农业生产结构调整与优化着力打造具特别吸引力的美丽田园景观环境也是建设重点，为游客建设生态宜居的环境与设施则是核心，有了重点和核心就能够很好地克服建设的盲目性了。

4. 创新体制，共建共享

做好宣传发动工作，充分调动村民参与建设的积极性，明确投资项目与建设内容，采用股份制的经营模式，共建善山岭村旅居康养产业平台，强化共享发展理念，增强主人翁意识，引导人人都参与，争取户户是股东，按资定股，业主多元，以本地村民为依托，积极吸纳外资，采用众筹方式筹措资金，加强组织与管理，创新体制与机制，集中力量，共谋发展，共同推进旅居康养产业平台建设，实现利益共享，为长沙市乃至湖南省树立一个乡村振兴的样板村。

十、项目分期实施计划

善山岭村产业发展及建设实行统筹规划，分期实施，实施的项目包括四大部分：一是农业生产结构优化；二是水、电、路、气和通信网络等基础设施改造；三是旅居接待服务用建筑改扩建；四是环绕或紧邻康养接待服务点营造多样化农作物花园景观。上述项目计划在 5 年内完成。

1. 农业生产结构优化项目

（1）四季果园 600～800 亩

2022 年 1 月～2024 年 12 月实施，一是改造现有果园；二是选择村域范围内的旱土耕地新建果园，单个果园面积不求大，10～50 亩不等，品种力求优良和多样化，主要选种鲜食葡萄、新世纪梨、脆皮金橘、果桑、水蜜桃、杂柑、石榴、杨梅、枇杷、西柚、猕猴桃等果树品种，果园主要用于供游客采摘体验，计划投资 1000 万元。

（2）农田生态种养 1000 亩

2022 年 5 月～2024 年 5 月，按种养结合的高标准要求，改造稻田 1000 亩，开展稻+鱼、鸭、虾、蛙、鳖等种养结合生态农业生产，其绿色产品尽可能实现本地消费，计划投资 500 万元。

（3）多样农作物景观花园 1500～2000 亩

2022 年 10 月～2026 年 12 月，建设多样农作物景观农园 30～40 个，面积为 30～100 亩不等，总用地面积 1500～2000 亩，单个花园面积控制在 100 亩以内，最小为 30 亩，均以专类花园景观形式呈现，要求每个花园的主题与特色鲜明，充满生机活力，具园林的游憩功能，可游可赏，可以开展多样化的体验活动。花园内主要种植农作物品种，力求品种丰富多样，以时令蔬菜种植为主，配套种植小水果、中药材、茶叶和花卉。该项目坚持多样化农业生产与游览观光休闲体验环境建设相结合，既是善山岭村美丽乡村建设的重点，又是田园康养产业环境建设的核心，同时也可考虑与四季果园建设相结合，计划投资 1.0 亿～1.2 亿元。

2. 配套基础设施改造建设项目

配套基础设施改造建设项目包括水、电、路、场地、环保、通信网络等基础设施，这些设施主要由当地政府出资建设，但也有少部分设施需要企业或村民出资建设，如水景工程（池塘美化）、停车与健身活动场地工程、园地游道工程、休闲健身设施及景观建筑工程等。计划在 2022 年 6 月～2025 年 6 月完成配套基础设施建设，计划投资 3000 万元，每年投资约 1000 万元。

3. 接待服务用建筑改扩建项目

善山岭村发展以田园旅居康养产业为主导，规划建设具 200 人以上规模接待能力的康养基地 10～15 个，10 人以上接待能力的高端民宿 20～15 处，主要建设工程任务是按高标准的居住生活要求改造现有的民居建筑和新建一部分建筑。

（1）2022 年 10 月～2024 年 10 月，建成 3 个康养基地，计划投资 9000 万元；建成 6 处民宿，计划投资 3000 万元。

（2）2024 年 10 月～2026 年 10 月，建成 5 个康养基地，计划投资 1.5 亿元；建成 8 处民宿，计划投资 4000 万元。

（3）2026 年 10 月～2028 年 10 月，建成 6 个康养基地，计划投资 1.8 亿元；建成 10 处民宿，计划投资 5000 万元。

善山岭村产业发展及建设按规划实施总建设投资概算约为 7.05 亿元。

十一、项目效益分析

善山岭村产业发展及建设规划的完全实施需要投资 7.05 亿元，实质上是在开展善山岭村以康养产业为主导的融合产业平台建设，包括农业生产结构调整与优化、村庄产业配套基础设施建设和接待服务用建筑的改扩建，建设的目的是发展村域康养产业，实用、经济和美观是最基本的原则，生产和生活上讲究实用；投资建设上不仅是讲究少花钱多办事，而且必须讲究投资能够取得好的效益；接待区域环境建设上讲究美观。充分利用村内现有的自然山林环境，有目的地重点打造 10～15 处特色植物专类花园景观，使之形成善山岭村对外有特别吸引力的景点，以便吸引来善山岭村进行旅居康养的游客。田园旅居康养产业是善山岭村的主导产业，经营的效益仍然是体现在生态、经济和社会效益等方面。

1. 生态效益

善山岭村紧临长沙市，到城区仅 15 分钟车程，境内丘陵山地林茂树盛，生态环境良好。大部分农田地势平缓，有高差，但变化不大，便于开展多样化的农业生产，宜实施“稻+”与“林+”多样化的生态农业。村域范围内的农田生产灌溉用水充足，灌溉沟渠良好，水旱无忧，可以形成良好的农业生态系统。民居建筑多掩映于绿色环境之中，自然生态基础良好，再加上村庄接待服务区域，进一步结合多样化的农业生产开展园地美化建设，森林覆盖率还将进一步提高，村域生态环境还会进一步提升，未来的善山岭村将形成更加良好的人居环境，完全可以达到生态宜居的高标准要求，社会经济和自然生态的可持续发展更有保障，生态效益将更加显著。

2. 经济效益

善山岭村按照本产业发展及建设规划实施，各个产业发展平台建成并正常运营后可获得以下几个方面的经济效益：

一是农业生产效益，效益来源包括三大部分，第一部分是600～800亩的水果，预计年收入300万元；第二部分是大面积农田开展稻+生态种养项目和马蹄种植，全面实施后其中稻+生产面积达2000亩，优质稻1000亩，马蹄3000亩，预计年收入2000万元；第三部分为多样自给型农业生产项目，其产品实行本地消费，产品包含小水果、时令蔬菜、中药材、花、茶等的生产，生产面积为800亩，预计年收入500万元。三大部分预计农业生产性年纯收入为2800万元。

二是三产服务业效益，善山岭村美丽乡村环境与康养产业配套基础设施建好之后，正常开展以田园旅居康养三产服务业，预计全年接待游客100万人次，人均消费200元，纯收入人均80元，三产服务业年纯收入将达8000万元。

三是特色旅游产品销售获得的效益，善山岭村所建的所有接待服务点都将设立特色农产品与其他旅游产品销售点，这也将是获得收入的一大来源，农产品生产不仅满足游客就地消费的需要，还将给游客提供可以购买的新鲜农产品或加工后的农产品，产品主要为本地生产，也可少量从外地调进，这项收按游客人均10元计算，年纯收入可达1000万元。

以上三项年纯收入总计为1.18亿元，预计6～7年就可完全收回投入成本。

3. 社会效益

善山岭村产业发展及建设规划实施后，同时也完成了美丽乡村建设，将新增一个田园旅居康养产业，年产值将增加至3亿元以上，纯收入达1.18亿元，该服务业属劳动密集型产业，按年人均15万元产值计，新增就业人数可达2000人。农业生产结构调整与优化，新增了种养殖业项目，农业纯收入增至2800万元，至少新增农业收入1000万元，新增就业人数200人以上，对于吸引外出务工人员返乡就业创业提供了更多的机会和岗位，当地多数村民可在家门口就地就业，不仅能够更好地安居乐业，而且还能够享受美好的乡村田园生活。

新邵县王家坪村新型产业发展及建设规划

一、规划背景

1. 国家继脱贫攻坚后正在全面开展乡村振兴行动，明确指出规划先行

2019 年 1 月 4 日国家五部委联合下文《关于统筹推进村庄规划的指导意见》，明确指出村庄不规划不建设和不规划不投入，强调规划必须先行，对村庄规划提出了明确的要求，号召各级政府重视村庄规划工作，切实厘清各类村庄的保护、建设与发展的思路，并提出实行多规合一的要求，因地制宜制定切实可行的村庄建设与发展规划。国家为了推进乡村振兴工作，2021 年 1 月决定成立国家乡村振兴局，并于 2 月 25 日正式挂牌，各级地方政府积极响应，先后成立了乡村振兴局或振兴办等行政机构，专门开展乡村振兴工作，并且都把编制村庄规划作为一项首要的工作任务来抓。2021 年 2 月 21 日发布的中央一号文件公布：乡村振兴正式替代脱贫攻坚而成为农村改革新的战略方针。2022 年 3 月发布的中央一号文件又进一步强调乡村振兴工作是党和政府的重要工作，并倡导以产业发展为核心开展乡村建设，聚焦产业发展推进乡村振兴。

2. 广大农村正在积极推进一二三产业融合发展，发展成效显著

中国农村产业结构调整经历多年的实践证明：区域乡村发展社会经济仅仅依靠农业生产是远远不够的，再加之我国人均耕地偏少，要大幅度提高农民家庭收入的潜力空间有限，很有必要拓展新型产业，在优化农业生产结构的基础上，充分利用区域乡村的自然与人文资源优势，接二连三，着力推进一二三产业融合发展，实现产业兴旺是乡村振兴的核心和重点，这已是在中国农村形成的广泛共识。

3. 广大农村正在以发展旅游服务业为目的大力开展美丽乡村建设，发展势头良好

中国特色社会主义进入新时代，我国社会主要矛盾已经转化为人民日益增长的美好生活需要和不平衡不充分的发展之间的矛盾。农村经济相对落后，急需发展新型产业，城市居民渴望回归自然，享受美好的田园生活，尤其是在城市生态环境问题日益突出的今天，人们返璞归真的愿望更加强烈，这给大环境明显优于城市的乡村来说带来了新型产业发展的难得机遇，且市场潜力巨大。据估算，全国大健康产业年产值有超过10万亿元以上的规模，发展前景十分广阔，全国各地正在积极开展美丽乡村建设，全面提升乡村人居环境质量，目的是大力发展乡村旅游与康养产业，全国各地出现了蓬勃发展的好势头。

二、项目地概况

王家坪村地处新邵县酿溪镇西北部，村域面积2.36平方公里，山田面积1.8公顷，700亩水田，600亩旱土，地形属低矮的丘陵山地，境内相对高差在60米以内，山间有少量梯田。山上主要分布的树种是松树、杉树和少部分油茶林。村庄三面环资水，整体上呈半岛状，中央为凸出的缓坡山地，水田主要分布于山脚向资江边的过渡地带，田地有一定的高差，高差不大，生产用水主要靠泵站从资江抽水灌溉，临江有部分水田位置较低，易受洪水危害，当地政府正在投资修建防洪大堤；沿江边有几处滩地，整体上呈带状分布，江滩地成片种植了杨树林，其中一处较大的滩地近年已成为邵阳市的网红打卡点，常有市民到此开展露营和拍摄婚纱照等活动；村内现有交通道路尚不发达，村域范围内仅有一条3米宽的村级水泥公路，会车点偏少，尚且处于断头路状态，仅有一个出入口，与本村级公路相接的公路属乡镇道路，村内尚无公共停车场地；民居建筑主要分布于村级公路两旁，一户一栋，多为近年新建的2～3层小楼房，质量档次有明显差异，民居建筑有集中分布的，也有单栋分散分布的。

全村共有10个村民小组，共341户，村民1311人，党员36人，村支两委5人，辅警1人，组长10人。现有青壮年劳力多常年外出务工，村内常住人口不到600人。

村民一直来以从事农业生产为主，种植的主要农作物为水稻。近年王家坪村成立了种植合作社，主要经营南方酥脆枣，种植面积约150亩；王家坪村在冬季一直有种植白萝卜的习惯，以鲜销为主，品质良好，名扬邵阳，但规模不大，尚未申报地方标志产品，至少新型主导产业不明确，对应的产业体系建设尚未启动，村民的主要收入来源仍然靠外出打工。

王家坪村现设有党员、村民代表会议室、一站式便民服务平台、警务室、纠纷调解室、远程教育室，为村民提供常规性、便捷式服务。产业开发上坚持创新、协调、绿色、开放和共享的发展理念；社会治理上坚持以党的科学发展观为指导，村干部以“立足社会，服务于民”为宗旨，着力强化服务，夯实工作基础，完善公共设施，丰富村民文化生活，树立的发展目标是力争把王家坪村建设成一个环境优良、管理规范、人际和谐的美好村庄，这些无疑为开发新型产业形成了良好的社会氛围。

三、SWOT分析

1. 机遇

2020年国家已全面完成脱贫攻坚任务，于2021年初专门成立了国家乡村振兴局，制定了乡村振兴法，正在全面实施乡村振兴战略，极其重视乡村规划与建设工作，已出台了一系列支持乡村新型产业发展及建设的有关政策，为了更有效推进乡村振兴工作，各级政府都希望树立可推广、可示范和可复制的乡村建设典范，这无疑给广大乡村新型产业发展及建设带来了难得的好机遇。

2. 优势

王家坪村紧邻新邵县城和邵阳市，紧靠资江边，整个村庄三面环水，形态呈半岛状，地形属于低矮的缓坡丘陵山地类型，村内有成片的山林、农田和滨水滩地，村内民居建筑沿道路分布，村民居住区域地势较平坦。村域范围内农田土壤疏松肥沃，灌溉水源充足，农业生产条件较好；山上森林植被生长茂盛，空气特别清新，具备了开发乡村大健康产业的良好条件，特别是村域范围内具有良好的滨水滩地资源，其中一块较大的河滩地已经成为邵阳市的网红打卡点，常有游客到此开展露营和拍婚纱照等活动，初步具备发展婚纱摄影三产服务业的基础条件。此外，村内农田适于种植多样的农作物，对于发展乡村休闲农业也具备有较优越的生产条件。

3. 不足

王家坪村一个明显不足就是基础设施建设水平仍然较落后，最突出的就是村内道路交通尚不发达，仅有一条 3 米宽的断头路，能会车的点少，且目前进出村庄只有一个出入口，道路急需拓宽改造。再就是滨水滩地尚处于完全自然状态，虽然成为网红打卡地，但因游客活动缺乏专人管理，对自然环境造成了一定的负面影响。此外，有一条高速公路高架穿过村庄，打破了沿路村庄邻近区域范围的宁静，给沿线环境带来了较大的噪声影响，对于发展乡村大健康产业有一定的不利影响。

4. 挑战

虽然王家坪村利用滨水滩地资源发展以婚纱摄影为引导的婚庆新型服务业具有明显的优势，但面临两大挑战，一是滩地属于国家湿地公园的范围，如何在开发中不违背国家对湿地公园保护的严格要求；二是在国家湿地公园保护建设规定的范围内如何通过建设而增强现有滩地植物景观的吸引力，以便更好地开发利用现有滨水滩地资源，这无疑是一种挑战。

四、规划依据

（1）新邵县酿溪镇美丽乡村建设与产业发展总体规划。

（2）国家对农村新型产业发展与美丽乡村建设制订的相关政策，如国务院办公厅倡导的农村一二三产业融合发展指导意见、关于统筹推进村庄规划的指导意见、十九大提出的实施乡村振兴战略的目标要求和习近平总书记提出的绿水青山就是金山银山的重要理论等。

（3）城乡建设的相关规范和条文；国家湿地公园保护相关法律法规；国家耕地保护法；国土空间规划的三条保护红线。

（4）新邵县乡村振兴示范县及产业发展和美丽乡村建设等相关规划。

五、总体规划构思

1. 规划目标

充分利用王家坪村紧临新邵县城和距邵阳市区较近的地理位置优势和独特的滨水滩地资源优势，按照城乡统筹和一二三产业融合发展的思路，坚持创新、协调、绿色、开放和共享的发展理念，充分调动广大村民参与新型产业开发的积极性，完全采用股份制企业的经营模式，共同打造具地域特色的融合产业体系，以发展婚庆与婚纱摄影为主导产业，配套发展休闲农业和餐饮服务业，以提升滨水滩地植物景观建设为重点，在村域范围内选择4～5处基础设施条件较好的村落，以改造闲置民居及美化居住环境为抓手，主要以举办婚庆和餐饮接待为目的，同时结合邻近区域多样化的农业生产相应打造4～5个可游、可赏、可玩、可乐和可体验农事活动的乡村农业公园，且以多样农作物大花园的形态呈现。此外，充分利用王家坪村的农田因地制宜选种特色农作物，大力发展种养结合立体生态农业，优化目前的农业生产结构，并且有针对性地配套发展农产品加工业，尽可能地延长农业产业链，着力打造具地域特色的农业产业体系，力求把王家坪村建设成为生态环境良好、滩地景色宜人、田园景观优美、农业特色鲜明、基础设施先进、婚庆文化突出、村民收入稳定、游客生活舒适的乡村振兴典范。

2. 规划理念

（1）绿色发展理念　新邵王家坪村属典型的低矮丘陵地区，三面环水，生态环境良好，滨水滩地属国家湿地公园保护范围，村内农田坚持在区域自然承载力的范围内开展农业生产活动，拒绝一切对村域生态环境有不良影响的开发项目，农业生产始终坚持采用绿色有机的生产方式，尽可能减少化肥、农药和除草剂的使用量，大力发展种养结合和多样化的立体生态农业；加强对现有良好的森林生态环境的保护，始终维持村域青山绿水的良好状态，在保护好整个村域良好生态环境的前提下发展以婚庆产业为主导的融合产业，充分利用现有的民居建筑资源，坚持改造为主新建为辅的建设原则，讲究资源节约、绿色环保、因地制宜和实用经济，以发展婚庆餐饮服务业为主要目的开展配套设施与环境建设，坚持绿色发展理念，决不大兴土木开展村庄建设活动。

（2）共享发展理念　新邵王家坪村有村民1311人，341户，10个村民小组，现有产业不发达，无支柱产业，当地经济发展水平较低，外出打工的人员较多，人均收入增长受到限制，仍有少数村民收入水平相对不高。王家坪村开展新型产业项目开发，充分调动村民参与的积极性，鼓励村民以承包的土地、现有的住房、宅基地使用权和资金等方式入股，坚持共投共建共享的发展理念，拟采用股份制经营模式，共同打造以婚纱摄影和婚庆餐饮接待为主导的融合产业体系，为当地村民提供更多的就业机会，保障有稳定的经济收入，开发新型产业发展成果让广大村民成为受益的主体，实现利益共享。

（3）创新发展理念　王家坪村村民主要通过外出打工获得劳务收入，目前的收入来源较单一，人均收入水平相对较低，要改变这一状况，仅靠现有的农业生产项目增收，难度相当大，上升空间十分有限，因此，开辟新的产业创收渠道很有必要。王家坪村在优化现有农业生产结构的基础上，充分利用该村地理位置优势和优越的滨水滩地资源条件，着力打造以婚纱摄影和婚庆为主体的融合产业体系，把握国家对乡村振兴的优惠政策，因地制宜发展具地域特色的新型产业项目，为当地村民创造更多更好的就业机会，彻底改变目前以家庭为单位分散分离的生产经营状态，以村民为主体，共同打造以婚纱摄影为引导和以婚庆活动为主题的一二三产业融合发展的新型产业平台，采用股份制的经营模式，共同创建利益共同体，使之成为村民收入的主要来源。

（4）特色发展理念　一是充分利用王家坪村优越的地理区位和滨水滩地资源优势，重点发展婚纱摄影和婚庆餐饮接待为主导的三产服务业，配套发展多样化的农业生产，彻底改变过去主要以种植水稻为主的农业生产状态；再根据婚庆餐饮接待对多样化农产品的需求，并结合顾客对乡村农耕体验环境的需要，选用与接待服务点临近的农田发展多样化的景观农业，分区分块创造主题鲜明且各具特色的美丽田园景观，强化多样农作物花园景观的特色营造，追求景色各异，讲究异质互补，突出主题特色，避免同质竞争，力求把每一个新型产业单元都建设成为具有鲜明特色的产业环境。

3. 规划原则

（1）因地制宜原则　依据王家坪村村域范围内的山、水、林、田、土、路、村等资源与小气候条件，确定适宜的农业生产项目作为规模化重点发展的农业生产项目，以此作为王家坪村特色商品型农业生产项目，包括种植与养殖项目，再依据各产业单元的环境特点和生产条件发展多样化的自给型农业生产项目，同时结合美丽乡村建设营造多样农作物花园景观。

（2）以农为本原则　农村的一项重要的社会功能就是开展农业生产，为人类生存和永续发展不断提供市场所需的农产品，这也是农村发展之根本，国家制订了基本农田保护法，明确规定基本农田不允许改变用途，必须保持耕地的农业生产功能，甚至还强调了部分农田非粮化的特别要求，不管未来农村怎样发展变化，农业作为王家坪村的基础产业地位永远不变。

（3）三生统一原则　三生即生产、生活和生态，在农村一定的区域范围内开展建设活动，必须统筹考虑三生之间的关系，生产是为了生活的需要获得农产品，人类的生存和发展离不开农业生产，同时美好的生活又离不开良好的区域生态环境，而农业生产又必须考虑农田生态环境的自然承载力，确保农田生态安全，让区域农田生态系统融入区域整体生态系统之中，反过来良好的区域生态环境又为生产与生活服务，从而实现三生统一，我们必须坚持按三生统一的原则和要求开展一切建设活动，协调好生产、生活和生态三者之间的关系，故三生统一既是原则，又是目的。

（4）彰显特色原则　王家坪村三面环水呈半岛状，沿资江边的滩地资源具有鲜明的特色，其中较大的一块滩地已经成为邵阳市的网红打卡点，适宜开展婚纱摄影、露营和亲水游乐等活动，开发建设以滩地植物景观营造为重点，创造更具吸引力的滩地环境景观，形成王家坪村独有的环境景观特色，为开发婚纱摄影和婚庆餐饮接待服务业为主导的新型融合产业创造条件。

六、规划定位

1. 功能定位

王家坪村现有的主导产业主要是水稻种植业，土地的农业生产功能是其主要功能。新邵县王家坪村属亚热带典型的低矮的丘陵地区，耕地为较平缓的梯田，共有水田700亩，旱土600亩，受人均耕地不足的影响，农业生产一直是以种植水稻为主，少量的水果种植，人工经济林面积不大，山地多为天然风景林地，商品农业不发达，生产力水平较低，农业生产基本处于自给自足的状态，村民收入来源依靠现有农业生产不足以致富，主要靠外出务工，随着中国社会经济的不断发展和人们对美好生活要求不断提高，整个社会需求将发生根本性的变化，美丽乡村景观将越来越备受人们青睐，乡村迎来了蓬勃发展的良好机遇，在国家倡导农村一二三产业融合发展和大力推进乡村旅游与大健康产业发展的大背景下，各地农村调整农业生产结构和拓展农村产业功能势在必行，王家坪村也不例外，必须在优化和改变传统农业生产结构的同时，充分利用良好的滨水滩地资源，重点发展以婚纱摄影和婚庆餐饮接待为主导的三产业服务业，以此拓展乡村自然环境和农业生产环境的三产服务业之功能。

（1）生产功能定位　王家坪村不仅要从生产方式上优化现有的以水稻种植为主的传统农业，还必须依据发展新型三产服务业的实际需要发展多样化的休闲与景观农业，彻底改变过去传统农业的结构、方式与形态，着力推广稻+鱼、鸭、蛙、虾等种养结合的立体生态农业模式，且充分利用冬闲田种植白萝卜，进一步扩大白萝卜的生产规模；依据市场需要适度发展白萝卜的传统加工业，且以旅游产品的方式销售。结合多样化的农业生产打造花园式的田园景观环境，多样化农业的生产地选择在婚庆餐饮接待服务点周边，多样化体现在作物选择上，包括特色水果、特种蔬菜和道地中药材等作物的种植，同时充分利用景观化的农业生产环境，适度发展青少年自然与农耕文化教育产业。

王家坪村发展多样自给型农业生产围绕当地村民与顾客生活消费的实际需要进行生产，品种力求丰富多样，果、菜、花、药、茶、草全种，鸡、鸭、鹅、猪、鱼、虾、蛙都养，品种丰富多样，按本地需求量的多少合理搭配，严格把控数量和规模，力求保障品种丰富和品质优良，主要是满足就地消费，并且结合生产打造顾客游览观赏、农事体验、文化传承、科普教育和康体养生的景观化田园环境。

（2）服务功能定位　王家坪村具有良好的丘陵山地森林生态环境，公益林面积较大，空气质量好，村庄傍水依山，非常适宜于人居，根据婚庆餐饮接待的需要选择适宜的民居建筑及环境进行改造建设，创造具地域特色的生态宜居环境与接待服务条件，相应创造 4~5 处植物景观特色鲜明的美丽田园景观，重点突出绿色宜居村庄三产服务业环境与生活配套设施的建设，建设的主要目的是满足开发婚庆餐饮接待服务业的迫切需要。

2. 形象定位

王家坪村拥有的山、水、林、田、湖（池塘）、路、村等景观资源要素，在形象上尚无特别的吸引力，山上虽然森林植被较茂密，但缺乏特色；田分布于山地向资水之间的过渡地带，有一定的高差，高差不大，不宜实施大型机械化生产；村庄被资水三面环绕，村内有抽水泵站、山塘与灌排沟渠形成的水利设施体系，生产用水主要靠泵站抽水灌溉，生活用水正全面安装城市自来水，村内很难形成大的水景观，村中分散分布有多口鱼塘，鱼塘面积却不大，不足以形成水乡特色；村级交通道路设施较落后，通达性差，出入不便利，且静态交通设施极其不足；村即村落，主要是农民住宅，大多沿一条断头村道分散分布，仅有几个相对集中的村落，现在呈现的是一般乡村所具有自然山水田园村庄的形态风貌，且村民住宅建筑风格不一，缺乏地域特色。

王家坪村基于发展婚纱摄影和婚庆餐饮接待服务业为主导的融合产业环境建设的需要，以现有景观资源为依托，统筹规划，突出重点，分区块进行设计，以发展主导产业需要的配套基础设施和滨水滩地婚纱摄影基地建设为重点，结合多样化自给型农业生产开展美丽田园建设，充分利用现有的山水田园环境，着力打造都具有自己环境景观特色的婚庆餐饮接待服务点，让王家坪村呈现出以滨水滩地植物景观和多样农作物花园景观为特色和相互衬托的美丽乡村形象。

3. 市场定位

（1）农产品市场定位　王家坪村仅有 1300 亩耕地，大面积的农田主要用于种植水稻，冬季村民有种白萝卜的习惯；山地除已种植有少量的果树和油茶林外，尚无其他有规模的经济作物，现有外销农产品不多，且尚未形成一定规模的商品化生产，本规划将计划结合美丽田园景观打造扩大多样化的农产品生产，以满足婚庆餐饮接待对多样化农产品的需求，农田主要种植的虽然还是水稻，但增加了鱼、虾、蛙、鸭等特种水产养殖，所有农产品除供当地村民享用和供婚庆餐饮接待外，如果有剩余则以旅品销售的方式供应游客。王家坪村未来农业生产结构调整的思路是：旱土以发展适宜于本地种植的水果与药材为主，采用多样化的发展思路，主要用于游客采摘体验；水田仍然以粮食生产为主，主要种植优质稻，实行种养结合，大米用于就地消费。此外还根据本地消费对蔬菜的实际需求量，利用水田种植各种时令蔬菜；充分利用村内现有鱼塘和水田发展特种水产养殖，主要满足当地村民与游客消费的需要。王家坪村的旱土主要用于种植可供采摘体验的水果，如杨梅、柑橘、枇杷、梨、李、果桑、金橘等果树；此外还选择几块林地，开展林地养猪和林下养鸡或者养殖其他经济动物；利用闲置民居发展食用菌生产，主要目的是满足就地消费的需要，所有生产都按实际需要调控规模。

（2）旅游产品市场定位　王家坪村发展以婚纱摄影和婚庆餐饮接待为主导的融合产业，充分利用良好的滨水滩地打造邵阳市与新邵县城的婚纱摄影基地，并且结合多样化的农业生产打造几处花园式的美丽田园景观供游客观赏体验，其旅游产品主要包括餐饮接待、婚庆礼仪、旅居度假、休闲娱乐、观光体验等，主要服务对象为新邵县与邵阳市民。

七、规划布局及建设构想

王家坪村新型产业发展及建设规划是按婚庆餐饮接待为核心的产业单元进行分区分块布局的，各产业单元之间由主要交通道路串连成线，共同形成王家坪村新型产业体系，各产业单元在形态结构与餐饮接待服务功能上相似，但在景观环境、建设规模和婚庆文化氛围上存在差异，讲究异质互补，避免同质竞争。

王家坪村农业产业结构优化规划思路：旱地确定以种植水果为主，适当发展中药材与时令蔬菜，选择果林适当区域开展林下养鸡，选择适当位置修建小型猪场与牛场；水田规划主要种植优质稻和白萝卜，同时水稻田配套养殖鱼、虾、鸭、蛙等，实行种养结合，力求建立良好的农田生态与生产系统，形成大田生态农业生产区，即生产性大地景观；选用邻近婚庆餐饮接待服务点的农田（含部分水田和旱土）主要种植小水果、时令蔬菜和花卉，结合多样化农业生产营造优美的田园景观环境，以多样农作物花园景观的形态呈现，一年四季花开不断，游客可深入其中开展观赏与各种农事体验活动，且季节性农产品丰富多样，形成体验性的花园景观。

王家坪村村落与民居建筑改扩建规划思路：对现有村落和分散分布的民居建筑进行改造利用，规划建 4～5 个婚庆餐饮接待服务点和 15～20 处高端民宿，婚庆餐饮接待规模达 300 人以上；民宿居住接待规模 10 人以上，形成王家坪村对外开展婚庆餐饮接待服务的场地和设施，这些场地和设施最好是实行统筹规划建设，实行统一经营和管理。相对集中的村落民居建筑按组合大院落的模式进行改扩建，每个大院落形成具有居住 100 人以上规模的游客接待能力；选择单独分布且周边环境资源较好的民居改造成高端民宿，能够接待 10～20 人的小团体游客，包括餐饮与居住生活服务。

王家坪村的自然山水环境保护、开发与利用，原则上以保护为主，尤其是境内自然山林主要为风景林地，多属保护对象，主要是突出自然生态功能的发挥，禁止人工干预；再就是滨水滩地属国家湿地公园范围，特别是要避免人工破坏。建设项目内容：一是滨水滩地植物景观按婚纱摄影的要求进行提质改造；二是在选定的各婚庆餐饮接待中心区域结合多样化的农业生产打造美丽田园景观；三是对选定的婚庆餐饮接待中心和民宿点的民居建筑及邻近环境进行提质改造，在维持其区域自然生态与农业生产功能的前提下进行建筑提质改造与美丽田园环境景观营造，创造各具特色的美丽乡村景观。

八、分项规划

1. 农业产业发展规划

（1）规划背景　国家正在实施乡村振兴战略，积极倡导农村一二三产业融合发展，大力支持区域乡村特色农产品商品化生产基地建设，鼓励以市场为导向调整和优化农业生产结构，农业迎来了产业转型发展的良好时机。国家正在推进乡村全域大健康产业的发展，乡村田园生活已成为一种时尚，乡村旅游产业的蓬勃发展对地方农产品多样化的需求又为调整农业生产结构提供了依据，乡村旅游产业的发展又为农产品销售增加了一条新的渠道。乡村发展三产服务业，农业生产环境成为旅游产业环境，对农业生产与种植方式提出了新的要求，以农业为基础和三产服务业为主导是未来农村产业发展必然趋势，面向未来，顺应时代发展需求做好王家坪村农业产业发展规划。

（2）发展目标　依据王家坪村的耕地、水与气候资源等条件，以就地消费需求为导向，水田仍然突出水稻生产的主导地位，面积保持在500亩以上，采用稻+鸭、鱼、蛙、虾等种养结合的立体生态农业模式，扩大发展冬季白萝卜的种植面积至400亩以上，使基本农田形成生产性大地景观；临近接待服务点的部分农田以时令蔬菜种植为主，规划面积200～250亩，分区块实施，适当配植花卉、小水果与中药材，采用景观农业模式，营造多样农作物花园景观，以此作为美丽田园建设的重点，不仅生产就地消费的新鲜农产品，而且还为游客提供农耕文化体验场景，景观在风格和特色上尽可能实现差异化；旱土和新开垦的荒山地主要种植当地适宜的果树，建园面积300亩以上，品种力求丰富多样，果园尽可能做到四季有水果可供采摘，部分果园林下配套养鸡，并建几处小型猪舍、牛棚配套养猪、养牛，坚持采种养结合的方式，以便建立循环农业体系，严格管控生产过程，确保各种农产品质量，充分发挥每一寸土地的农业生产功能，让王家坪村的农产品主要通过就地消费的途径和方式实现高效。

（3）规划依据

a. 市场需求　王家坪村的农业生产主要分为三大区块，一是大田生态农业种养区，以水稻与白萝卜种植为主，配套养殖鸭、鱼、虾、蛙等，面积达500亩以上；二是多样农作物花园区，分布于拟建的接待服务点附近，规划面积300～350亩，主要种植时令蔬菜，配套种植小水果、中药材与花卉；三是旱地百果园区，规划面积300亩以上，选择适宜本地种植的果树品种，在果园内配套养猪、牛、鸡等，上述农产品的生产主要供游客与村民就地消费，或作为旅游产品销售。游客量决定生产规模，规划实施过程中可依据就地消费农产品的种类和数量对王家坪村农业生产结构进行动态调整。

b. 生产条件　王家坪村所具有的农业生产条件，包括土壤类型、水量水质、土壤肥力、机耕道路、灌排沟渠和局地小气候特点等都相对比较优越，特别是资江水作为水源水质良好，水量充足，无水旱之忧，依据所具备的生产条件做到因地制宜选择农业生产项目。

c. 生产效益　王家坪村的农业生产项目以生产效益为规划依据，效益高的优先选择，效益一般和差的一般情况下不选择，本地消费所需要的农产品不必都强求本地生产，可以从市场购买，但是维持本地景观特色与生态功能的农业生产项目除外。

(4) 发展思路

a. 结合农业生产打造美丽田园景观

王家坪村现有耕地 1300 亩，其中水田 700 余亩，旱土 600 亩，水田集中连片成块，高差不大，山脚处分布有少量梯田与旱土，少量农田分布于山林之中与村舍之间。规划对农业生产结构进行调整，选用 500 亩以上的水田种植优质稻，同时在稻田中养殖鸭、鱼、蛙、虾等，部分田埂适当加宽形成田园观光体验游道，宽度不超过 1m，利用彩色水稻创作主题图案，让大田形成生产性大地景观；选用 300～350 亩临近接待服务点的农田种植时令蔬菜，同时配套种植小水果、花卉与药材，分区分块营造主题与特色鲜明的多样农作物花园景观，即异质性特色植物专类园景观，以此作为王家坪村游客主要游赏体验环境，在美丽田园建设上突出王家坪村的美丽屋场建设，每个接待服务点和民宿点都种植有自己独特的植物景观，如盆景园、菊花园、荷花园、杜鹃园、玫瑰园、王香园、百草园、梅花园、海棠园、湿地农园、紫薇园、樱花园等观赏价值较高的植物专类园，将婚庆餐饮接待服务点和民宿都打造成为带特色专类花园的乡村酒店；选用山间梯田与旱土约 300 亩种植适宜的果树，主要供游客采摘体验，品种力求多样，再配植观赏树木与花卉，营造园林化的果园，村域产业环境建设结合农业生产打造美丽田园景观，一年四季呈现风景如画的田园景观效果。

b. 重点发展多样自给型农业生产

王家坪村拟开展的现代农业生产分为两种类型，一种是特色商品型农业生产，如水稻+鱼、虾、鸭、蛙等，多余的农产品主要进入邵阳市和新邵县城销售；另一种是多样自给型农业生产，其产品主要靠就地消费获得效益。王家坪村规划发展的新型产业主要为婚纱摄影和婚庆餐饮接待服务业，建成之后来村消费的游客将会大大增加，仅靠本村 1300 亩农田生产的农产品不可能满足游客消费需求，因此，本村土地上生产的农产品只要是质量上能够满足要求，就地消费不成问题，除少数农产品外，大部分农产品完全没必要考虑外销，故王家坪村除规划继续种植水稻和白萝卜以外，重点发展多样自给型农业，具有广阔的发展前景。

王家坪村根据村民生活和游客餐饮接待的需要发展多样自给型农业，新种植的多年生果树将选定旱土或山地梯田进行布置，品种力求丰富多样，水果产品主要采用就地消费的方式，部分作旅游产品供应，如梨、桃、李、枣、柑橘、脐橙、柚、板栗、柿、猕猴桃、杨梅、石榴、枇杷等多种水果均可种植；一二年生农作物与园艺植物按照划定的产业单元分区分块布置，采用轮作、套作与间作的耕作方式进行生产，如常见的玉米、红薯、大豆、油菜、花生、蔬菜、花卉、中药材等，一般不固定某种作物在农田种植区域，分年度按需求选择合适的种类和品种以及确定相应的种植面积，按多种农作物花园的花境、花带、花篱、花架等植物景观配置模式进行种植，并且在产业单元的小区域范围内依季节按年度进行更替。

王家坪村村域范围开展林牧渔业生产，因缺乏特别的优势资源和条件，暂未形成具特别优势的林牧渔业项目，因此，规划开展多样自给型林牧渔业生产，林业主要是种植观花观叶可成景植物，如紫薇、樱花、杜鹃、茶花、茶梅、梅花、二乔玉兰、北美红枫、菊花、药牡丹、月季、紫荆、大花萱草等观赏植物，以提升村域山林地旅游产业环境植物景观为目的，主要是在景观节点和游道线上进行造景；牧业以养猪、牛、鸡、鸭、鹅等畜禽为主，选择发展特种经济动物养殖，如野猪、食用兔、鸵鸟、荷兰猪等，并且尽可能采用种养结合的生态农业模式，如林地养鸡、稻田养鸭等，生产用建筑设施选择适当位置修建，如猪舍、鸡舍与鸭棚，实行人兽分离，以减轻对居民生活影响为原则；渔业主要是利用山塘和水稻田养鱼、虾、蛙、泥鳅、黄鳝等，分别在产业单元的区域范围内安排林牧渔业生产。

2. 建筑改扩建规划

（1）村域建筑概况

王家坪村现有的村域建筑除村部外主要是村民住宅，属私有性质，现在分布的状态主要是沿现有村道两旁呈线形分布，有相对集中分布形成村落的，但数量不多，主要是呈分散独栋分布状态。民居主要为 2～3 层新建的楼房，风格和样式差异较大，质量参差不齐，档次有高有低，由于青壮年人外出打工的多，常住人口较少，民居建筑大多数处于闲置状态，公用建筑仅是原村办学校和村部用房。王家坪村生产用建筑主要为原有分散的猪舍，尚无专门的养殖用房，私人养殖用房大多与住宅合建或靠近住宅修建，现很少生产利用，不能适应现代养殖业发展的要求。

（2）建设目标

针对王家坪村以发展婚纱摄和婚庆餐饮接待为主导构建的融合产业发展体系，以享受乡村美好田园生活为主题，同时兼顾亲子和科普教育，突出与产业配套的建筑与环境建设，以满足餐饮居住、观光体验、文化娱乐、自然教育、护理医疗、康体健身、休闲度假和特色商务等多功能要求为目的，采用新建与改造相结合的建造方法，在村域范围内打造多个生活条件优越、人居环境优美、文化内涵深厚和服务功能齐全的乡村田园生活接待服务中心和民宿。

（3）建设原则

王家坪村婚庆餐饮接待服务中心作为融合产业发展的核心平台，其建设原则如下：

a. 因地制宜原则

王家坪村属典型的低山丘陵区农村，地形有一定的高低起伏变化，民居建筑或依山或傍田而建，建筑改扩建尽可能不改变已形成的村庄与自然山水格局，不大兴土木，因山就势布局，永远保持居住建筑融入自然山水与农田生产环境之中的状态。

b. 经济实用原则　王家坪村的婚庆餐饮接待中心服务点或民宿都是为发展融合产业的需要所改扩建的，追求功能实用和经济实惠，不追求富丽豪华，力求在生态宜居上上档次，永远保持乡村风味，力求创造建筑环境的生活美、生态美和文化美。婚庆餐饮接待服务点就是乡村融合产业发展的建设重点和产业单元建设的核心，其建设成本作为主要投资项目必须讲究投资效益，在满足实用功能要求的前提下尽量控制建设成本，以获得良好的经济效益。新建建筑建议采用轻钢结构。

c. 改造为主原则　王家坪村现有民居建筑尚无特别的风格可言，一般是近年新建的 2～3 层小楼房，多为砖混结构和坡屋顶形式，为了使改扩建后的接待服务点建筑便于经营与管理，规划拟按特大型组合院落的建筑形式进行改扩建，能利用的建筑尽可能改造利用，一般不新建，创造一种外形构造简洁的简中式大型院落建筑风格，注重讲究内质提升，以满足对外开展接待服务的功能要求。

（4）建设思路

a. 择地选点　王家坪村现有建筑主要是村民住宅，大多呈分散分布状态，集中分布形成村落的较少，处于闲置状态的民居较多。选择作婚庆餐饮接待服务点和民宿建设的区域，宜具备良好的自然条件和便于改造利用的建筑和空间场地，交通便利，基地区域最好是依山傍水，地势较平坦且稍有微地形起伏变化者为最佳，基地建设不需要大兴土木，现有的建筑所在地自然环境优美，最好是有可直接利用的山、水和森林植被，基地区域只需稍加修饰改造就能形成优美的山水田园环境，改造建设尽可能投资小，见效快，能达到事半功倍的效果。

b. 改造整合　王家坪村有几处民居建筑相对集中，我们可以从中选择几个村落按对外开展婚庆餐饮接待服务的功能要求进行改造，同时优化村落环境，改善对外接待居住生活条件，设法增加大餐厅、大客厅和大厨房等公共服务用建筑，并增加各建筑之间的连通设施，如走廊与花架等，使现有的村落通过改建后成为一个有机的整体，最好是能创建一个具特定文化内涵和配套功能设施齐全的组合型特大院落，一个充满活力的婚庆餐饮接待服务产业核心平台。在现有村落民居建筑改造的过程中对于原有用作猪舍、牛棚和鸡舍等生产用建筑一律拆除或改造，转变使用功能。同时为了满足生产的需要，建议在耕地生产环境中择地新建猪舍、鸡舍、鸭棚与牛棚，做到人畜禽分离，相对集中发展畜禽养殖，使畜禽生产与居住地保持一定的距离。

3. 婚纱摄影与婚庆产业规划

（1）发展目标　按照新邵县制订的乡村振兴产业发展与美丽乡村建设规划，充分利用王家坪村现有的山、水、林、田、湖、路、村等资源条件和紧邻邵阳市区和新邵县城特别的地理位置优势，尤其是具有的滨水滩地资源优越条件，以改造对外婚庆餐饮接待用建筑等生活居住设施为核心，以提升滨水滩地植物景观环境为重点，突出各接待服务区域山水田园环境的特色植物景观营造，完善婚庆餐饮接待和生活配套设施建设，分区块结合美丽田园景观打造发展现代农业生产，按单元打造各具特色的美丽田园环境，使王家坪村最终形成包括民宿有10个以上拥有美丽田园且景色各异的乡村融合产业发展的且以婚庆接待为主题的特色产业基地。

（2）市场定位　王家坪村建成为一个拥有10个以上（含民宿）以婚庆为主题的特色产业基地的样板村后，吸引游客的主要靠特色植物景观和生态宜居的高品质生活环境与设施，再加上优质的配套服务。主要游客来源：主要是邵阳市和新邵县城市民来此地举办婚礼的顾客；其次是双休日来王家坪村开展观光休闲、农事体验等活动的市民；三是来王家坪村开展自然与农耕文化教育活动的城市中小学生。

（3）发展思路

a. 确定建设项目　一是打造4～5个婚庆餐饮接待服务基地和15～20处高端民宿，主要是结合王家坪村发展多样化的现代农业，生产分区块按单元营造特色植物景观，使之成为王家坪村范围内各具特色的婚庆餐饮接待服务区，让来王家坪村举办和参加婚礼的顾客游览观赏饱眼福；二是建设婚庆餐饮接待服务用生活配套设施，除村内道路、水电、环保、通信和网络等基础设施外，主要是采用新建与改造相结合建设方法，建设的目的是使被改造后的建筑成为能够满足婚庆餐饮接待和高品质居住生活要求的主要设施，包括婚庆组合大院落和民宿，主要是让现有民居建筑在内质上有一个大的提升，并能形成各自的景观特色和文化氛围，彼此间实现异质互补，避免同质化竞争，使之成为王家坪村发展婚庆产业的核心平台，同时兼顾满足游客餐饮居住、休闲娱乐、康体健身、亲子体验和自然教育等其他功能要求。

b. 设立服务项目　王家坪村婚庆产业服务项目主要是举办婚礼活动，同时能够让顾客在乡村美丽山水田园环境之中观花赏景和体验理想的乡村田园生活，结合多样化的现代农业生产重点打造美丽如画的田园植物景观，环境内涵重点突出浪漫的婚庆文化氛围，充分利用滨水滩地区域打造植物景观形成特别优美的婚纱摄影基地，使之成为邵阳市更加著名的网红打卡点。村内所设立的观光休闲、农事体验、田园康养和自然教育等项目尽可能融趣味性、知识性、文化性和娱乐性于一体，能够让不同年龄层次和不同兴趣爱好的游客各得其所，各行其乐。

c. 创新体制模式　王家坪村发展婚庆为主导的融合产业项目拟采用股份制经营模式，生产经营上打破以家庭为单位各自为政的状态，彻底改变个体经营的体制与模式，引导村民转变思想观念，突破小农经济传统落后的思想束缚，强化联合创业意识，积极倡导和坚持创新、协调、绿色、开放和共享发展理念，充分调动当地村民参与婚庆为主导的融合产业项目建设的积极性。同时加大对外宣传力度，制定优惠政策和充分利用国家产业扶贫相关政策向外招商引资，共建婚庆融合产业平台，形成以村民为主体的乡村产业发展模式，共同打造可持续发展的经济利益共同体，实现利益共享。

d. 创建运营团队　王家坪村要发展以婚庆产业为主体和核心的融合产业，在运营和管理上需要各个方面的专业人才。主要是通过直接引进的方式吸纳创新创业人才。针对培养人才，就是当地的村民也要通过专门的职业培训才能让其承担技术和管理工作，规划确定后首要任务就是要着手引进和培养专业人才，按需要设置工作岗位，组建王家坪村以婚庆为主导的融合产业运营团队。

王家坪村构建以婚庆为主导的融合产业体系，除创建管理运营团队外，还必须创建自己的农业技术研发团队，根据实际需要，采用以农业科研院所为依托的方式建立，以确保村域应用的现代农业技术永远处于领先地位；再就是必须创建一支乡村工程设计与施工队伍，以确保工程建设任务如期如质如量完成，并且有效节约建设资金。

4. 产业配套基础设施建设规划

（1）水　包括村民生活用水、农田灌溉用水和养殖用水等设施，以及蓄水和排水设施。村民生活用水采用城市自来水，安装自来水管道的方式全面做到统一供水，确保水质水量，让村民用水方便。农田灌溉用水在修缮确保现有供水设施沟渠和泵站正常使用的基础上，规划在多样化的景观农业生产区域安装喷灌或滴灌设施，修建水肥一体化系统，做到节约用水和精准施肥。村域范围内的蓄水和排水设施主要包括鱼塘和人工水渠，以及农田中的沟渠和村落区域的排水管道系统，对鱼塘进行定期清淤和开展加固塘堤等工作，定期对灌排沟渠进行疏通，确保排水通畅和顺利供水。

（2）电　包括生产与生活用电，严格按王家坪村未来用电的需要进行电网改造，为了不影响村域旅游环境美观，彻底消除乱搭乱接现象，重点区域将地上电线改为地下电缆供电，强电与弱电统筹规划。

（3）道路交通　包括王家坪村范围内的车行道路、机耕道路、游览道路和停车场地，道路交通是确保乡村产业发展的基础条件，必须满足基本使用要求，村中主要交通道路拓宽至安全方便会车的宽度 5 米以上，生产地中的机耕道 3 米以上。各接待服务点设置足够的停车位，并且配置一定量的大巴停车位，以满足静态交通的要求。村域范围内将建造若干特色景点，各景必须设置便利的游道，按游客量设计游道宽度，路面材料尽可能就地取材，全部采用生态的透水材料，整个村域的游道形成系统，以方便游客游览开展各种游赏活动。

（4）通信网络　信息化社会的通信网络建设至关重要，通信网络属现代通信信息系统，是互联网+产业发展的必要条件，村内消灭通信盲区，做到通信网络全覆盖。

（5）环保设施　王家坪村在环保方面可能出现的污染主要是农田废弃物秸秆和畜禽粪便，再就是村民与游客的生活垃圾，具体环保措施是：一是引进农田废弃物资源化处理技术与设备，实行就地资源化处理与循环利用；二是及时收集分类并集中进行资源无害化处理。为了达到环保要求，严格按标准配备环保设施，确保村域生态安全。

5. 村域自然环境资源保护规划

王家坪村的自然环境资源主要是自然山林、山间溪流泉水和滨水滩地构成的自然山水环境，境内森林植被繁茂，主要是天然次生林，人工林很少，林地面积超过 2000 亩，很好地发挥了水土保持作用，对维持当地生物多样性水平和良好的生态环境具有重要的价值。

王家坪村在未来的开发建设过程中，必须尊重现有的自然山水格局，因山就势开展建设，决不大兴土木，严格封山育林，保护好森林生态系统服务功能的正常发挥。王家坪村的林地总体上保持现有的形态不改变，为了提高村域森林景观的观赏价值，仅是对局部区域和游览线上进行提质改造，有目的地选择游道两旁或山头节点种植观花或观叶植物，创造具特别观赏价值的特色植物景观，尽量减少对原生植被的损害。

王家坪村在山与山之间人工修筑了少量的梯田，已经形成了村民的基本生产资料，此外，还天然形成了或人工修建了山间溪流和农田灌排水利系统，千百年来已经形成了体系，并已经成为一种天然的生物廊道，山间溪流属于一种有活力的自然景观，通过人工适当改造，主要是引种适应能力强的观赏植物，可创造很好的花溪景观，但必须保持其自然的属性，严格防止外来物种入侵。

九、规划实施保障措施

1. 把握规划，分期实施

王家坪村新型产业发展及建设规划是推进王家坪村社会经济向前发展的总体方案，是将王家坪村作为一个有机整体进行统筹规划的，规划项目内容涉及多个方面，要全面实施不仅需要大量的资金，而且还需要较长的时间，我们在该规划的实施过程中必须依据不同的建设项目明确轻重缓急内容，严格按规划分期实施，尽快稳步推进规划目标实现。

2. 分区建设，整体推进

该规划对王家坪村进行了分区分块，规划拟构建各具特色的产业单元，虽然各个单元在形态上具有较相似的结构，但在环境景观和文化内涵上各有特色，各个单元都有自己特别的建设内容，每个单元都将有自己独立的建设行动方案和计划。然而，王家坪村的某些公共基础设施是各个单元共用又必须整体推进建设的项目，如道路交通、水电、环保、通信网络等设施，这些公共基础设施必须争取由政府或大家共同出资提前立项进行建设。

3. 抓住核心，突出重点

王家坪村新型产业发展及建设规划的实施，当然首先是公共基础设施建设，然后才是各个产业单元建设，每个单元都是一个相对独立的融合产业平台，既然已经明确以发展婚庆餐饮接待服务业为主导的融合产业。那么，除重点改造婚庆餐饮接待用民居建筑外，结合农业生产结构调整与优化行动，着力打造具特别吸引力的美丽田园景观环境也是建设重点，为游客建设生态宜居和优美的环境与设施则是核心，有了重点和核心就能够很好地克服未来建设的盲目性了。

4. 创新体制，共建共享

做好宣传发动工作，充分调动村民参与建设的积极性，明确投资项目与建设内容，采用股份制的经营模式，共建王家坪村婚庆融合产业平台，强化共享发展理念，增强主人翁意识，引导人人都参与，争取户户是股东，按资定股，业主多元，以本地村民为依托，积极吸纳外资，采用众筹方式筹措资金，加强组织与管理，创新体制与机制，集中力量，共谋发展，共同推进以婚庆餐饮接待为主导的融合产业平台建设，实现利益共享，为邵阳市乃至湖南省树立一个乡村振兴的样板村。

十、项目分期实施计划

王家坪村新型产业发展及建设实行统筹规划，分期实施，实施的项目包括五大部分：一是农业生产结构优化；二是水、电、路、气和通信网络等基础设施改造；三是婚庆餐饮接待服务用建筑和民宿改扩建；四是紧邻婚庆与民宿接待服务点的多样化农作物花园景观营造；五是滨水滩地婚纱摄影基地建设。上述项目计划在 4 年内完成。

1. 农业生产结构优化

（1）四季果园 300～350 亩

2022 年 10 月～2024 年 12 月实施，一是改造现有果园；二是选择村域范围内的旱土耕地新建果园，单个果园面积不求大，可以为 20～50 亩不等，品种力求优良和多样化，主要选种鲜食葡萄、新世纪梨、脆皮金橘、果桑、水蜜桃、杂柑、石榴、杨梅、枇杷、西柚、猕猴桃等果树品种，果园主要用于供游客采摘体验，计划投资 300 万元。

（2）农田生态种养 500 亩

2022 年 10 月～2024 年 10 月，按种养结合的高标准要求，改造稻田 500 亩，主要种植优质稻，开展稻+鱼、鸭、虾、蛙、鳖等种养结合生态农业生产，构建循环农业系统，其绿色产品尽可能实现本地消费，计划投资 250 万元。

（3）多样农作物景观花园 300～350 亩

2022 年 10 月～2026 年 12 月，建多样农作物景观农园 4～5 个，单个花园面积为 40～60 亩不等，总用地面积为 300～350 亩，单个花园面积控制在 60 亩以内，最小面积在 40 亩以上，农作物品种力求多样，均以专类花园景观形式呈现，要求每个花园的主题与特色鲜明，差异明显，四季花开不断，充满生机活力，具园林的游憩功能，可游可赏可乐，可以开展多样化的农事体验活动。花园内主要种植多样的农作物品种，以时令蔬菜种植为主，配套种植小水果、中药材、茶叶和花卉。该项目坚持多样化农业生产与游览观光休闲体验环境建设相结合，既是王家坪村美丽乡村建设的重点，又是田园婚庆接待产业环境建设的核心，在建设的同时也可考虑与四季果园建设相结合，计划投资 250 万元。

（4）农业生产设施建设

2022 年 10 月～2024 年 10 月，修建 5～6 猪栏栋，计划投资 40 万元；建种植小水果与高档蔬菜大棚 20 个（8m×40m），计划投资 30 万元；维修或新建泵站 2 个，计划投资 10 万元；修建鸡舍、鸭棚等 4 个，计划投资 10 万元。以上几项共计投资 90 万元

2. 配套基础设施改造建设项目

配套基础设施改造建设项目包括水、电、路、场地、环保、通信网络等基础设施，这些设施主要由当地政府出资建设，但也有少部分设施需要企业或村民出资建设，如水景工程（池塘美化）、停车与健身活动场地工程、园地游道工程、休闲健身设施及景观建筑工程等。计划在2022年5月～2024年5月完成配套基础设施建设，该项工程主要属公共基础设施建设，供水工程正在建设，其他工程实施时可与王家坪村美丽屋场建设工程相结合，统一制订实施方案，计划投资400万元，每年投资约200万元，争取多渠道投入。

3. 接待服务用建筑改扩建项目

王家坪村发展以婚庆产业为主体的主导产业，规划建设具300人以上规模接待能力的婚庆基地4～5个，10人以上接待能力的高端民宿15～20处，主要建设工程任务是按高标准高品质的居住生活要求改造现有的民居建筑和新建一部分建筑。

（1）2022年10月～2024年10月，建成2个婚庆基地，计划投资2000万元；建成6处民宿，计划投资900万元。

（2）2024年10月～2026年10月，建成3个婚庆基地，计划投资3000万元；建成8处民宿，计划投资1200万元。

（3）2026年10月～2027年10月，建4处高端民宿，计划投资800万元。

4. 滨水滩地婚纱摄影基地建设

王家坪村三面环资水，滨水地带大约有100亩的滩地，已划入国家湿地公园的范围，非常适合开展婚纱摄影和露营等活动，近年已经成为邵阳市与新邵县城的网红打卡点，对其进行植物景观提质很有必要，采用自然花境式景观营造的方法，对整个滨水滩地进行改造，主要以开展婚纱摄影为目的，计划投资100万元，打造滨水滩地植物景观风光带，将其建成邵阳市和新邵县城充满野趣且更具吸引力的婚纱摄影基地和旅游目的地。

王家坪村新型产业发展及建设按规划实施总建设投资概算为9290万元。

十一、项目效益分析

王家坪村新型产业发展及建设规划的完全实施需要投资9290万元，实质上是在开展王家坪村以婚庆产业为主导的融合产业平台建设，包括农业生产结构调整与优化、村庄产业配套基础设施建设、接待服务用建筑的改扩建和婚纱摄影基地建设，建设的目的都是发展村域婚庆产业而开展的建设活动，实用、经济和美观是最基本的原则，生产和生活上讲究实用；投资建设上不仅是讲究少花钱多办事，而且必须讲究投资能够取得较好的效益；接待区域环境建设上讲究美观。充分利用村内现有的自然山林环境，再有目的地重点打造4～5处多样农作物花园景观，使之形成的王家坪村对外有特别吸引力的景点，以便吸引来王家坪村进行旅游和参加婚礼的顾客。婚庆产业是王家坪村的主导产业，经营的效益仍然是体现在生态、经济和社会效益上。

1. 生态效益

王家坪村紧邻新邵县城，距邵阳市较近，到城区不超过10分钟车程，境内丘陵山地林茂树盛，生态环境良好。大部分农田地势平缓，有高差，但变化不大，便于开展多样化的农业生产，宜实施“稻+”与“林+”多样化的生态农业。村域范围内的农田生产灌溉用水水源充足，灌溉沟渠良好，水旱无忧，可以形成良好的农业生态系统。民居建筑分布于村道两旁，完全融入田园绿色环境之中，自然生态基础良好，再加上村庄接待服务区域，进一步结合多样化的农业生产开展美丽田园建设，森林覆盖率还将进一步提高，村域生态环境还会进一步提升，未来的王家坪村将形成更加良好的人居环境，完全可以达生态宜居的高标准要求，社会经济和自然生态的可持续发展更有保障，生态效益将更加显著。

2. 经济效益

王家坪村按照本新型产业发展及建设规划实施，将各个产业发展平台都建设好并正常运营后可获得以下几个方面的经济效益：

一是农业生产效益，效益来源包括三大部分，第一部分是300～350亩的水果，预计年收入100万元；第二部分是大面积农田开展是稻+生态种养项目，全面实施后稻+生产面积达500亩，预计年收入200万元；第三部分为多样自给型农业生产项目，其产品实行本地消费，产品包含小水果、时令蔬菜、中药材、花、茶等的生产，生产面积为300～350亩，预计年收入200万元。三大部分预计年农业生产性纯收入为500万元。

二是三产服务业效益，王家坪村美丽乡村环境与婚庆产业配套基础设施建成之后，正常开展以婚庆为主导的三产服务业，预计全年接待游客12万人次，每人次人均消费100元，纯收入人均50元，三产服务业年均纯收入将达600万元。王家坪村发展以婚庆为主导的三产服务业，不仅使经营者可获得直接的经济效益，而且还对农业生产效益的提高发挥了极其重要的作用，将其他产业融入以婚庆为主导的融合产业体系，各产业相互促进，共同发展。

三是特色旅游产品销售获得的效益，王家坪村所建的所有接待服务点都将设立土特产品销售点，这也将是获得收入的一大来源，本地生产的农产品不仅是满足游客就地消费的需要，而且还将给游客提供可以购买的新鲜农产品或加工后的农产品，产品主要为本地生产，也可少量从外地调进，这项收入按游客人均10元计算，年纯收入可达120万元。

四是滨水滩地婚纱摄影基地专营婚纱摄影项目，年拍摄婚纱照2000套，按每套500元纯收入计算，每年可获纯收入100万元。

以上四项年纯收入总计为1320万元，预计6～7年就可完全收回投入成本。

3. 社会效益

王家坪村新型产业发展及建设规划实施后，同时也完成了美丽乡村建设，将新增一个婚庆产业，年产值将增加 6000 万元以上，纯收入达 1320 万元，该服务业属劳动密集型产业，按年人均 15 万元产值计，就业人数可达 400 人以上。同时，农业生产结构调整与优化，新增了种养殖业项目，农业纯收入增至 1000 万元，至少新增农业收入 200 万元，新增就业人数 50 人以上，对于吸引外出务工人员返乡就业创业提供了更多的机会和岗位，当地多数村民可在家门口就地就业，不仅是能够更好地安居乐业，而且还能够因此而享受美好的乡村田园生活。

图书在版编目（CIP）数据

乡村产业发展及建设规划研究与应用 / 龙岳林著. —
长沙 : 湖南科学技术出版社, 2022.8
ISBN 978-7-5710-1635-7

Ⅰ. ①乡… Ⅱ. ①龙… Ⅲ. ①乡村－农业产业－产业发展－研究－中国 Ⅳ. ①F323

中国版本图书馆 CIP 数据核字(2022)第 102787 号

XIANGCUN CHANYE FAZHAN JI JIANSHE GUIHUA YANJIU YU YINGYONG

乡村产业发展及建设规划研究与应用

著　　者：龙岳林
出 版 人：潘晓山
责任编辑：欧阳建文
出版发行：湖南科学技术出版社
社　　址：长沙市芙蓉中路一段 416 号泊富国际金融中心
网　　址：http://www.hnstp.com
湖南科学技术出版社天猫旗舰店网址：
　　　　http://hnkjcbs.tmall.com
邮购联系：0731-84375808
印　　刷：湖南省汇昌印务有限公司
　　　（印装质量问题请直接与本厂联系）
厂　　址：长沙市望城区丁字湾街道兴城社区
邮　　编：410299
版　　次：2022 年 8 月第 1 版
印　　次：2022 年 8 月第 1 次印刷
开　　本：710mm×1000mm　1/16
印　　张：20.75
字　　数：420 千字
书　　号：ISBN 978-7-5710-1635-7
定　　价：98.00 元